2019

中国农村统计年鉴

CHINA RURAL STATISTICAL YEARBOOK

国家统计局农村社会经济调查司　编

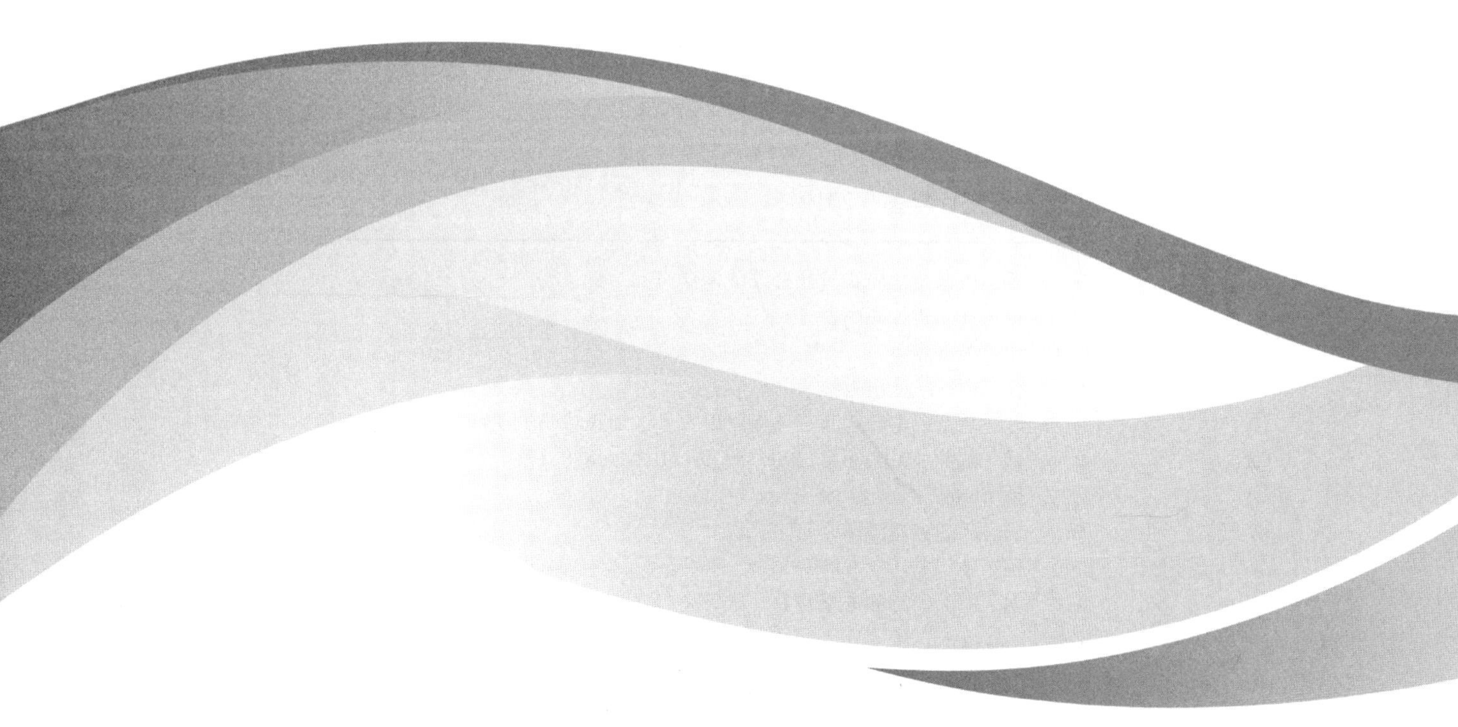

中国统计出版社
China Statistics Press

图书在版编目（CIP）数据

中国农村统计年鉴. 2019 / 国家统计局农村社会经济调查司编. -- 北京 : 中国统计出版社，2019.11
ISBN 978-7-5037-9033-1

Ⅰ. ①中… Ⅱ. ①国… Ⅲ. ①农村经济－统计资料－中国－2019－年鉴 Ⅳ. ① C832-54

中国版本图书馆 CIP 数据核字 (2019) 第 212753 号

中国农村统计年鉴—2019

编　　者 / 国家统计局农村社会经济调查司
责任编辑 / 许立舫　周小睿
封面设计 / 李雪燕
出版发行 / 中国统计出版社
通信地址 / 北京市丰台区西三环南路甲 6 号　邮政编码 /100073
电　　话 / 邮购（010）63376909　书店（010）68783171
网　　址 / http://www.zgtjcbs.com/
印　　刷 / 河北鑫兆源印刷有限公司
经　　销 / 新华书店
开　　本 / 880×1230mm　1/16
字　　数 / 808 千字
印　　张 / 26
版　　别 / 2019 年 11 月第 1 版
版　　次 / 2019 年 11 月第 1 次印刷
定　　价 / 268.00 元

如有印装差错，由本社发行部调换。

《中国农村统计年鉴—2019》编辑委员会

编者说明

《中国农村统计年鉴—2019》由17部分组成：一、发展综述；二、综合与概要；三、农村基本情况与农业生产条件；四、农业生态与环境；五、农村投资；六、农林牧渔业总产值、中间消耗及增加值；七、主要农产品种植（养殖）面积与产量；八、农村市场与物价；九、农产品进出口；十、农产品成本与收益；十一、收入与消费；十二、农村文化、教育、卫生及社会服务；十三、国有农场；十四、西部大开发12省（区、市）农村经济情况；十五、各地区主要农村经济指标排序；十六、国外主要农业指标；十七、如何使用《中国农村统计年鉴》。

《中国农村统计年鉴—2019》收录了2018年农村社会经济统计资料及建国以后各关键历史年份全国主要统计数据。本年鉴中所涉及的全国性数据均未包括台湾省及港澳地区。

《中国农村统计年鉴—2019》中，执行新国民经济行业分类标准，自2003年起，农林牧渔业包括农林牧渔服务业。

《中国农村统计年鉴—2019》中农、牧、渔生产和核算数根据第三次全国农业普查结果进行了修正。

《中国农村统计年鉴—2019》第十六部分的资料，因国际组织数据库进行了调整，所以往年部分数据也随之做了修正，指标设置也有调整。

《中国农村统计年鉴—2019》中的符号："…"表示数据不足本表最小单位；"空格"表示缺或无该项数据；"#"表示其中项，未标年份的数据均为当年数据，"0.0"表示数值较小，统计上不显著。

在本书的编辑过程中，得到了国务院有关部门、各省（自治区、直辖市）统计局和国家统计局各调查总队的大力支持，在此谨致谢意。

目录

第五部分 农村投资

第六部分 农林牧渔业总产值、中间消耗及增加值

第七部分　主要农产品种植（养殖）面积与产量

第八部分　农村市场与物价

第九部分　农产品进出口

第十部分　农产品成本与收益

第十一部分　收入与消费

第十二部分 农村文化、教育、卫生及社会服务

第十三部分 国有农场

第十四部分 西部大开发 12 省(区、市)农村经济情况

第十五部分 各地区主要农村经济指标排序

第十六部分　国外主要农业指标

第十七部分　如何使用《中国农村统计年鉴》

1 发展综述

农业生产总体平稳　种植结构调整优化

——2018年农业生产发展情况综述

2018年是贯彻党的十九大精神的开局之年，是改革开放40周年，是决胜全面建成小康社会、实施“十三五”规划承上启下的关键一年，各地区各部门坚持农业农村优先发展，牢牢把握稳中求进总基调，落实高质量发展要求，深入实施乡村振兴战略，牢固树立新发展理念，认真贯彻落实中央关于农业发展的重大决策部署，积极推进农业供给侧结构性改革，毫不放松粮食生产，粮食生产再获好收成，主要畜禽生产基本稳定，农业生产在结构调整优化中保持平稳增长。主要农产品供给基本充裕，市场运行总体平稳，为有效应对各种风险挑战、确保经济持续健康发展和社会大局稳定提供了坚实支撑。

一 粮食生产和市场发展状况

（一）粮食生产获得好收成

1.粮食产量变化情况及特点

总体来看，2018年我国粮食生产基本稳定，全年粮食总产量虽因夏粮、早稻减产有所下降，但减幅不大，仍稳定在13000亿斤①以上，处于历史较高水平。

粮食生产再获好收成。2018年全国粮食总产量13158亿斤，比上年减产74亿斤，下降0.6%。粮食减产的主要原因为播种面积减少。2018年全国粮食播种面积17.56亿亩，比上年减少1426万亩，下降0.8%。因播种面积减少，粮食减产107亿斤。2018年全国粮食作物单产375公斤/亩，每亩产量比上年提高0.9公斤，增长0.2%。因单产提高，粮食增产33亿斤。粮食单产持平略增的主要原因是秋粮生产期间整体天气状况比较适宜农作物生长。

分季节看，夏粮、早稻减产，秋粮增产。2018年全国夏粮2776亿斤，减产59亿斤，下降2.1%；早稻产量572亿斤，减产26亿斤，下降4.3%；秋粮9810亿斤，增产10亿斤，增长0.1%。

分类别看，谷物产量减少，豆类、薯类产量增加。2018年全国谷物产量12201亿斤，减产103亿斤，下降0.8%。豆类384亿斤，增产16亿斤，增长4.3%。薯类573亿斤，增产13亿斤，增长2.4%。

2.农业气候对粮食生产总体有利

尽管2018年夏粮生产期间受灾致使夏粮亩产比上年减少，但早稻、秋粮生产期间，全国没有出现大范围灾情，气候条件有利于粮食生产。一是早稻生长期间，气候条件较为有利，早稻亩产提高；二是秋粮生长前期，全国大部分农区光热充足，降水充沛，有利于秋收作物的生长发育和产量形成。北方农区春夏播后气温回升快，除局部地区发生旱情，多数地区降水次数多，降水量接近常年同期，土壤墒情适宜，有利于一季稻和大豆的生长发育。南方大部分农区降水较多，库塘蓄水比较充足，对保障稻田用水和旱粮作物健康成熟有利。秋粮生产关键时期，全国大部分农区光温适宜，有利于秋收粮食作物的灌浆成熟和收晒，秋粮单产提高。

3.农业种植结构进一步优化

农业种植结构调整取得积极成效。2018年各地积极推进农业供给侧结构性改革，按照“藏粮于地、藏粮于技”的发展思路，在保障粮食生产能力不降低的同时，不断优化调整种植结构，全国粮、经、饲结构调整明显，种植结构进一步优化。区域布局更趋科学合理。谷物播种面积减少，豆类播种面积增加。稻谷生产结构进一步优化，

① 根据第三次全国农业普查结果，对2006年—2017年农业、牧业和渔业生产有关数据进行了修正。下同。

品质较好和单产较高的中稻和一季晚稻种植面积继续增加；低产地块或地下水严重超采地区逐渐退出耗水量大的小麦生产，休耕轮作面积不断增加，非优势区继续减少玉米种植面积，扩大大豆面积。蔬菜及食用菌产量增长，中草药材种植面积和产量保持较快增长速度。

4.粮食生产投入和收益情况

据对全国种植粮食[①]的农业生产经营单位、规模种植户和普通农户的抽样调查，2018 年全国粮食亩均生产投入[②]费用增加，亩均收益[③]减少。

2018 年粮食亩均生产投入费用为 378 元，比上年增加 14 元[④]，增长 3.9%。其中，物质投入费用为 265 元，增加 12 元，增长 4.9%；生产服务支出费用为 113 元，增加 2 元，增长 1.6%。2018 年粮食亩均种子投入费用为 60 元，比上年增加 3 元，增长 4.5%；亩均化肥投入费用为 137 元，比上年增加 6 元，增长 4.9%；亩均农药投入费用为 34 元，比上年增加 2 元，增长 4.8%；亩均外雇机械作业费用为 98 元，比上年增加 2 元，增长 2.5%。

2018 年全国粮食亩均总收入[⑤]为 1007 元，比上年减少 10 元，下降 1.0%。扣除生产投入费用，全国粮食亩均收益（未扣除人工费用、土地费用和折旧）为 629 元，减少 25 元，下降 3.8%。

（二）小麦减产

1.小麦产量变动情况及其特点

2018 年全国小麦产量 2629 亿斤，比上年减产 58 亿斤，下降 2.2%。小麦播种面积、单产、总产均略减，总体弱于上年。

从小麦播种面积看，2018 年全国小麦播种 3.64 亿亩，比上年减少 363 万亩，下降 1.0%。小麦播种面积减少的主要原因：一是各地积极推进农业供给侧结构性改革，大力调整农业种植结构，夏粮播种面积减少，花生、蔬菜等经济作物播种面积较往年有所增加，河北省部分地区由于地下水严重超采而采取休耕政策，减少了小麦种植；二是小麦秋冬播期间部分地区遭遇持续阴雨天气，水稻不能及时收割腾茬，影响了这些地区小麦播种；三是得益于棉花目标价格改革政策的实施，新疆棉农种植棉花的积极性提高，更多农户倾向减麦扩棉。

从小麦单产看，2018 年全国小麦单产 361 公斤/亩，比上年减少 4.3 公斤/亩，下降 1.2%。夏粮单产下降的主要原因：一是夏粮生产期间天气条件总体较差。秋冬播期间，河南等局部地区遭遇持续降雨天气，部分麦田播期推迟 15-20 天，小麦冬前积温不足，不利于形成冬前壮苗和安全越冬；清明节期间，正值小麦生长的拔节－孕穗关键期，黄淮海等小麦主产区遭受了一次大范围的大幅度降温天气，影响小麦穗粒数形成；灌浆收获期间，安徽等部分地区遭遇长时间阴雨天气，降水偏多、日照不足，不仅不利于小麦灌浆和产量的进一步形成,还导致小麦出芽霉变，影响品质提高。二是灾害同比较重。据国家减灾委统计，2018 年 5 月份全国农作物受灾面积 3053 万亩，较上年同期增加 441 万亩，增长 17%；绝收面积 244 万亩，较上年同期增加 2 倍以上。虽然各地积极采取应对措施减轻灾害造成的影响，但难以挽回灾害造成的损失。

2.小麦价格变动情况

2018 年小麦集贸市场价格呈现先抑后扬运行态势。2018 年 11 月中旬，国家发展和改革委员会公布了 2019 年小麦最低收购价，小麦（三等）最低收购价为每 50 公斤 112 元，比 2018 年下调 3 元。国家连续两年调低小麦最低收购价，发出的政策信号非常明显，但由于小麦的口粮属性，其价格一般不会出现大幅度波动。

---

① 粮食，本文包括稻谷、冬小麦、玉米和大豆 4 个品种。粮食各项指标数据根据 4 个品种加权平均推算。下同。

② 生产投入，是指农业生产过程中所消耗的货物和服务的价值，包括物质投入和生产服务支出两个部分，不包括人工费用、土地费用和折旧。物质投入是指在生产过程中因消耗各种农业生产资料而发生的支出费用。生产服务支出是指生产过程中各部门对农业生产提供服务而发生的支出费用。下同。

③ 收益，为总收入扣除生产投入费用之后的余额。下同。

④ 因小数点进位影响，与用整数计算略有出入。下同。

⑤ 总收入，为主产品产值和副产品产值之和。下同。

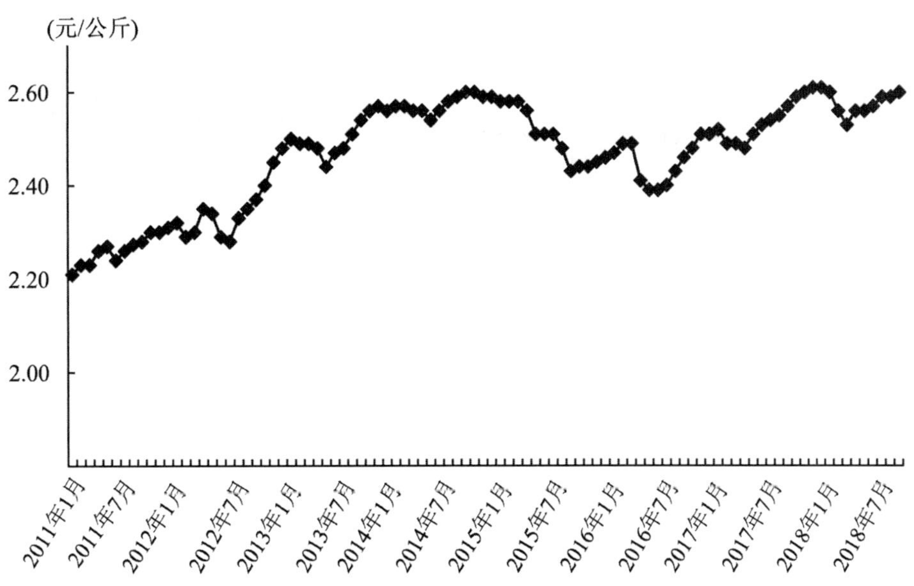

图 1　2011.1-2018.12 小麦集贸市场价格走势

资料来源：《中国农产品价格调查年鉴 2018》和国家统计局集贸市场价格调查结果。

3.小麦生产投入收益情况

冬小麦亩均生产投入费用增加。2018 年全国平均每亩冬小麦生产投入费用为 403 元，比上年增加 14 元，增长 3.6%。其中，物质投入费用为 273 元，增长 4.9%;生产服务支出费用为 130 元，增长 0.9%。用种量增加，种子费用增长，2018 年全国平均每亩冬小麦种子用量为 16.3 公斤，比上年增加 0.6 公斤，增长 4.1%。全国平均每亩冬小麦种子费用为 70 元，比上年增长 4.1%。其中，购买良种费用为 64 元,比上年增长 3.8%。化肥、农药投入费用增长，2018 年全国平均每亩冬小麦化肥投入费用为 153 元，比上年增长 4.9%，其中，复合肥投入费用 120 元，增长 2.2%；全国平均每亩冬小麦农药投入费用为 27 元，比上年增长 12.0%。外雇机械作业费用增长，2018 年全国平均每亩冬小麦外雇机械作业费用为 114 元，比上年增长 1.0%。

冬小麦亩均收益下降。2018 年全国平均每亩冬小麦总收入为 915 元，比上年减少 41 元，下降 4.2%。扣除生产投入费用，全国平均每亩冬小麦收益（未扣除人工费用、土地费用和折旧）为 512 元，比上年减少 55 元，下降 9.6%。

（三）稻谷减产

1.稻谷产量变动情况及其特点

2018 年全国稻谷产量为 4243 亿斤，比上年减少 11 亿斤，下降 0.3%。从稻谷生产大省来看，吉林、黑龙江、江西、湖南等省份相对减产较多，是稻谷减产的主要省份。

从稻谷播种面积来看，稻谷减产主要是播种面积减少。2018 年全国稻谷播种面积 4.53 亿亩，比上年减少 837 万亩，下降 1.8%；2018 年稻谷播种面积在 1000 万亩以上的省份中，黑龙江、江苏、安徽、江西、湖南、广东、广西、四川、贵州、云南等省份播种面积均不同程度减少。

从稻谷单产来看，2018 年单产为 468 公斤，比上年增加 7.3 公斤，增长 1.6%。2018 年稻谷播种面积在 1000 万亩以上的省份中，吉林、黑龙江、广东和贵州受自然灾害或病虫害的影响，单产有所下降外，其他省份单产都有不同程度增加。

2.稻谷价格变动情况

2018 年籼稻和粳稻集贸市场价格呈现总体稳定、略有下降的运行态势，2018 年 12 月籼稻和粳稻集贸市场价格比 1 月份分别下降 0.09 元和 0.03 元。

3.稻谷生产投入和收益情况

稻谷亩均生产投入费用增加。2018 年稻谷亩均生产投入费用为 463 元，比上年增加 16 元，增长 3.6%。其中，物质投入费用为 305 元，增加 15 元，增长 5.0%; 生产服务支出费用为 158 元，增加 2 元[①]，增长 1.1%。2018 年稻谷亩均种子投入费用为 62 元，

① 因小数点进位影响，与用整数计算略有出入。下同。

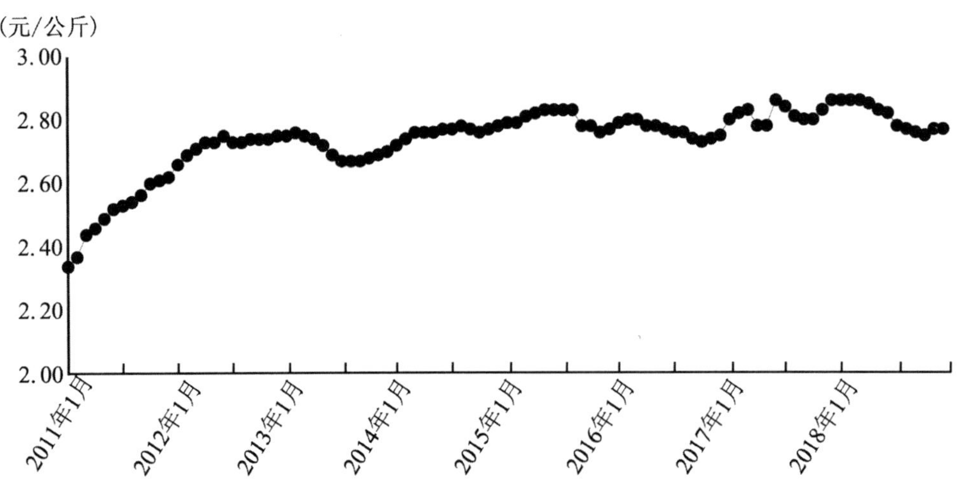

图 2　2011.1-2018.12 籼稻集贸市场价格走势

资料来源：《中国农产品价格调查年鉴 2018》和国家统计局集贸市场价格调查结果。

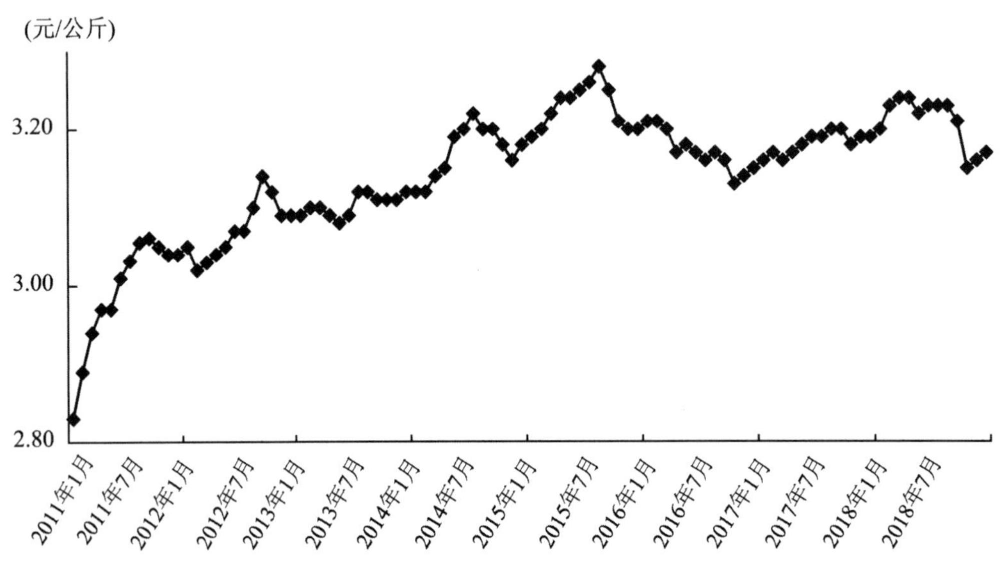

图 3　2011.1-2018.12 粳稻集贸市场价格走势

资料来源：《中国农产品价格调查年鉴 2018》和国家统计局集贸市场价格调查结果。

比上年增加 4 元，增长 6.9%；亩均化肥投入费用为 140 元，比上年增加 7 元，增长 5.4%；亩均农药投入费用为 59 元，增加 2 元，增长 2.6%；外雇机械作业费用为 135 元，增加 2 元，增长 1.9%。

2018 年全国稻谷亩均总收入为 1362 元，比上年减少 23 元，下降 1.7%。扣除生产投入费用，全国稻谷亩均收益（未扣除人工费用、土地费用和折旧）为 899 元，减少 40 元，下降 4.2%。稻谷亩均收益减少的主要原因是稻谷价格下跌和主要农业生产资料价格上涨。

（四）玉米减产

1.玉米产量变动情况及其特点

2018 年全国玉米产量为 5143 亿斤，比上年减产 38 亿斤，减少 0.7%。2018 年国家继续主动调减非优势产区籽粒玉米种植面积，部分生产大省玉米减产较多，2018 年河北、辽宁、吉林和山东等省份玉米减产都在 10 亿斤以上。

从玉米播种面积看，玉米减产主要是由播种面积减少引起的。2018 年全国玉米播种面积为 6.32 亿亩，比上年减少 404 万亩，下降 0.6%；2018 年玉米播种面积在 1000 万亩以上的省份中，河北、山西、安徽、山东、河南、湖北、四川和甘肃等大多数省份玉米播种面积均减少 10 万亩以上。

从玉米单产看，2018 年玉米单产为 407 公斤/亩，比上年减少 0.4 公斤，与上年基本持平。2018 年玉米播种面积在 1000 万亩以上的省份中，河北、辽宁、吉林、黑龙江、安徽、山东、湖北等省（区）玉米单产不同程度减少，山西、内蒙古、河南、四川、云南、陕西、甘肃、新疆玉米单产增加。

2.玉米价格变动情况

2018 年玉米价格先扬后抑，走出了一波反弹行情，整体价格较上年明显提高，玉米去库存取得明显效果。2018 年国内玉米生产较为稳定，虽然较上年有所减产，但幅度不大，国内玉米供应较为稳定。

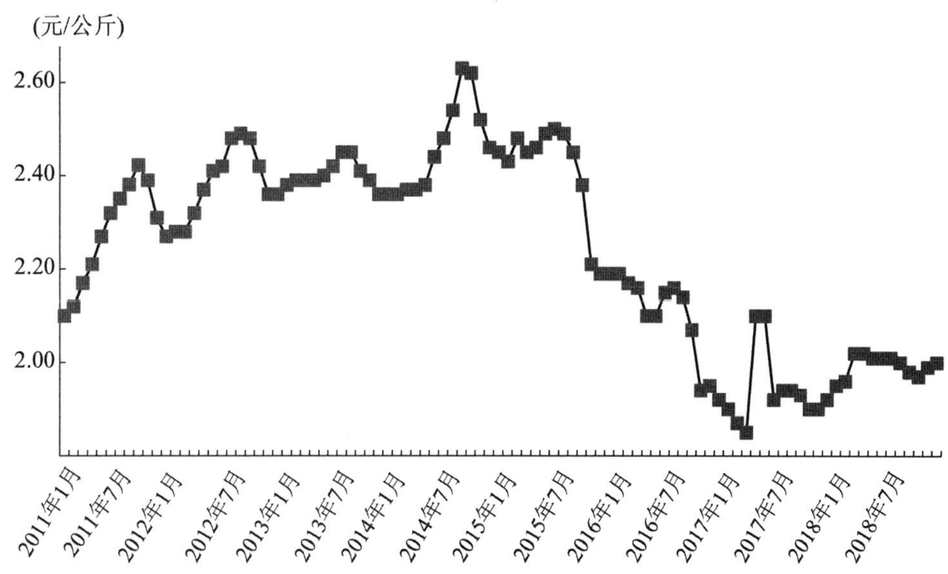

图 4　2011.1-2018.12 玉米集贸市场价格

资料来源：《中国农产品价格调查年鉴 2018》和国家统计局集贸市场价格调查结果。

3.玉米生产投入和收益情况

玉米亩均生产投入费用增长。2018 年全国平均每亩玉米生产投入费用为 331 元，比上年增加 15 元，增长 4.8%。其中，物质投入费用为 255 元，增长 4.7%；生产服务支出费用为 76 元，增长 5.1%。全国平均每亩玉米种子费用为 58 元，比上年增加 2 元，增长 4.2%；化肥投入费用为 143 元，比上年增加 6 元，增长 4.6%；农药投入费用为 18 元，比上年增长 5.8%；外雇机械作业费用为 66 元，比上年增加 4 元，增长 7.2%。

玉米亩均收益增加。2018 年全国平均每亩玉米总收入为 854 元，比上年增加 21 元，增长 2.6%。扣除生产投入费用，全国平均每亩玉米收益（未扣除人工费用、土地费用和折旧）为 524 元，比上年增加 6 元，增长 1.2%。

（五）大豆增产

1.大豆产量变动情况及其特点

2018 年全国大豆产量 319 亿斤，比上年增加 14 亿斤，增长 4.5%。在大豆生产大省中，内蒙古、吉林、黑龙江、安徽、河南和四川等 6 省（区）合计大豆播种面积和产量占全国的比重均超过一半，其中黑龙江大豆播种面积和产量占全国的比重均在 1/4 以上。

从大豆播种面积看，随着农业供给侧结构性改革的深入推进，非优势产区压缩玉米种植面积，改种大豆，大豆面积快速增加，成为大豆产量增加的主导因素。2018 年全国大豆种植面积为 1.26 亿亩，比上年增加 252 万亩，增长 2.0%。从大豆单产看，2018 年全国大豆单产为 127 公斤/亩，比上年提高 3.0 公斤，增长 2.4%。

2.大豆价格变动情况

2018 年国产大豆市场价格一路下行，整体价格较上年有所下降。2018 年大豆产量再次增产，对缓解产需矛盾具有一定的积极作用。内蒙古及东北三省相继公布大豆生产者补贴金额，种植结构调整的预期非常明显。

3.大豆生产投入和收益情况

大豆亩均收益低于其他主要粮食品种。2018 年全国平均每亩大豆总收入为 567 元，比上年增加 8 元，增长 1.4%。扣除生产投入费用，全国平均每亩大豆收益（未扣除人工费用、土地费用和折旧）为 389 元，比上年增加 3 元，增长 0.7%。大豆收益低于其他主要粮食品种。2018 年全国平均每亩大豆收益比早稻、玉米和冬小麦分别低 214 元、135 元和

123 元。大豆的亩均收益分别相当于早稻、玉米和冬小麦的 64.5%、74.3%和 75.9%。

大豆亩均生产投入费用增加。2018 年全国大豆亩均生产投入费用为 178 元，比上年增加 5 元，增长 2.9%。其中，亩均物质投入费用为 138 元，比上年增加 7 元，增长 5.5%。全国大豆亩均种子投入费用为 36 元，比上年减少 2 元，下降 4.7%；亩均化肥投入费用为 60 元，比上年增加 3 元，增长 4.9%；亩均农药投入费用为 17 元，比上年下降 1.9%；亩均外雇机械作业费为 37 元，比上年减少 2 元。

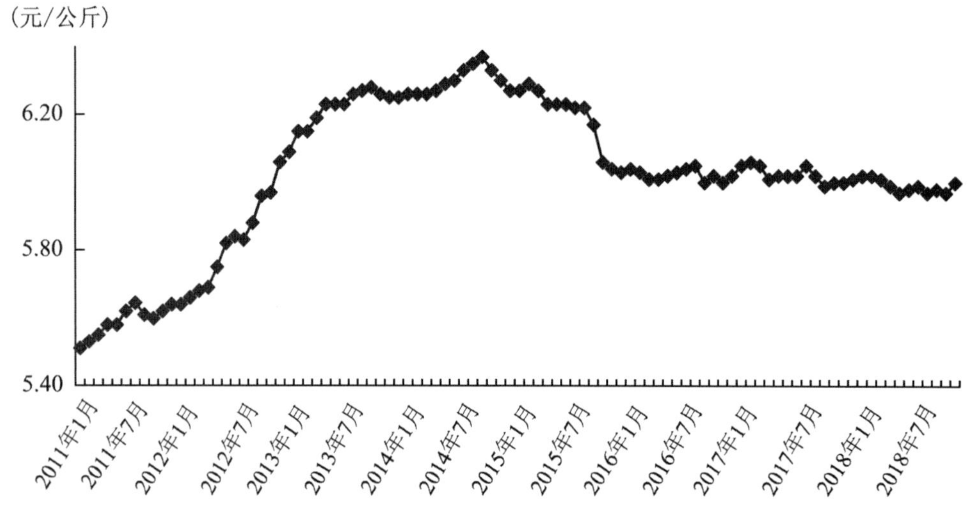

图 5 2011.1-2018.12 大豆集贸市场价格走势

资料来源：《中国农产品价格调查年鉴 2018》和国家统计局集贸市场价格调查结果。

二 经济作物生产和市场发展情况

（一）棉花生产和市场运行情况

1.棉花产量变动情况及其特点

棉花实现较大幅度的增产。2018 年全国棉花产量 610 万吨，比上年增加 45 万吨，增长 8.0%。其中，新疆棉花产量 511 万吨，比上年增加 54 万吨，增长 11.9%。新疆棉花产量占全国的 83.7%，较上年提高 3 个百分点。

全国棉花种植面积增加。2018 年全国棉花种植面积 5032 万亩，比上年增加 240 万亩，增长 5.0%。分地区看，我国最大产棉区新疆棉花种植面积比上年增加 411 万亩，增长 12.3%。国家对新疆地区实施棉花目标价格补贴政策，尤其是新疆建设兵团取消“五统一”等政策，调动了棉农的生产积极性，成为新疆棉花大力发展的重要增长点。全国（除新疆外）30 个省（区、市）受种植效益和种植结构调整等因素的影响，延续多年来生产萎缩的态势，棉花种植面积比上年减少 171 万亩,下降 11.7%。其中，长江流域[①]棉区种植面积比上年减少 159 万亩，下降 22.1%。

全国棉花单产有所提高。2018 年全国棉花单位面积产量 121 公斤/亩，比上年增加 3.3 公斤/亩，增长 2.8%。其中，长江流域棉区单位面积产量增加 3.5 公斤/亩，增长 5.0%；黄河流域棉区单位面积产量增加 0.9 公斤/亩，增长 1.2%。新疆棉花单位面积产量 137 公斤/亩，虽然比上年减少 0.5 公斤/亩，但高出其它棉区近 80%；新疆棉花种植面积占全国的比重进一步扩大，成为全国棉花单产增加的重要因素。

2.棉花市场变动情况

2018 年棉花市场价格总体保持稳中略降运行态势。从生产者价格来看，2018 年棉花生产者价格总水平比上年下降 2.1%。从集贸市场价格来看，除 7 月、8 月高于上年同期和 12 月与上年持平外，2018 年其他各月棉花价格均低于上年同期。从月度环比，2018 年全年棉花集贸市场价格呈现先升后降态势，上半年为上升，6 月达到最高 7.19 元，下半年转为下降。截止到 2018 年底，棉花（籽棉）集贸市场价格为每公斤 7.07 元，与上年同期持平，比 1 月份高 0.02 元。

① 长江流域棉区包括 5 省：江苏、安徽、江西、湖南、湖北；黄河流域棉区包括 6 省（市）：天津、河北、山西、山东、河南、陕西。

（二）油料生产和市场运行状况

1.油料产量变动情况及其特点

2018 年全国油料总产量 3433 万吨，比上年减产 1.2%。其中油菜籽总产量为 1328 万吨，与上年基本持平。油料减产主要是由于播种面积减少。

从播种面积看，油料总播种面积 19309 万亩，比上年减少 526 万亩。受价格低迷影响，2018 年油料总播面积较上年有一定程度的减少，其中油菜籽播种面积 9826 万亩，比上年减少 154 万亩，减少 1.5%，油菜籽播种面积有所减少，花生播种面积略有增加。从单产看，2018 年全国油菜籽单产为每亩 135 公斤，比上年每亩增加 2.2 公斤，提高 1.6%。

2.油料市场变动情况

2018 年油料市场总体平稳运行。从集贸市场价格变动情况看，2018 年油菜籽集贸市场价格总体保持上涨态势，12 月油菜籽集贸市场价格为每公斤 5.40 元，比 1 月份上涨 0.09 元。

（三）糖料生产和市场运行情况

1.糖料产量变动情况及其特点

2018 年全国糖料产量 11937 万吨，增产 4.9%。从播种面积看，2018 年全国糖料种植面积 2434 万亩，比上年增加 116 万亩。各地深入推进农业供给侧结构性改革，北方地区甜菜种植面积大幅增加，南方甘蔗产区种植面积略有增加。

2.糖料市场变动情况

2018 年糖料生产者价格比上年下降 1.2%，其中一季度价格比上年同期上涨 1.7%，二季度和四季度同比分别下降 2.8%和 1.9%（因第三季度出售量较少，缺乏有效价格数据）。

三 畜、禽、水产品生产和市场发展情况

全国主要畜禽监测调查结果显示，2018 年全国猪牛羊禽肉产量 8517 万吨，比上年下降 0.3%；禽蛋产量 3128 万吨，增长 1.0%；牛奶产量 3075 万吨，增长 1.2%。

（一）生猪生产和价格变动情况

1.生猪生产情况及其特点

生猪生产下降，存栏减少。生猪出栏和猪肉产量下降。2018 年全国生猪出栏 6.94 亿头，比上年减少 820 万头，下降 1.2%；猪肉产量 5404 万吨，减少 48 万吨，下降 0.9%。生猪存栏减少。12 月底全国生猪存栏 4.28 亿头，比上年末减少 1342 万头，下降 3.0%。

2.生猪价格变动情况

生猪价格波动。2018 年以来生猪价格前五个月呈回落走势，随后温和反弹 4 个月，9 月份为 14.07 元/公斤，非洲猪瘟爆发后，生猪价格调头下跌。据对全国 200 个农产品主产县集贸市场农产品价格调查显示，12 月份集贸市场生猪出售价格 13.51 元/公斤，同比下降 10.1%。

（二）牛羊肉生产和价格变动情况

1.牛羊肉生产情况及其特点

牛羊出栏增加。2018 年全国肉牛出栏 4397 万头，比上年增加 57 万头，增长 1.3%；牛肉产量 644 万吨，增加 9 万吨，增长 1.5%；牛奶产量 3075 万吨，增加 36 万吨，增长 1.2%。2018 年羊出栏 3.10 亿只，比上年增加 213 万只，增长 0.7%；羊肉产量 475 万吨，增加 4 万吨，增长 0.8%。

由于牛羊需求量增加，出栏加快，年末存栏呈减少态势。据调查，12 月底全国牛存栏 8915 万头，比上年末减少 123 万头，下降 1.4%。羊存栏 2.97 亿只，比上年末减少 518 万只，下降 1.7%。

2.牛羊价格变动情况

牛羊价格大幅上涨，受牛羊肉长期需求旺盛和近期非洲猪瘟疫情影响，牛羊肉替代猪肉消费需求上升，市场上牛羊肉价格大幅上涨。据调查，12 月末集贸市场牛肉羊肉价格均创历史新高，其中牛肉 66.99 元/公斤，同比上涨 6.1%；羊肉 68.46 元/公斤，同比上涨 12.0%。

（三）禽类产品生产和价格变动情况

1.禽肉、禽蛋生产情况

2018 年家禽出栏 130.9 亿只，比上年增加 6745 万只，增长 0.5%；禽肉产量 1994 万吨，增加 12 万吨，增长 0.6%；禽蛋产量 3128 万吨，增加 32 万吨，增长 1.0%。12 月底全国家禽存栏 60.4 亿只，比上年末减少 1564 万只，下降 0.3%。

2.家禽价格变动情况

从集贸市场价格来看，2018 年活鸡价格呈现先抑后扬的特点，1 至 6 月份活鸡集贸市场价格快速下跌，由 1 月份的 19.29 元/公斤下跌到 6 月份的 18.54 元/公斤；7 月份活鸡价格开始快速回升，震荡上行，12 月份价格上涨到 19.78 元/公斤。

（四）水产品生产和价格变动情况

1.水产品生产情况

据农业农村部统计，2018 年全国水产品总产量 6458 万吨，比上年增长 0.2%，比上年持平略增。其中，养殖水产品产量 4991 万吨，增长 1.7%；捕捞水产品产量 1467 万吨，下降 4.7%。

2.渔业产品价格变动情况

2018 年渔业产品市场总体处于高位，价格普遍高于上年。2018 年渔业产品生产者价格比上年上涨 2.6%。分季度看，1 至 4 季度水产品同比涨幅分别为 6.5%、1.4%、0.9%和 1.0%。海水养殖产品生产者价格上涨 1.4%，海水捕捞产品上涨 4.7%，淡水养殖产品上涨 2.2%。

综合与概要

2-1 农村经济主要指标

指标	单位	1990年	1995年	2000年	2015年	2016年	2017年	2018年
一、农业机械总动力	**亿瓦特**	**2870.8**	**3611.8**	**5257.4**	**11172.8**	**9724.6**	**9878.3**	**10037.2**
二、农林牧渔业总产值	**亿元**	**7662.1**	**20340.9**	**24915.8**	**101893.5**	**106478.7**	**109331.7**	**113579.5**
三、农林牧渔业增加值	**亿元**	**5062.0**	**12135.8**	**14944.7**	**59852.6**	**62451.0**	**64660.0**	**67540.0**
四、主要农产品产量								
粮食	万吨	44624.3	46661.8	46217.5	66060.3	66043.5	66160.7	65789.2
棉花	万吨	450.8	476.8	441.7	590.7	534.3	565.3	610.3
油料	万吨	1613.2	2250.3	2954.8	3390.5	3400.0	3475.2	3433.4
糖料	万吨	7214.5	7940.1	7635.3	11215.2	11176.0	11378.8	11937.4
黄红麻	万吨	72.6	37.1	12.6	4.8	3.4	2.9	2.9
烤烟	万吨	225.9	207.2	223.8	249.5	244.5	227.9	211.0
猪牛羊肉	万吨	2513.5	4265.3	4743.2	6702.2	6502.6	6557.5	6522.9
牛奶	万吨	415.7	576.4	827.4	3179.8	3064.0	3038.6	3074.6
禽蛋	万吨	794.6	1676.7	2182.0	3046.1	3160.5	3096.3	3128.3
水产品	万吨	1237.0	2517.2	3706.2	6211.0	6379.5	6445.3	6457.7
水果	万吨	1874.4	4214.6	6225.1	24524.6	24405.2	25241.9	25688.4
五、农村物价总指数(上年=100)								
农产品生产价格总指数	%	97.4	119.9	96.4	101.7	103.4	96.5	99.1
农村商品零售价格指数	%	103.2	116.4	98.5	100.3	100.9	101.3	102.1
农业生产资料价格指数	%	105.5	127.4	99.1	100.4	100.1	100.6	103.1
农村居民消费价格指数	%	104.5	117.5	99.9	101.3	101.9	101.3	102.1
六、农村居民人均可支配收入	**元**				**11421.7**	**12363.4**	**13432.4**	**14617**
农村居民人均消费支出	元				9222.6	10129.8	10954.5	12124.3
七、农村教育、卫生								
在校学生数								
#普通中学	万人	2739.0	2773.0	3586.3	779.5	742.7	721.3	730.5
普通小学	万人	9595.6	9306.2	8503.7	2965.9	2891.7	2775.4	2666.4
乡镇卫生院床位数	万张	72.3	73.3	73.5	119.6	122.4	129.2	133.4
乡镇卫生人员	万人		105.2	117.0	127.8	132.1	136.0	139.1

注：1.2000年以前农产品生产价格总指数为农副产品收购价格指数。
2.按照新国民经济行业分类标准,农林牧渔业总产值(增加值)包括农、林、牧、渔专业及辅助性活动产值(增加值)。
3.从2003年起，水果产量含果用瓜。
4.从2016年开始，农业机械总动力不包括三轮汽车和低速载货汽车动力。
5.从2013年起,国家统计局开展了住户收支与生活状况抽样调查,本表中的农村居民收入与支出数据来源于此调查，与2012年及以前的农村住户抽样调查的调查范围、调查方法、指标口径有所不同，数据来源于实施城乡一体化调查后的住户收支与生活状况抽样调查。
6.2012年—2016年水产品数据由农业农村部根据全国第三次农业普查结果进行了修订。

2-2 按人口平均的主要农产品产量

单位：千克/人

年 份	粮食	棉花	油料	糖料	猪牛羊肉	水产品
1949	208.9	0.8	4.7	5.2		0.8
1952	288.1	2.3	7.4	13.4		2.9
1957	306.0	2.6	6.6	18.7		4.9
1962	231.9	1.1	3.0	5.7		3.4
1965	272.0	2.9	5.1	21.5		4.2
1970	293.2	2.8	4.6	19.0		3.9
1975	310.5	2.6	4.9	20.9		4.8
1978	318.7	2.3	5.5	24.9		4.9
1980	326.7	2.8	7.8	29.7		4.6
1985	360.7	3.9	15.0	57.5		6.7
1990	393.1	4.0	14.2	63.6		10.9
1991	378.3	4.9	14.2	73.2		11.7
1992	380.0	3.9	14.1	75.6		13.4
1993	387.4	3.2	15.3	64.7		15.5
1994	373.5	3.6	16.7	61.6		17.9
1995	387.3	4.0	18.7	65.9		20.9
1996	414.4	3.5	18.2	68.7	30.3	27.0
1997	401.7	3.7	17.5	76.3	34.6	25.4
1998	412.5	3.6	18.6	78.8	37.0	27.2
1999	405.8	3.1	20.8	66.5	38.0	28.5
2000	366.0	3.5	23.4	60.5	37.6	29.4
2001	355.9	4.2	22.5	68.1	38.0	29.8
2002	357.0	3.8	22.6	80.4	38.5	30.9
2003	334.3	3.8	21.8	74.8	39.5	31.6
2004	362.2	4.9	23.7	73.8	40.4	32.8
2005	371.3	4.4	23.6	72.5	42.0	33.9
2006	379.9	5.7	20.1	79.8	42.8	35.0
2007	382.5	5.8	21.1	91.7	40.4	36.0
2008	403.4	5.5	22.9	98.2	43.0	37.0
2009	405.2	4.7	23.6	88.2	44.8	38.4
2010	418.0	4.3	23.6	84.5	46.2	40.2
2011	437.8	4.8	23.9	86.8	45.7	41.7
2012	453.3	4.9	24.3	92.2	47.8	40.6
2013	464.5	4.6	24.2	92.5	49.1	42.2
2014	468.9	4.6	24.7	88.6	50.3	43.8
2015	481.8	4.3	24.7	81.8	48.9	45.1
2016	479.0	3.9	24.7	81.1	47.2	46.3
2017	477.2	4.1	25.1	82.1	47.3	46.5
2018	472.4	4.4	24.7	85.7	46.8	46.4

注：按年平均人口计算。

2-2 续表 单位：千克/人

年 份	黄红麻	烤烟	水果	牛奶	禽蛋	茶叶
1952	0.5	0.4	4.3			0.14
1957	0.5	0.4	5.1			0.18
1962	0.2	0.2	4.1			0.11
1965	0.4	0.5	4.5			0.14
1970	0.3	0.5	4.6			0.17
1975	0.8	0.8	5.9	1.0		0.23
1978	1.1	1.1	6.9	0.9		0.28
1980	1.1	0.7	6.9	1.2		0.31
1985	3.9	2.0	11.1	2.4	5.1	0.41
1990	0.6	2.0	16.5	3.7	7.0	0.48
1991	0.4	2.3	18.9	4.0	8.0	0.47
1992	0.5	2.7	20.9	4.3	8.8	0.48
1993	0.6	2.6	25.6	4.2	10.0	0.51
1994	0.3	1.6	29.4	4.4	12.4	0.49
1995	0.3	1.7	35.0	4.8	13.9	0.49
1996	0.3	2.4	38.2	5.2	16.1	0.49
1997	0.3	3.2	41.4	4.9	15.4	0.50
1998	0.2	1.7	43.9	5.3	16.3	0.54
1999	0.1	1.7	49.8	5.7	17.0	0.54
2000	0.1	1.8	49.3	6.6	17.3	0.54
2001	0.1	1.6	52.3	8.1	17.4	0.55
2002	0.1	1.7	112.3	10.2	17.7	0.58
2003	0.1	1.6	112.7	13.6	18.1	0.60
2004	0.1	1.7	118.4	17.4	18.3	0.64
2005	0.1	1.9	123.6	21.1	18.7	0.72
2006	0.1	1.7	130.4	22.5	18.5	0.78
2007	0.1	1.7	127.5	22.4	19.3	0.77
2008	0.1	1.9	136.7	22.7	20.4	0.95
2009	0.1	2.1	143.4	22.5	20.7	1.01
2010	0.0	2.0	150.2	22.7	20.8	1.09
2011	0.1	2.1	156.4	23.1	21.1	1.20
2012	0.0	2.2	163.6	23.5	21.4	1.30
2013	0.0	2.2	167.6	22.2	21.5	1.39
2014	0.0	2.0	170.8	23.2	21.5	1.50
2015	0.0	1.8	178.9	23.2	22.2	1.66
2016	0.0	1.8	177.0	22.2	22.9	1.68
2017	0.0	1.6	182.1	21.9	22.3	1.77
2018	0.0	1.5	184.4	22.1	22.5	1.87

注：从2002年起，水果产量含果用瓜。

2-3 农村经济在国民经济中的地位

单位：亿元、%

年份	国内生产总值	#第一产业	所占比重	社会消费品零售额
1952	679.1	342.9	50.5	276.8
1957	1071.4	430.0	40.1	474.2
1962	1162.2	453.1	39.0	604.0
1965	1734.0	651.1	37.5	670.3
1970	2279.7	793.3	34.8	858.0
1975	3039.5	971.2	32.0	1271.1
1978	3678.7	1018.5	27.7	1558.6
1980	4587.6	1359.5	29.6	2140.0
1981	4935.8	1545.7	31.3	2350.0
1982	5373.4	1761.7	32.8	2570.0
1983	6020.9	1960.9	32.6	2849.4
1984	7278.5	2295.6	31.5	3376.4
1985	9098.9	2541.7	27.9	4305.0
1986	10376.2	2764.1	26.6	4950.0
1987	12174.6	3204.5	26.3	5820.0
1988	15180.4	3831.2	25.2	7440.0
1989	17179.7	4228.2	24.6	8101.4
1990	18872.9	5017.2	26.6	8300.1
1991	22005.6	5288.8	24.0	9415.6
1992	27194.5	5800.3	21.3	10993.7
1993	35673.2	6887.6	19.3	12462.1
1994	48637.5	9471.8	19.5	16264.7
1995	61339.9	12020.5	19.6	20620.0
1996	71813.6	13878.3	19.3	24774.1
1997	79715.0	14265.2	17.9	27298.9
1998	85195.5	14618.7	17.2	29152.5
1999	90564.4	14549.0	16.1	31134.7
2000	100280.1	14717.4	14.7	34152.6
2001	110863.1	15502.5	14.0	37595.2
2002	121717.4	16190.2	13.3	42027.0
2003	137422.0	16970.2	12.3	45842.0
2004	161840.2	20904.3	12.9	59501.0
2005	187318.9	21806.7	11.6	67176.6
2006	219438.5	23317.0	10.6	76410.0
2007	270092.3	27674.1	10.2	89210.0
2008	319244.6	32464.1	10.2	114830.1
2009	348517.7	33583.8	9.6	132678.4
2010	412119.3	38430.8	9.3	156998.4
2011	487940.2	44781.4	9.2	183918.6
2012	538580.0	49084.5	9.1	210307.0
2013	592963.2	53028.1	8.9	237809.9
2014	641280.6	55626.3	8.7	271896.1
2015	685992.9	57774.6	8.4	300930.8
2016	740060.8	60139.2	8.1	332316.3
2017	820754.3	62099.5	7.6	366261.6
2018	900309.5	64734.0	7.2	380986.9

注：1.社会消费品零售额，1992年及以前为社会商品零售总额数据。
2.根据最新修订的报表制度，2010年以后县及县以下的数据为镇区与乡村之和。

2-3 续表 1

单位：亿元、%

年 份	全国一般公共预算收入			全国一般公共预算支出		
	合 计	#烟叶税	耕地占用税	合 计	#农林水	所占比重
1970	662.9			649.4		
1975	815.6			820.9		
1978	1132.3			1122.1		
1980	1159.9			1228.8		
1981	1175.8			1138.4		
1982	1212.3			1230.0		
1983	1367.0			1409.5		
1984	1642.9			1701.0		
1985	2004.8			2004.3		
1986	2122.0			2204.9		
1987	2199.4		1.4	2262.2		
1988	2357.2		21.2	2491.2		
1989	2664.9		16.9	2823.8		
1990	2937.1		14.6	3083.6		
1991	3149.5		17.9	3386.6		
1992	3483.4		29.2	3742.2		
1993	4349.0		29.4	4642.3		
1994	5218.1		36.5	5792.6		
1995	6242.2		34.5	6823.7		
1996	7408.0		31.2	7937.6		
1997	8651.1		32.5	9233.6		
1998	9876.0		33.4	10798.2		
1999	11444.1		33.0	13187.7		
2000	13395.2		35.3	15886.5		
2001	16386.0		38.3	18902.6		
2002	18903.6		57.3	22053.2		
2003	21715.3		39.9	24650.0		
2004	26396.5		120.1	28486.9		
2005	31649.3		141.9	33930.3		
2006	38760.2	41.6	171.1	40422.7		
2007	51321.8	47.8	185.0	49781.4	3404.7	6.8
2008	61330.4	67.5	314.4	62592.7	4544.0	7.3
2009	68518.3	80.8	633.1	76299.9	6720.4	8.8
2010	83101.5	78.4	888.6	89874.2	8129.6	9.0
2011	103874.4	91.4	1075.5	109247.8	9937.6	9.1
2012	117253.5	131.8	1620.7	125953.0	11973.9	9.5
2013	129209.6	150.3	1808.2	140212.1	13349.6	9.5
2014	140370.0	141.1	2059.1	151785.6	14173.8	9.3
2015	152269.2	142.8	2097.2	175877.8	17380.5	9.9
2016	159605.0	130.5	2028.9	187755.2	18587.4	9.9
2017	172592.8	115.7	1651.9	203085.5	19089.0	9.4
2018	183359.8	111.4	1318.9	220904.1	21085.6	9.5

注：各年数据为财政决算数。

2-3 续表 2　　　　单位：元/人

年 份	全国居民消费水平	城镇居民	农村居民	指数(1978年=100) 城镇居民	农村居民	城乡消费水平对比(农村居民=1)
1978	184	405	138	100	100	2.9
1979	208	425	159	103	107	2.7
1980	238	490	178	110	116	2.7
1981	264	517	202	114	127	2.6
1982	284	504	227	109	141	2.2
1983	315	547	252	116	154	2.2
1984	356	621	280	128	168	2.2
1985	440	750	346	137	192	2.2
1986	496	847	385	146	201	2.2
1987	558	953	427	152	213	2.2
1988	684	1200	506	160	220	2.4
1989	785	1345	588	161	232	2.3
1990	831	1404	627	164	240	2.2
1991	916	1619	661	181	246	2.5
1992	1057	2009	701	212	250	2.9
1993	1332	2661	822	244	262	3.2
1994	1799	3645	1073	261	275	3.4
1995	2330	4769	1344	286	289	3.5
1996	2765	5382	1655	297	329	3.3
1997	2978	5645	1768	303	342	3.2
1998	3126	5909	1778	320	346	3.3
1999	3346	6351	1793	349	354	3.5
2000	3721	6999	1917	383	378	3.7
2001	3987	7324	2032	397	395	3.6
2002	4301	7745	2157	422	421	3.6
2003	4606	8104	2292	437	440	3.5
2004	5138	8880	2521	463	458	3.5
2005	5771	9832	2784	503	489	3.5
2006	6416	10739	3066	536	525	3.5
2007	7572	12480	3538	598	570	3.5
2008	8707	14061	4065	636	610	3.5
2009	9514	15127	4402	687	667	3.4
2010	10919	17104	4941	741	716	3.5
2011	13134	19912	6187	802	809	3.2
2012	14699	21861	6964	860	880	3.1
2013	16190	23609	7773	905	956	3.0
2014	17778	25424	8711	956	1050	2.9
2015	19397	27210	9679	1008	1151	2.8
2016	21285	29295	10783	1064	1258	2.7
2017	22935	31098	11691	1110	1347	2.7
2018	25002	33282	13062	1163	1474	2.5

注：1.绝对数按当年价格计算，指数按可比价格计算。
2.本表数据来源于国民经济核算资料，与城乡住户抽样调查数据的指标口径不同。

2-3 续表 3

单位：元/人

年　份	农村居民		城镇居民	
	人均可支配收入	指数(1978=100)	人均可支配收入	指数(1978=100)
1978	133.6	100.0	343.4	100.0
1979	160.2	119.2	405.0	115.7
1980	191.3	139.0	477.6	127.0
1981	223.4	160.4	500.4	129.9
1982	270.1	192.3	535.3	136.3
1983	309.8	219.6	564.6	141.5
1984	355.3	249.5	652.1	158.7
1985	397.6	268.9	739.1	160.4
1986	423.8	277.6	900.9	182.7
1987	462.6	292.0	1002.1	186.8
1988	544.9	310.7	1180.2	182.3
1989	601.5	305.7	1373.9	182.5
1990	686.3	311.2	1510.2	198.1
1991	708.6	317.4	1700.6	212.4
1992	784.0	336.2	2026.6	232.9
1993	921.6	346.9	2577.4	255.1
1994	1221.0	364.3	3496.2	276.8
1995	1577.7	383.6	4283.0	290.3
1996	1926.1	418.1	4838.9	301.6
1997	2090.1	437.3	5160.3	311.9
1998	2171.2	458.1	5418.2	329.4
1999	2229.1	477.5	5838.9	359.7
2000	2282.1	489.6	6255.7	382.3
2001	2406.9	512.3	6824.0	414.1
2002	2528.9	539.2	7652.4	469.1
2003	2690.3	564.9	8405.5	510.6
2004	3026.6	606.1	9334.8	549.0
2005	3370.2	646.6	10382.3	600.9
2006	3731.0	697.6	11619.7	662.5
2007	4327.0	767.7	13602.5	742.2
2008	4998.8	833.1	15549.4	803.5
2009	5435.1	908.3	16900.5	881.0
2010	6272.4	1012.1	18779.1	948.5
2011	7393.9	1127.4	21426.9	1028.1
2012	8389.3	1248.1	24126.7	1126.8
2013	9429.6	1364.5	26467.0	1205.4
2014	10488.9	1490.5	28843.9	1287.1
2015	11421.7	1602.3	31194.8	1371.5
2016	12363.4	1702.1	33616.2	1448.0
2017	13432.4	1825.5	36396.2	1541.6
2018	14617.0	1945.3	39250.8	1627.6

注：1.表中2013-2018年人均可支配收入来源于住户收支与生活状况调查，1978-2012年数据根据历史数据按照新口径推算获得。
2.可支配收入绝对数按当年价格计算，指数按可比价计算。

2-4　各地区农村经济在国民经济中的地位

单位：%

地　区	第一产业增加值占地区生产总值比重	镇区及乡村消费品零售额占全社会消费品零售额的比重
北　京	0.4	11.5
天　津	0.9	20.0
河　北	9.3	51.7
山　西	4.4	42.3
内蒙古	10.1	33.4
辽　宁	8.0	23.3
吉　林	7.7	23.3
黑龙江	18.3	26.2
上　海	0.3	6.6
江　苏	4.5	30.8
浙　江	3.5	36.7
安　徽	8.8	44.9
福　建	6.7	35.5
江　西	8.5	51.2
山　东	6.5	38.4
河　南	8.9	42.8
湖　北	9.0	33.1
湖　南	8.5	42.0
广　东	3.9	23.1
广　西	14.8	44.5
海　南	20.7	33.3
重　庆	6.8	33.7
四　川	10.9	43.5
贵　州	14.6	30.5
云　南	14.0	38.2
西　藏	8.8	38.7
陕　西	7.5	35.5
甘　肃	11.2	36.4
青　海	9.4	50.4
宁　夏	7.6	39.5
新　疆	13.9	26.8

2-5 各地区社会消费品零售额

(按当年价计算)　　单位：亿元

地　区	社会消费品零售总额	#镇区零售额	#乡村零售额
全　国	**380986.9**	**75446.9**	**55350.0**
北　京	11747.7	1070.3	280.1
天　津	5533.0	899.7	208.0
河　北	16537.1	4677.7	3877.3
山　西	7338.5	1719.5	1381.9
内蒙古	7311.1	1535.2	909.6
辽　宁	14142.8	1525.7	1766.4
吉　林	7520.4	914.4	840.2
黑龙江	9317.4	1226.7	1212.1
上　海	12668.7	260.7	574.8
江　苏	33230.4	6606.1	3630.1
浙　江	25007.9	4836.3	4341.2
安　徽	12100.1	3066.0	2368.2
福　建	14317.4	3681.6	1402.0
江　西	7566.4	2706.6	1166.7
山　东	33605.0	6016.8	6885.3
河　南	20594.7	4841.6	3965.7
湖　北	18333.6	3101.9	2960.2
湖　南	15638.3	5057.2	1513.4
广　东	39501.1	4136.8	4987.0
广　西	8291.6	2640.4	1050.8
海　南	1717.1	279.2	291.9
重　庆	7977.0	2269.4	421.4
四　川	18254.5	4078.0	3864.4
贵　州	3971.2	721.0	490.4
云　南	6826.0	1656.8	947.6
西　藏	597.6	135.2	96.2
陕　西	8938.3	2102.0	1072.2
甘　肃	3428.3	596.1	650.1
青　海	835.6	254.5	166.3
宁　夏	935.8	288.2	81.5
新　疆	3187.0	550.2	304.7

2-6　2018年各地区城乡居民收入水平

单位：元/人

地　区	农村居民 人均可支配收入	城镇居民 人均可支配收入	城乡居民收入水平对比 (农村居民=1)
全　国	**14617.0**	**39250.8**	**2.69**
北　京	26490.3	67989.9	2.57
天　津	23065.2	42976.3	1.86
河　北	14030.9	32977.2	2.35
山　西	11750.0	31034.8	2.64
内蒙古	13802.6	38304.7	2.78
辽　宁	14656.3	37341.9	2.55
吉　林	13748.2	30171.9	2.19
黑龙江	13803.7	29191.3	2.11
上　海	30374.7	68033.6	2.24
江　苏	20845.1	47200.0	2.26
浙　江	27302.4	55574.3	2.04
安　徽	13996.0	34393.1	2.46
福　建	17821.2	42121.3	2.36
江　西	14459.9	33819.4	2.34
山　东	16297.0	39549.4	2.43
河　南	13830.7	31874.2	2.30
湖　北	14977.8	34454.6	2.30
湖　南	14092.5	36698.3	2.60
广　东	17167.7	44341.0	2.58
广　西	12434.8	32436.1	2.61
海　南	13988.9	33348.7	2.38
重　庆	13781.2	34889.3	2.53
四　川	13331.4	33215.9	2.49
贵　州	9716.1	31591.9	3.25
云　南	10767.9	33487.9	3.11
西　藏	11449.8	33797.4	2.95
陕　西	11212.8	33319.3	2.97
甘　肃	8804.1	29957.0	3.40
青　海	10393.3	31514.5	3.03
宁　夏	11707.6	31895.2	2.72
新　疆	11974.5	32763.5	2.74

注：本表数据来源于国家统计局开展的全国住户收支与生活状况调查。

2-7 各地区城乡居民消费水平

单位：元/人

地　区	居民消费水平			城乡居民消费水平对比
		城镇居民	农村居民	(农村居民=1)
北　京	39843	42926	20195	2.1
天　津	29903	32655	16863	1.9
河　北	16722	22127	11383	1.9
山　西	14810	19790	9172	2.2
内蒙古	19665	24437	12661	1.9
辽　宁	21398	26448	11455	2.3
吉　林	17200	22394	10826	2.1
黑龙江	16994	21035	11417	1.8
上　海	43351	46015	19965	2.3
江　苏	25007	29462	16567	1.8
浙　江	29471	34598	19707	1.8
安　徽	17045	21523	12748	1.7
福　建	22996	28145	14943	1.9
江　西	15792	20760	10885	1.9
山　东	18780	24798	11270	2.2
河　南	15169	20989	10392	2.0
湖　北	19538	23996	13946	1.7
湖　南	18808	25064	12721	2.0
广　东	26054	30924	15411	2.0
广　西	14935	20159	10617	1.9
海　南	17528	22971	10956	2.1
重　庆	19248	24154	11977	2.0
四　川	17664	23484	12723	1.8
贵　州	13798	20788	9170	2.3
云　南	14250	21626	9123	2.4
西　藏	11520	23029	7452	3.1
陕　西	16160	21966	10071	2.2
甘　肃	14624	22606	9065	2.5
青　海	16557	22998	10352	2.2
宁　夏	16715	21977	10790	2.0
新　疆	16189	24191	9421	2.6

2-8 主要农产品供需情况

一、粮食

年 份	生产量 (万吨)	进口量 (万吨)	出口量 (万吨)	城镇居民人均消费 (千克/人)	农村居民人均消费 (千克/人)
1980	32056	1343	162		257.2
1981	32502	1481	126	145.4	256.1
1982	35450	1612	125	144.6	260.0
1983	38728	1344	196	144.5	259.9
1984	40731	1045	357	142.1	266.5
1985	37911	600	932	134.8	257.5
1986	39151	773	942	137.9	259.3
1987	40298	1628	737	133.9	259.4
1988	39408	1533	717	137.2	259.5
1989	40755	1658	656	133.9	262.3
1990	44624	1372	583	130.7	262.1
1991	43529	1345	1086	127.9	255.6
1992	44266	1175	1364	111.5	250.5
1993	45649	752	1535	97.8	251.8
1994	44510	920	1346	101.7	257.6
1995	46662	2081	214	97.0	256.1
1996	50454	1200	144	94.7	256.2
1997	49417	705	859	88.6	250.7
1998	51230	708	906	86.7	248.9
1999	50839	772	758	84.9	247.5
2000	46218	1357	1400	82.3	250.2
2001	45264	1738	903	79.7	238.6
2002	45706	1417	1514	78.5	236.5
2003	43070	2283	2230	79.5	222.4
2004	46947	2298	514	78.2	218.3
2005	48402	3286	1141	77.0	208.9
2006	49804	3186	723	75.9	205.6
2007	50414	3237	1118	77.6	199.5
2008	53434	4131	379	58.5	199.1
2009	53941	5223	329	81.3	189.3
2010	55911	6695	275	81.5	181.4
2011	58849	6390	288	80.7	170.7
2012	61223	8025	277	78.8	164.3
2013	63048	8645	243	121.3	178.5
2014	63965	10042	211	117.2	167.6
2015	66060	12477	164	112.6	159.5
2016	66044	11468	190	111.9	157.2
2017	66161	13062	280	109.7	154.6
2018	65789	11555	366	110.0	148.5

注：1.从2013年起,国家统计局开展了住户收支与生活状况抽样调查,本年鉴中的2013年及之后年份的城乡居民消费粮油糖数据来源于此调查，与2012年及以前的农村住户抽样调查的调查范围、调查方法、指标口径有所不同，后表同。
2.城乡居民人均粮食消费量为原粮，但城镇居民1980-2012年人均粮食消费量为加工粮。

2-8 续表 1 二、食用植物油

年份	生产量(万吨)	进口量(万吨)	出口量(万吨)	城镇居民人均消费(千克/人)	农村居民人均消费(千克/人)
1980	222		3.1		1.4
1981	292	4.4	6.3	4.8	1.9
1982	345	5.6	10.2	5.8	2.1
1983	360	3.5	15.6	6.5	2.2
1984	382	1.4	13.1	7.1	2.5
1985	401	3.5	16.2	5.8	2.6
1986	441	19.8	16.6	6.2	2.6
1987	478	51.1	5.6	6.5	3.1
1988	480	21.4	2.6	7.0	3.3
1989	496	105.6	6.2	6.2	3.3
1990	544	112.0	14.0	6.4	3.5
1991	644	61.0	9.9	6.9	3.9
1992	661	42.0	6.8	6.7	4.1
1993	965	24.0	13.6	7.1	4.1
1994	723	163.0	27.0	7.5	4.1
1995	1144	353.0	49.6	7.1	4.3
1996	947	264.0	47.3	7.1	4.5
1997	894	285.8	86.1	7.2	4.7
1998	602	205.5	30.9	7.6	4.6
1999	734	208.0	9.7	7.8	4.6
2000	835	179.0	11.2	8.2	5.5
2001	1383	165.0	13.4	8.1	7.0
2002	1531	319.0	9.8	8.5	7.5
2003	1584	541.0	6.0	9.2	6.3
2004	1235	676.0	6.5	9.3	5.3
2005	1612	621.0	22.5	9.3	6.0
2006	1986	671.0	39.9	9.4	5.8
2007	2319	838.0	16.6	9.6	6.0
2008	2419	817.1	24.9	10.3	6.2
2009	3280	816.0	11.4	9.7	5.4
2010	3916	687.0	9.2	8.8	5.5
2011	4332	657.0	12.2	9.3	6.6
2012	5176	845.0	10.0	9.1	6.9
2013	6219	810.0	11.5	10.5	9.3
2014	6534	650.0	13.4	10.6	9.0
2015	6734	676.0	13.5	10.7	9.2
2016	6908	553.0	11.4	10.6	9.3
2017	6072	577.0	20.0	10.3	9.2
2018		629.0	29.5	8.9	9.0

注：本表生产量为规模以上企业产量的快报数据。

2-8 续表 2

三、棉花

年 份	生产量(万吨)	进口量(万吨)	出口量(万吨)	全国人均产量(千克/人)
1980	270.7	88.5	0.9	2.8
1981	296.8	80.1	0.1	3.0
1982	359.8	47.3	0.4	3.5
1983	463.7	23.0	5.8	4.4
1984	625.8	4.0	18.9	5.9
1985	414.7	…	34.7	3.9
1986	354.0	…	55.8	3.2
1987	424.5	0.6	75.5	3.8
1988	414.9	3.5	46.8	3.7
1989	378.8	51.9	27.2	3.3
1990	450.8	42.0	16.7	3.9
1991	567.5	37.0	20.0	4.8
1992	450.8	28.0	14.5	3.8
1993	373.9	1.0	15.0	3.1
1994	434.1	52.6	11.1	3.6
1995	476.8	74.0	2.2	3.9
1996	420.3	6.5	0.4	3.4
1997	460.3	78.3	0.1	3.7
1998	450.1	20.9	4.5	3.6
1999	382.9	5.0	23.6	3.1
2000	441.7	4.7	29.2	3.5
2001	532.4	6.0	5.2	4.2
2002	491.6	18.0	15.0	3.8
2003	486.0	87.0	11.2	3.8
2004	632.4	191.0	0.9	4.9
2005	571.4	257.0	0.5	4.4
2006	753.3	364.0	1.3	5.2
2007	759.7	246.0	2.1	5.8
2008	723.2	211.0	1.6	5.5
2009	623.6	153.0	0.8	4.7
2010	577.0	284.0	0.6	4.3
2011	651.9	336.0	2.6	4.8
2012	660.8	513.0	1.8	4.9
2013	628.2	415.0	0.7	4.6
2014	629.9	244.0	1.3	4.6
2015	590.7	147.0	2.9	4.3
2016	534.3	90.0	0.8	3.9
2017	565.3	116.0	1.7	4.1
2018	610.3	157.0	4.7	4.4

2-8 续表 3　　四、糖料

年份	糖料生产量(万吨)	食糖进口量(万吨)	食糖出口量(万吨)	城镇居民人均食糖消费(千克/人)	农村居民人均食糖消费(千克/人)
1980	2911.3	91.2	30.1		1.1
1981	3602.8	102.9	12.5	2.9	1.1
1982	4359.4	217.7	6.7	2.8	1.2
1983	4032.3	190.0	6.0	2.8	1.3
1984	4780.4	123.0	5.2	2.9	1.3
1985	6046.8	191.0	18.4	2.5	1.5
1986	5852.5	118.0	26.6	2.6	1.6
1987	5550.4	183.0	45.2	2.5	1.7
1988	6187.5	371.0	24.8	2.6	1.4
1989	5803.8	158.0	43.0	2.4	1.5
1990	7214.5	113.0	57.0	2.1	1.5
1991	8418.7	101.0	34.3	1.8	1.4
1992	8808.0	110.0	167.0	1.9	1.5
1993	7624.2	45.0	185.0	1.8	1.4
1994	7345.2	155.2	94.7	1.9	1.3
1995	7940.1	295.0	48.0	1.7	1.3
1996	8360.2	125.0	66.5	1.7	1.4
1997	9386.5	78.3	37.9	1.6	1.4
1998	9790.4	50.8	43.6	1.8	1.4
1999	8334.1	42.0	36.7	1.8	1.5
2000	7635.3	64.1	41.5	1.7	1.3
2001	8655.1	120.0	19.6	1.7	1.4
2002	10292.7	118.3	32.6	—	1.6
2003	9641.6	78.0	10.3	—	1.2
2004	9570.7	121.0	8.5	—	1.1
2005	9451.9	139.0	35.8	—	1.1
2006	10460.0	137.0	15.4	—	1.1
2007	12082.4	119.0	11.1	—	1.1
2008	13006.0	78.0	6.2	—	1.1
2009	11746.9	106.0	6.4	—	1.1
2010	11303.4	177.0	9.4	—	1.0
2011	11663.1	292.0	5.9	—	1.0
2012	12451.8	375.0	4.7	—	1.2
2013	12555.0	455.0	4.8	1.3	1.2
2014	12088.7	349.0	4.6	1.3	1.3
2015	11215.2	485.0	7.5	1.3	1.3
2016	11176.0	306.0	14.9	1.3	1.4
2017	11378.8	229.0	15.8	1.3	1.4
2018	11937.4	280.0	19.6	1.3	1.3

农村基本情况与农业生产条件

3-1 全国乡村人口和乡村就业人员情况

单位：万人、%

年 份	乡村人口		乡村就业人员数(年末)		
	人口数	占总人口比重		第一产业	第一产业人员所占比重
1978	79014	82.1	30638	28318	92.4
1980	79565	80.6	31836	29122	91.5
1985	80757	76.3	37065	31130	84.0
1990	84138	73.6	47708	38914	81.6
1991	84620	73.1	48026	39098	81.4
1992	84996	72.5	48291	38699	80.1
1993	85344	72.0	48546	37680	77.6
1994	85681	71.5	48802	36628	75.1
1995	85947	71.0	49025	35530	72.5
1996	85085	69.5	49028	34820	71.0
1997	84177	68.1	49039	34840	71.0
1998	83153	66.7	49021	35177	71.8
1999	82038	65.2	48982	35768	73.0
2000	80837	63.8	48934	36043	73.7
2001	79563	62.3	48674	36399	74.8
2002	78241	60.9	48121	36640	76.1
2003	76851	59.5	47506	36204	76.2
2004	75705	58.2	46971	34830	74.2
2005	74544	57.0	46258	33442	72.3
2006	73160	55.7	45348	31941	70.4
2007	71496	54.1	44368	30731	69.3
2008	70399	53.0	43461	29923	68.9
2009	68938	51.7	42506	28890	68.0
2010	67113	50.1	41418	27931	67.4
2011	65656	48.7	40506	26594	65.7
2012	64222	47.4	39602	25773	65.1
2013	62961	46.3	38737	24171	62.4
2014	61866	45.2	37943	22790	60.1
2015	60346	43.9	37041	21919	59.2
2016	58793	42.5	36175	21496	59.4
2017	57661	41.5	35178	20944	59.5
2018	56401	40.4	34167	20258	59.3

注：1.本表人口1981年及以前数据为户籍统计数;1982、1990、2000、2010年人口数据为当年人口普查数据推算数；其余年份人口数据为在年度人口抽样调查基础上，根据人口普查数据修订数(下表同)。
2.本表全国乡村就业人员小计1990年及以后的数据为根据劳动力调查、人口普查的推算数，2001年及以后数据根据第六次人口普查重新修订，因此与相应年份的分地区、分登记注册类型、分行业资料的分项数据之和不一致(下表同)。
3.资料来源:《中国统计年鉴》。

3-2 各地区乡村人口和乡村就业人员

单位：万人、%

地 区	乡村人口		乡村就业人员数(年末)	
	人口数	占总人口比重		第一产业
全 国	**56401**	**40.4**	**34167**	**20258**
北 京	291	13.5		
天 津	263	16.9		
河 北	3292	43.6		
山 西	1546	41.6		
内蒙古	945	37.3		
辽 宁	1391	31.9		
吉 林	1148	42.5		
黑龙江	1505	39.9		
上 海	288	11.9		
江 苏	2447	30.4		
浙 江	1784	31.1		
安 徽	2865	45.3		
福 建	1347	34.2		
江 西	2044	44.0		
山 东	3900	38.8		
河 南	4638	48.3		
湖 北	2349	39.7		
湖 南	3034	44.0		
广 东	3324	29.3		
广 西	2452	49.8		
海 南	382	40.9		
重 庆	1070	34.5		
四 川	3979	47.7		
贵 州	1889	52.5		
云 南	2521	52.2		
西 藏	237	68.9		
陕 西	1618	41.9		
甘 肃	1379	52.3		
青 海	275	45.5		
宁 夏	283	41.1		
新 疆	1221	49.1		

注：1.本表人口数据根据2018年人口变动情况抽样调查数据推算。
2.分省就业人口数据由各省推算，国家不发布各省分城乡、分产业就业人口数据。

3-3 农村居民家庭户主文化程度

指　标	单位	2013年	2014年	2015年	2016年	2017年	2018年
未上过学	%	4.7	4.4	3.8	3.3	3.2	3.9
小学程度	%	32.3	31.8	30.7	29.9	29.8	32.8
初中程度	%	51.0	51.5	53.1	54.6	54.7	50.3
高中程度	%	10.7	10.9	11.1	10.7	10.8	11.1
大学专科程度	%	1.2	1.2	1.2	1.2	1.3	1.6
大学本科及以上	%	0.2	0.2	0.2	0.2	0.2	0.3

注：本表数据来源于国家统计局住户收支与生活状况调查。

3-4 主要农业机械年末拥有量

年 份	农业机械总动力(亿瓦)	大中型拖拉机(台)	小 型拖拉机(万台)	大中型拖拉机配套农具(万部)	谷物联合收割机(台)
1957	12.1	14674			1789
1962	75.7	54938	0.1	19.2	5906
1965	109.9	72599	0.4	25.8	6704
1970	216.5	125498	7.8	34.6	8002
1975	747.9	344518	59.9	90.8	12551
1978	1175.0	557358	137.3	119.2	18987
1979	1337.9	666823	167.1	131.3	23026
1980	1474.6	744865	187.4	136.9	27045
1981	1568.0	792032	203.7	139.0	31268
1982	1661.4	812447	228.7	137.4	33904
1983	1802.2	840776	275.0	130.8	35728
1984	1949.7	853914	329.8	117.0	35861
1985	2091.3	852357	382.4	112.8	34573
1986	2295.0	866463	452.6	100.6	30945
1987	2483.6	880952	530.0	103.5	33802
1988	2657.5	870187	595.8	97.1	35004
1989	2806.7	848220	654.3	99.1	36582
1990	2870.8	813521	698.1	97.4	38719
1991	2938.9	784466	730.4	99.1	43996
1992	3030.8	758904	750.7	104.4	51075
1993	3181.7	721216	788.3	100.1	56304
1994	3380.3	693154	823.7	98.0	63918
1995	3611.8	671846	864.6	99.1	75351
1996	3854.7	670848	918.9	105.0	96378
1997	4201.6	689051	1048.5	115.7	141312
1998	4520.8	725215	1122.1	120.4	182629
1999	4899.6	784216	1200.3	132.0	226036
2000	5257.4	974547	1264.4	140.0	262578
2001	5517.2	829900	1305.1	146.9	282871
2002	5793.0	911670	1339.4	157.9	310147
2003	6038.7	980560	1377.7	169.8	365041
2004	6402.8	1118636	1454.9	188.7	410520
2005	6839.8	1395981	1526.9	226.2	480378
2006	7252.2	1718247	1567.9	261.5	565578
2007	7659.0	2062731	1619.1	308.3	633784
2008	8219.0	2995214	1722.4	435.4	743474
2009	8749.6	3515757	1750.9	542.1	858372
2010	9278.0	3921723	1785.8	612.9	992062
2011	9773.5	4406471	1811.3	699.0	1113708
2012	10255.9	4852400	1797.2	763.5	1278821
2013	10390.7	5270200	1752.3	826.6	1421000
2014	10805.7	5679500	1729.8	889.6	1584600
2015	11172.8	6072900	1703.0	962.0	1739000
2016	9724.6	6453546	1671.6	1028.1	1902008
2017	9878.3	6700800	1634.2	1070.0	1985400
2018	10037.2	4219893	1818.3	422.6	2059200

注：1. 2018年，农业农村部根据工业和信息化部标准对拖拉机的分类重新定义，把大中型拖拉机和小型拖拉机的分类标准由发动机功率14.7千瓦改为22.1千瓦，大中型拖拉机配套农具口径改为“与58.8千瓦及以上拖拉机配套”。同时，取消小型拖拉机配套农具和农用排灌机相关指标。

2.自2008年起使用农业农村部统计数字，取消渔用机动船指标(以下表同)。

3-5　主要农业机械年末拥有量及增长情况

指　　标	单　位	1990年	1995年	2000年	2016年	2017年	2018年	2018年为2017年百分比(%)
一、农业机械总动力	**万千瓦**	**28707.7**	**36118.1**	**52573.6**	**97245.6**	**98783.3**	**100371.7**	**101.6**
柴油发动机动力	万千瓦		24176.3	39140.0	75220.3	76420.4	77893.0	101.9
汽油发动机动力	万千瓦		3433.9	3128.9	3640.7	3747.8	4018.2	107.2
电动机动力	万千瓦		8443.7	10126.7	18299.7	18527.6	18341.9	99.0
其他机械动力	万千瓦		64.2	89.9	84.9	87.5	118.7	135.7
二、主要农业机械与设备								
大中型拖拉机	万台	81.4	67.2	97.5	645.4	670.1	422.0	63.0
小型拖拉机	万台	698.1	864.6	1264.4	1671.6	1634.2	1818.3	111.3
大中型拖拉机配套农具	万部	97.4	99.1	140.0	1028.1	1070.0	422.6	
小型拖拉机配套农具	万部	648.8	958.0	1788.8	2994.0	2931.4		
农用排灌电动机	万台	430.8	535.2	741.3	1313.9	1316.3		
农用排灌柴油机	万台	411.1	491.2	688.1	940.8	930.2		
联合收获机	万台	3.9	7.5	26.2	190.2	198.5	205.9	103.7
机动脱粒机	万台	493.3	605.9	876.2	1063.8	1041.0	1039.5	99.9
机电井	万眼			435.8	487.2	496.0	510.1	102.9
节水灌溉类机械	万套	39.3	58.6	91.9	226.0	228.7	240.2	105.0
农用水泵	万台	723.9	903.5	1392.5	2241.3	2232.7	2289.2	102.5

注：2013年以后机电井包含规模以下机电井，2013年以前不包括。

3-6 各地区主要农业机械年末拥有量

地　区	农业机械总动力（万千瓦）		大中型拖拉机（万台）	
	2017年	2018年	2017年	2018年
全　国	**98783.3**	**100371.7**	**670.1**	**422.0**
北　京	133.5	125.7	0.7	0.5
天　津	464.7	348.0	1.6	1.4
河　北	7580.6	7706.2	31.5	27.3
山　西	1376.3	1441.1	13.1	9.9
内蒙古	3483.6	3663.7	79.7	31.6
辽　宁	2215.1	2243.7	25.1	17.0
吉　林	3284.7	3466.0	58.4	31.6
黑龙江	5813.8	6084.7	106.1	55.2
上　海	121.8	94.0	0.8	0.7
江　苏	4991.4	5017.7	18.0	16.5
浙　江	2072.3	2009.3	1.4	1.3
安　徽	6312.9	6543.8	26.0	22.8
福　建	1232.4	1228.3	0.5	0.5
江　西	2309.6	2382.0	3.2	3.8
山　东	10144.0	10415.2	60.4	47.9
河　南	10038.3	10204.5	45.9	35.3
湖　北	4335.1	4424.6	19.0	16.2
湖　南	6254.8	6338.6	14.1	11.3
广　东	2410.8	2429.9	3.0	2.4
广　西	3658.3	3750.8	5.2	5.1
海　南	569.8	565.8	3.5	2.0
重　庆	1352.6	1428.1	0.5	0.2
四　川	4420.3	4603.9	13.4	7.4
贵　州	2181.4	2376.7	4.2	1.8
云　南	3534.5	2693.5	32.1	7.9
西　藏	523.1	545.8	12.9	6.7
陕　西	2242.5	2311.8	12.4	9.8
甘　肃	2018.6	2102.8	18.9	8.9
青　海	462.4	472.1	1.8	1.2
宁　夏	605.4	621.9	6.1	3.9
新　疆	2638.8	2731.8	50.9	33.6

注：2018年，农业农村部根据工业和信息化部标准对拖拉机的分类重新定义，把大中型拖拉机和小型拖拉机的分类标准由发动机功率14.7千瓦改为22.1千瓦，大中型拖拉机配套农具口径改为“与58.8千瓦及以上拖拉机配套”。同时，取消小型拖拉机配套农具和农用排灌机相关指标。

3-6 续表 1

地　区	大中型拖拉机配套农具(万部)		小型拖拉机(万台)	
	2017年	2018年	2017年	2018年
全　国	**1070.0**	**422.6**	**1634.2**	**1818.3**
北　京	0.9	0.2	0.1	0.2
天　津	3.3	1.9	0.2	0.3
河　北	59.8	40.6	129.0	122.3
山　西	25.5	8.9	24.2	28.1
内蒙古	135.1	17.9	35.6	85.7
辽　宁	33.6	16.0	32.0	40.8
吉　林	92.0	12.4	61.8	90.2
黑龙江	145.0	41.6	54.4	105.7
上　海	2.2	0.4	0.2	0.3
江　苏	35.3	25.8	71.2	67.4
浙　江	2.4	0.6	10.9	10.3
安　徽	59.7	40.2	207.2	207.9
福　建	0.6	0.3	9.2	8.8
江　西	3.8	3.3	36.2	34.1
山　东	110.3	58.4	187.6	201.3
河　南	105.2	63.2	317.5	318.5
湖　北	40.6	18.4	115.1	116.5
湖　南	7.0	4.3	29.0	28.4
广　东	4.7	2.1	32.0	32.0
广　西	7.6	3.0	51.2	51.8
海　南	1.6	1.5	6.5	6.7
重　庆	0.4	0.2	0.9	0.5
四　川	6.9	2.3	9.7	15.3
贵　州	1.7	0.2	11.3	12.4
云　南	6.8	3.5	37.5	30.5
西　藏	13.5	0.1	13.7	20.6
陕　西	22.4	11.5	21.4	22.0
甘　肃	41.7	6.6	63.0	73.5
青　海	1.9	0.9	25.2	25.8
宁　夏	10.0	2.5	15.5	17.3
新　疆	88.7	34.2	25.3	43.2

注：2018年起大中型拖拉机配套农具统计口径变更为“与58.8千瓦及以上拖拉机配套”，统计口径与往年不可比。

3-6 续表 2 单位：万台

地　区	农用水泵		谷物联合收割机	
	2017年	2018年	2017年	2018年
全　国	**2232.7**	**2289.2**	**198.5**	**205.9**
北　京	2.9	2.9	0.1	0.1
天　津	8.5	8.3	0.6	0.5
河　北	164.7	155.2	15.6	16.1
山　西	9.6	10.3	2.8	3.1
内蒙古	42.6	43.4	3.5	3.9
辽　宁	118.4	116.3	2.9	3.1
吉　林	60.3	60.5	8.3	9.1
黑龙江	48.0	48.3	14.1	15.1
上　海	1.6		0.2	0.2
江　苏	67.5	67.5	17.5	17.7
浙　江	81.3	76.9	1.8	1.8
安　徽	180.7	178.9	20.6	21.5
福　建	19.6	20.9	1.0	1.0
江　西	46.0	47.5	7.9	8.2
山　东	294.9	294.6	30.5	31.5
河　南	215.3	219.5	27.8	28.8
湖　北	111.4	109.0	9.9	10.2
湖　南	227.7	235.1	12.8	13.0
广　东	82.1	77.1	2.8	2.8
广　西	94.0	96.2	3.4	3.6
海　南	16.0	17.3	0.5	0.5
重　庆	95.0	94.2	1.1	1.1
四　川	92.0	132.2	3.6	3.7
贵　州	60.7	61.5	0.3	0.3
云　南	34.1	57.1	0.8	0.9
西　藏	0.6	0.6	0.5	0.5
陕　西	33.6	34.1	4.3	4.2
甘　肃	12.4	12.7	1.0	1.1
青　海	0.2	0.2	0.3	0.3
宁　夏	3.6	3.6	0.9	0.9
新　疆	7.5	7.4	1.2	1.3

3-6 续表 3

地 区	机动脱粒机（万部）		节水灌溉类机械（万套）	
	2017年	2018年	2017年	2018年
全 国	**1041.0**	**1039.5**	**228.7**	**240.2**
北 京	0.4	0.4	1.5	1.5
天 津	2.0	1.7	0.2	0.3
河 北	16.8	16.0	6.0	5.8
山 西	5.1	5.2	1.2	1.3
内蒙古	12.6	12.8	7.7	7.9
辽 宁	14.2	13.9	13.0	12.5
吉 林	16.1	6.0	4.1	4.8
黑龙江	16.3	16.0	4.0	5.4
上 海	0.0	0.0	0.8	
江 苏	8.3	7.7	7.0	7.6
浙 江	25.4	17.5	2.9	3.0
安 徽	33.3	33.3	21.0	21.2
福 建	9.7	9.8	2.4	2.5
江 西	28.7	27.4	13.4	13.7
山 东	39.5	39.7	52.7	53.3
河 南	52.7	51.8	21.9	22.7
湖 北	37.0	40.6	12.0	11.7
湖 南	119.4	118.9	5.0	9.3
广 东	54.7	54.6	14.7	13.9
广 西	97.5	99.3	13.9	13.6
海 南	4.7	5.0	0.8	1.3
重 庆	71.2	72.5	0.2	0.2
四 川	169.7	168.8	2.7	3.4
贵 州	65.9	76.7	2.5	2.4
云 南	45.4	48.4	3.6	5.4
西 藏	5.6	5.6		
陕 西	48.9	49.3	4.4	6.1
甘 肃	28.1	28.6	2.1	2.4
青 海	4.4	4.4	0.1	0.2
宁 夏	2.0	2.0	0.8	0.8
新 疆	5.6	5.6	6.4	6.3

3-6 续表 4 单位：千公顷

地　区	机耕面积		机播面积		机收面积	
	2017年	2018年	2017年	2018年	2017年	2018年
全　国	**122704.0**	**123611.1**	**90045.7**	**94440.6**	**94900.5**	**100260.5**
北　京	11.0	20.1	59.4	51.8	51.4	42.1
天　津	323.7	308.4	377.7	397.1	349.6	354.4
河　北	5484.5	4984.5	6825.2	6747.9	5534.1	5815.8
山　西	2733.2	2669.8	2617.0	2634.3	1854.6	1896.3
内蒙古	6061.1	6882.0	7069.2	7824.3	5272.3	6150.0
辽　宁	3839.1	4309.3	3487.0	3947.6	2422.2	2915.9
吉　林	5036.1	4911.3	5491.8	5449.0	4355.5	4563.1
黑龙江	14251.2	14211.3	14166.3	14251.6	13570.8	13812.8
上　海	280.7	280.1	77.1	85.6	118.2	104.9
江　苏	5829.0	6204.1	4640.0	4587.0	5108.0	5097.0
浙　江	1406.7	1351.8	317.5	349.3	844.6	768.5
安　徽	7591.3	7489.5	5505.3	5750.1	6700.3	7248.9
福　建	1072.4	901.6	159.7	174.7	500.1	509.9
江　西	4306.1	4347.3	1319.6	1427.4	3725.1	3768.1
山　东	6133.6	6426.0	8204.5	9649.2	7872.0	9127.9
河　南	9210.7	9614.6	10739.1	11561.8	10471.7	11189.8
湖　北	5929.3	6065.0	2685.6	3035.9	4360.0	4569.2
湖　南	6406.9	6459.1	1745.1	1864.0	4698.4	4725.4
广　东	4014.1	3614.8	342.2	368.3	1797.5	1747.7
广　西	5129.4	5148.9	1162.4	1276.0	2718.7	2946.3
海　南	400.5	404.0	5.9	5.9	221.6	225.5
重　庆	2173.2	2173.6	203.2	211.6	577.8	588.0
四　川	5319.3	5142.3	1365.6	1434.2	2626.4	2590.6
贵　州	3034.1	3398.3	118.4	120.6	469.7	620.3
云　南	2903.6	2919.1	219.5	238.5	624.4	649.0
西　藏	157.6	157.1	135.4	135.1	117.2	118.2
陕　西	2780.9	2848.1	2054.0	2064.5	1876.2	1936.2
甘　肃	3327.6	3014.3	1824.7	1806.0	1364.9	1388.7
青　海	411.6	404.2	299.3	302.8	238.8	244.0
宁　夏	946.3	932.3	736.2	717.5	622.1	610.4
新　疆	6199.3	6018.3	6091.9	5970.9	3836.4	3935.6

3-7 农村电力、灌溉面积、化肥施用量情况

年 份	乡村(农村)办水电站		农村用电量	耕地灌溉面积	农用化肥施用量(折纯)
	个 数 (个)	装机容量 (万千瓦)	(亿千瓦时)	(千公顷)	(万吨)
1952	98	0.8	0.5	19959.0	7.8
1957	544	2.0	1.4	27339.0	37.3
1962	7436	25.2	16.1	30545.0	63.0
1965			37.1		194.2
1978	82387	228.4	253.1	44965.0	884.0
1979	83224	276.3	282.7	45003.1	1086.3
1980	80319	304.1	320.8	44888.1	1269.4
1981	74017	336.0	369.9	44573.8	1334.9
1982	66256	353.0	396.9	44176.9	1513.4
1983	62328	346.3	435.2	44644.1	1659.8
1984	60062	361.5	464.0	44453.0	1739.8
1985	55754	380.2	508.9	44035.9	1775.8
1986	54136	387.9	586.7	44225.8	1930.6
1987	51978	394.1	658.8	44403.0	1999.3
1988	51558	461.1	712.0	44375.9	2141.5
1989	50862	416.8	790.5	44917.2	2357.1
1990	52387	428.8	844.5	47403.1	2590.3
1991	49644	456.9	963.2	47822.1	2805.1
1992	48082	478.7	1107.1	48590.1	2930.2
1993	45153	481.9	1244.9	48727.9	3151.9
1994	48722	503.6	1473.9	48759.1	3317.9
1995	40699	519.5	1655.7	49281.6	3593.7
1996	37743	533.7	1812.7	50381.6	3827.9
1997	36117	562.5	1980.1	51238.5	3980.7
1998	33185	634.8	2042.2	52295.6	4083.7
1999	31678	664.1	2173.4	53158.4	4124.3
2000	29962	698.5	2421.3	53820.3	4146.4
2001	29183	896.6	2610.8	54249.4	4253.8
2002	27633	812.2	2993.4	54354.9	4339.4
2003	26696	862.3	3432.9	54014.2	4411.6
2004	27115	993.8	3933.0	54478.4	4636.6
2005	26726	1099.2	4375.7	55029.3	4766.2
2006	27493	1243.0	4895.8	55750.5	4927.7
2007	27664	1366.6	5509.9	56518.3	5107.8
2008	44433	5127.4	5713.2	58471.7	5239.0
2009	44804	5512.1	6104.4	59261.4	5404.4
2010	45815	5924.0	6632.3	60347.7	5561.7
2011	45151	6212.3	7139.6	61681.6	5704.2
2012	45799	6568.6	8104.9	63036.4	5838.8
2013	46849	7118.6	8549.5	63473.3	5911.9
2014	47073	7322.1	8884.4	64539.5	5995.9
2015	47340	7583.0	9026.9	65872.6	6022.6
2016	47529	7791.1	9238.3	67140.6	5984.1
2017	47498	7927.0	9524.4	67815.6	5859.4
2018	46515	8043.5	9358.5	68271.6	5653.4

注：2008年起乡村办水电站统计口径变更为农村水电。农村水电是指装机容量5万千瓦及以下水电站和配套电网(以下表同)。

3-8　农村电力和农田水利建设情况

指　　标	单 位	1990年	1995年	2000年	2016年	2017年	2018年	2018年为2017年百分比(%)
一、乡村办水电站	**个**	**52387**	**40699**	**29962**	**47529**	**47498**	**46515**	**97.9**
装机容量	万千瓦	428.8	519.5	698.5	7791.1	7927.0	8043.5	101.5
发电量	亿千瓦时		134.1	205.0	2682.2	2477.2	2345.6	94.7
二、农村用电量	**亿千瓦时**	**844.5**	**1655.7**	**2421.3**	**9238.3**	**9524.4**	**9358.5**	**98.3**
三、农田水利建设情况								
耕地灌溉面积	千公顷	47403.1	49281.2	53820.3	67140.6	67815.6	68271.6	100.7

注：2008年起乡村办水电站统计口径变更为农村水电，统计口径与往年不可比。

3-9　农用化肥、农膜、柴油和农药使用量

指　　标	单 位	1990年	1995年	2000年	2016年	2017年	2018年	2018年为2017年百分比(%)
一、化肥施用量(折纯量)	**万吨**	**2590.3**	**3593.7**	**4146.4**	**5984.1**	**5859.4**	**5653.4**	**96.5**
氮　肥	万吨	1638.4	2021.9	2161.5	2310.5	2221.8	2065.4	93.0
磷　肥	万吨	462.4	632.4	690.5	830.0	797.6	728.9	91.4
钾　肥	万吨	147.9	268.5	376.5	636.9	619.7	590.3	95.2
复合肥	万吨	341.6	670.8	917.9	2207.1	2220.3	2268.8	102.2
二、农用塑料薄膜使用量	**万吨**	**48.2**	**91.5**	**133.5**	**260.4**	**252.8**	**246.5**	**97.5**
#地膜使用量	万吨		47.0	72.2	147.0	143.7	140.4	97.7
地膜覆盖面积	千公顷		6493.0	10624.8	18401.2	18657.2	17764.7	95.2
三、农用柴油使用量	**万吨**		**1087.8**	**1405.0**	**2117.1**	**2095.1**	**2003.4**	**95.6**
四、农药使用量	**万吨**	**73.3**	**108.7**	**128.0**	**174.0**	**165.5**	**150.4**	**90.8**

3-10 各地区农村电力和农田水利建设情况

地区	乡村办水电站（个）		装机容量（万千瓦）		发电量（万千瓦时）		农村用电量（亿千瓦时）	
	2017年	2018年	2017年	2018年	2017年	2018年	2017年	2018年
全国	**47498**	**46515**	**7927.0**	**8043.5**	**24772495**	**23456083**	**9524.4**	**9358.5**
北京	72	72	4.3	4.3	2430	2430	61.5	65.1
天津	1	1	0.6	0.6	333	1469	40.3	36.9
河北	250	251	39.6	40.4	61054	67103	615.2	505.2
山西	149	148	19.9	20.7	39129	42452	99.3	101.4
内蒙古	40	38	9.5	9.5	19632	19325	78.9	85.5
辽宁	188	189	44.4	45.4	69017	81074	528.0	306.2
吉林	261	266	58.9	60.3	160373	179867	53.0	54.9
黑龙江	86	87	37.3	38.4	88602	93647	79.8	82.8
上海							1013.2	1053.4
江苏	29	30	4.0	4.0	9619	8915	1888.0	1933.1
浙江	3179	3125	405.5	410.0	850917	834464	976.7	1008.3
安徽	826	785	111.4	111.2	255110	249476	171.3	180.8
福建	6522	6168	741.7	739.1	2330107	1861904	388.4	403.9
江西	3955	3868	340.3	345.0	966182	732371	108.5	112.5
山东	127	124	8.9	8.9	6096	5158	488.5	416.2
河南	531	534	50.4	50.9	107048	105334	328.8	330.6
湖北	1724	1663	380.7	386.2	1191820	935802	156.6	165.2
湖南	4512	4485	635.8	638.0	1945672	1738922	128.6	130.8
广东	9847	9789	759.7	760.2	2061747	1675262	1414.8	1443.1
广西	2420	2416	459.4	458.0	1427558	1309217	103.5	108.2
海南	346	354	45.7	49.4	141428	153719	15.5	17.4
重庆	1554	1548	267.2	287.4	792445	725152	80.2	79.5
四川	4982	4844	1179.2	1201.1	4260817	4347891	188.4	198.6
贵州	1517	1483	347.6	350.8	1022253	1055652	95.1	98.4
云南	1985	1951	1198.5	1212.8	4296614	4305958	102.3	104.9
西藏	375	381	36.9	37.6	85774	86225	1.3	1.6
陕西	693	693	149.6	157.8	396179	422839	130.8	133.6
甘肃	689	598	262.7	279.2	975145	1094117	55.9	59.1
青海	251	251	109.7	109.7	480702	521638	6.4	6.6
宁夏	3	3	0.6	0.6	710	690	14.6	15.1
新疆	380	366	204.9	213.8	689081	766399	111.1	119.5
水利部属	4	4	12.2	12.2	38901	31608		

3-10 续表

单位：千公顷

地区	耕地灌溉面积					
	2017年	2018年				
			实际耕地灌溉面积	新增耕地灌溉面积	节水灌溉面积	新增节水灌溉面积
全　国	**67815.6**	**68271.6**	**58573.6**	**828.5**	**36134.7**	**2022.4**
北　京	115.5	109.7	97.0	0.5	211.2	20.0
天　津	306.6	304.7	275.1		245.7	10.8
河　北	4474.7	4492.3	4066.4	60.4	3591.4	230.4
山　西	1511.2	1518.7	1481.8	20.0	985.2	37.8
内蒙古	3174.8	3196.5	2621.9	25.0	2926.0	129.5
辽　宁	1610.6	1619.3	1374.9	26.5	968.0	47.8
吉　林	1893.1	1893.1	1431.3		800.6	42.0
黑龙江	6031.0	6119.6	4896.5	115.9	2151.0	106.7
上　海	190.8	190.8	190.8		146.8	1.5
江　苏	4131.9	4179.8	3777.3	56.5	2767.2	150.3
浙　江	1444.7	1440.8	1323.7	10.5	1117.7	35.6
安　徽	4504.1	4538.3	3633.0	42.4	1025.3	49.7
福　建	1064.8	1085.2	891.7	22.5	700.5	44.3
江　西	2039.4	2032.0	1732.8	14.2	595.6	50.9
山　东	5191.1	5236.0	4805.4	60.9	3372.3	187.8
河　南	5273.6	5288.7	4549.1	45.1	1997.9	139.0
湖　北	2919.2	2931.9	2479.9	24.7	488.5	44.9
湖　南	3145.9	3164.0	2440.4	24.1	431.1	35.9
广　东	1774.6	1775.2	1628.0	0.6	418.2	92.0
广　西	1669.9	1706.9	1461.0	47.6	1137.7	74.1
海　南	289.3	290.5	217.1	1.5	95.2	6.2
重　庆	694.3	696.9	423.7	4.1	249.2	17.0
四　川	2873.1	2932.5	2406.5	62.1	1762.7	63.7
贵　州	1114.1	1132.2	941.0	20.4	341.0	13.0
云　南	1851.4	1898.1	1584.5	66.8	941.2	77.1
西　藏	261.2	264.5	250.0	17.5	31.9	1.6
陕　西	1263.1	1275.0	1045.6	28.0	965.5	57.1
甘　肃	1331.4	1337.5	1168.6	10.8	1066.2	80.8
青　海	206.6	214.0	190.5	7.8	129.4	14.6
宁　夏	511.5	523.4	473.2	12.0	385.7	26.5
新　疆	4952.3	4883.5	4715.1		4088.8	133.7

3-11 各地区农用化肥施用量

(按折纯法计算) 单位：万吨

地 区	农用化肥施用量		1. 氮肥		2. 磷肥	
	2017年	2018年	2017年	2018年	2017年	2018年
全 国	**5859.4**	**5653.4**	**2221.8**	**2065.4**	**797.6**	**728.9**
北 京	8.5	7.3	3.8	3.0	0.5	0.4
天 津	18.0	16.9	6.6	5.6	2.3	2.0
河 北	322.0	312.4	140.3	114.5	43.7	23.9
山 西	112.0	109.6	28.2	25.3	13.1	11.6
内蒙古	235.0	222.7	94.9	86.1	43.5	40.8
辽 宁	145.5	145.0	56.9	54.8	10.0	10.0
吉 林	231.0	228.3	63.3	58.4	6.5	6.3
黑龙江	251.2	245.6	85.5	83.6	52.6	49.5
上 海	8.9	8.4	4.3	3.8	0.6	0.6
江 苏	303.9	292.5	151.4	145.6	36.8	34.0
浙 江	82.6	77.8	42.9	40.1	9.3	8.6
安 徽	318.7	311.8	100.7	95.6	32.4	28.2
福 建	116.3	110.7	44.4	41.9	16.5	15.5
江 西	135.0	123.2	38.1	34.0	20.5	18.5
山 东	440.0	420.3	139.2	130.7	45.2	42.1
河 南	706.7	692.8	220.0	201.7	108.1	96.3
湖 北	317.9	295.8	128.2	113.1	54.6	46.0
湖 南	245.3	242.6	97.9	94.1	26.0	25.5
广 东	258.3	231.3	103.6	88.6	24.8	27.0
广 西	263.8	255.0	76.0	73.8	31.0	30.0
海 南	51.4	48.4	15.6	14.8	3.4	3.1
重 庆	95.5	93.2	47.2	45.9	16.9	16.6
四 川	242.0	235.2	117.0	112.1	47.1	45.4
贵 州	95.7	89.5	46.5	40.1	11.5	10.6
云 南	231.9	217.4	112.9	105.0	34.7	31.3
西 藏	5.5	5.2	1.8	1.5	1.0	0.9
陕 西	232.1	229.6	90.0	88.9	18.6	17.9
甘 肃	84.5	83.2	34.1	33.2	15.6	15.5
青 海	8.7	8.3	3.5	3.5	1.5	1.4
宁 夏	40.8	38.4	17.4	16.4	4.3	4.1
新 疆	250.7	255.0	109.6	109.9	64.9	65.1

3-11 续表 单位：万吨

	3. 钾肥		4. 复合肥	
	2017年	2018年	2017年	2018年
全　国	**619.7**	**590.3**	**2220.3**	**2268.8**
北　京	0.4	0.4	3.8	3.5
天　津	1.5	1.3	7.6	8.0
河　北	26.8	24.0	111.2	150.0
山　西	9.7	9.0	61.0	63.8
内蒙古	19.5	18.4	77.1	77.2
辽　宁	11.7	11.8	66.8	68.4
吉　林	15.1	14.0	146.1	149.6
黑龙江	35.6	34.7	77.6	77.9
上　海	0.4	0.3	3.6	3.8
江　苏	18.2	17.2	97.5	95.7
浙　江	6.6	6.1	23.8	22.9
安　徽	29.7	27.9	155.9	160.1
福　建	23.0	21.9	32.5	31.4
江　西	20.3	17.9	56.0	52.9
山　东	38.3	35.6	217.2	211.9
河　南	58.3	57.4	320.3	337.3
湖　北	30.1	29.1	105.0	107.7
湖　南	42.0	41.6	79.3	81.4
广　东	50.7	44.9	79.2	70.8
广　西	58.4	56.0	98.3	95.3
海　南	9.0	8.6	23.4	21.8
重　庆	5.5	5.3	25.8	25.4
四　川	17.6	17.4	60.2	60.3
贵　州	9.2	8.9	28.4	29.8
云　南	26.2	24.6	58.1	56.5
西　藏	0.3	0.4	2.3	2.4
陕　西	24.3	24.1	99.2	98.7
甘　肃	7.6	7.6	27.2	26.9
青　海	0.2	0.2	3.5	3.3
宁　夏	2.8	2.8	16.3	15.2
新　疆	20.4	20.9	55.8	59.1

3-12 各地区农用塑料薄膜使用量

地区	农用塑料薄膜使用量(吨)		地膜使用量(吨)		地膜覆盖面积(公顷)	
	2017年	2018年	2017年	2018年	2017年	2018年
全国	**2528365**	**2464795**	**1436606**	**1403991**	**18657169**	**17764665**
北京	8973	8243	2342	2079	11620	10155
天津	10906	9070	3751	3178	53711	46990
河北	128100	109833	61564	52960	1000371	812312
山西	49998	49067	31734	31145	588132	591970
内蒙古	94306	93969	77593	75707	1333222	1358116
辽宁	124791	117976	37906	39019	310755	313713
吉林	60752	56216	29874	30567	192955	180782
黑龙江	79770	77431	31185	28835	284710	263186
上海	15664	14781	3800	3453	16551	14003
江苏	115085	116064	44986	44963	601693	592749
浙江	67891	68731	28945	28624	157958	154577
安徽	97601	97828	43089	43150	427543	420717
福建	62415	60002	31882	31412	140238	135761
江西	53509	52218	33198	32328	133656	131206
山东	287098	276935	114244	107536	1989055	1871482
河南	157298	152838	73023	68402	984362	1005120
湖北	65876	63554	37585	32049	404130	375830
湖南	85209	85397	56594	56357	724379	719987
广东	45867	44814	26708	25050	139083	137618
广西	47693	47195	36300	34594	574517	435664
海南	27642	23539	16643	9159	48735	54945
重庆	45479	44625	24642	24367	256632	253872
四川	130993	120186	90949	83476	996719	966537
贵州	51138	55031	31901	28063	320498	297982
云南	120150	119685	96235	96111	1065242	1096429
西藏	1870	1778	1478	1592	3175	3178
陕西	43954	44147	22322	20932	436924	427697
甘肃	172188	161272	108388	113432	1388762	1316617
青海	8416	7556	6699	5601	76380	69160
宁夏	15087	14975	11580	11662	199574	194369
新疆	252646	269839	219467	238188	3795886	3511943

3-13 各地区农用柴油和农药使用量

地　区	农用柴油使用量(万吨)		农药使用量(吨)	
	2017年	2018年	2017年	2018年
全　国	**2095.1**	**2003.4**	**1655066**	**1503553**
北　京	2.2	1.9	2726	2574
天　津	14.0	2.2	2353	2190
河　北	224.6	217.6	77623	61450
山　西	28.5	27.6	28831	26543
内蒙古	73.6	79.2	35618	29585
辽　宁	69.3	62.4	57474	55070
吉　林	67.6	67.3	56294	50991
黑龙江	146.8	147.4	83218	74182
上　海	14.5	13.1	3523	3177
江　苏	109.0	109.4	73167	69600
浙　江	201.6	198.8	46303	43725
安　徽	75.5	75.5	99394	94177
福　建	83.6	82.4	52167	49143
江　西	29.6	30.9	87737	77183
山　东	157.7	147.5	140670	129882
河　南	108.8	103.9	120713	113603
湖　北	66.3	65.1	109588	103317
湖　南	44.2	44.6	116023	114155
广　东	77.7	88.5	112958	93684
广　西	56.8	52.7	72495	69714
海　南	16.2	20.6	33408	23250
重　庆	21.7	21.4	17467	17191
四　川	46.7	46.9	55751	51276
贵　州	11.4	11.1	13399	11122
云　南	85.9	25.4	57675	52591
西　藏	5.6	3.0	1076	982
陕　西	93.4	92.6	13335	12550
甘　肃	45.5	40.8	51995	42864
青　海	6.4	6.4	1875	1784
宁　夏	22.0	21.7	2540	2266
新　疆	88.3	95.5	27670	23732

3-14 2017年各地区农用地情况

单位：千公顷

地 区	农用地数量	耕 地	园 地	林 地	草 地	其 他
全 国	**644863.6**	**134881.2**	**14214.2**	**252801.9**	**219320.3**	**23646.0**
北 京	1146.7	213.7	132.8	744.5	0.2	55.5
天 津	692.1	436.8	29.6	54.7		171.0
河 北	13064.4	6518.9	832.3	4596.4	401.01797	715.9
山 西	10026.2	4056.3	405.8	4854.6	33.7	675.9
内蒙古	82880.6	9270.8	56.4	23221.9	49507.0	824.5
辽 宁	11533.1	4971.6	467.8	5614.6	3.2	475.9
吉 林	16592.6	6986.7	65.8	8852.0	236.0	452.1
黑龙江	39912.7	15845.7	44.6	21820.1	1094.9	1107.4
上 海	313.4	191.6	16.5	46.0	0.0	59.3
江 苏	6470.4	4573.3	297.2	256.2	0.1	1343.6
浙 江	8588.9	1977.0	574.3	5637.8	0.3	399.5
安 徽	11121.9	5866.8	346.5	3735.5	0.5	1172.7
福 建	10862.4	1336.9	766.5	8327.6	0.3	431.1
江 西	14411.5	3086.0	320.7	10311.0	0.7	693.2
山 东	11486.1	7589.8	714.3	1477.6	5.8	1698.6
河 南	12655.7	8112.3	213.3	3445.8	0.3	884.0
湖 北	15729.6	5235.9	480.2	8589.9	2.0	1421.5
湖 南	18166.6	4151.0	653.1	12199.3	13.6	1149.6
广 东	14916.5	2599.7	1260.7	10017.9	3.1	1035.2
广 西	19526.8	4387.5	1080.5	13299.4	5.2	754.2
海 南	2967.4	722.4	917.0	1199.2	19.2	109.5
重 庆	7056.8	2369.8	270.9	3868.5	45.5	502.2
四 川	42133.2	6725.2	726.9	22147.8	10956.6	1576.7
贵 州	14725.9	4518.8	162.1	8926.1	72.2	1046.7
云 南	32927.9	6213.3	1628.2	23006.2	147.0	1933.1
西 藏	87230.2	444.0	1.5	16024.2	70683.0	77.6
陕 西	18562.6	3982.9	816.4	11166.8	2169.4	427.2
甘 肃	18547.9	5377.0	255.8	6096.3	5918.6	900.3
青 海	45088.0	590.1	6.0	3539.6	40794.6	157.6
宁 夏	3806.9	1289.9	50.0	766.2	1491.7	209.0
新 疆	51718.7	5239.6	620.7	8958.3	35714.8	1185.4

注：自然资源部耕地普查，2018年数据暂未公布。

3-15 2017年各地区耕地面积构成

单位：%

地 区	耕地	水田	水浇地	旱地
全 国	**100.0**	**24.6**	**21.0**	**54.4**
北 京	100.0	0.9	75.7	23.5
天 津	100.0	3.7	77.3	19.0
河 北	100.0	1.4	62.8	35.7
山 西	100.0	0.0	26.3	73.7
内蒙古	100.0	0.9	31.5	67.6
辽 宁	100.0	13.5	3.5	83.0
吉 林	100.0	11.9	0.8	87.3
黑龙江	100.0	20.1	0.2	79.7
上 海	100.0	71.4	25.7	2.9
江 苏	100.0	58.9	10.2	30.9
浙 江	100.0	75.0		25.0
安 徽	100.0	48.9	4.0	47.0
福 建	100.0	82.9	3.2	13.9
江 西	100.0	80.1	0.5	19.3
山 东	100.0	1.3	67.7	31.0
河 南	100.0	9.3	56.1	34.6
湖 北	100.0	50.6	9.2	40.2
湖 南	100.0	78.6	0.1	21.3
广 东	100.0	63.4	4.4	32.2
广 西	100.0	44.5	0.1	55.4
海 南	100.0	53.6	0.1	46.3
重 庆	100.0	40.4	0.0	59.5
四 川	100.0	41.0	1.7	57.3
贵 州	100.0	27.2	0.2	72.5
云 南	100.0	22.9	2.2	74.9
西 藏	100.0	9.4	60.2	30.4
陕 西	100.0	3.9	26.3	69.7
甘 肃	100.0	0.1	24.7	75.1
青 海	100.0		32.1	67.9
宁 夏	100.0	14.4	25.2	60.4
新 疆	100.0	1.1	94.9	4.0

注：自然资源部耕地普查，2018年数据暂未公布。

农业生态与环境

4-1 全国自然保护区情况

项　　目	单 位	1997年	1999年	2000年	2005年	2015年	2016年	2017年	2018年
1.自然保护区数	个	926	1146	1227	2349	2740	2750	2750	
国家级	个	124	155	155	243	428			
省级	个	392	404	433	773	879			
2.自然保护区总面积	万公顷	7698	8815	9821	14995	14703	14733	14717	
国家级	万公顷	2647	5816	5806	8899	9649			
省级	万公顷	4606	2265	3031	4487	3796			

4-2 农村环境情况

指　　标	2000年	2001年	2010年	2011年	2015年	2016年	2017年	2018年
累计使用卫生厕所户数(万户)	9572	11405	17138	18019	20684	21460	21701	
卫生厕所普及率(%)	44.8	46.1	67.4	69.2	78.4	80.3	81.7	
累计使用卫生公厕户数(万户)		852.8	2827.7	2972.8	3879.5	3502.6	2997.7	
农村沼气池产气量(亿立方米)	25.9	29.8	139.7	152.8	153.9	144.9	123.8	112.2
太阳能热水器(万平方米)	1107.8	1319.4	5498.3	6231.9	8232.6	8623.7	8723.5	8805.4
太阳灶(万台)	33.2	38.9	161.7	213.9	232.6	227.9	222.3	213.6

注：①因报表主管机关调整,改水改厕部分指标无数，下同。
②自然保护区今年没有新的数据，下同。

4-3 各地区自然保护基本情况

地　　区	自然保护区个数(个)		自然保护区面积(万公顷)	
	2017年	2018年	2017年	2018年
全　　国	**2750**		**14716.7**	
北　　京	20		13.5	
天　　津	8		9.1	
河　　北	45		70.9	
山　　西	46		110.2	
内 蒙 古	182		1270.3	
辽　　宁	105		267.3	
吉　　林	51		252.6	
黑 龙 江	250		791.6	
上　　海	4		13.7	
江　　苏	31		53.6	
浙　　江	37		21.2	
安　　徽	106		50.6	
福　　建	92		44.5	
江　　西	200		122.4	
山　　东	88		113.6	
河　　南	33		77.8	
湖　　北	80		106.3	
湖　　南	128		122.5	
广　　东	384		185.0	
广　　西	78		135.0	
海　　南	49		270.7	
重　　庆	57		80.2	
四　　川	169		830.1	
贵　　州	124		89.4	
云　　南	160		288.2	
西　　藏	47		4137.1	
陕　　西	60		113.1	
甘　　肃	60		887.1	
青　　海	11		2177.3	
宁　　夏	14		53.3	
新　　疆	31		1958.4	

资料来源：生态环境部。

4-4 各地区农村可再生资源利用情况

地　　区	沼气池产气总量（万立方米）	#沼气工程	太阳能热水器（万平方米）	太阳房（万平方米）	太阳灶（台）	生活污水净化沼气池（个）
全　　国	**1121634.9**	**279598.6**	**8805.4**	**2529.8**	**2135756**	**181435**
北　　京	1276.9	1276.9	87.5	115.3	90	
天　　津	1912.5	1510.0	41.7			
河　　北	28079.4	10736.2	668.7	120.2	25923	97
山　　西	4227.9	1310.6	294.2	0.2	64222	
内　　蒙	4143.0	2569.3	70.8	73.5	49370	1
辽　　宁	8341.2	4340.7	128.6	514.9	906	
吉　　林	1377.0		68.4	289.4	403	3
黑 龙 江	4756.5	4082.2	81.7	540.4	507	
上　　海	1492.2	1492.2	90.2	5.0		
江　　苏	29930.3	19847.2	884.4	0.8		28210
浙　　江	8098.1	6937.0	682.8		40	67049
安　　徽	22345.6	5558.6	604.5			1650
福　　建	24156.2	14166.8	34.3			763
江　　西	50052.6	11761.8	219.0	0.7		1940
山　　东	59133.2	21622.7	1349.5	7.4	2477	141
河　　南	104313.8	33575.4	638.9	2.0		301
湖　　北	87692.0	16303.0	339.8			1204
湖　　南	77656.9	14182.9	246.4	0.6		2039
广　　东	22843.0	21723.0	88.3			583
广　　西	102339.8	5464.0	161.2			117
海　　南	34504.0	11737.6	389.2			
重　　庆	36606.7	5575.6	70.6			11509
四　　川	183975.4	35716.8	220.9	2.9	121239	65104
贵　　州	39749.7	7051.1	89.1			441
云　　南	134519.6	9848.8	506.0		264	155
西　　藏	687.3	642.0	150.1		391563	1
陕　　西	9485.1	3956.7	219.0	0.2	237377	102
甘　　肃	29948.2	4207.0	160.7	336.1	730866	25
青　　海	2587.3	187.3	14.9	505.2	258259	
宁　　夏	883.0	702.5	146.3	5.7	244879	
新　　疆	4087.7	1079.9	57.5	9.4	7371	
新疆兵团	433.0	433.0	0.2			

资料来源：农业农村部。

4-5 全国林业重点生态工程历年完成造林面积

单位：万公顷

年 份	合 计	天然林保护工程	退耕还林工程		京津风沙源治理工程
			退耕还林工程合计	其中：退耕地造林	
1979～1985年	1010.98				
"七五"小计	**589.93**				
"八五"小计	**1186.04**				**44.12**
1996年	248.17				16.50
1997年	244.94				21.60
1998年	271.80	29.04			23.16
1999年	316.95	47.76	44.79	38.15	21.16
2000年	309.90	42.64	68.36	32.84	28.03
"九五"小计	**1391.76**	**119.43**	**113.15**	**70.99**	**110.43**
2001年	307.13	94.81	87.10	38.61	21.73
2002年	673.17	85.61	442.36	203.98	67.64
2003年	824.24	68.83	619.61	308.59	82.44
2004年	478.06	64.15	321.75	82.49	47.33
2005年	309.96	42.48	189.84	66.74	40.82
"十五"小计	**2592.56**	**355.87**	**1660.66**	**700.41**	**259.96**
2006年	280.17	77.48	105.05	21.85	40.95
2007年	267.83	73.29	105.60	5.95	31.51
2008年	343.35	100.90	118.97	0.22	46.90
2009年	457.55	136.09	88.67	0.07	43.48
2010年	366.79	88.55	98.26	0.03	43.91
"十一五"小计	**1715.68**	**476.31**	**516.55**	**28.12**	**206.77**
2011年	309.30	55.36	73.02	0.01	54.52
2012年	275.39	48.52	65.53		54.17
2013年	256.90	46.03	62.89		62.61
2014年	192.69	41.05	37.86	0.01	23.91
2015年	284.05	64.48	63.60	44.63	22.33
"十二五"小计	**1318.32**	**255.44**	**302.90**	**44.64**	**217.53**
2016年	250.55	48.73	68.33	55.85	23.00
2017年	299.12	39.03	121.33	121.33	20.72
2018年	244.31	40.06	72.35	71.98	17.78
总 计	**10599.25**	**1334.86**	**2855.28**	**1093.32**	**900.31**

注：1. 京津风沙源治理工程1993－2000年数据为原全国防沙治沙工程数据。
2. 自2006年起将无林地和疏林地封育面积计入造林总面积，2015年起将有林地和灌木林地封育、退化林修复、更新造林等造林方式计入造林总面积。
3. 2016年三北及长江流域等重点防护林体系工程造林面积包括林业血防工程3.67万公顷造林面积。2017年林业重点工程造林面积合计包括石漠化治理工程23.25万公顷。

4-5 续表 单位：万公顷

年 份	三北及长江流域等防护林工程						
	小 计	三北防护林体系工程	长江中上游防护林体系工程	沿 海 防护林体系工程	珠江流域防护林体系工程	太行山绿化工程	平 原 绿化工程
1979~1985年	1010.98	1010.98					
“七五”小计	**589.93**	**517.49**	**36.99**			**35.46**	
“八五”小计	**1141.92**	**617.44**	**270.17**	**84.67**		**151.86**	**17.78**
1996年	231.67	134.23	46.40	7.22		40.25	3.59
1997年	223.35	126.61	44.78	6.35	5.67	36.63	3.31
1998年	219.60	124.40	44.86	6.03	3.99	34.37	5.96
1999年	203.25	124.54	36.98	4.45	3.21	29.34	4.73
2000年	170.88	105.32	20.69	5.69	3.07	29.85	6.26
“九五”小计	**1048.75**	**615.09**	**193.71**	**29.73**	**15.93**	**170.44**	**23.84**
2001年	103.49	54.17	16.27	9.09	2.71	14.13	7.13
2002年	77.56	45.38	11.03	5.57	4.66	7.62	3.32
2003年	53.35	27.53	10.88	3.86	4.47	5.00	1.62
2004年	44.83	23.23	11.33	3.02	3.18	3.09	0.98
2005年	36.82	21.79	6.59	2.27	3.07	2.85	0.25
“十五”小计	**316.06**	**172.10**	**56.10**	**23.80**	**18.07**	**32.69**	**13.29**
2006年	56.68	32.68	7.87	1.70	2.88	11.47	0.09
2007年	57.42	38.15	7.64	2.39	1.74	7.39	0.11
2008年	76.58	49.79	7.23	7.42	3.70	8.03	0.41
2009年	189.31	125.59	22.21	21.22	8.21	11.92	0.17
2010年	136.06	92.82	11.88	17.32	6.68	6.92	0.43
“十一五”小计	**516.05**	**339.04**	**56.83**	**50.05**	**23.21**	**45.73**	**1.20**
2011年	126.40	73.78	20.48	20.99	7.23	3.66	0.26
2012年	107.18	67.87	15.79	14.54	5.16	3.81	
2013年	85.36	51.86	13.04	11.86	4.40	3.57	0.64
2014年	89.87	59.63	10.74	9.69	2.69	4.92	2.19
2015年	133.64	76.60	23.72	18.85	9.66	4.81	
“十二五”小计	**542.46**	**329.74**	**83.78**	**75.92**	**29.14**	**20.77**	**3.10**
2016年	110.50	64.85	21.78	10.87	5.73	3.59	
2017年	94.79	62.64	17.40	6.81	4.80	3.14	
2018年	89.39	57.85	20.65	4.45	2.55	3.89	
总 计	**5460.82**	**3787.23**	**757.40**	**286.30**	**99.43**	**467.58**	**59.22**

4-6　各地区林业重点生态工程建设情况

单位：公顷

地　区	总　计	天然林保护工程	退耕还林工程		
			合计	其中：退耕地造林面积	其中：荒山荒地造林面积
全　国	**2443078**	**400601**	**723500**	**719810**	**1824**
北　京	12268	-	-	-	-
天　津	1849	-	-	-	-
河　北	114035	-	-	-	-
山　西	215570	27793	130002	128471	1531
内蒙古	316073	74103	51560	51560	-
辽　宁	68599	-	866	866	-
吉　林	71452	55563	-	-	-
黑龙江	69808	18479	-	-	-
上　海	-	-	-	-	-
江　苏	8205	-	-	-	-
浙　江	-	-	-	-	-
安　徽	38098	-	333	-	-
福　建	4078	-	-	-	-
江　西	61747	-	-	-	-
山　东	14651	-	-	-	-
河　南	47567	4407	3072	3072	-
湖　北	71091	10000	4666	4666	-
湖　南	50817	-	1533	-	-
广　东	1163	-	-	-	-
广　西	31521	-	2160	1867	293
海　南	189	-	-	-	-
重　庆	129230	17464	100000	100000	-
四　川	67749	29670	34639	34639	-
贵　州	117945	6667	6400	6400	-
云　南	255464	26987	151895	151895	-
西　藏	13975	1466	2414	2414	-
陕　西	161847	59975	53598	53598	-
甘　肃	164493	8410	106712	106712	-
青　海	71372	23470	8621	8621	-
宁　夏	51608	7334	2000	2000	-
新　疆	187080	5279	63029	63029	-
大兴安岭	23534	23534	-	-	-

注：林业重点工程造林面积合计包括石漠化治理工程24.73万公顷。

4-6 续表

单位：公顷

地区	三北及长江流域防护林建设工程							京津风沙源治理工程
	合计	三北防护林四期工程	长江流域防护林二期工程	沿海防护林体系二期工程	珠江流域防护林二期工程	太行山绿化防护林二期工程	林业血防	
全国	**893855**	**572976**	**206469**	**44515**	**25472**	**38946**	**5477**	**177838**
北京	667	-	-	-	-	667	-	11601
天津	-	-	-	-	-	-	-	1849
河北	69825	37781	-	14911	-	17133	-	44210
山西	34164	26031	-	-	-	8133	-	23611
内蒙古	106117	106117	-	-	-	-	-	84293
辽宁	67733	54666	-	13067	-	-	-	-
吉林	15889	15889	-	-	-	-	-	-
黑龙江	51329	51329	-	-	-	-	-	-
上海	-	-	-	-	-	-	-	-
江苏	8205	-	133	8072	-	-	-	-
浙江	-	-	-	-	-	-	-	-
安徽	37765	-	34291	-	-	-	3474	-
福建	4078	-	1603	2475	-	-	-	-
江西	61747	-	52413	-	9334	-	-	-
山东	14651	-	10185	4466	-	-	-	-
河南	40088	-	27075	-	-	13013	-	-
湖北	23834	-	21831	-	-	-	2003	-
湖南	35242	-	30977	-	4265	-	-	-
广东	1163	-	-	82	1081	-	-	-
广西	5980	-	-	1253	4727	-	-	-
海南	189	-	-	189	-	-	-	-
重庆	2664	-	2664	-	-	-	-	-
四川	-	-	-	-	-	-	-	-
贵州	9067	-	6667	-	2400	-	-	-
云南	7665	-	4000	-	3665	-	-	-
西藏	10095	-	10095	-	-	-	-	-
陕西	36000	31465	4535	-	-	-	-	12274
甘肃	49371	49371	-	-	-	-	-	-
青海	39281	39281	-	-	-	-	-	-
宁夏	42274	42274	-	-	-	-	-	-
新疆	118772	118772	-	-	-	-	-	-
大兴安岭	-	-	-	-	-	-	-	-

4-7 灌区、水库、除涝、治水情况

指　　标	单　位	1990年	1995年	2000年	2010年	2012年	2016年	2017年	2018年
年底万亩以上灌区数	处	5363	5562	5683	5795	7756	7806	7839	7881
#3.3万公顷以上	处	72	74	101	131	176	177	178	175
2.0～3.3万公顷	处	76	99	141	218	280	281	281	286
灌区有效灌溉面积	万公顷	2123.1	2249.9	2449.3	2941.5	3008.7	3304.6	3326.2	3332.4
#3.3万公顷以上	万公顷	604.7	631.4	788.3	1091.8	624.3	1233.5	1245.7	1239.9
2.0～3.3万公顷	万公顷	189.6	244.4	344.0	474.0	501.7	543.0	542.5	540.0
水库	座	81527	82915	83260	87873	97543	98460	98795	98822
大型水库	座	366	387	420	552	683	720	732	736
中型水库	座	2499	2593	2704	3269	3758	3890	3934	3954
小型水库	座	78662	79935	80136	84052	93102	93850	94129	94132
水库库容量	亿立方米	4660	4797	5183	7162	8255	8967	9035	8953
大型水库	亿立方米	3397	3493	3843	5594	6493	7166	7210	7117
中型水库	亿立方米	690	719	746	930	1064	1096	1117	1126
小型水库	亿立方米	573	585	593	638	698	705	708	710
节水灌溉面积	万公顷			1638.9	2731.4	3121.7	3284.7	3431.9	3613.5
除涝面积	万公顷	1933.7	2006.5	2098.9	2169.2	2185.7	2306.7	2382.4	2426.2
水土流失治理面积	万公顷	5300.0	6690.0	8096.0	10680.0	10295.3	12041.2	12583.9	13153.2
堤防长度	万公里	22.0	24.7	27.0	29.4	27.7	29.9	30.6	31.2
堤防保护耕地面积	万公顷	3200.0	3060.9	3960.0	4683.1	4259.7	4108.7	4094.6	4140.9

注：1.节水灌溉面积2013年与水利普查数据进行了衔接。
2.万亩以上灌区处数与有效灌溉面积统计口径为按有效灌溉面积达到万亩统计，2012、2013年已与水利普查数据进行了衔接,按设计灌溉面积达到万亩进行统计。
3.堤防长度为五级及以上堤防。

4-8 各地区水利设施和除涝、治水面积

地区	水库数(座)	水库库容量(亿立方米)	除涝面积(千公顷)	水土流失治理面积(千公顷)
全　国	**98822**	**8953**	**24261.7**	**131531.6**
北　京	87	52	12.0	813.7
天　津	27	26	364.6	100.0
河　北	1070	206	1638.3	5532.5
山　西	610	70	89.3	6798.5
内蒙古	607	110	277.0	14088.6
辽　宁	795	371	931.6	5394.5
吉　林	1621	334	1034.8	2385.8
黑龙江	1031	268	3400.1	4895.4
上　海			60.3	
江　苏	952	35	4315.5	930.2
浙　江	4308	446	556.4	3692.5
安　徽	6063	204	2414.1	1989.2
福　建	3673	171	157.6	3778.4
江　西	10809	322	431.2	5917.9
山　东	6192	220	3027.0	4143.0
河　南	2654	426	2136.9	3778.3
湖　北	6946	1264	1482.1	6134.7
湖　南	14092	514	438.4	3745.5
广　东	8394	450	541.2	1757.9
广　西	4537	711	235.3	2647.7
海　南	1109	112	25.2	116.7
重　庆	3076	126		3580.1
四　川	8239	523	102.3	9961.8
贵　州	2414	445	124.1	7053.0
云　南	6702	757	293.2	9517.7
西　藏	116	38	3.4	528.5
陕　西	1102	94	133.3	7918.0
甘　肃	388	103	14.3	9090.7
青　海	207	317	0.8	1251.7
宁　夏	327	28		2301.1
新　疆	674	211	21.7	1688.1

4-9 全国农作物受灾和成灾面积

单位：千公顷

年 份	受灾面积	旱灾	洪涝灾	成灾面积	旱灾	洪涝灾
1952	9137	4236	2794	4433	2589	1844
1957	29149	17205	8083	14983	7400	6032
1962	37175	20808	9810	17286	8691	6318
1965	20804	13631	5587	11223	8107	2813
1970	9974	5723	3129	3295	1931	1234
1975	35379	24832	6817	10239	5318	3467
1978	50807	32641	3109	24457	16564	2012
1979	39367	24646	5757	15790	9316	2868
1980	50025	21901	9687	29777	14174	6070
1981	39786	25693	8625	18743	12134	3973
1982	33133	20697	8361	16117	9972	4397
1983	34713	16089	12162	16209	7586	5747
1984	31887	15819	10632	15607	7015	5395
1985	44365	22989	14197	22705	10063	8949
1986	47135	31042	9155	23656	14765	5601
1987	42086	24920	8686	20393	13033	4104
1988	50874	32904	11949	24503	15303	6128
1989	46991	29358	11328	24449	15262	5917
1990	38474	18175	11804	17819	7805	5605
1991	55472	24914	24596	27814	10559	14614
1992	51332	32981	9422	25895	17047	4463
1993	48827	21097	16390	23134	8656	8608
1994	55046	30423	17328	31382	17050	10744
1995	45824	23455	12734	22268	10402	7604
1996	46991	20152	18147	21234	6247	10855
1997	53429	33516	11415	30307	20012	5839
1998	50145	14236	22292	25181	5060	13785
1999	49980	30156	9020	26734	16614	5071
2000	54688	40541	7323	34374	26784	4321
2001	52215	38472	6042	31793	23698	3614
2002	46946	22124	12288	27160	13174	7388
2003	54506	24852	19208	32516	14470	12289
2004	37106	17253	7314	16297	8482	3747
2005	38818	16028	10932	19966	8479	6047
2006	41091	20738	8003	24632	13411	4569
2007	48992	29386	10463	25064	16170	5105
2008	39990	12137	6477	22283	6798	3656
2009	47214	29259	7613	21234	13197	3162
2010	37426	13259	17525	18538	8987	7024
2011	32471	16304	6863	12441	6599	2840
2012	24962	9340	7730	11475	3509	4145
2013	31350	14100	8757	14303	5852	4859
2014	24891	12272	4718	12678	5677	2704
2015	21770	10610	5620	12380	5863	3327
2016	26221	9873	8531	13670	6131	4338
2017	18478	9875	5415	9201	4444	3022
2018	20814	7712	3950	10569	2621	2551

4-10 全国农作物受灾、成灾和绝收面积

单位：千公顷

指　标	1990年	1995年	2000年	2016年	2017年	2018年	2018年为2017年百分比(%)
一、受灾面积	**38474**	**45824**	**54688**	**26221**	**18478**	**20814**	**112.6**
旱　灾	18175	23455	40541	9873	9875	7712	78.1
洪涝灾	11804	12734	7323	8531	5415	3950	73.0
风雹灾	6354	4479	2307	2908	2268	2407	106.1
冷冻灾	2141	3578	2795	2885	525	3413	650.6
台风灾			1722	2023	394	3333	845.9
二、成灾面积	**17819**	**22268**	**34374**	**13670**	**9201**	**10569**	**114.9**
旱　灾	7805	10402	26784	6131	4444	2621	59.0
洪涝灾	5605	7604	4321	4338	3022	2551	84.4
风雹灾	3415	2076	1162	1424	1238	1548	125.1
冷冻灾	994	1791	1032	1179	312	1870	599.7
台风灾			1075	598	185	1979	1068.1
三、绝收面积		**5618**	**10148**	**2902**	**1827**	**2585**	**141.5**
旱　灾		2121	8006	1018	752	922	122.6
洪涝灾		2627	1324	1297	745	652	87.6
风雹灾		561	321	269	225	197	87.3
冷冻灾		194	260	173	83	456	549.5
台风灾			237	145	22	358	1663.7

4-11 各地区农作物受灾面积

单位：千公顷

地　区	受灾面积合计		旱　灾		洪涝灾	
	2017年	2018年	2017年	2018年	2017年	2018年
全　国	**18478**	**20814**	**9875**	**7712**	**5415**	**3950**
北　京	7	5				3
天　津		14				0
河　北	718	557	367	44	58	108
山　西	821	831	497	150	53	141
内蒙古	3917	2630	3239	1427	212	664
辽　宁	950	1467	778	1168	113	4
吉　林	983	1320	475	1086	452	17
黑龙江	1551	4155	997	2294	188	1052
上　海		7				
江　苏	91	380	37	6	1	9
浙　江	107	169			87	0
安　徽	400	863	217		157	149
福　建	58	79	20	24	13	8
江　西	441	531	41	310	387	130
山　东	857	984	531	23	67	38
河　南	1247	1168	219	4	925	230
湖　北	1437	1076	627	515	693	147
湖　南	1218	626	222	343	990	68
广　东	283	548			85	84
广　西	196	150		7	173	32
海　南	11	32			0	
重　庆	126	71	80	2	38	31
四　川	216	484	35	99	143	358
贵　州	267	292	57	132	164	40
云　南	407	275	102		186	151
西　藏	13	10		0	11	9
陕　西	651	382	434	4	82	92
甘　肃	773	764	527	50	83	258
青　海	272	52	225	15	5	25
宁　夏	174	148	131		7	70
新　疆	288	746	17	10	44	36

4-11 续表 单位：千公顷

地区	风雹灾		冷冻灾		台风灾	
	2017年	2018年	2017年	2018年	2017年	2018年
全国	**2268**	**2407**	**525**	**3413**	**394**	**3333**
北京	7	2		1		
天津		0				14
河北	218	140	41	121	34	144
山西	218	23	53	517		
内蒙古	255	205	212	326		9
辽宁	59	57	0			239
吉林	55	163	1			54
黑龙江	325	385	40	386		38
上海						7
江苏	53	99		17		250
浙江	1	3	1	119	19	46
安徽	26	37	0	267		410
福建	0	1		11	25	36
江西	5	19		35	8	37
山东	227	103	1	7	30	813
河南	94	99	1	235	9	600
湖北	41	19	77	395		
湖南	6	37		155	0	22
广东	0			10	198	453
广西	2	4			20	107
海南					11	32
重庆	8	34		5		
四川	12	27	24	0		
贵州	36	98	10	21	1	0
云南	65	34	13	70	41	20
西藏	2					
陕西	128	51	6	235		
甘肃	145	90	19	366		
青海	42	11		1		
宁夏	34	22	3	57		
新疆	205	644	22	57		

4-12 各地区农作物成灾面积

单位：千公顷

地区	成灾面积合计		旱灾		洪涝灾	
	2017年	2018年	2017年	2018年	2017年	2018年
全国	**9201**	**10569**	**4444**	**2621**	**3022**	**2551**
北京	2	2				1
天津		7				0
河北	336	356	146	36	23	60
山西	371	587	149	104	36	105
内蒙古	2418	1580	1964	944	152	463
辽宁	292	465	186	244	71	2
吉林	522	345	167	194	319	15
黑龙江	424	1451	129	247	96	704
上海		3				
江苏	59	177	32	1	0	4
浙江	54	107			41	0
安徽	202	468	101		85	93
福建	26	48	10	19	8	3
江西	309	363	27	192	272	107
山东	311	575	265	11	25	26
河南	649	851	148	4	480	123
湖北	715	476	283	253	398	56
湖南	557	310	61	173	494	36
广东	132	169			42	36
广西	62	85		5	50	20
海南	3	11				
重庆	45	46	27	1	12	21
四川	131	295	25	55	93	224
贵州	153	179	34	79	92	23
云南	233	172	70		82	93
西藏	10	8		0	8	8
陕西	312	276	182	4	57	58
甘肃	376	527	225	32	56	183
青海	161	43	118	13	4	19
宁夏	113	84	82		5	41
新疆	227	502	13	10	23	27

4-12 续表 单位：千公顷

地区	风雹灾		冷冻灾		台风灾	
	2017年	2018年	2017年	2018年	2017年	2018年
全国	**1238**	**1548**	**312**	**1870**	**185**	**1979**
北京	2	0		1		
天津		0				7
河北	115	96	37	74	16	90
山西	156	18	30	361		
内蒙古	138	141	164	25		8
辽宁	34	39	0			180
吉林	35	104	1			33
黑龙江	184	239	16	233		27
上海						3
江苏	26	47		14		111
浙江	0	1	1	85	12	21
安徽	16	23		100		252
福建	0	0		8	8	18
江西	5	15		19	5	29
山东	5	56	1	5	15	476
河南	19	56	0	162	1	505
湖北	25	12	9	155		
湖南	3	19		71		11
广东	0			4	91	129
广西	2	4			10	57
海南					3	11
重庆	5	20		4		
四川	9	16	5	0		
贵州	23	65	4	12	0	0
云南	47	23	10	45	25	12
西藏	2					
陕西	71	36	4	178		
甘肃	84	57	11	255		
青海	39	10		1		
宁夏	24	16	3	27		
新疆	172	435	19	30		

农村投资

5-1 国家财政用于农林水各项支出

单位：亿元

年 份	农 业	林 业	水 利	南水北调	扶 贫	农业综合开发	农村综合改革
1990							
1991							
1992							
1993							
1994							
1996							
1997							
1998							
1999							
2000							
2001							
2002							
2003							
2004							
2005							
2006							
2007							
2008	2278.9	424.0	1122.7		320.4	251.6	
2009	3826.9	532.1	1519.6		374.8	286.8	
2010	3949.4	667.3	1856.5	78.4	423.5	337.8	607.9
2011	4291.2	876.5	2602.8	68.9	545.3	386.5	887.6
2012	5077.4	1019.2	3271.2	45.9	690.8	462.5	987.3
2013	5561.6	1204.3	3338.9	95.6	841.0	521.1	1148.0
2014	5816.6	1348.8	3478.7	69.6	949.0	560.7	1265.7
2015	6436.2	1613.4	4807.9	81.8	1227.2	600.1	1418.8
2016	6458.6	1696.6	4433.7	65.7	2285.9	616.6	1508.8
2017	6194.6	1724.9	4424.8	116.2	3249.6	571.2	1486.9
2018	6156.1	1931.3	4523.0	130.5	4863.8	575.6	1530.3

注：各年数据为财政决算数。

5-2 农村住户固定资产投资情况

单位：亿元

指　　标	2014年	2015年	2016年	2017年	2018年
农村住户固定资产投资完成额	**10755.8**	**10409.8**	**9964.9**	**9554.4**	**10039.2**
一、按投资构成分					
1.建筑工程	8620.4	8426.4	7903.0	7339.9	7632.1
#水利	38.4	41.4	36.9	40.9	54.5
住宅	7726.8	7501.7	7010.3	6424.3	6645.4
2.安装工程	13.7	8.8	8.0	7.9	7.9
3.设备工具器具购置	1617.7	1587.4	1529.1	1589.9	1622.0
#生产设备	1557.2	1562.9	1515.6	1575.9	1608.3
4.其他	503.9	387.2	524.9	616.7	777.3
二、按投资方向分					
#农林牧渔业	1999.8	1980.3	2079.2	2069.7	2254.1
采矿业	1.7	0.6	0.6	1.2	1.6
制造业	127.5	137.0	126.1	94.3	127.3
电力、燃气及水的生产和供应业	4.7	13.1	11.8	11.4	14.8
建筑业	91.7	59.9	37.5	191.0	68.8
批发和零售业	247.6	243.5	227.8	238.1	309.5
交通运输、仓储和邮政业	326.1	225.2	261.9	264.0	324.1
住宿和餐饮业	41.3	42.4	28.9	38.3	119.4
房地产业	7789.9	7578.1	7075.7	6491.9	6681.4
租赁和商务服务业	11.6	12.1	26.2	52.9	34.8
居民服务和其他服务业	96.1	102.1	74.3	66.5	79.8

注：表5-2到5-7数据来源于农村住户固定资产投资抽样调查。

5-3 各地区农村住户固定资产投资完成额

单位：亿元

地　区	2014年	2015年	2016年	2017年	2018年
全　国	**10755.8**	**10409.8**	**9964.9**	**9554.4**	**10039.2**
北　京	50.8	50.0	55.2	63.1	63.2
天　津	27.8	17.4	23.0	14.2	17.6
河　北	524.7	542.5	409.9	394.6	362.3
山　西	319.1	329.6	338.6	318.4	257.7
内蒙古	154.0	173.1	186.1	185.3	166.0
辽　宁	304.0	277.5	255.9	232.0	205.8
吉　林	231.7	196.7	150.0	153.0	151.7
黑龙江	291.1	298.7	215.8	212.3	217.8
上　海	3.5	3.3	4.2	5.7	6.5
江　苏	385.9	341.7	292.4	276.8	258.0
浙　江	708.0	658.6	705.1	570.0	863.6
安　徽	619.3	582.0	456.0	458.7	554.9
福　建	308.1	327.4	309.4	305.9	301.1
江　西	432.9	394.2	315.5	314.9	308.6
山　东	896.4	931.0	958.4	966.7	958.6
河　南	769.9	709.1	661.2	606.6	629.2
湖　北	473.6	477.5	507.8	409.8	501.8
湖　南	694.4	720.9	664.9	631.1	705.7
广　东	450.9	392.6	356.3	357.8	368.3
广　西	555.6	572.8	583.8	590.8	596.2
海　南	72.8	95.8	143.4	119.0	97.4
重　庆	144.6	145.1	116.3	96.5	95.5
四　川	656.4	560.3	582.2	666.2	678.8
贵　州	247.3	268.8	274.8	215.8	280.5
云　南	424.7	431.2	456.9	461.1	469.6
西　藏					
陕　西	351.7	351.2	350.4	351.2	358.3
甘　肃	124.5	127.6	129.9	131.4	132.3
青　海	72.3	66.5	72.5	63.7	54.4
宁　夏	79.9	79.0	85.2	88.3	89.6
新　疆	380.0	287.6	303.7	293.5	288.2

5-4 2018年各地区农村住户固定资产投资结构情况

单位：亿元

地　区	投资额	建筑工程	#住宅	设备工具器具购置	#生产设备
全　国	**10039.2**	**7632.1**	**6645.4**	**1622.0**	**1608.3**
北　京	63.2	61.2	60.1	1.7	1.7
天　津	17.6	9.9	7.0	5.6	5.6
河　北	362.3	274.7	238.6	39.9	39.9
山　西	257.7	148.2	138.9	96.3	96.3
内蒙古	166.0	63.8	43.0	61.4	61.4
辽　宁	205.8	131.1	87.6	50.6	50.6
吉　林	151.7	46.8	30.9	73.2	73.2
黑龙江	217.8	53.5	32.0	148.3	148.3
上　海	6.5	6.3	6.1	0.2	0.2
江　苏	258.0	156.8	137.7	55.3	55.3
浙　江	863.6	796.3	749.8	41.9	41.9
安　徽	554.9	439.2	408.8	84.9	84.9
福　建	301.1	242.0	231.3	17.9	17.9
江　西	308.6	260.0	200.9	41.8	41.8
山　东	958.6	682.9	440.7	264.8	256.4
河　南	629.2	542.4	466.0	52.2	52.2
湖　北	501.8	406.4	377.9	39.3	39.3
湖　南	705.7	568.8	524.3	107.9	107.9
广　东	368.3	310.8	304.8	19.5	19.5
广　西	596.2	454.9	423.4	83.3	83.3
海　南	97.4	91.4	80.7	2.4	2.4
重　庆	95.5	67.8	54.9	11.1	11.1
四　川	678.8	584.7	493.7	56.0	56.0
贵　州	280.5	187.0	179.1	60.3	60.3
云　南	469.6	422.2	388.6	27.7	27.7
西　藏					
陕　西	358.3	277.7	224.9	56.5	56.5
甘　肃	132.3	87.8	71.4	37.7	32.4
青　海	54.4	45.5	42.8	4.4	4.4
宁　夏	89.6	54.9	54.1	33.3	33.3
新　疆	288.2	157.3	145.3	46.7	46.7

5-5 2018年各地区农村住户固定资产投资投向情况

单位：亿元

地　区	投资额	农林牧渔业	制造业	建筑业	交通运输、仓储和邮政业	房地产业	居民服务和其他服务业
全　国	**10039.2**	**2254.1**	**127.3**	**68.8**	**324.1**	**6681.4**	**79.8**
北　京	63.2	1.0			0.2	60.1	0.7
天　津	17.6	3.7	1.4		2.7	7.0	1.1
河　北	362.3	70.6	1.0	1.1	31.7	238.6	1.6
山　西	257.7	70.2	0.3	0.8	29.8	138.9	3.3
内蒙古	166.0	118.2				43.0	1.1
辽　宁	205.8	101.4			5.5	87.6	0.1
吉　林	151.7	115.4			3.7	30.9	0.1
黑龙江	217.8	175.0		1.1	2.2	32.0	0.3
上　海	6.5	0.4	0.1			6.1	
江　苏	258.0	73.4	10.7		8.5	137.7	5.9
浙　江	863.6	56.7	25.5		17.3	749.8	0.7
安　徽	554.9	98.7	2.9	2.4	7.1	408.8	6.9
福　建	301.1	23.3	5.4	3.7	30.9	231.3	0.4
江　西	308.6	63.4		2.5	6.6	232.9	0.4
山　东	958.6	306.9	45.2	1.8		475.9	10.1
河　南	629.2	113.9	3.2	7.6	14.1	466.0	9.5
湖　北	501.8	65.7	6.0	0.7	36.5	377.9	6.4
湖　南	705.7	89.6	11.2	10.2		524.3	4.4
广　东	368.3	16.0	1.4	6.8		304.8	0.2
广　西	596.2	128.6	2.1	0.8	25.2	423.4	12.3
海　南	97.4	13.2	0.1		2.4	80.7	0.0
重　庆	95.5	20.6	0.6	1.5	11.9	54.9	0.1
四　川	678.8	150.6	0.1	2.0	25.9	493.7	0.0
贵　州	280.5	30.2		16.1		179.1	2.2
云　南	469.6	97.4	7.8	5.5	19.4	334.7	0.4
西　藏							
陕　西	358.3	79.9	2.4		21.5	224.9	1.5
甘　肃	132.3	20.6		3.9		91.8	6.9
青　海	54.4	5.4		0.1		45.1	0.4
宁　夏	89.6	13.6	0.0		20.8	54.1	0.1
新　疆	288.2	130.3		0.3		145.3	2.7

5-6 农村住户固定资产投资和建房情况

年 份	投资总额（亿元）	#竣工房屋投资	#住宅	房屋施工面积（万平方米）	房屋竣工面积（万平方米）	#住宅	竣工房屋造价（元/平方米）	#住宅
1985	478.4	350.1	313.2		78973.0	69542.0	44.0	45.0
1990	876.5	777.1	649.8	76819.0	71136.0	67812.0	109.0	96.0
1991	1042.6	912.5	759.3	85405.0	79501.0	74193.0	115.0	102.0
1992	1005.5	937.5	678.5	83392.0	65338.0	60442.0	143.0	112.0
1993	1137.7	1015.4	760.3	57432.0	56012.0	46129.0	181.0	165.0
1994	1519.2	1315.9	1002.7	72283.0	65390.0	57646.0	201.0	174.0
1995	2007.9	1709.4	1349.9	78192.0	73522.0	66230.0	233.0	204.0
1996	2544.0	2250.9	1766.4	96115.0	87277.0	79531.0	258.0	222.0
1997	2691.2	2405.8	1890.7	89309.0	85888.0	77287.0	280.0	245.0
1998	2681.5	2402.2	1907.2	89099.0	83864.0	77031.0	286.0	248.0
1999	2779.6	1908.2	1799.1	89050.0	83244.0	76758.0	229.2	234.4
2000	2904.3	1969.3	1846.8	88231.8	81270.2	75515.3	242.3	244.6
2001	2976.6	1908.2	1775.0	81048.2	74517.5	68799.3	256.1	258.0
2002	3123.2	1956.5	1858.1	80345.0	75125.7	69841.0	260.4	266.0
2003	3201.0	2053.2	1926.9	81123.7	75683.6	69741.1	271.3	276.3
2004	3362.7	2031.0	1933.4	71112.1	65801.5	62303.5	308.7	310.3
2005	3940.6	2190.6	2083.1	73109.2	66604.2	62292.4	328.9	334.4
2006	4436.2	2620.1	2490.2	76189.4	69237.9	64563.7	378.4	385.7
2007	5123.3	3228.3	3022.0	86665.6	78321.2	72676.4	412.2	415.8
2008	5951.8	3748.5	3547.1	91911.4	84407.0	78585.7	444.1	451.4
2009	7434.5	5029.9	4743.3	116099.4	105683.0	95570.5	475.9	496.3
2010	7886.0	5247.0	4931.7	106679.8	94114.8	87947.1	557.5	560.8
2011	9089.1	5983.7	5636.0	118455.2	103053.2	94939.1	580.6	593.6
2012	9840.6	6395.3	6051.6	105516.6	94187.8	87775.9	679.0	689.4
2013	10546.7	7249.6	6735.9	109242.0	92661.7	85953.0	782.4	783.7
2014	10755.8	7387.5	6843.0	103672.9	90287.4	83769.6	818.2	816.9
2015	10409.8	7157.1	6709.6	98376.7	85316.8	79380.2	838.9	845.2
2016	9964.9	6812.6	6331.3	92039.7	79649.1	73051.4	855.3	866.7
2017	9554.4	6446.3	5899.3	84395.0	72727.0	66870.0	886.4	882.2
2018	10039.2	6369.0	5885.0	79898.2	67861.3	62189.8	938.5	946.3

5-7 2018年分地区农村住户固定资产投资和建房情况

地 区	投资总额(亿元)	#竣工房屋投资	#住宅	房屋施工面积(万平方米)	房屋竣工面积(万平方米)	#住宅	竣工房屋造价(元/平方米)	#住宅
全 国	**10039.2**	**6369.0**	**5885.0**	**79898.2**	**67861.3**	**62189.8**	**938.5**	**946.3**
北 京	63.2	54.5	53.7	491.0	446.6	426.2	1220.0	1260.0
天 津	17.6	4.3	4.2	54.1	46.2	42.2	932.8	985.4
河 北	362.3	264.1	239.8	2810.8	2232.2	1937.2	1183.0	1238.1
山 西	257.7	142.8	136.6	1916.8	1861.1	1701.4	767.0	803.0
内蒙古	166.0	63.4	41.5	541.9	643.3	472.8	985.5	878.2
辽 宁	205.8	101.5	86.0	1121.6	1085.3	736.6	935.3	1168.1
吉 林	151.7	31.6	30.9	367.0	367.0	367.0	861.2	842.9
黑龙江	217.8	35.9	31.8	532.8	513.7	362.9	698.4	877.3
上 海	6.5	5.0	4.8	51.3	35.4	34.4	1410.2	1389.2
江 苏	258.0	133.0	125.2	1600.0	1414.0	1309.0	940.5	956.8
浙 江	863.6	551.7	542.3	4884.6	3252.1	3180.9	1696.5	1704.9
安 徽	554.9	338.0	324.7	4677.6	3561.7	3367.2	948.9	964.2
福 建	301.1	187.2	180.6	2393.6	1669.1	1609.9	1121.3	1121.6
江 西	308.6	232.8	214.0	3253.7	2438.0	2326.0	954.9	920.2
山 东	958.6	535.7	405.8	10592.9	9973.9	8232.9	537.1	492.9
河 南	629.2	463.1	428.6	5824.0	5351.0	5017.0	865.5	854.4
湖 北	501.8	369.6	354.0	4404.8	3512.5	3337.2	1052.1	1060.9
湖 南	705.7	465.3	447.7	3978.6	3246.9	3062.4	1433.2	1462.0
广 东	368.3	232.2	227.2	2410.2	1548.2	1498.2	1500.0	1516.8
广 西	596.2	372.6	364.2	6684.8	6142.4	5915.1	606.6	615.7
海 南	97.4	89.8	84.5	856.2	693.7	662.5	1294.4	1275.3
重 庆	95.5	54.3	49.6	758.7	618.6	553.8	877.9	895.0
四 川	678.8	461.6	419.7	5830.7	4810.3	4339.1	959.6	967.3
贵 州	280.5	173.5	170.8	1979.0	1859.0	1830.0	933.6	933.1
云 南	469.6	484.5	422.5	5341.0	4346.3	4065.3	1114.7	1039.4
西 藏								
陕 西	358.3	222.3	214.3	2277.1	2101.6	1998.2	1058.0	1072.6
甘 肃	132.3	78.1	71.4	1377.0	1292.0	1163.0	604.6	613.6
青 海	54.4	44.5	42.2	499.3	492.1	452.2	903.8	932.3
宁 夏	89.6	29.4	28.1	458.0	458.0	450.0	641.7	624.3
新 疆	288.2	146.8	138.1	1929.0	1849.1	1739.4	794.0	794.0

农林牧渔业总产值、中间消耗及增加值

6-1　农林牧渔业增加值和指数

年　份	农林牧渔业增加值(亿元)	指　数	
		以1978年为100	以上年为100
1978	1027.5	100.0	104.1
1980	1371.6	104.5	98.5
1985	2564.3	155.4	101.8
1990	5061.8	190.7	107.3
1991	5341.9	195.2	102.4
1992	5866.2	203.1	104.1
1993	6963.3	211.2	104.0
1994	9572.1	219.6	104.0
1995	12135.1	229.5	104.5
1996	14014.7	241.2	105.1
1997	14440.8	251.6	104.3
1998	14816.4	260.4	103.5
1999	14768.7	267.7	102.8
2000	14943.6	274.1	102.4
2001	15780.0	281.8	102.8
2002	16535.7	290.0	102.9
2003	17380.6	297.3	102.5
2004	21410.7	316.0	106.3
2005	22416.2	332.4	105.2
2006	24036.4	349.0	105.0
2007	28483.7	361.9	103.7
2008	33428.1	381.8	105.5
2009	34659.7	397.8	104.2
2010	39619.0	414.9	104.3
2011	46122.6	429.4	104.3
2012	50581.2	448.8	104.5
2013	54692.4	466.7	104.0
2014	57472.2	486.3	104.2
2015	59852.6	505.9	104.0
2016	62451.0	523.6	103.5
2017	64660.0	545.0	104.1
2018	67540.0	564.6	103.6

注：根据新国民经济行业分类标准，对农林牧渔业增加值历史数据进行了调整，农林牧渔业增加值包括农、林、牧、渔专业及辅助性活动增加值。

6-2 农林牧渔业总产值、增加值、中间消耗及构成

(按当年价格计算)

指　标	总产值	增加值	中间消耗	#农林牧渔业物质消耗	#农林牧渔业生产服务支出
一、绝对数(亿元)					
农林牧渔业合计	**113579.5**	**67540.0**	**46039.5**	**38153.7**	**7885.8**
#农业	61452.6	39610.3	21842.3	17718.0	4124.3
林业	5432.6	3543.7	1888.9	1390.6	498.2
牧业	28697.4	14251.7	14445.7	13275.6	1170.2
渔业	12131.5	7331.8	4799.7	3902.0	897.7
二、构成(%)					
(以农林牧渔业合计为100)					
农林牧渔业合计	**100.0**	**100.0**	**100.0**	**100.0**	**100.0**
#农业	54.1	58.6	47.4	46.4	52.3
林业	4.8	5.2	4.1	3.6	6.3
牧业	25.3	21.1	31.4	34.8	14.8
渔业	10.7	10.9	10.4	10.2	11.4

6-3 各地区农林牧渔业总产值、增加值和中间消耗

(按当年价格计算)

单位：亿元

地区	农林牧渔业			农业		
	总产值	增加值	中间消耗	总产值	增加值	中间消耗
全国	**113579.5**	**67540.0**	**46039.5**	**61452.6**	**39610.3**	**21842.3**
北京	296.8	121.1	175.7	114.7	51.1	63.7
天津	390.5	180.6	209.9	197.2	96.8	100.4
河北	5707.0	3521.7	2185.3	3085.9	2141.9	944.0
山西	1460.6	788.1	672.5	894.9	510.1	384.9
内蒙古	2985.3	1779.5	1205.8	1512.5	988.4	524.1
辽宁	4061.9	2109.0	1952.9	1749.4	991.0	758.4
吉林	2184.3	1204.8	979.5	993.0	598.2	394.8
黑龙江	5624.3	3079.9	2544.3	3635.0	2237.7	1397.2
上海	289.6	111.2	178.4	150.1	63.3	86.8
江苏	7192.5	4429.4	2763.1	3735.0	2673.3	1061.7
浙江	3157.3	2017.9	1139.3	1518.0	1088.4	429.6
安徽	4672.7	2775.4	1897.3	2253.7	1432.8	820.9
福建	4229.5	2463.7	1765.9	1653.4	1031.2	622.2
江西	3148.6	1947.5	1201.1	1549.2	993.1	556.1
山东	9397.4	5272.5	4124.9	4678.3	2907.4	1770.9
河南	7757.9	4500.5	3257.4	4973.7	2917.7	2056.0
湖北	6207.8	3733.6	2474.2	3033.8	2008.9	1024.9
湖南	5361.6	3265.9	2095.7	2664.3	1856.6	807.7
广东	6318.1	3946.5	2371.6	3089.6	2160.0	929.6
广西	4909.2	3116.4	1792.9	2717.5	1865.5	851.9
海南	1535.7	1020.2	515.6	729.5	480.8	248.7
重庆	2052.4	1405.0	647.4	1292.7	963.8	328.9
四川	7195.6	4543.6	2652.1	4153.7	2923.8	1230.0
贵州	3619.5	2272.7	1346.8	2288.7	1439.3	849.4
云南	4108.9	2552.6	1556.3	2234.7	1498.8	735.9
西藏	195.5	132.2	63.3	88.1	58.3	29.8
陕西	3240.0	1927.3	1312.7	2245.0	1380.8	864.2
甘肃	1659.4	962.1	697.2	1166.1	699.7	466.4
青海	405.9	272.0	134.0	169.2	99.8	69.4
宁夏	575.8	296.1	279.7	344.6	194.1	150.5
新疆	3637.8	1791.0	1846.8	2541.2	1257.8	1283.4

6-3 续表 单位：亿元

地区	林业			牧业			渔业		
	总产值	增加值	中间消耗	总产值	增加值	中间消耗	总产值	增加值	中间消耗
全　国	**5432.6**	**3543.7**	**1888.9**	**28697.4**	**14251.7**	**14445.7**	**12131.5**	**7331.8**	**4799.7**
北　京	95.1	44.9	50.2	72.0	20.5	51.5	6.1	2.2	4.0
天　津	12.7	7.4	5.4	95.8	35.8	60.0	71.1	35.4	35.8
河　北	186.6	120.4	66.2	1813.8	944.1	869.7	207.5	131.6	75.9
山　西	99.9	46.0	53.9	361.5	180.9	180.6	6.9	3.7	3.1
内蒙古	100.3	70.1	30.2	1294.3	672.5	621.8	29.2	19.4	9.8
辽　宁	149.5	69.5	80.0	1346.2	558.2	788.0	628.5	401.9	226.6
吉　林	73.3	44.6	28.7	1001.6	494.1	507.6	39.0	23.9	15.1
黑龙江	186.4	97.5	88.9	1542.4	612.9	929.5	105.7	52.8	52.8
上　海	15.8	5.6	10.2	48.3	13.8	34.5	56.2	21.6	34.6
江　苏	147.3	82.9	64.3	1091.3	447.3	644.0	1707.9	938.1	769.8
浙　江	177.0	127.8	49.2	331.8	148.0	183.8	1043.3	610.3	433.0
安　徽	332.9	230.0	102.9	1315.8	640.4	675.5	505.7	334.8	170.8
福　建	389.0	246.4	142.6	718.4	369.0	349.4	1318.2	731.8	586.4
江　西	319.6	220.2	99.3	672.2	356.2	315.9	473.9	307.7	166.2
山　东	181.6	130.4	51.3	2432.7	1039.6	1393.1	1425.9	873.2	552.7
河　南	129.0	74.4	54.6	2067.7	1237.9	829.8	122.7	80.4	42.3
湖　北	235.2	128.6	106.6	1386.5	736.2	650.3	1106.0	673.8	432.2
湖　南	387.1	287.4	99.7	1464.6	668.1	796.5	417.2	271.5	145.7
广　东	390.6	291.4	99.2	1184.7	555.7	629.0	1383.8	828.2	555.6
广　西	379.9	284.4	95.5	1072.3	529.0	543.3	504.3	342.2	162.1
海　南	110.4	73.4	37.0	245.3	146.7	98.6	387.4	284.9	102.5
重　庆	101.1	73.3	27.8	520.1	263.6	256.4	100.4	77.5	22.9
四　川	358.7	227.0	131.8	2246.1	1126.5	1119.5	247.9	149.4	98.6
贵　州	253.3	174.7	78.6	846.3	507.6	338.7	54.8	34.5	20.3
云　南	396.9	265.1	131.8	1237.1	676.0	561.2	98.3	58.8	39.5
西　藏	3.2	2.2	1.0	98.4	67.6	30.8	0.3	0.3	0.1
陕　西	104.6	62.5	42.1	682.8	370.2	312.6	29.8	16.7	13.1
甘　肃	33.1	15.0	18.0	318.9	209.7	109.1	2.0	1.4	0.6
青　海	10.4	6.3	4.1	216.0	159.2	56.8	3.6	2.8	0.8
宁　夏	9.2	3.3	6.0	176.1	74.4	101.7	19.7	7.6	12.1
新　疆	62.7	31.0	31.7	796.4	390.0	406.4	28.1	13.3	14.8

6-4 各地区分部门农林牧渔业增加值

(按当年价格计算)

单位：亿元

地　　区	合计	#农业	林业	牧业	渔业
全国总计	**67540.0**	**39610.3**	**3543.7**	**14251.7**	**7331.8**
北　　京	121.1	51.1	44.9	20.5	2.2
天　　津	180.6	96.8	7.4	35.8	35.4
河　　北	3521.7	2141.9	120.4	944.1	131.6
山　　西	788.1	510.1	46.0	180.9	3.7
内 蒙 古	1779.5	988.4	70.1	672.5	19.4
辽　　宁	2109.0	991.0	69.5	558.2	401.9
吉　　林	1204.8	598.2	44.6	494.1	23.9
黑 龙 江	3079.9	2237.7	97.5	612.9	52.8
上　　海	111.2	63.3	5.6	13.8	21.6
江　　苏	4429.4	2673.3	82.9	447.3	938.1
浙　　江	2017.9	1088.4	127.8	148.0	610.3
安　　徽	2775.4	1432.8	230.0	640.4	334.8
福　　建	2463.7	1031.2	246.4	369.0	731.8
江　　西	1947.5	993.1	220.2	356.2	307.7
山　　东	5272.5	2907.4	130.4	1039.6	873.2
河　　南	4500.5	2917.7	74.4	1237.9	80.4
湖　　北	3733.6	2008.9	128.6	736.2	673.8
湖　　南	3265.9	1856.6	287.4	668.1	271.5
广　　东	3946.5	2160.0	291.4	555.7	828.2
广　　西	3116.4	1865.5	284.4	529.0	342.2
海　　南	1020.2	480.8	73.4	146.7	284.9
重　　庆	1405.0	963.8	73.3	263.6	77.5
四　　川	4543.6	2923.8	227.0	1126.5	149.4
贵　　州	2272.7	1439.3	174.7	507.6	34.5
云　　南	2552.6	1498.8	265.1	676.0	58.8
西　　藏	132.2	58.3	2.2	67.6	0.3
陕　　西	1927.3	1380.8	62.5	370.2	16.7
甘　　肃	962.1	699.7	15.0	209.7	1.4
青　　海	272.0	99.8	6.3	159.2	2.8
宁　　夏	296.1	194.1	3.3	74.4	7.6
新　　疆	1791.0	1257.8	31.0	390.0	13.3

6-5 各地区分部门农林牧渔业增加值构成

(按当年价格计算) 单位：%

地 区	合计	#农业	林业	牧业	渔业
全国总计	**100.0**	**58.6**	**5.2**	**21.1**	**10.9**
北 京	100.0	42.2	37.1	16.9	1.8
天 津	100.0	53.6	4.1	19.8	19.6
河 北	100.0	60.8	3.4	26.8	3.7
山 西	100.0	64.7	5.8	23.0	0.5
内蒙古	100.0	55.5	3.9	37.8	1.1
辽 宁	100.0	47.0	3.3	26.5	19.1
吉 林	100.0	49.6	3.7	41.0	2.0
黑龙江	100.0	72.7	3.2	19.9	1.7
上 海	100.0	56.9	5.0	12.4	19.4
江 苏	100.0	60.4	1.9	10.1	21.2
浙 江	100.0	53.9	6.3	7.3	30.2
安 徽	100.0	51.6	8.3	23.1	12.1
福 建	100.0	41.9	10.0	15.0	29.7
江 西	100.0	51.0	11.3	18.3	15.8
山 东	100.0	55.1	2.5	19.7	16.6
河 南	100.0	64.8	1.7	27.5	1.8
湖 北	100.0	53.8	3.4	19.7	18.0
湖 南	100.0	56.8	8.8	20.5	8.3
广 东	100.0	54.7	7.4	14.1	21.0
广 西	100.0	59.9	9.1	17.0	11.0
海 南	100.0	47.1	7.2	14.4	27.9
重 庆	100.0	68.6	5.2	18.8	5.5
四 川	100.0	64.3	5.0	24.8	3.3
贵 州	100.0	63.3	7.7	22.3	1.5
云 南	100.0	58.7	10.4	26.5	2.3
西 藏	100.0	44.1	1.6	51.1	0.2
陕 西	100.0	71.6	3.2	19.2	0.9
甘 肃	100.0	72.7	1.6	21.8	0.1
青 海	100.0	36.7	2.3	58.5	1.0
宁 夏	100.0	65.6	1.1	25.1	2.6
新 疆	100.0	70.2	1.7	21.8	0.7

6-6 各地区分部门农林牧渔业增加值率

(以该部门总产值为100)

单位：%

地区	农林牧渔业	农业	林业	牧业	渔业
全国总计	**59.5**	**64.5**	**65.2**	**49.7**	**60.4**
北京	40.8	44.5	47.2	28.5	35.1
天津	46.2	49.1	57.9	37.3	49.7
河北	61.7	69.4	64.5	52.0	63.4
山西	54.0	57.0	46.0	50.0	54.4
内蒙古	59.6	65.4	69.9	52.0	66.4
辽宁	51.9	56.7	46.5	41.5	63.9
吉林	55.2	60.2	60.8	49.3	61.3
黑龙江	54.8	61.6	52.3	39.7	50.0
上海	38.4	42.2	35.3	28.5	38.4
江苏	61.6	71.6	56.3	41.0	54.9
浙江	63.9	71.7	72.2	44.6	58.5
安徽	59.4	63.6	69.1	48.7	66.2
福建	58.2	62.4	63.3	51.4	55.5
江西	61.9	64.1	68.9	53.0	64.9
山东	56.1	62.1	71.8	42.7	61.2
河南	58.0	58.7	57.6	59.9	65.6
湖北	60.1	66.2	54.7	53.1	60.9
湖南	60.9	69.7	74.2	45.6	65.1
广东	62.5	69.9	74.6	46.9	59.9
广西	63.5	68.6	74.9	49.3	67.8
海南	66.4	65.9	66.5	59.8	73.5
重庆	68.5	74.6	72.5	50.7	77.2
四川	63.1	70.4	63.3	50.2	60.3
贵州	62.8	62.9	69.0	60.0	63.0
云南	62.1	67.1	66.8	54.6	59.8
西藏	67.6	66.1	68.2	68.7	75.1
陕西	59.5	61.5	59.8	54.2	56.0
甘肃	58.0	60.0	45.5	65.8	70.3
青海	67.0	59.0	60.7	73.7	77.5
宁夏	51.4	56.3	35.4	42.2	38.7
新疆	49.2	49.5	49.4	49.0	47.4

6-7 各地区分部门农林牧渔业中间消耗

(按当年价格计算)　　单位：亿元

地　区	合计	#农业	林业	牧业	渔业
全国合计	**46039.5**	**21842.3**	**1888.9**	**14445.7**	**4799.7**
北　京	175.7	63.7	50.2	51.5	4.0
天　津	209.9	100.4	5.4	60.0	35.8
河　北	2185.3	944.0	66.2	869.7	75.9
山　西	672.5	384.9	53.9	180.6	3.1
内蒙古	1205.8	524.1	30.2	621.8	9.8
辽　宁	1952.9	758.4	80.0	788.0	226.6
吉　林	979.5	394.8	28.7	507.6	15.1
黑龙江	2544.3	1397.2	88.9	929.5	52.8
上　海	178.4	86.8	10.2	34.5	34.6
江　苏	2763.1	1061.7	64.3	644.0	769.8
浙　江	1139.3	429.6	49.2	183.8	433.0
安　徽	1897.3	820.9	102.9	675.5	170.8
福　建	1765.9	622.2	142.6	349.4	586.4
江　西	1201.1	556.1	99.3	315.9	166.2
山　东	4124.9	1770.9	51.3	1393.1	552.7
河　南	3257.4	2056.0	54.6	829.8	42.3
湖　北	2474.2	1024.9	106.6	650.3	432.2
湖　南	2095.7	807.7	99.7	796.5	145.7
广　东	2371.6	929.6	99.2	629.0	555.6
广　西	1792.9	851.9	95.5	543.3	162.1
海　南	515.6	248.7	37.0	98.6	102.5
重　庆	647.4	328.9	27.8	256.4	22.9
四　川	2652.1	1230.0	131.8	1119.5	98.6
贵　州	1346.8	849.4	78.6	338.7	20.3
云　南	1556.3	735.9	131.8	561.2	39.5
西　藏	63.3	29.8	1.0	30.8	0.1
陕　西	1312.7	864.2	42.1	312.6	13.1
甘　肃	697.2	466.4	18.0	109.1	0.6
青　海	134.0	69.4	4.1	56.8	0.8
宁　夏	279.7	150.5	6.0	101.7	12.1
新　疆	1846.8	1283.4	31.7	406.4	14.8

6-8 各地区分部门农林牧渔业中间消耗构成

(按当年价格计算)

单位：%

地区	合计	#农业	林业	牧业	渔业
全国合计	**100.0**	**47.4**	**4.1**	**31.4**	**10.4**
北京	100.0	36.2	28.6	29.3	2.3
天津	100.0	47.8	2.6	28.6	17.0
河北	100.0	43.2	3.0	39.8	3.5
山西	100.0	57.2	8.0	26.9	0.5
内蒙古	100.0	43.5	2.5	51.6	0.8
辽宁	100.0	38.8	4.1	40.3	11.6
吉林	100.0	40.3	2.9	51.8	1.5
黑龙江	100.0	54.9	3.5	36.5	2.1
上海	100.0	48.7	5.7	19.4	19.4
江苏	100.0	38.4	2.3	23.3	27.9
浙江	100.0	37.7	4.3	16.1	38.0
安徽	100.0	43.3	5.4	35.6	9.0
福建	100.0	35.2	8.1	19.8	33.2
江西	100.0	46.3	8.3	26.3	13.8
山东	100.0	42.9	1.2	33.8	13.4
河南	100.0	63.1	1.7	25.5	1.3
湖北	100.0	41.4	4.3	26.3	17.5
湖南	100.0	38.5	4.8	38.0	7.0
广东	100.0	39.2	4.2	26.5	23.4
广西	100.0	47.5	5.3	30.3	9.0
海南	100.0	48.2	7.2	19.1	19.9
重庆	100.0	50.8	4.3	39.6	3.5
四川	100.0	46.4	5.0	42.2	3.7
贵州	100.0	63.1	5.8	25.1	1.5
云南	100.0	47.3	8.5	36.1	2.5
西藏	100.0	47.1	1.6	48.6	0.1
陕西	100.0	65.8	3.2	23.8	1.0
甘肃	100.0	66.9	2.6	15.7	0.1
青海	100.0	51.8	3.1	42.4	0.6
宁夏	100.0	53.8	2.1	36.4	4.3
新疆	100.0	69.5	1.7	22.0	0.8

6-9 各地区分部门农林牧渔业中间消耗占产值的比重

(以该部门总产值为100)　　单位：%

地　区	农林牧渔业	农业	林业	牧业	渔业
全国总计	**40.5**	**35.5**	**34.8**	**50.3**	**39.6**
北　京	59.2	55.5	52.8	71.5	64.9
天　津	53.8	50.9	42.1	62.7	50.3
河　北	38.3	30.6	35.5	48.0	36.6
山　西	46.0	43.0	54.0	50.0	45.6
内蒙古	40.4	34.7	30.1	48.0	33.6
辽　宁	48.1	43.3	53.5	58.5	36.1
吉　林	44.8	39.8	39.2	50.7	38.7
黑龙江	45.2	38.4	47.7	60.3	50.0
上　海	61.6	57.8	64.7	71.5	61.6
江　苏	38.4	28.4	43.7	59.0	45.1
浙　江	36.1	28.3	27.8	55.4	41.5
安　徽	40.6	36.4	30.9	51.3	33.8
福　建	41.8	37.6	36.7	48.6	44.5
江　西	38.1	35.9	31.1	47.0	35.1
山　东	43.9	37.9	28.2	57.3	38.8
河　南	42.0	41.3	42.4	40.1	34.4
湖　北	39.9	33.8	45.3	46.9	39.1
湖　南	39.1	30.3	25.8	54.4	34.9
广　东	37.5	30.1	25.4	53.1	40.1
广　西	36.5	31.4	25.1	50.7	32.2
海　南	33.6	34.1	33.5	40.2	26.5
重　庆	31.5	25.4	27.5	49.3	22.8
四　川	36.9	29.6	36.7	49.8	39.7
贵　州	37.2	37.1	31.0	40.0	37.0
云　南	37.9	32.9	33.2	45.4	40.2
西　藏	32.4	33.9	31.8	31.3	24.9
陕　西	40.5	38.5	40.2	45.8	44.0
甘　肃	42.0	40.0	54.5	34.2	29.7
青　海	33.0	41.0	39.3	26.3	22.5
宁　夏	48.6	43.7	64.6	57.8	61.3
新　疆	50.8	50.5	50.6	51.0	52.6

6-10 分项农林牧渔业中间消耗

单位：亿元

指　　标	1990年	1997年	2000年	2017年	2018年
中间消耗总计		**9615.5**	**10287.6**	**44671.7**	**46039.5**
一、物质消耗	**2508.2**	**8864.8**	**9497.8**	**37211.2**	**38153.7**
#用种量	245.7	854.8	879.3	5802.2	6119.3
饲料	995.2	3708.5	3908.2	13563.5	13254.1
肥料	601.2	1634.0	1641.6	6688.0	6883.4
燃料	152.0	544.7	684.1	2525.2	2687.2
农药	70.7	259.7	208.0	912.5	934.2
农膜		121.9	137.1	542.2	605.9
畜牧用药			69.0	367.7	389.3
用电量	61.6	365.0	441.7	1448.9	1499.0
小农机			113.7	633.0	742.5
二、生产服务支出			**789.8**	**7460.5**	**7885.8**

注：从2003年起，“生产服务支出”包括“对物质生产部门的劳务支出”。

6-11 各地区农林牧渔业增加值、中间消耗及占农林牧渔业总产值比重

(按当年价格计算)

单位：亿元

地　区	农林牧渔业增加值	占农林牧渔业总产值比重(%)	农林牧渔业中间消耗	占农林牧渔业总产值比重(%)
全国总计	**67540.0**	**59.5**	**46039.5**	**40.5**
北　京	121.1	40.8	175.7	59.2
天　津	180.6	46.2	209.9	53.8
河　北	3521.7	61.7	2185.3	38.3
山　西	788.1	54.0	672.5	46.0
内蒙古	1779.5	59.6	1205.8	40.4
辽　宁	2109.0	51.9	1952.9	48.1
吉　林	1204.8	55.2	979.5	44.8
黑龙江	3079.9	54.8	2544.3	45.2
上　海	111.2	38.4	178.4	61.6
江　苏	4429.4	61.6	2763.1	38.4
浙　江	2017.9	63.9	1139.3	36.1
安　徽	2775.4	59.4	1897.3	40.6
福　建	2463.7	58.2	1765.9	41.8
江　西	1947.5	61.9	1201.1	38.1
山　东	5272.5	56.1	4124.9	43.9
河　南	4500.5	58.0	3257.4	42.0
湖　北	3733.6	60.1	2474.2	39.9
湖　南	3265.9	60.9	2095.7	39.1
广　东	3946.5	62.5	2371.6	37.5
广　西	3116.4	63.5	1792.9	36.5
海　南	1020.2	66.4	515.6	33.6
重　庆	1405.0	68.5	647.4	31.5
四　川	4543.6	63.1	2652.1	36.9
贵　州	2272.7	62.8	1346.8	37.2
云　南	2552.6	62.1	1556.3	37.9
西　藏	132.2	67.6	63.3	32.4
陕　西	1927.3	59.5	1312.7	40.5
甘　肃	962.1	58.0	697.2	42.0
青　海	272.0	67.0	134.0	33.0
宁　夏	296.1	51.4	279.7	48.6
新　疆	1791.0	49.2	1846.8	50.8

6-12 农林牧渔业总产值

(按当年价格计算) 单位：亿元

年 份	农林牧渔业总产值	#农业产值	林业产值	牧业产值	渔业产值
1952	461.0	396.0	7.3	51.7	6.1
1957	537.0	443.9	17.5	65.4	10.2
1962	584.0	494.7	13.0	63.8	12.6
1965	833.0	684.3	22.3	111.5	14.8
1970	1021.0	838.4	28.6	136.6	17.4
1975	1260.0	1020.5	39.2	178.4	21.9
1978	1397.0	1117.5	48.1	209.3	22.1
1980	1922.6	1454.1	81.4	354.2	32.9
1985	3619.5	2506.4	188.7	798.3	126.1
1990	7662.1	4954.3	330.3	1967.0	410.6
1991	8157.0	5146.4	367.9	2159.2	483.5
1992	9084.7	5588.0	422.6	2460.5	613.5
1993	10995.5	6605.1	494.0	3014.4	882.0
1994	15750.5	9169.2	611.1	4672.0	1298.2
1995	20340.9	11884.6	709.9	6045.0	1701.3
1996	22353.7	13539.8	778.0	6015.5	2020.4
1997	23788.4	13852.5	817.8	6835.4	2282.7
1998	24541.9	14241.9	851.3	7025.8	2422.9
1999	24519.1	14106.2	886.3	6997.6	2529.0
2000	24915.8	13873.6	936.5	7393.1	2712.6
2001	26179.6	14462.8	938.8	7963.1	2815.0
2002	27390.8	14931.5	1033.5	8454.6	2971.1
2003	29691.8	14870.1	1239.9	9538.8	3137.6
2004	36239.0	18138.4	1327.1	12173.8	3605.6
2005	39450.9	19613.4	1425.5	13310.8	4016.1
2006	40810.8	21522.3	1610.8	12083.9	3970.5
2007	48651.8	24444.7	1889.9	16068.6	4427.9
2008	57420.8	27679.9	2180.3	20354.2	5137.5
2009	59311.3	29983.8	2324.4	19184.6	5514.7
2010	67763.1	35909.1	2575.0	20461.1	6263.4
2011	78837.0	40339.6	3092.4	25194.2	7337.4
2012	86342.2	44845.7	3407.0	26491.2	8403.9
2013	93173.7	48943.9	3847.4	27572.4	9254.5
2014	97822.5	51851.1	4190.0	27963.4	9877.5
2015	101893.5	54205.3	4358.4	28649.3	10339.1
2016	106478.7	55659.9	4635.9	30461.2	10892.9
2017	109331.7	58059.8	4980.6	29361.2	11577.1
2018	113579.5	61452.6	5432.6	28697.4	12131.5

注：2009年按照新的《统计用产品分类目录》对数据进行了调整(后同)。

6-13　农林牧渔业总产值构成

(按当年价格计算)　　单位：%

年　份	农林牧渔业	农业产值	林业产值	牧业产值	渔业产值
1952	100.0	85.9	1.6	11.2	1.3
1957	100.0	82.7	3.3	12.2	1.9
1962	100.0	84.7	2.2	10.9	2.2
1965	100.0	82.2	2.7	13.4	1.8
1970	100.0	82.1	2.8	13.4	1.7
1975	100.0	81.0	3.1	14.2	1.7
1978	100.0	80.0	3.4	15.0	1.6
1979	100.0	78.1	3.6	16.8	1.5
1980	100.0	75.6	4.2	18.4	1.7
1981	100.0	75.0	4.5	18.4	2.0
1982	100.0	75.1	4.4	18.4	2.1
1983	100.0	75.4	4.6	17.6	2.3
1984	100.0	74.1	5.0	18.3	2.6
1985	100.0	69.2	5.2	22.1	3.5
1986	100.0	69.1	5.0	21.8	4.1
1987	100.0	67.6	4.7	22.8	4.8
1988	100.0	62.5	4.7	27.3	5.5
1989	100.0	62.8	4.4	27.6	5.3
1990	100.0	64.7	4.3	25.7	5.4
1991	100.0	63.1	4.5	26.5	5.9
1992	100.0	61.5	4.7	27.1	6.8
1993	100.0	60.1	4.5	27.4	8.0
1994	100.0	58.2	3.9	29.7	8.2
1995	100.0	58.4	3.5	29.7	8.4
1996	100.0	60.6	3.5	26.9	9.0
1997	100.0	58.2	3.4	28.7	9.6
1998	100.0	58.0	3.5	28.6	9.9
1999	100.0	57.5	3.6	28.5	10.3
2000	100.0	55.7	3.8	29.7	10.9
2001	100.0	55.2	3.6	30.4	10.8
2002	100.0	54.5	3.8	30.9	10.8
2003	100.0	50.1	4.2	32.1	10.6
2004	100.0	50.1	3.7	33.6	9.9
2005	100.0	49.7	3.6	33.7	10.2
2006	100.0	52.7	3.9	29.6	9.7
2007	100.0	50.2	3.9	33.0	9.1
2008	100.0	48.2	3.8	35.4	8.9
2009	100.0	50.6	3.9	32.3	9.3
2010	100.0	53.0	3.8	30.2	9.2
2011	100.0	51.2	3.9	32.0	9.3
2012	100.0	51.9	3.9	30.7	9.7
2013	100.0	52.5	4.1	29.6	9.9
2014	100.0	53.0	4.3	28.6	10.1
2015	100.0	53.2	4.3	28.1	10.1
2016	100.0	52.3	4.4	28.6	10.2
2017	100.0	53.1	4.6	26.9	10.6
2018	100.0	54.1	4.8	25.3	10.7

6-14 农林牧渔业分项产值及构成

(按当年价格计算)

指 标	绝对数(亿元)		构成(%)	
	2017年	2018年	2017年	2018年
农林牧渔业总产值	**109331.7**	**113579.5**	**100.0**	**100.0**
一、农业产值	**58059.8**	**61452.6**	**53.1**	**54.1**
(一)谷物及其他作物	22527.5	22487.3	20.6	19.8
谷物	14738.5	14601.6	13.5	12.9
薯类	1427.5	1471.1	1.3	1.3
油料	1934.9	1948.8	1.8	1.7
豆类	854.7	901.7	0.8	0.8
棉花	811.6	812.2	0.7	0.7
麻类	13.9	12.9	0.0	0.0
糖料	658.3	679.9	0.6	0.6
烟草	588.0	571.4	0.5	0.5
其他农作物	1503.2	1478.1	1.4	1.3
(二)蔬菜园艺作物	21546.1	23494.7	19.7	20.7
#蔬菜(含菜用瓜)	18715.2	20374.0	17.1	17.9
食用菌	1531.9	1833.3	1.4	1.6
花卉	786.4	818.8	0.7	0.7
盆景园艺	503.9	458.2	0.5	0.4
(三)水果、坚果、茶、饮料和香料	12129.5	12865.5	11.1	11.3
#水果	9390.8	9953.9	8.6	8.8
坚果	1102.8	1075.6	1.0	0.9
茶及饮料原料	1425.5	1633.9	1.3	1.4
香料原料	210.4	201.9	0.2	0.2
(四)中草药材	1856.6	2605.1	1.7	2.3
二、林业产值	**4980.6**	**5432.6**	**4.6**	**4.8**
(一) 林木的培育和种植	2060.0	2304.1	1.9	2.0
(二)竹木采运	1227.5	1359.2	1.1	1.2
(三)林产品	1693.1	1769.4	1.5	1.6
三、牧业产值	**29361.2**	**28697.4**	**26.9**	**25.3**
(一)牲畜饲养	7702.8	7951.6	7.0	7.0
#牛的饲养	3132.8	3526.4	2.9	3.1
羊的饲养	2309.9	2574.4	2.1	2.3
(二)猪的饲养	12966.1	11202.7	11.9	9.9
(三)家禽饲养	7329.9	8162.7	6.7	7.2
(四)狩猎和捕捉动物	41.8	46.0	0.0	0.0
(五)其他畜牧业	1320.6	1334.4	1.2	1.2
四、渔业产值	**11577.1**	**12131.5**	**10.6**	**10.7**
(一)海水产品	5508.5	5783.1	5.0	5.1
其中：养殖	2325.2	2706.7	2.1	2.4
(二)淡水产品	6068.6	6348.4	5.6	5.6
其中：养殖	4994.6	5500.5	4.6	4.8

6-15 各地区农林牧渔业总产值

(按当年价格计算) 单位：亿元

地 区	农林牧渔业总产值		农业产值	
	2017年	2018年	2017年	2018年
全国总计	**109331.7**	**113579.5**	**58059.8**	**61452.6**
北 京	308.3	296.8	129.8	114.7
天 津	382.1	390.5	183.2	197.2
河 北	5373.4	5707.0	2890.6	3085.9
山 西	1418.7	1460.6	861.9	894.9
内蒙古	2813.5	2985.3	1434.7	1512.5
辽 宁	3851.6	4061.9	1620.5	1749.4
吉 林	2064.3	2184.3	895.8	993.0
黑龙江	5586.6	5624.3	3471.3	3635.0
上 海	292.6	289.6	146.4	150.1
江 苏	7161.2	7192.5	3764.7	3735.0
浙 江	3093.4	3157.3	1494.5	1518.0
安 徽	4597.9	4672.7	2241.4	2253.7
福 建	3947.2	4229.5	1527.0	1653.4
江 西	3069.0	3148.6	1489.3	1549.2
山 东	9140.4	9397.4	4403.2	4678.3
河 南	7562.5	7757.9	4552.7	4973.7
湖 北	6129.7	6207.8	2962.5	3033.8
湖 南	5213.5	5361.6	2597.6	2664.3
广 东	5969.9	6318.1	2890.0	3089.6
广 西	4698.7	4909.2	2538.9	2717.5
海 南	1488.9	1535.7	707.4	729.5
重 庆	1902.5	2052.4	1165.7	1292.7
四 川	6955.5	7195.6	4004.2	4153.7
贵 州	3413.9	3619.5	2077.0	2288.7
云 南	3872.9	4108.9	1982.5	2234.7
西 藏	178.2	195.5	78.4	88.1
陕 西	3077.6	3240.0	2095.3	2245.0
甘 肃	1559.6	1659.4	1068.6	1166.1
青 海	364.1	405.9	162.4	169.2
宁 夏	517.4	575.8	309.0	344.6
新 疆	3326.6	3637.8	2313.2	2541.2

6-15 续表 单位：亿元

地 区	林业产值		牧业产值		渔业产值	
	2017年	2018年	2017年	2018年	2017年	2018年
全国总计	**4980.6**	**5432.6**	**29361.2**	**28697.4**	**11577.1**	**12131.5**
北 京	58.8	95.1	101.4	72.0	9.6	6.1
天 津	9.0	12.7	108.0	95.8	69.8	71.1
河 北	175.5	186.6	1735.8	1813.8	195.9	207.5
山 西	97.7	99.9	358.8	361.5	7.7	6.9
内蒙古	99.9	100.3	1200.6	1294.3	31.3	29.2
辽 宁	140.3	149.5	1289.2	1346.2	592.2	628.5
吉 林	69.4	73.3	982.4	1001.6	41.7	39.0
黑龙江	175.2	186.4	1701.7	1542.4	98.0	105.7
上 海	15.3	15.8	61.2	48.3	58.4	56.2
江 苏	136.7	147.3	1158.0	1091.3	1623.4	1707.9
浙 江	170.2	177.0	371.3	331.8	979.3	1043.3
安 徽	319.1	332.9	1321.7	1315.8	476.2	505.7
福 建	327.7	389.0	750.5	718.4	1202.1	1318.2
江 西	296.5	319.6	709.7	672.2	453.1	473.9
山 东	165.1	181.6	2501.4	2432.7	1476.0	1425.9
河 南	128.9	129.0	2368.9	2067.7	107.8	122.7
湖 北	213.3	235.2	1478.1	1386.5	1089.1	1106.0
湖 南	325.0	387.1	1505.8	1464.6	393.1	417.2
广 东	356.1	390.6	1202.3	1184.7	1276.1	1383.8
广 西	346.4	379.9	1128.6	1072.3	471.0	504.3
海 南	107.7	110.4	245.1	245.3	372.8	387.4
重 庆	85.2	101.1	522.5	520.1	94.8	100.4
四 川	346.8	358.7	2199.7	2246.1	234.9	247.9
贵 州	228.8	253.3	885.8	846.3	60.1	54.8
云 南	381.5	396.9	1289.5	1237.1	87.7	98.3
西 藏	2.9	3.2	92.2	98.4	0.3	0.3
陕 西	96.9	104.6	695.2	682.8	27.5	29.8
甘 肃	31.6	33.1	309.0	318.9	2.1	2.0
青 海	9.0	10.4	183.0	216.0	3.4	3.6
宁 夏	9.7	9.2	155.7	176.1	18.6	19.7
新 疆	54.3	62.7	748.5	796.4	23.2	28.1

6-16 各地区农业分项产值

(按当年价格计算) 单位：亿元

地　区	农业	1.谷物及其他作物	#谷物	#小麦	稻谷	玉米
全　国	**61452.6**	**22487.3**	**14601.6**	**3044.3**	**6232.1**	**4679.7**
北　京	114.7	8.6	6.4	1.3	0.1	4.7
天　津	197.2	54.4	46.6	13.3	16.1	15.8
河　北	3085.9	1083.6	740.9	340.9	18.9	339.7
山　西	894.9	357.1	274.1	56.0	0.1	182.6
内蒙古	1512.5	1144.4	718.9	48.1	39.1	437.4
辽　宁	1749.4	487.5	414.8	0.4	109.5	286.0
吉　林	993.0	776.0	663.4	0.0	202.8	433.3
黑龙江	3635.0	2099.6	1686.6	9.7	939.9	716.8
上　海	150.1	32.3	28.7	2.5	25.6	0.4
江　苏	3735.0	1295.8	1096.2	297.8	613.2	78.6
浙　江	1518.0	238.1	161.4	7.1	146.1	7.7
安　徽	2253.7	1261.6	1039.5	420.2	482.8	130.6
福　建	1653.4	240.0	130.9	0.0	125.0	3.7
江　西	1549.2	738.3	579.4	1.8	571.5	5.2
山　东	4678.3	1784.4	1068.0	557.6	38.4	466.9
河　南	4973.7	1950.3	1349.6	789.0	153.4	399.7
湖　北	3033.8	983.7	714.2	94.5	540.5	77.9
湖　南	2664.3	1030.3	751.1	2.2	677.4	64.9
广　东	3089.6	713.5	349.3	0.0	325.7	23.3
广　西	2717.5	979.1	394.7	0.1	316.5	76.6
海　南	729.5	101.6	44.2		43.4	
重　庆	1292.7	343.3	190.6	1.8	123.7	63.3
四　川	4153.7	1362.2	699.9	62.9	363.5	261.6
贵　州	2288.7	453.6	181.1	7.6	105.2	54.4
云　南	2234.7	807.8	359.6	19.3	190.0	148.2
西　藏	88.1	39.9	34.1	5.2	0.2	0.8
陕　西	2245.0	458.2	261.6	92.8	22.5	108.5
甘　肃	1166.1	448.0	233.3	57.0	0.5	112.1
青　海	169.2	61.6	16.1	9.7		2.4
宁　夏	344.6	127.7	79.4	11.5	19.7	45.0
新　疆	2541.2	1024.8	287.2	133.7	20.6	131.7

6-16 续表 1

单位：亿元

地区	#薯类	#油料	花生	油菜籽	#豆类	大豆
全国	**1471.1**	**1948.8**	**941.3**	**723.9**	**901.7**	**721.7**
北京	0.9	0.3	0.2		0.3	0.2
天津	1.4	0.7	0.4		0.9	0.6
河北	117.3	62.1	51.0	1.9	15.7	10.2
山西	36.3	8.6	1.0	1.2	20.4	12.6
内蒙古	92.9	122.7	3.6	20.3	87.5	69.1
辽宁	4.7	29.7	26.9	0.1	7.0	4.6
吉林	28.1	45.6	39.8	0.0	25.5	19.2
黑龙江	33.1	13.5	6.0	0.1	305.3	292.2
上海	0.1	0.3	0.1	0.2	0.1	0.1
江苏	26.6	60.2	27.5	27.1	34.0	22.9
浙江	10.1	23.0	5.5	16.8	15.9	11.6
安徽	6.7	101.2	46.2	46.9	49.9	44.3
福建	35.9	21.8	20.9	0.9	7.8	6.3
江西	12.2	70.1	36.4	29.1	18.1	16.7
山东	60.7	142.5	139.9	1.4	26.0	25.6
河南	44.0	299.8	259.3	18.4	43.3	37.5
湖北	30.4	158.6	33.9	100.6	17.7	15.7
湖南	25.5	158.3	18.7	131.3	22.6	16.6
广东	90.4	89.6	88.1	0.8	8.5	6.5
广西	12.0	59.0	55.5	0.9	15.1	9.6
海南	19.1	6.6	6.5		1.3	0.6
重庆	63.0	38.1	8.3	28.7	20.0	8.7
四川	353.7	223.3	44.0	159.4	49.0	44.2
贵州	72.8	54.9	5.8	40.3	17.0	11.4
云南	49.8	31.4	4.3	27.0	50.8	13.1
西藏	0.2	3.3	0.0	3.3	0.6	0.0
陕西	80.9	44.3	8.9	25.2	17.2	13.2
甘肃	111.5	40.8	0.1	21.3	10.9	2.9
青海	20.7	13.3		13.2	2.0	
宁夏	28.3	4.3	0.0	0.4	1.0	0.4
新疆	2.0	20.6	2.4	7.3	10.2	5.3

6-16 续表 2 单位：亿元

地区	#棉花	#麻类	#糖料	#烟草
全　国	**812.2**	**12.9**	**679.9**	**571.4**
北　京	0.0			0.0
天　津	3.9		0.0	
河　北	47.3	0.0	4.7	0.3
山　西	0.8	0.0	0.0	0.8
内蒙古	0.0	0.2	27.9	1.2
辽　宁	0.0	0.0	2.1	3.5
吉　林			0.4	6.9
黑龙江		4.1	4.6	6.7
上　海	0.0		0.0	
江　苏	3.5	0.1	1.5	
浙　江	1.0	0.0	6.5	0.2
安　徽	22.3	0.3	2.3	5.1
福　建	0.0	0.0	3.4	23.4
江　西	5.7	0.8	22.2	9.3
山　东	97.9	0.0		1.2
河　南	2.9	0.8	3.0	71.7
湖　北	24.6	0.3	8.3	18.5
湖　南	6.1	0.5	4.1	46.5
广　东		1.7	87.4	9.7
广　西	0.4	0.9	384.4	4.2
海　南		0.1	17.4	0.2
重　庆		0.7	2.6	15.2
四　川	0.6	2.1	4.3	28.9
贵　州	0.3	0.0	9.4	63.6
云　南	0.0	0.0	70.5	244.5
西　藏				
陕　西	2.8	0.1	0.1	9.3
甘　肃	13.5	0.1	1.3	0.3
青　海			0.0	
宁　夏				0.2
新　疆	578.5	0.1	11.5	

6-16 续表 3

单位：亿元

地区	2.蔬菜园艺	蔬菜	食用菌	花卉	3.水果、坚果、饮料和香料作物	苹果	梨	柑橘
全国	**23494.7**	**20374.0**	**1833.3**	**818.8**	**12865.5**	**2097.3**	**658.7**	**1484.9**
北京	58.6	45.7	6.6	4.4	47.5	3.8	4.2	
天津	105.3	89.8	8.6	3.4	37.5	2.2	2.1	
河北	1335.3	1196.1	108.2	8.4	551.7	109.6	79.9	
山西	197.6	184.6	10.8	2.1	275.3	143.1	25.5	13.2
内蒙古	260.6	246.7	8.3	5.6	69.2	4.8	2.3	
辽宁	871.7	839.2	26.7	5.8	385.5	97.2	30.3	
吉林	142.7	117.9	23.7	0.9	50.9	1.3	0.9	
黑龙江	1104.0	700.7	401.7	1.6	112.3	8.9	3.3	
上海	80.3	65.0	7.2	5.9	37.2		2.8	2.0
江苏	1999.6	1744.0	97.6	55.8	426.5	19.1	24.2	1.3
浙江	766.6	521.2	40.9	185.3	453.4		14.5	45.0
安徽	679.2	622.4	17.3	11.9	256.3	13.8	26.4	0.7
福建	811.0	478.9	216.8	85.4	532.8		6.2	106.3
江西	502.4	459.5	14.5	28.3	286.8		4.9	226.8
山东	1729.2	1632.2	40.2	14.1	1090.8	300.9	25.8	
河南	1751.2	1378.2	353.2	19.2	981.8	210.2	53.0	0.8
湖北	1468.1	1301.2	99.7	18.9	509.9	0.6	19.1	149.7
湖南	1082.8	1036.8	18.6	2.9	400.3		9.0	64.4
广东	1417.2	1226.2	30.5	104.5	870.2		4.2	173.6
广西	974.0	861.7	72.5	1.0	673.2		10.9	159.1
海南	303.4	256.0	0.0	42.6	305.5			7.6
重庆	567.9	519.5	23.3	12.2	295.0	0.5	16.8	122.2
四川	1760.2	1639.0	57.5	50.5	949.3	33.2	57.5	264.1
贵州	1292.8	1204.8	69.7	14.2	347.6	4.8	17.4	8.0
云南	657.1	522.8	31.4	101.0	485.2	10.4	8.7	40.7
西藏	16.3	16.1	0.1	0.0	1.5	0.4	0.1	0.0
陕西	657.7	597.2	28.3	22.0	1037.5	497.8	34.8	15.5
甘肃	321.6	315.5	4.3	1.9	276.8	153.1	4.2	0.0
青海	50.8	49.5	0.8	0.2	2.5	0.2	0.2	
宁夏	132.8	127.1	1.2	4.6	49.8	3.7	0.3	
新疆	396.7	378.4	13.2	4.1	1066.0	477.9	169.2	83.6

6-16 续表 4 单位：亿元

地 区	茶及其他饮料	#茶	香料作物	中药材
全 国	**1633.9**	**1596.9**	**201.9**	**2605.1**
北 京			0.1	0.1
天 津				0.0
河 北	3.5	0.0	6.1	115.3
山 西	0.1	0.0	3.9	65.0
内蒙古				38.3
辽 宁				4.7
吉 林				23.4
黑龙江				319.0
上 海	0.2	0.2		0.4
江 苏	50.3	50.3	0.0	13.1
浙 江	173.6	173.6		59.9
安 徽	60.9	60.9	0.1	56.6
福 建	236.0	236.0	0.0	69.6
江 西	15.8	15.8		21.8
山 东	21.8	21.8	8.3	73.9
河 南	196.6	196.6	0.5	290.4
湖 北	168.5	168.5	1.7	72.1
湖 南	114.2	114.2	0.9	150.9
广 东	61.2	61.2	5.7	88.7
广 西	36.6	36.6	19.9	91.2
海 南	0.9	0.8	17.0	18.9
重 庆	16.8	16.8	17.0	86.5
四 川	162.8	159.8	18.0	82.1
贵 州	129.0	125.4	4.9	194.7
云 南	131.2	110.0	17.5	284.5
西 藏	0.1	0.1	0.0	30.3
陕 西	53.1	47.6	47.6	91.5
甘 肃	0.7	0.5	28.8	119.7
青 海			0.1	54.3
宁 夏			0.1	34.3
新 疆			3.4	53.7

6-17 各地区林业分项产值

(按当年价格计算) 单位：亿元

地　区	林业产值	1.林木的培育和种植	2.竹木采运	#村及村以下	3.林产品
全　国	**5432.6**	**2304.1**	**1359.2**	**560.9**	**1769.4**
北　京	95.1	93.7	1.5		
天　津	12.7	11.6	1.1		
河　北	186.6	152.7	4.5	5.2	29.4
山　西	99.9	98.4	1.2	0.2	0.3
内蒙古	100.3	92.9	3.6		3.8
辽　宁	149.5	54.9	93.5		1.0
吉　林	73.3	34.0	12.3	2.6	27.0
黑龙江	186.4	83.2	7.6	4.2	95.6
上　海	15.8	15.5	0.2		0.1
江　苏	147.3	107.1	26.4		13.8
浙　江	177.0	6.4	41.7	13.1	128.9
安　徽	332.9	65.7	94.5	51.0	172.7
福　建	389.0	38.3	172.1	125.7	178.6
江　西	319.6	89.6	87.6	37.4	142.4
山　东	181.6	74.0	38.0	31.9	69.6
河　南	129.0	64.0	17.3	15.6	47.7
湖　北	235.2	140.0	89.3	35.3	6.0
湖　南	387.1	148.9	72.5		165.8
广　东	390.6	35.0	122.1	117.8	233.5
广　西	379.9	31.0	233.6		115.3
海　南	110.4	42.1	13.8		54.5
重　庆	101.1	84.9	11.6	1.3	4.7
四　川	358.7	311.9	43.3	15.5	3.6
贵　州	253.3	169.6	46.7	14.7	37.1
云　南	396.9	72.1	114.5	86.3	210.3
西　藏	3.2	2.3	0.8	0.7	0.1
陕　西	104.6	79.5	4.8	1.6	20.3
甘　肃	33.1	25.6	0.5	0.4	6.9
青　海	10.4	9.8	0.1		0.5
宁　夏	9.2	9.0	0.2	0.2	
新　疆	62.7	60.5	2.2		

6-18 各地区畜牧业分项产值

(按当年价格计算)

单位：亿元

地区	牧业产值	1.牲畜饲养	牛	羊	奶产品
全国	**28697.4**	**7951.6**	**3526.4**	**2574.4**	**1285.3**
北京	72.0	22.8	6.9	3.7	11.6
天津	95.8	36.2	15.0	4.4	16.5
河北	1813.8	605.3	277.0	191.6	127.2
山西	361.5	143.4	47.7	58.5	28.2
内蒙古	1294.3	1050.6	248.7	544.2	195.0
辽宁	1346.2	469.1	246.3	64.2	60.4
吉林	1001.6	406.1	348.9	37.0	12.0
黑龙江	1542.4	689.4	285.7	137.6	206.2
上海	48.3	18.9	1.8	2.0	15.1
江苏	1091.3	94.5	12.5	59.7	18.5
浙江	331.8	27.7	4.0	12.6	8.4
安徽	1315.8	169.6	54.5	102.9	10.5
福建	718.4	49.3	17.5	17.8	14.0
江西	672.2	56.4	34.3	11.4	5.6
山东	2432.7	447.5	213.3	118.6	108.1
河南	2067.7	626.7	236.5	163.3	69.1
湖北	1386.5	207.7	122.4	78.0	5.9
湖南	1464.6	124.1	64.7	55.7	3.6
广东	1184.7	35.0	14.7	8.5	11.8
广西	1072.3	87.6	72.3	10.5	4.7
海南	245.3	31.6	24.3	7.2	0.2
重庆	520.1	73.3	38.7	32.2	2.4
四川	2246.1	326.8	152.0	145.6	24.8
贵州	846.3	227.8	167.9	56.7	2.7
云南	1237.1	411.3	284.1	103.1	20.8
西藏	98.4	94.0	57.2	16.9	13.4
陕西	682.8	274.4	70.8	98.9	91.9
甘肃	318.9	201.1	95.7	82.8	16.8
青海	216.0	190.6	82.2	74.5	30.8
宁夏	176.1	139.9	43.9	40.3	51.7
新疆	796.4	612.8	184.7	234.2	97.3

6-18 续表　　单位：亿元

地　区	2.猪的饲养	3.家禽饲养			4.狩猎和捕猎动物	5.其他畜牧业
			#肉禽	禽蛋		
全　国	**11202.7**	**8162.7**	**4864.4**	**3289.7**	**46.0**	**1334.4**
北　京	28.0	18.7	5.3	13.4		2.5
天　津	37.5	22.0	7.2	14.7		0.1
河　北	600.0	448.3	119.1	329.2		160.2
山　西	105.9	106.4	22.6	83.9	0.0	5.8
内蒙古	138.9	100.3	44.0	54.4		4.5
辽　宁	284.5	580.1	406.3	173.8	0.6	11.9
吉　林	243.3	327.7	188.2	139.5		24.6
黑龙江	371.3	341.0	221.7	119.4		140.7
上　海	21.9	7.4	2.8	3.1		0.2
江　苏	417.1	459.5	242.0	215.0	1.0	119.1
浙　江	179.2	80.6	49.2	31.4	2.6	41.7
安　徽	589.9	462.3	274.0	188.2	7.1	87.0
福　建	236.2	411.1	350.3	60.9	3.4	18.4
江　西	332.5	261.5	190.8	70.7	3.0	18.8
山　东	950.4	870.4	440.8	429.5	2.0	162.4
河　南	881.1	514.3	168.5	342.9	10.0	35.6
湖　北	809.4	357.5	175.7	181.8	0.0	11.9
湖　南	970.3	330.4	139.0	191.4	10.4	29.3
广　东	595.9	455.8	411.8	44.0	4.1	93.9
广　西	496.0	323.6	302.5	21.1		165.1
海　南	110.0	99.4	93.0	6.4	1.1	3.2
重　庆	244.4	175.9	128.2	47.7		26.5
四　川	954.0	880.5	551.9	328.6		84.8
贵　州	468.4	147.5	120.5	27.0	0.1	2.4
云　南	630.7	162.5	119.1	43.4	0.0	32.6
西　藏	3.1	1.3	0.8	0.4		0.0
陕　西	278.1	105.7	42.7	63.0	0.5	24.1
甘　肃	96.8	19.1	7.3	11.8		1.8
青　海	19.3	5.2	2.8	2.8	0.1	0.8
宁　夏	16.1	19.2	7.5	11.7		1.0
新　疆	92.5	67.6	29.1	38.5		23.5

6-19 各地区渔业分项产值

(按当年价格计算) 单位：亿元

地区	渔业产值	1.海水产品	#养殖	鱼类	甲壳类	贝类	藻类
全国	**12131.5**	**5783.1**	**2706.7**	**1749.7**	**1557.3**	**1431.6**	**180.9**
北京	6.1	0.2		0.2			
天津	71.1	20.0	4.9	14.1	5.6	0.4	
河北	207.5	150.8	86.0	49.2	64.7	29.0	
山西	6.9						
内蒙古	29.2						
辽宁	628.5	551.5	400.9	183.7	66.2	263.2	19.5
吉林	39.0						
黑龙江	105.7						
上海	56.2	24.2		13.9	3.4	0.0	
江苏	1707.9	522.7	282.3	124.5	131.5	213.0	10.1
浙江	1043.3	788.9	213.5	306.9	247.5	118.0	17.5
安徽	505.7						
福建	1318.2	1132.3		335.2	290.6	334.0	83.1
江西	473.9						
山东	1425.9	1178.9	836.4	325.9	255.0	325.3	45.6
河南	122.7						
湖北	1106.0						
湖南	417.2						
广东	1383.8	751.7	604.0	345.6	328.1	60.3	5.0
广西	504.3	313.2	211.7	50.4	164.8	88.6	
海南	387.4	348.6	67.1				
重庆	100.4						
四川	247.9						
贵州	54.8						
云南	98.3						
西藏	0.3						
陕西	29.8						
甘肃	2.0						
青海	3.6						
宁夏	19.7						
新疆	28.1						

6-19 续表

单位：亿元

地　区	2.内陆水产品	#养殖	鱼 类	甲壳类	贝 类
全　国	**6348.4**	**5500.5**	**4028.7**	**1801.5**	**45.6**
北　京	5.9		4.7	0.0	
天　津	51.1	44.9	34.8	14.4	0.0
河　北	56.6	48.5	40.7	13.9	0.1
山　西	6.9	6.5	6.8	0.0	
内蒙古	29.2	25.4	28.0	0.5	
辽　宁	77.0	69.3	62.3	13.9	
吉　林	39.0	33.2	37.3	1.7	0.1
黑龙江	105.7				
上　海	32.0	31.5	15.1	12.5	
江　苏	1185.2	1055.0	426.9	674.0	15.8
浙　江	254.4	222.9	154.5	48.5	2.0
安　徽	505.7	407.2	268.8	215.5	9.8
福　建	185.9		148.2	32.6	2.0
江　西	473.9	432.0	341.1	68.0	8.0
山　东	247.0	230.7	199.1	44.2	0.5
河　南	122.7	115.6	107.0	14.8	0.3
湖　北	1106.0	1032.3	606.7	461.5	0.8
湖　南	417.2	377.6	323.3	78.1	2.5
广　东	632.1	613.6	507.4	90.3	1.4
广　西	191.1	182.7	160.6	1.4	0.6
海　南	38.8	36.9			
重　庆	100.4	91.9	96.1	2.9	0.1
四　川	247.9	226.8	230.8	8.0	0.9
贵　州	54.8	47.4	53.6	0.8	0.2
云　南	98.3	87.9	95.2	1.6	0.5
西　藏	0.3		0.3		
陕　西	29.8	29.5	28.2	0.6	
甘　肃	2.0	2.0	2.0		
青　海	3.6	3.6	3.6		
宁　夏	19.7	19.5	19.5	0.2	
新　疆	28.1	26.2	26.3	1.5	0.0

6-20 四大地区农林牧渔业总产值及构成

(按当年价格计算)

指　　标	东部地区		中部地区		西部地区		东北地区	
	2017年	2018年	2017年	2018年	2017年	2018年	2017年	2018年
一、绝对数(亿元)								
农林牧渔业总产值	**37157.2**	**38514.3**	**27991.4**	**28609.3**	**32680.6**	**34585.3**	**11502.5**	**11870.6**
#农业	18136.9	18951.7	14705.4	15369.6	19229.9	20754.0	5987.6	6377.4
林业	1522.2	1706.3	1380.4	1503.8	1693.0	1813.5	384.9	409.1
牧业	8234.8	8034.1	7743.0	7268.4	9410.1	9504.7	3973.2	3890.2
渔业	7263.3	7607.5	2526.9	2632.3	1055.0	1118.5	732.0	773.2
二、构成(%)								
农林牧渔业总产值	**100.0**	**100.0**	**100.0**	**100.0**	**100.0**	**100.0**	**100.0**	**100.0**
#农业	48.8	49.2	52.5	53.7	58.8	60.0	52.1	53.7
林业	4.1	4.4	4.9	5.3	5.2	5.2	3.3	3.4
牧业	22.2	20.9	27.7	25.4	28.8	27.5	34.5	32.8
渔业	19.5	19.8	9.0	9.2	3.2	3.2	6.4	6.5

6－21 农林牧渔业总产值

单位：亿元

年　份	农林牧渔业总　产　值	农业产值	林业产值	牧业产值	渔业产值
	(按1957年不变价格计算)				
1952	417.0	364.9	2.9	47.9	1.3
1957	536.7	455.5	9.3	69.0	2.9
1962	430.3	370.8	7.3	44.5	
1965	589.6	484.8	12.0	82.7	10.1
1970	716.3	596.8	16.0	92.6	10.9
	(按1970年不变价格计算)				
1975	1202.4	966.8	37.1	179.4	19.1
1978	1288.7	1031.0	44.4	193.0	20.3
	(按1980年不变价格计算)				
1980	1964.5	1491.6	94.5	339.6	38.8
1985	2912.2	2133.4	146.4	563.3	69.1
	(按1990年不变价格计算)				
1990	8151.2	5190.8	378.4	2048.8	533.2
1991	8451.8	5239.6	408.6	2229.7	573.9
1992	8989.1	5461.3	439.9	2426.1	661.8
1993	9692.9	5747.2	475.3	2686.8	783.6
1994	10525.9	5933.8	517.3	3134.4	940.4
1995	11670.7	6405.0	543.4	3599.1	1123.2
1996	12127.0	6901.6	574.0	3371.2	1280.2
1997	12942.4	7210.0	593.1	3711.7	1427.6
1998	13712.8	7564.6	610.4	3984.5	1553.2
1999	14351.4	7891.1	629.6	4165.9	1664.9
2000	14863.9	7999.8	663.4	4428.3	1772.4
2001	15494.0	8288.3	658.6	4705.6	1841.5
2002	16259.7	8611.7	705.2	4988.5	1954.3
2003	16997.2	8005.5	818.7	5564.3	2067.1
	(按可比价格计算)				
2004	31905.2	16133.4	1264.8	10225.1	3327.4
2005	38291.2	18890.5	1369.4	13128.8	3841.6
2006	40007.5	20645.2	1513.4	12381.8	3812.7
2007	42384.9	22324.6	1768.2	12466.3	4127.5
2008	51390.6	25562.9	2040.9	17141.5	4683.0
2009	60044.6	28626.7	2325.3	21482.0	5424.0
2010	61908.9	31259.1	2406.8	19980.9	5814.8
2011	70754.3	37918.5	2769.5	20819.3	6527.2
2012	82698.4	42099.7	3300.6	26515.4	7709.8
2013	89762.8	46800.3	3657.5	27033.5	8830.7
2014	97200.0	51341.0	4093.9	28277.6	9622.6
2015	101782.4	54648.0	4445.6	28094.9	10305.4
2016	105509.6	56496.3	4714.6	28960.1	10638.3
2017	110750.7	58254.2	4955.8	31109.5	11197.6
2018	113138.1	60318.2	5305.4	29853.2	11889.9

注：从2004年起，农林牧渔业总产值使用可比价格计算。

6-22 农林牧渔业总产值指数

(以1952年为100)

年 份	农林牧渔业总 产 值	农业产值	林业产值	牧业产值	渔业产值
1949	65.2	64.6	55.2	70.4	46.2
1952	100.0	100.0	100.0	100.0	100.0
1957	128.7	124.8	320.7	144.1	223.1
1962	103.2	101.6	251.7	92.9	592.3
1965	141.4	132.9	413.8	172.7	776.9
1970	171.8	163.6	551.7	193.3	838.5
1975	192.4	179.4	745.5	232.2	1150.3
1978	206.2	191.3	892.2	249.8	1222.5
1980	224.9	203.6	1014.8	306.4	1270.7
1985	333.4	291.2	1572.1	508.2	2263.0
1990	420.5	356.7	1601.1	704.4	4238.2
1991	436.0	360.1	1728.5	766.5	4562.1
1992	463.0	375.3	1861.1	834.1	5260.5
1993	500.0	394.9	2010.4	923.8	6222.5
1994	543.0	407.5	2189.3	1078.1	7467.0
1995	602.2	439.7	2298.8	1237.7	8915.6
1996	658.9	474.0	2428.1	1379.0	10161.8
1997	703.2	495.2	2508.7	1518.3	11331.4
1998	745.0	519.6	2582.0	1629.9	12328.6
1999	779.7	542.0	2664.6	1704.0	13215.0
2000	807.8	549.6	2808.5	1811.4	14074.0
2001	842.0	569.4	2788.4	1924.8	14622.3
2002	883.6	591.6	2985.6	2040.5	15518.0
2003	918.9	591.6	3194.6	2183.3	16293.9
2004	987.8	641.9	3258.5	2340.5	17271.5
2005	1044.1	668.2	3362.8	2523.1	18394.1
2006	1100.7	704.2	3550.5	2649.3	19496.5
2007	1143.1	730.5	3897.4	2733.1	20267.2
2008	1207.5	763.9	4208.7	2915.6	21434.8
2009	1262.7	790.0	4488.6	3077.2	22629.9
2010	1318.0	823.6	4647.7	3204.9	23861.3
2011	1376.1	869.7	4998.8	3261.0	24866.5
2012	1443.5	907.7	5335.3	3432.0	26128.7
2013	1500.7	947.2	5727.7	3502.3	27455.6
2014	1565.6	993.6	6094.7	3591.9	28547.7
2015	1629.0	1047.2	6466.5	3608.7	29784.4
2016	1686.8	1091.5	6994.8	3647.9	30646.3
2017	1754.4	1142.3	7477.4	3725.5	31503.5
2018	1815.5	1186.8	7965.2	3788.0	32354.8

注:本表按可比价格计算。

6-23 各地区农林牧渔业总产值指数

(以上年为100，按可比价格计算)

地区	农林牧渔总产值	#农业产值	林业产值	牧业产值	渔业产值
全国合计	**103.5**	**103.9**	**106.5**	**101.7**	**102.7**
北京	94.0	81.1	161.7	73.6	66.0
天津	100.9	99.1	141.8	94.8	107.7
河北	103.0	102.0	99.0	104.2	101.3
山西	102.2	101.5	104.1	102.7	98.8
内蒙古	103.0	103.9	100.8	102.2	97.6
辽宁	102.6	102.4	104.3	103.4	103.8
吉林	102.2	102.8	92.3	102.7	95.7
黑龙江	103.5	104.5	105.8	100.6	107.4
上海	97.7	100.7	96.6	82.6	93.0
江苏	100.9	100.8	105.5	97.2	102.4
浙江	101.7	102.9	105.9	92.0	102.1
安徽	102.6	102.1	103.1	101.9	103.2
福建	103.5	104.7	104.1	97.9	105.1
江西	103.5	104.2	106.0	100.8	102.4
山东	103.0	103.9	109.3	99.9	100.8
河南	103.9	103.6	107.4	102.4	106.0
湖北	103.4	103.8	109.1	102.5	99.8
湖南	103.6	103.2	109.4	101.1	107.5
广东	104.2	105.1	106.5	101.1	103.7
广西	105.6	106.8	106.3	102.7	104.8
海南	104.1	105.1	105.4	103.9	101.2
重庆	102.5	102.2	100.1	104.7	97.4
四川	103.9	104.6	101.7	102.4	104.9
贵州	107.0	108.4	108.4	104.5	95.2
云南	106.3	106.8	109.9	104.2	109.8
西藏	105.5	108.0	104.3	102.7	102.1
陕西	103.3	103.2	117.3	101.0	105.7
甘肃	103.7	105.4	104.8	102.4	96.1
青海	104.6	103.7	115.2	104.8	105.8
宁夏	104.0	104.2	94.7	104.8	99.9
新疆	105.1	105.3	108.5	103.3	109.5

注：本表按可比价格计算。

6-24 各地区农林牧渔业总产值及占全国的比重

(按可比价格计算)

地 区	农林牧渔业总产值	2018年比2017年增减百分比 (%)	占全国的比重 (%)
全国合计	**113138.1**	**3.5**	**100.0**
北 京	289.9	-6.0	0.3
天 津	385.6	0.9	0.3
河 北	5536.9	3.0	4.9
山 西	1449.3	2.2	1.3
内 蒙 古	2897.1	3.0	2.6
辽 宁	3950.9	2.6	3.5
吉 林	2109.6	2.2	1.9
黑 龙 江	5782.5	3.5	5.1
上 海	285.9	-2.3	0.3
江 苏	7229.1	0.9	6.4
浙 江	3144.8	1.7	2.8
安 徽	4716.4	2.6	4.2
福 建	4085.9	3.5	3.6
江 西	3177.3	3.5	2.8
山 东	9418.1	3.0	8.3
河 南	7858.3	3.9	6.9
湖 北	6339.9	3.4	5.6
湖 南	5399.6	3.6	4.8
广 东	6218.4	4.2	5.5
广 西	4962.4	5.6	4.4
海 南	1550.3	4.1	1.4
重 庆	1950.6	2.5	1.7
四 川	7228.2	3.9	6.4
贵 州	3653.1	7.0	3.2
云 南	4116.4	6.3	3.6
西 藏	188.0	5.5	0.2
陕 西	3179.5	3.3	2.8
甘 肃	1617.2	3.7	1.4
青 海	380.7	4.6	0.3
宁 夏	538.3	4.0	0.5
新 疆	3497.9	5.1	3.1

6-25 各地区农林牧渔业总产值

(按可比价格计算) 单位：亿元

地　区	农林牧渔业总产值	农业产值	林业产值	牧业产值	渔业产值
全国总计	**113138.1**	**60318.2**	**5305.4**	**29853.2**	**11889.9**
北　京	289.9	105.2	95.1	74.7	6.3
天　津	385.6	181.6	12.7	102.4	75.2
河　北	5536.9	2949.8	173.7	1809.2	198.3
山　西	1449.3	875.2	101.7	368.6	7.6
内蒙古	2897.1	1490.7	100.7	1226.8	30.6
辽　宁	3950.9	1659.2	146.3	1332.7	614.7
吉　林	2109.6	920.5	64.0	1009.2	39.9
黑龙江	5782.5	3627.8	185.4	1712.6	105.3
上　海	285.9	147.4	14.8	50.5	54.3
江　苏	7229.1	3796.7	144.3	1125.6	1661.7
浙　江	3144.8	1537.9	180.2	341.7	999.8
安　徽	4716.4	2288.7	329.1	1347.5	491.6
福　建	4085.9	1599.0	341.3	734.4	1263.2
江　西	3177.3	1551.2	314.4	715.3	464.0
山　东	9418.1	4574.8	180.4	2499.5	1488.5
河　南	7858.3	4716.2	138.4	2424.6	114.2
湖　北	6339.9	3075.4	232.7	1514.8	1086.8
湖　南	5399.6	2679.9	355.7	1522.2	422.7
广　东	6218.4	3036.8	379.2	1216.1	1322.7
广　西	4962.4	2711.9	368.2	1158.9	493.7
海　南	1550.3	743.4	113.5	254.5	377.4
重　庆	1950.6	1191.1	85.3	547.3	92.3
四　川	7228.2	4189.8	352.6	2253.3	246.5
贵　州	3653.1	2251.8	247.9	925.3	57.2
云　南	4116.4	2116.9	419.4	1344.0	96.3
西　藏	188.0	84.7	3.1	94.6	0.3
陕　西	3179.5	2162.4	113.6	702.2	29.0
甘　肃	1617.2	1126.8	33.1	316.4	2.0
青　海	380.7	168.4	10.4	191.7	3.6
宁　夏	538.3	321.8	9.2	163.2	18.6
新　疆	3497.9	2434.9	58.9	773.5	25.4

6-26 农林牧渔业分项产值及增幅

(按可比价格计算)

指　　标	绝对数 (亿元)	比上年增长幅度 (%)
农林牧渔业总产值	**113138.4**	**3.5**
农业产值	**60318.2**	**3.9**
谷物及其他作物	22512.8	-0.1
蔬菜园艺作物	22686.3	5.3
水果、坚果、饮料和香料作物	12739.4	5.0
中药材	2379.6	28.2
林业产值	**5305.4**	**6.5**
林木的培育和种植	2254.5	9.4
竹木采运	1325.1	8.0
林产品	1725.7	1.9
牧业产值	**29853.2**	**1.7**
牲畜饲养	7880.5	2.3
猪的饲养	12853.1	-0.9
家禽饲养	7685.1	4.8
狩猎和捕捉动物	45.4	8.7
其他畜牧业	1389.1	5.2
渔业产值	**11889.9**	**2.7**
海水产品	5643.3	2.5
内陆水域水产品	6245.7	2.9

6-27 各地区农业分项产值

(按可比价格计算) 单位：亿元

地区	农业	谷物及其他作物	蔬菜及园艺	水果坚果及饮料	中药材
全国	**60318.2**	**22512.8**	**22686.3**	**12739.4**	**2379.6**
北京	105.2	8.1	57.5	39.5	0.1
天津	181.6	49.6	94.4	37.6	0.0
河北	2949.8	1057.2	1272.0	510.8	109.8
山西	875.2	350.1	192.8	259.5	72.9
内蒙古	1490.7	1128.6	254.2	69.0	38.8
辽宁	1659.2	452.1	826.2	376.2	4.7
吉林	920.5	710.7	151.0	38.4	20.4
黑龙江	3627.8	2095.5	1101.8	112.1	318.4
上海	147.4	33.8	73.3	40.0	0.2
江苏	3796.7	1334.6	2018.8	429.9	13.4
浙江	1537.9	242.3	751.7	482.4	61.4
安徽	2288.7	1334.8	644.9	249.4	59.6
福建	1599.0	242.8	783.5	506.7	66.1
江西	1551.2	757.7	498.1	274.7	20.7
山东	4574.8	1811.0	1530.9	1159.2	73.7
河南	4716.2	1954.1	1601.9	1013.0	147.1
湖北	3075.4	1035.4	1432.3	536.8	71.0
湖南	2679.9	1083.7	1052.1	403.1	141.1
广东	3036.8	709.5	1382.0	856.9	88.5
广西	2711.9	975.4	968.8	691.4	76.3
海南	743.4	102.3	303.9	318.3	18.9
重庆	1191.1	324.8	532.5	259.2	74.6
四川	4189.8	1415.6	1734.2	958.4	81.6
贵州	2251.8	452.7	1278.7	320.1	200.3
云南	2116.9	776.1	604.7	489.2	246.9
西藏	84.7	38.4	15.7	1.5	29.2
陕西	2162.4	455.9	657.6	964.0	84.9
甘肃	1126.8	432.9	310.8	267.4	115.7
青海	168.4	59.9	49.8	2.5	56.2
宁夏	321.8	118.1	122.9	43.3	37.6
新疆	2434.9	969.0	387.5	1028.9	49.5

6-28 各地区林业分项产值

(按可比价格计算)　　单位：亿元

地区	林业产值	林木的培育和种植	竹木采运	林产品
全国	**5305.4**	**2254.5**	**1325.1**	**1725.7**
北京	95.1	93.7	1.5	
天津	12.7	11.6	1.1	
河北	173.7	142.0	4.2	27.5
山西	101.7	100.5	1.1	0.2
内蒙古	100.7	93.2	3.7	3.8
辽宁	146.3	53.5	92.0	0.8
吉林	64.0	29.4	11.3	23.3
黑龙江	185.4	82.8	7.6	95.1
上海	14.8	14.5	0.2	0.1
江苏	144.3	104.2	26.3	13.8
浙江	180.2	6.4	44.1	129.7
安徽	329.1	65.0	92.6	171.4
福建	341.3	34.3	152.8	154.2
江西	314.4	88.3	85.7	140.4
山东	180.4	73.7	37.1	69.6
河南	138.4	72.1	17.5	48.8
湖北	232.7	138.6	88.3	5.9
湖南	355.7	140.3	70.5	144.9
广东	379.2	32.8	121.1	225.3
广西	368.2	29.3	232.5	106.4
海南	113.5	38.8	14.0	60.7
重庆	85.3	72.9	8.8	3.6
四川	352.6	306.1	43.2	3.4
贵州	247.9	164.0	47.3	36.6
云南	419.4	76.7	112.9	229.8
西藏	3.1	2.2	0.8	0.1
陕西	113.6	86.4	4.3	22.9
甘肃	33.1	25.6	0.5	6.9
青海	10.4	9.8	0.1	0.5
宁夏	9.2	8.9	0.2	
新疆	58.9	56.8	2.0	

6-29 各地区畜牧业分项产值

(按可比价格计算)

单位：亿元

地区	牧业产值	牲畜饲养	猪的饲养	家禽饲养	捕猎	其他畜牧业
全国	**29853.2**	**7880.5**	**12853.1**	**7685.1**	**45.4**	**1389.1**
北京	74.7	21.6	32.8	17.7		2.5
天津	102.4	40.4	41.8	20.1		0.1
河北	1809.2	605.4	654.7	400.3		148.9
山西	368.6	139.9	129.5	93.4		5.8
内蒙古	1226.8	976.4	146.4	99.5		4.5
辽宁	1332.7	495.3	401.1	425.2	0.6	10.4
吉林	1009.2	380.5	311.3	297.7		19.7
黑龙江	1712.6	765.4	412.2	378.7		156.2
上海	50.5	17.5	25.8	7.1		0.2
江苏	1125.6	85.5	488.4	437.0	1.0	113.6
浙江	341.7	26.6	197.1	73.9	2.7	41.3
安徽	1347.5	151.2	708.0	402.7	5.5	80.0
福建	734.4	50.1	261.0	401.9	3.3	18.1
江西	715.3	60.3	372.6	259.5	3.1	19.8
山东	2499.5	431.1	1005.3	839.5	1.9	221.7
河南	2424.6	657.7	1113.2	603.0	10.4	40.4
湖北	1514.8	203.2	981.0	319.2	0.0	11.3
湖南	1522.2	119.6	1061.8	302.7	10.8	27.3
广东	1216.1	34.6	655.4	430.1	4.1	92.0
广西	1158.9	100.1	579.9	297.9		181.0
海南	254.5	32.2	125.0	92.8	1.1	3.3
重庆	547.3	78.1	255.9	185.1		28.2
四川	2253.3	315.3	1040.7	815.5		81.8
贵州	925.3	242.1	543.4	137.4	0.1	2.4
云南	1344.0	388.5	785.4	146.0	0.0	24.0
西藏	94.6	90.4	3.0	1.2		0.0
陕西	702.2	273.1	294.7	105.5	0.5	28.4
甘肃	316.4	199.5	96.1	19.0		1.8
青海	191.7	163.8	21.8	5.2	0.1	0.8
宁夏	163.2	127.7	18.8	15.7		0.9
新疆	773.5	607.2	89.0	54.5		22.9

6-30 各地区渔业分项产值

(按可比价格计算) 单位：亿元

地 区	渔业产值	海水产品	内陆水产品
全 国	**11889.9**	**5643.3**	**6246.6**
北 京	6.3	0.2	6.1
天 津	75.2	22.1	53.1
河 北	198.3	144.2	54.1
山 西	7.6		7.6
内蒙古	30.6		30.6
辽 宁	614.7	532.7	82.0
吉 林	39.9		39.9
黑龙江	105.3		105.3
上 海	54.3	23.8	30.5
江 苏	1661.7	498.7	1163.0
浙 江	999.8	746.6	253.2
安 徽	491.6		491.6
福 建	1263.2	1090.8	172.4
江 西	464.0		464.0
山 东	1488.5	1224.0	264.5
河 南	114.2		114.2
湖 北	1086.8		1086.8
湖 南	422.7		422.7
广 东	1322.7	722.0	600.7
广 西	493.7	299.3	194.4
海 南	377.4	338.8	38.6
重 庆	92.3		92.3
四 川	246.5		246.5
贵 州	57.2		57.2
云 南	96.3		96.3
西 藏	0.33		0.33
陕 西	29.0		29.0
甘 肃	2.0		2.0
青 海	3.6		3.6
宁 夏	18.6		18.6
新 疆	25.4		25.4

主要农产品种植（养殖）面积与产量

7-1 主要农作物播种面积

单位：千公顷

年份	农作物总播种面积	粮食面积					
			稻谷	小麦	玉米	大豆	薯类
1952	141256	123979	28382	24780	12687	11679	8688
1957	157244	133633	32241	27542	14943	12748	10495
1962	140229	121621	26935	24075	12817	9504	12170
1965	143291	119627	29825	24710	15671	8593	11175
1970	143487	119267	32358	25458	15831	7985	10717
1975	149545	121062	35728	27661	18598	6999	10969
1978	150104	120587	34421	29183	19961	7144	11796
1980	146380	117234	33878	28844	20087	7226	10153
1985	143626	108845	32070	29218	17694	7718	8572
1990	148362	113466	33064	30753	21401	7560	9121
1991	149586	112314	32590	30948	21574	7041	9078
1992	149007	110560	32090	30496	21044	7221	9057
1993	147741	110509	30355	30235	20694	9454	9220
1994	148241	109544	30171	28981	21152	9222	9270
1995	149879	110060	30744	28860	22776	8127	9519
1996	152381	112548	31406	29611	24498	7471	9797
1997	153969	112912	31765	30057	23775	8346	9785
1998	155706	113787	31214	29774	25239	8500	10000
1999	156373	113161	31283	28855	25904	7962	10355
2000	156300	108463	29962	26653	23056	9307	10538
2001	155708	106080	28812	24664	24282	9482	10217
2002	154636	103891	28202	23908	24634	8720	9881
2003	152415	99410	26508	21997	24068	9313	9702
2004	153553	101606	28379	21626	25446	9589	9457
2005	155488	104278	28847	22793	26358	9591	9503
2006	152149	104958	28938	23613	28463	9304	7877
2007	151068	105999	28973	23770	30024	8801	7902
2008	154245	107545	29350	23715	30981	9225	8057
2009	156095	110255	29793	24442	32948	9339	8088
2010	157350	111695	30097	24459	34977	8700	8021
2011	160360	112980	30338	24523	36767	8103	7998
2012	162071	114368	30476	24576	39109	7405	7821
2013	163702	115908	30710	24470	41299	7050	7727
2014	165183	117455	30765	24472	42997	7098	7544
2015	166829	118963	30784	24596	44968	6827	7305
2016	166939	119230	30746	24694	44178	7599	7241
2017	166332	117989	30747	24508	42399	8245	7173
2018	165902	117038	30189	24266	42130	8413	7180

7-1 续表 单位：千公顷

年份	棉花	花生	油菜籽	芝麻	黄红麻	甘蔗	甜菜	烤烟
1952	5576	1804	1863		158	183	35	186
1957	5775	2541	2308		143	267	159	356
1962	3497	1301	1361		62	154	83	176
1965	5003	1846	1822		113	351	171	325
1970	4997	1709	1454		135	388	199	291
1975	4956	1877	2313		297	524	303	460
1978	4866	1768	2600	638	412	549	331	613
1980	4920	2339	2844	776	314	480	443	397
1985	5140	3318	4494	1052	992	965	560	1077
1990	5588	2907	5503	669	300	1009	670	1342
1991	6538	2880	6133	680	270	1164	783	1562
1992	6835	2976	5976	746	277	1246	660	1849
1993	4985	3379	5300	754	274	1088	599	1835
1994	5528	3776	5783	690	176	1057	698	1302
1995	5422	3809	6907	642	147	1125	695	1309
1996	4722	3616	6734	594	147	1207	638	1683
1997	4491	3722	6475	615	162	1311	612	2161
1998	4459	4039	6527	630	93	1401	583	1200
1999	3726	4268	6899	697	65	1303	341	1216
2000	4041	4856	7494	784	50	1185	329	1269
2001	4810	4991	7095	758	52	1248	406	1181
2002	4184	4921	7143	759	55	1393	424	1192
2003	5111	5057	7221	687	41	1409	248	1139
2004	5693	4745	7271	624	32	1378	190	1145
2005	5062	4662	7278	593	31	1354	210	1245
2006	5816	3956	5984	564	31	1378	189	1088
2007	5199	4128	6140	450	32	1531	225	1094
2008	5278	4362	6838	428	24	1709	218	1219
2009	4485	4281	7170	413	18	1643	161	1223
2010	4366	4374	7316	357	17	1624	185	1209
2011	4524	4336	7192	335	17	1644	191	1325
2012	4360	4401	7187	324	15	1696	191	1446
2013	4162	4396	7193	300	15	1704	140	1472
2014	4176	4370	7158	303	12	1638	99	1330
2015	3775	4386	7028	301	11	1476	96	1197
2016	3198	4448	6623	230	7	1402	154	1153
2017	3195	4608	6653	228	6	1371	174	1081
2018	3354	4620	6551	262	6	1406	216	1003

7-2 主要农作物播种面积

单位：千公顷

指　　标	1990年	1995年	2000年	2016年	2017年	2018年	2018年为2017年百分比(%)
农作物总播种面积	**148362**	**149879**	**156300**	**166939**	**166332**	**165902**	**99.7**
一、粮食作物	**113466**	**110060**	**108463**	**119230**	**117989**	**117038**	**99.2**
1.谷物		89310	85264	102702	100765	99671	98.9
稻谷	33064	30744	29962	30746	30747	30189	98.2
小麦	30753	28860	26653	24694	24508	24266	99.0
玉米	21401	22776	23056	44178	42399	42130	99.4
其他谷物	3823	6929	5593	3084	3110	3086	99.2
其中：谷子	2278	1522	1250	857	861	778	90.4
高粱	1545	1215	889	473	506	619	122.2
2.豆类		11232	12660	9287	10051	10186	101.3
其中：大豆	7560	8127	9307	7599	8245	8413	102.0
杂豆		3105	3353	1689	1806	1774	98.2
3.薯类	9121	9519	10538	7241	7173	7180	100.1
其中：马铃薯	2865	3434	4723	4802	4860	4758	97.9
二、油料作物	**10900**	**13101**	**15400**	**13191**	**13223**	**12872**	**97.3**
其中：花　生	2907	3809	4856	4448	4608	4620	100.3
油菜籽	5503	6907	7494	6623	6653	6551	98.5
芝　麻	669	642	784	230	228	262	115.2
胡麻籽	703	621	498	243	235	232	98.9
向日葵	713	813	1229	1279	1171	921	78.7
三、棉花	**5588**	**5422**	**4041**	**3198**	**3195**	**3354**	**105.0**
四、麻类	**495**	**376**	**262**	**54**	**58**	**57**	**96.9**
其中：黄红麻	300	147	50	7	6	6	101.7
苎　麻	81	97	96	28	27	29	105.2
大　麻	21	16	13	14	22	19	84.8
亚　麻	87	113	96	3	2	4	166.5
五、糖料	**1679**	**1820**	**1514**	**1555**	**1546**	**1623**	**105.0**
甘蔗	1009	1125	1185	1402	1371	1406	102.5
甜菜	670	695	329	154	174	216	124.0
六、烟叶	**1593**	**1470**	**1437**	**1208**	**1131**	**1058**	**93.6**
其中：烤烟	1342	1309	1269	1153	1081	1003	92.8
七、药材	**153**	**279**	**676**	**1932**	**2161**	**2392**	**110.7**
八、蔬菜、瓜类	**7059**	**10616**	**17231**	**21672**	**22094**	**22556**	**102.1**
其中：蔬菜	6338	9515	15237	19553	19981	20439	102.3
九、其他农作物	**7429**	**6735**	**7352**	**4897**	**4935**	**4951**	**100.3**
其中：青饲料	1862	1825	2142	1813	1874	1971	105.2

注：2018年起，谷子、高粱并入其他谷物中统计，历史数据同步调整，以下表同。

7-2 续表 1

单位：千公顷

指　　标	全国		东部		中部	
	2017年	2018年	2017年	2018年	2017年	2018年
全年农作物播种面积	**166331.9**	**165902.4**	**36358.7**	**36157.8**	**48953.4**	**48729.4**
一、粮食	**117989.1**	**117038.2**	**25455.4**	**25201.6**	**35036.1**	**34675.7**
其中：夏收粮食	26863.1	26702.9	9516.1	9428.4	10703.6	10730.8
(一)谷物	100764.6	99671.4	23996.3	23644.9	32311.7	31842.1
1.稻谷	30747.2	30189.5	5857.7	5854.8	13332.4	13002.2
(1)早稻	5141.6	4791.3	1182.9	1168.7	3108.8	2793.0
(2)中稻和一季晚稻	20028.1	20125.3	3252.6	3268.3	6947.5	7210.6
(3)双季晚稻	5577.5	5272.8	1422.1	1417.8	3276.1	2998.5
2.小麦	24508.0	24266.2	9115.4	9047.7	10294.0	10318.9
(1)冬小麦	22895.8	22740.3	9093.0	9023.6	10294.0	10318.9
(2)春小麦	1612.2	1525.9	22.4	24.1		
3.玉米	42399.0	42130.1	8541.2	8315.1	8162.1	7980.6
4.其它谷物	3110.4	3085.8	482.1	427.4	523.2	540.5
其中：谷子	861.0	778.2	160.6	151.6	244.1	240.6
高粱	506.5	618.7	8.8	18.4	57.9	70.8
大麦	330.0	262.5	62.2	47.9	36.6	40.6
(二)豆类	10051.3	10186.3	663.3	738.9	1789.7	1885.3
其中：大　豆	8244.8	8412.8	533.3	593.6	1510.7	1618.5
绿　豆	501.8	485.1	13.4	18.7	137.3	132.5
红小豆	221.1	182.4	12.5	15.4	20.5	22.6
(三)薯类	7173.2	7180.4	795.8	817.7	934.7	948.3
其中：马铃薯	4859.9	4758.1	306.4	295.5	486.5	486.3
二、油料作物	**13223.2**	**12872.4**	**1957.9**	**1924.9**	**5331.8**	**5374.1**
其中：花　生	4607.7	4619.7	1503.5	1503.4	1795.7	1861.8
油菜籽	6653.0	6550.6	320.1	304.1	3197.8	3165.5
芝　麻	227.7	262.3	10.2	17.1	191.0	226.7
胡麻籽	234.5	231.9	38.1	35.7	36.0	32.5
向日葵	1170.7	921.3	68.6	54.4	44.5	39.9
三、棉花	**3194.7**	**3354.4**	**441.9**	**433.3**	**500.5**	**395.4**
四、麻类	**58.5**	**56.6**	**0.5**	**0.4**	**10.1**	**11.1**
其中：黄红麻	5.6	5.7	0.1	0.1	3.6	3.4
苎　麻	27.1	28.5	0.3	0.3	5.7	7.0
大　麻	21.9	18.6	0.1	0.0	0.6	0.6
亚　麻	2.2	3.6		0.0	0.0	
五、糖料	**1545.6**	**1622.9**	**214.1**	**223.4**	**33.8**	**32.8**
(一)甘蔗	1371.4	1405.8	201.9	205.3	32.6	31.9
(二)甜菜	174.3	216.1	12.2	18.1	1.2	0.0
六、烟叶	**1130.6**	**1057.9**	**93.6**	**85.9**	**273.9**	**245.8**
其中：烤烟	1080.9	1003.3	91.1	83.0	267.2	238.5
七、药材	**2161.1**	**2392.4**	**240.4**	**266.3**	**515.3**	**620.1**
八、蔬菜(含菜用瓜)	**19981.1**	**20438.9**	**6458.4**	**6599.5**	**5613.2**	**5672.3**
九、瓜果类	**2112.9**	**2117.2**	**655.8**	**659.6**	**709.5**	**716.9**
其中：西瓜	1519.7	1517.9	450.2	438.9	579.5	581.3
甜瓜	348.8	376.1	104.7	114.9	90.5	91.2
草莓	107.8	120.0	51.0	53.4	27.2	32.3
十、其他农作物	**4935.2**	**4951.3**	**840.8**	**762.9**	**929.2**	**985.2**
其中：青饲料	1874.1	1970.7	210.9	165.0	312.8	331.9

7-2 续表 2 单位：千公顷

指　　标	西部		东北	
	2017年	2018年	2017年	2018年
全年农作物播种面积	**55993.7**	**56053.8**	**25026.1**	**24961.3**
一、粮食	**34331.8**	**33862.7**	**23165.7**	**23298.3**
其中：夏收粮食	6643.5	6543.7		
(一)谷物	26005.4	25350.8	18451.1	18833.6
1.稻谷	6294.7	6221.3	5262.4	5111.2
(1)早稻	849.8	829.6		
(2)中稻和一季晚稻	4565.7	4535.2	5262.4	5111.2
(3)双季晚稻	879.2	856.5		
2.小麦	4990.8	4786.6	107.8	113.0
(1)冬小麦	3508.8	3397.8		
(2)春小麦	1482.0	1388.8	107.8	113.0
3.玉米	12976.8	12572.1	12718.8	13262.3
4.其它谷物	1743.0	1770.8	362.1	347.1
其中：谷子	337.7	280.3	118.6	105.7
高粱	232.0	327.1	207.7	202.5
大麦	230.6	173.4	0.6	0.5
(二)豆类	3202.0	3393.9	4396.4	4168.2
其中：大　豆	2170.8	2280.2	4030.0	3920.4
绿　豆	199.3	239.5	151.7	94.4
红小豆	51.1	47.5	137.0	97.0
(三)薯类	5124.4	5117.9	318.3	296.5
其中：马铃薯	3779.4	3713.8	287.6	262.5
二、油料作物	**5170.1**	**4950.2**	**763.4**	**623.3**
其中：花　生	685.5	706.0	623.0	548.4
油菜籽	3133.6	3078.1	1.5	2.9
芝　麻	25.9	16.9	0.6	1.6
胡麻籽	160.4	163.7		0.0
向日葵	992.8	790.3	64.9	36.7
三、棉花	**2252.4**	**2525.7**		**0.0**
四、麻类	**28.4**	**28.4**	**19.5**	**16.7**
其中：黄红麻	1.9	2.2		
苎　麻	21.2	21.2	0.0	
大　麻	3.2	2.2	18.0	15.7
亚　麻	0.9	2.7	1.2	1.0
五、糖料	**1285.7**	**1352.0**	**12.1**	**14.7**
(一)甘蔗	1136.8	1168.6		
(二)甜菜	148.8	183.3	12.1	14.7
六、烟叶	**733.8**	**698.0**	**29.2**	**28.2**
其中：烤烟	697.6	658.6	25.0	23.2
七、药材	**1334.0**	**1415.1**	**71.5**	**90.9**
八、蔬菜(含菜用瓜)	**7312.7**	**7581.3**	**596.8**	**585.9**
九、瓜果类	**626.4**	**615.1**	**121.3**	**125.5**
其中：西瓜	427.7	428.8	62.3	69.0
甜瓜	120.1	131.8	33.5	38.3
草莓	17.8	21.9	11.8	12.4
十、其他农作物	**2918.6**	**3025.4**	**246.7**	**177.8**
其中：青饲料	1279.9	1402.0	70.5	71.8

7-2 续表 3 单位：千公顷

指 标	粮食主产区		粮食主销区		粮食平衡区	
	2017年	2018年	2017年	2018年	2017年	2018年
全年农作物播种面积	**116037.0**	**115369.1**	**9312.8**	**9363.6**	**40982.1**	**41169.6**
一、粮食	**88735.3**	**88311.8**	**4814.0**	**4782.1**	**24439.8**	**23944.3**
其中：夏收粮食	20269.6	20221.3	515.3	481.9	6078.2	5999.7
(一)谷物	77526.6	77097.0	4159.7	4122.2	19078.2	18452.2
1.稻谷	23012.8	22544.0	3436.1	3447.8	4298.4	4197.7
(1)早稻	3108.8	2793.0	1182.9	1168.7	849.8	829.6
(2)中稻和一季晚稻	16627.8	16752.4	831.0	861.3	2569.3	2511.6
(3)双季晚稻	3276.1	2998.5	1422.1	1417.8	879.2	856.5
2.小麦	20037.9	19923.1	245.4	227.9	4224.7	4115.1
(1)冬小麦	19236.1	19194.1	232.3	213.1	3427.4	3333.1
(2)春小麦	801.8	729.0	13.1	14.8	797.3	782.0
3.玉米	32741.7	32981.5	453.8	426.9	9203.5	8721.6
4.其它谷物	1734.3	1648.4	24.5	19.6	1351.6	1417.8
其中：谷子	555.9	480.4	2.6	1.6	302.4	296.2
高粱	372.3	460.8	2.9	5.1	131.3	152.9
大麦	145.6	124.1	8.3	2.3	176.2	136.1
(二)豆类	8102.3	8166.1	198.5	207.9	1750.5	1812.4
其中：大　豆	7152.2	7294.5	149.3	158.8	943.3	959.5
绿　豆	404.3	390.7	2.5	2.3	94.9	92.1
红小豆	180.8	140.0	2.0	1.8	38.3	40.6
(三)薯类	3106.4	3048.7	455.8	452.0	3611.1	3679.7
其中：马铃薯	1885.1	1783.1	143.5	132.3	2831.3	2842.7
二、油料作物	**9960.4**	**9609.7**	**570.5**	**582.9**	**2692.2**	**2679.8**
其中：花　生	3761.6	3748.6	439.3	451.7	406.8	419.3
油菜籽	4904.1	4794.9	112.3	117.0	1636.6	1638.7
芝　麻	199.0	236.1	4.4	9.8	24.3	16.4
胡麻籽	102.0	85.8			132.5	146.0
向日葵	857.5	667.1	4.5	1.1	308.8	253.1
三、棉花	**918.3**	**807.2**	**25.6**	**23.0**	**2250.9**	**2524.2**
四、麻类	**47.9**	**45.6**	**0.1**	**0.1**	**10.4**	**10.9**
其中：黄红麻	3.8	3.6	0.1	0.1	1.7	2.0
苎　麻	22.5	24.0	0.0	0.0	4.6	4.5
大　麻	19.9	16.5			2.0	2.0
亚　麻	1.3	1.4			0.9	2.3
五、糖料	**150.8**	**198.0**	**201.1**	**204.5**	**1193.7**	**1220.5**
(一)甘蔗	42.5	42.1	201.1	204.5	1127.8	1159.3
(二)甜菜	108.4	155.0			65.9	61.1
六、烟叶	**412.4**	**369.8**	**70.9**	**66.6**	**647.3**	**621.4**
其中：烤烟	396.0	348.3	68.4	63.9	616.6	591.1
七、药材	**865.2**	**1036.6**	**121.4**	**131.8**	**1174.5**	**1224.0**
八、蔬菜(含菜用瓜)	**11201.4**	**11332.2**	**2840.1**	**2907.4**	**5939.5**	**6199.3**
九、瓜果类	**1378.3**	**1386.5**	**208.0**	**207.3**	**526.5**	**523.4**
其中：西瓜	1012.7	1011.5	139.9	135.4	367.1	371.0
甜瓜	227.5	237.7	26.3	27.8	95.1	110.6
草莓	85.4	94.6	10.3	10.9	12.0	14.5
十、其他农作物	**2367.0**	**2271.7**	**461.1**	**457.9**	**2107.2**	**2221.7**
其中：青饲料	1012.5	1010.2	62.2	63.1	799.4	897.4

7-3 主要农作物播种面积构成

（以农作物总播种面积为100） 单位：%

指　　标	1990年	1995年	2000年	2016年	2017年	2018年
农作物总播种面积	**100.0**	**100.0**	**100.0**	**100.0**	**100.0**	**100.0**
一、粮食作物	**76.5**	**73.4**	**69.4**	**71.4**	**70.9**	**70.5**
1.谷物		59.6	54.6	61.5	60.6	60.1
稻谷	22.3	20.5	19.2	18.4	18.5	18.2
小麦	20.7	19.3	17.1	14.8	14.7	14.6
玉米	14.4	15.2	14.8	26.5	25.5	25.4
其他谷物	2.5	4.6	3.6	1.8	1.9	1.9
其中：谷子	1.5	1.0	0.8	0.5	0.5	0.5
高粱	1.0	0.8	0.6	0.3	0.3	0.4
2.豆类		7.5	8.1	5.6	6.0	6.1
其中：大豆	5.1	5.4	6.0	4.6	5.0	5.1
杂豆		2.1	2.1	1.0	1.1	1.1
3.薯类	6.1	6.4	6.7	4.3	4.3	4.3
其中：马铃薯	1.9	2.3	3.0	2.9	2.9	2.9
二、油料作物	**7.3**	**8.7**	**9.9**	**7.9**	**7.9**	**7.8**
其中：花　生	2.0	2.5	3.1	2.7	2.8	2.8
油菜籽	3.7	4.6	4.8	4.0	4.0	3.9
芝　麻	0.5	0.4	0.5	0.1	0.1	0.2
胡麻籽	0.5	0.4	0.3	0.1	0.1	0.1
向日葵	0.5	0.5	0.8	0.8	0.7	0.6
三、棉花	**3.8**	**3.6**	**2.6**	**1.9**	**1.9**	**2.0**
四、麻类	**0.3**	**0.3**	**0.2**	**0.0**	**0.0**	**0.0**
其中：黄红麻	0.2	0.1	0.0	0.0	0.0	0.0
苎　麻	0.0	0.1	0.1	0.0	0.0	0.0
大　麻	0.0	0.0	0.0	0.0	0.0	0.0
亚　麻	0.1	0.1	0.1	0.0	0.0	0.0
五、糖料	**1.1**	**1.2**	**1.0**	**0.9**	**0.9**	**1.0**
甘蔗	0.7	0.8	0.8	0.8	0.8	0.8
甜菜	0.5	0.5	0.2	0.1	0.1	0.1
六、烟叶	**1.1**	**1.0**	**0.9**	**0.7**	**0.7**	**0.6**
其中：烤烟	0.9	0.9	0.8	0.7	0.6	0.6
七、药材	**0.1**	**0.2**	**0.4**	**1.2**	**1.3**	**1.4**
八、蔬菜、瓜类	**4.8**	**7.1**	**11.1**	**13.0**	**13.3**	**13.6**
其中：蔬菜	4.3	6.3	9.7	11.7	12.0	12.3
九、其他农作物	**4.2**	**4.5**	**4.7**	**2.9**	**3.0**	**3.0**
其中：青饲料	1.3	1.2	1.4	1.1	1.1	1.2

7-3 续表 1 (以农作物总播种面积为100) 单位：%

指 标	全国		东部		中部	
	2017年	2018年	2017年	2018年	2017年	2018年
全年农作物播种面积	**100.0**	**100.0**	**100.0**	**100.0**	**100.0**	**100.0**
一、粮食	**70.9**	**70.5**	**70.0**	**69.7**	**71.6**	**71.2**
其中：夏收粮食	16.2	16.1	26.2	26.1	21.9	22.0
(一)谷物	60.6	60.1	66.0	65.4	66.0	65.3
1.稻谷	18.5	18.2	16.1	16.2	27.2	26.7
(1)早稻	3.1	2.9	3.3	3.2	6.4	5.7
(2)中稻和一季晚稻	12.0	12.1	8.9	9.0	14.2	14.8
(3)双季晚稻	3.4	3.2	3.9	3.9	6.7	6.2
2.小麦	14.7	14.6	25.1	25.0	21.0	21.2
(1)冬小麦	13.8	13.7	25.0	25.0	21.0	21.2
(2)春小麦	1.0	0.9	0.1	0.1		
3.玉米	25.5	25.4	23.5	23.0	16.7	16.4
4.其它谷物	1.9	1.9	1.3	1.2	1.1	1.1
其中：谷子	0.5	0.5	0.4	0.4	0.5	0.5
高粱	0.3	0.4	0.0	0.1	0.1	0.1
大麦	0.2	0.2	0.2	0.1	0.1	0.1
(二)豆类	6.0	6.1	1.8	2.0	3.7	3.9
其中：大 豆	5.0	5.1	1.5	1.6	3.1	3.3
绿 豆	0.3	0.3	0.0	0.1	0.3	0.3
红小豆	0.1	0.1	0.0	0.0	0.0	0.0
(三)薯类	4.3	4.3	2.2	2.3	1.9	1.9
其中：马铃薯	2.9	2.9	0.8	0.8	1.0	1.0
二、油料作物	**7.9**	**7.8**	**5.4**	**5.3**	**10.9**	**11.0**
其中：花 生	2.8	2.8	4.1	4.2	3.7	3.8
油菜籽	4.0	3.9	0.9	0.8	6.5	6.5
芝 麻	0.1	0.2	0.0	0.0	0.4	0.5
胡麻籽	0.1	0.1	0.1	0.1	0.1	0.1
向日葵	0.7	0.6	0.2	0.2	0.1	0.1
三、棉花	**1.9**	**2.0**	**1.2**	**1.2**	**1.0**	**0.8**
四、麻类	**0.0**	**0.0**	**0.0**	**0.0**	**0.0**	**0.0**
其中：黄红麻	0.0	0.0	0.0	0.0	0.0	0.0
苎 麻	0.0	0.0	0.0	0.0	0.0	0.0
大 麻	0.0	0.0	0.0	0.0	0.0	0.0
亚 麻	0.0	0.0		0.0	0.0	
五、糖料	**0.9**	**1.0**	**0.6**	**0.6**	**0.1**	**0.1**
(一)甘蔗	0.8	0.8	0.6	0.6	0.1	0.1
(二)甜菜	0.1	0.1	0.0	0.1	0.0	0.0
六、烟叶	**0.7**	**0.6**	**0.3**	**0.2**	**0.6**	**0.5**
其中：烤烟	0.6	0.6	0.3	0.2	0.5	0.5
七、药材	**1.3**	**1.4**	**0.7**	**0.7**	**1.1**	**1.3**
八、蔬菜(含菜用瓜)	**12.0**	**12.3**	**17.8**	**18.3**	**11.5**	**11.6**
九、瓜果类	**1.3**	**1.3**	**1.8**	**1.8**	**1.4**	**1.5**
其中：西瓜	0.9	0.9	1.2	1.2	1.2	1.2
甜瓜	0.2	0.2	0.3	0.3	0.2	0.2
草莓	0.1	0.1	0.1	0.1	0.1	0.1
十、其他农作物	**3.0**	**3.0**	**2.3**	**2.1**	**1.9**	**2.0**
其中：青饲料	1.1	1.2	0.6	0.5	0.6	0.7

7-3 续表 2　　(以农作物总播种面积为100)　　单位：%

指　标	西部		东北	
	2017年	2018年	2017年	2018年
全年农作物播种面积	**100.0**	**100.0**	**100.0**	**100.0**
一、粮食	**61.3**	**60.4**	**92.6**	**93.3**
其中：夏收粮食	11.9	11.7		
(一)谷物	46.4	45.2	73.7	75.5
1.稻谷	11.2	11.1	21.0	20.5
(1)早稻	1.5	1.5		
(2)中稻和一季晚稻	8.2	8.1	21.0	20.5
(3)双季晚稻	1.6	1.5		
2.小麦	8.9	8.5	0.4	0.5
(1)冬小麦	6.3	6.1		
(2)春小麦	2.6	2.5	0.4	0.5
3.玉米	23.2	22.4	50.8	53.1
4.其它谷物	3.1	3.2	1.4	1.4
其中：谷子	0.6	0.5	0.5	0.4
高粱	0.4	0.6	0.8	0.8
大麦	0.4	0.3	0.0	0.0
(二)豆类	5.7	6.1	17.6	16.7
其中：大　豆	3.9	4.1	16.1	15.7
绿　豆	0.4	0.4	0.6	0.4
红小豆	0.1	0.1	0.5	0.4
(三)薯类	9.2	9.1	1.3	1.2
其中：马铃薯	6.7	6.6	1.1	1.1
二、油料作物	**9.2**	**8.8**	**3.1**	**2.5**
其中：花　生	1.2	1.3	2.5	2.2
油菜籽	5.6	5.5	0.0	0.0
芝　麻	0.0	0.0	0.0	0.0
胡麻籽	0.3	0.3		0.0
向日葵	1.8	1.4	0.3	0.1
三、棉花	**4.0**	**4.5**		**0.0**
四、麻类	**0.1**	**0.1**	**0.1**	**0.1**
其中：黄红麻	0.0	0.0		
苎　麻	0.0	0.0	0.0	
大　麻	0.0	0.0	0.1	0.1
亚　麻	0.0	0.0	0.0	0.0
五、糖料	**2.3**	**2.4**	**0.0**	**0.1**
(一)甘蔗	2.0	2.1		
(二)甜菜	0.3	0.3	0.0	0.1
六、烟叶	**1.3**	**1.2**	**0.1**	**0.1**
其中：烤烟	1.2	1.2	0.1	0.1
七、药材	**2.4**	**2.5**	**0.3**	**0.4**
八、蔬菜(含菜用瓜)	**13.1**	**13.5**	**2.4**	**2.3**
九、瓜果类	**1.1**	**1.1**	**0.5**	**0.5**
其中：西瓜	0.8	0.8	0.2	0.3
甜瓜	0.2	0.2	0.1	0.2
草莓	0.0	0.0	0.0	0.0
十、其他农作物	**5.2**	**5.4**	**1.0**	**0.7**
其中：青饲料	2.3	2.5	0.3	0.3

7-3 续表 3　(以农作物总播种面积为100)　单位：%

指　标	粮食主产区		粮食主销区		粮食平衡区	
	2017年	2018年	2017年	2018年	2017年	2018年
全年农作物播种面积	**100.0**	**100.0**	**100.0**	**100.0**	**100.0**	**100.0**
一、粮食	**76.5**	**76.5**	**51.7**	**51.1**	**59.6**	**58.2**
其中：夏收粮食	17.5	17.5	5.5	5.1	14.8	14.6
(一)谷物	66.8	66.8	44.7	44.0	46.6	44.8
1.稻谷	19.8	19.5	36.9	36.8	10.5	10.2
(1)早稻	2.7	2.4	12.7	12.5	2.1	2.0
(2)中稻和一季晚稻	14.3	14.5	8.9	9.2	6.3	6.1
(3)双季晚稻	2.8	2.6	15.3	15.1	2.1	2.1
2.小麦	17.3	17.3	2.6	2.4	10.3	10.0
(1)冬小麦	16.6	16.6	2.5	2.3	8.4	8.1
(2)春小麦	0.7	0.6	0.1	0.2	1.9	1.9
3.玉米	28.2	28.6	4.9	4.6	22.5	21.2
4.其它谷物	1.5	1.4	0.3	0.2	3.3	3.4
其中：谷子	0.5	0.4	0.0	0.0	0.7	0.7
高粱	0.3	0.4	0.0	0.1	0.3	0.4
大麦	0.1	0.1	0.1	0.0	0.4	0.3
(二)豆类	7.0	7.1	2.1	2.2	4.3	4.4
其中：大　豆	6.2	6.3	1.6	1.7	2.3	2.3
绿　豆	0.3	0.3	0.0	0.0	0.2	0.2
红小豆	0.2	0.1	0.0	0.0	0.1	0.1
(三)薯类	2.7	2.6	4.9	4.8	8.8	8.9
其中：马铃薯	1.6	1.5	1.5	1.4	6.9	6.9
二、油料作物	**8.6**	**8.3**	**6.1**	**6.2**	**6.6**	**6.5**
其中：花　生	3.2	3.2	4.7	4.8	1.0	1.0
油菜籽	4.2	4.2	1.2	1.2	4.0	4.0
芝　麻	0.2	0.2	0.0	0.1	0.1	0.0
胡麻籽	0.1	0.1			0.3	0.4
向日葵	0.7	0.6	0.0	0.0	0.8	0.6
三、棉花	**0.8**	**0.7**	**0.3**	**0.2**	**5.5**	**6.1**
四、麻类	**0.0**	**0.0**	**0.0**	**0.0**	**0.0**	**0.0**
其中：黄红麻	0.0	0.0	0.0	0.0	0.0	0.0
苎　麻	0.0	0.0	0.0	0.0	0.0	0.0
大　麻	0.0	0.0			0.0	0.0
亚　麻	0.0	0.0			0.0	0.0
五、糖料	**0.1**	**0.2**	**2.2**	**2.2**	**2.9**	**3.0**
(一)甘蔗	0.0	0.0	2.2	2.2	2.8	2.8
(二)甜菜	0.1	0.1			0.2	0.1
六、烟叶	**0.4**	**0.3**	**0.8**	**0.7**	**1.6**	**1.5**
其中：烤烟	0.3	0.3	0.7	0.7	1.5	1.4
七、药材	**0.7**	**0.9**	**1.3**	**1.4**	**2.9**	**3.0**
八、蔬菜(含菜用瓜)	**9.7**	**9.8**	**30.5**	**31.0**	**14.5**	**15.1**
九、瓜果类	**1.2**	**1.2**	**2.2**	**2.2**	**1.3**	**1.3**
其中：西瓜	0.9	0.9	1.5	1.4	0.9	0.9
甜瓜	0.2	0.2	0.3	0.3	0.2	0.3
草莓	0.1	0.1	0.1	0.1	0.0	0.0
十、其他农作物	**2.0**	**2.0**	**5.0**	**4.9**	**5.1**	**5.4**
其中：青饲料	0.9	0.9	0.7	0.7	2.0	2.2

7-3 续表 4 （以全国为100%） 单位：%

指标	东部		中部		西部		东北	
	2017年	2018年	2017年	2018年	2017年	2018年	2017年	2018年
全年农作物播种面积	**21.9**	**21.8**	**29.4**	**29.4**	**33.7**	**33.8**	**15.0**	**15.0**
一、粮食	**21.6**	**21.5**	**29.7**	**29.6**	**29.1**	**28.9**	**19.6**	**19.9**
其中：夏收粮食	35.4	35.3	39.8	40.2	24.7	24.5		
(一)谷物	23.8	23.7	32.1	31.9	25.8	25.4	18.3	18.9
1.稻谷	19.1	19.4	43.4	43.1	20.5	20.6	17.1	16.9
(1)早稻	23.0	24.4	60.5	58.3	16.5	17.3		
(2)中稻和一季晚稻	16.2	16.2	34.7	35.8	22.8	22.5	26.3	25.4
(3)双季晚稻	25.5	26.9	58.7	56.9	15.8	16.2		
2.小麦	37.2	37.3	42.0	42.5	20.4	19.7	0.4	0.5
(1)冬小麦	39.7	39.7	44.9	45.4	15.4	14.9		
(2)春小麦	1.4	1.6			91.9	91.0	6.7	7.4
3.玉米	20.1	19.7	19.3	18.9	30.6	29.8	30.0	31.5
4.其它谷物	15.5	13.8	16.8	17.5	56.0	57.4	11.6	11.3
其中：谷子	18.7	19.5	28.3	30.9	39.2	36.0	13.8	13.6
高粱	1.7	3.0	11.4	11.4	45.8	52.9	41.0	32.7
大麦	18.8	18.3	11.1	15.5	69.9	66.0	0.2	0.2
(二)豆类	6.6	7.3	17.8	18.5	31.9	33.3	43.7	40.9
其中：大　豆	6.5	7.1	18.3	19.2	26.3	27.1	48.9	46.6
绿　豆	2.7	3.9	27.4	27.3	39.7	49.4	30.2	19.5
红小豆	5.7	8.4	9.3	12.4	23.1	26.0	62.0	53.2
(三)薯类	11.1	11.4	13.0	13.2	71.4	71.3	4.4	4.1
其中：马铃薯	6.3	6.2	10.0	10.2	77.8	78.1	5.9	5.5
二、油料作物	**14.8**	**15.0**	**40.3**	**41.7**	**39.1**	**38.5**	**5.8**	**4.8**
其中：花　生	32.6	32.5	39.0	40.3	14.9	15.3	13.5	11.9
油菜籽	4.8	4.6	48.1	48.3	47.1	47.0	0.0	0.0
芝　麻	4.5	6.5	83.9	86.4	11.4	6.5	0.3	0.6
胡麻籽	16.2	15.4	15.4	14.0	68.4	70.6		0.0
向日葵	5.9	5.9	3.8	4.3	84.8	85.8	5.5	4.0
三、棉花	**13.8**	**12.9**	**15.7**	**11.8**	**70.5**	**75.3**		**0.0**
四、麻类	**0.8**	**0.7**	**17.2**	**19.7**	**48.6**	**50.1**	**33.4**	**29.5**
其中：黄红麻	2.1	1.8	64.6	59.8	33.3	38.4		
苎　麻	1.0	0.9	20.9	24.7	78.1	74.4	0.0	
大　麻	0.3	0.2	2.8	3.4	14.8	11.7	82.2	84.7
亚　麻		0.4	0.9		42.4	73.2	56.6	26.4
五、糖料	**13.9**	**13.8**	**2.2**	**2.0**	**83.2**	**83.3**	**0.8**	**0.9**
(一)甘蔗	14.7	14.6	2.4	2.3	82.9	83.1		
(二)甜菜	7.0	8.4	0.7	0.0	85.4	84.8	6.9	6.8
六、烟叶	**8.3**	**8.1**	**24.2**	**23.2**	**64.9**	**66.0**	**2.6**	**2.7**
其中：烤烟	8.4	8.3	24.7	23.8	64.5	65.6	2.3	2.3
七、药材	**11.1**	**11.1**	**23.8**	**25.9**	**61.7**	**59.1**	**3.3**	**3.8**
八、蔬菜(含菜用瓜)	**32.3**	**32.3**	**28.1**	**27.8**	**36.6**	**37.1**	**3.0**	**2.9**
九、瓜果类	**31.0**	**31.2**	**33.6**	**33.9**	**29.6**	**29.1**	**5.7**	**5.9**
其中：西瓜	29.6	28.9	38.1	38.3	28.1	28.2	4.1	4.5
甜瓜	30.0	30.5	25.9	24.2	34.4	35.0	9.6	10.2
草莓	47.3	44.5	25.2	26.9	16.6	18.3	10.9	10.3
十、其他农作物	**17.0**	**15.4**	**18.8**	**19.9**	**59.1**	**61.1**	**5.0**	**3.6**
其中：青饲料	11.3	8.4	16.7	16.8	68.3	71.1	3.8	3.6

7-3 续表 5 (以全国为100%) 单位：%

指标	粮食主产区		粮食主销区		粮食平衡区	
	2017年	2018年	2017年	2018年	2017年	2018年
全年农作物播种面积	**69.8**	**69.5**	**5.6**	**5.6**	**24.6**	**24.8**
一、粮食	**75.2**	**75.5**	**4.1**	**4.1**	**20.7**	**20.5**
其中：夏收粮食	75.5	75.7	1.9	1.8	22.6	22.5
(一)谷物	76.9	77.4	4.1	4.1	18.9	18.5
1.稻谷	74.8	74.7	11.2	11.4	14.0	13.9
(1)早稻	60.5	58.3	23.0	24.4	16.5	17.3
(2)中稻和一季晚稻	83.0	83.2	4.1	4.3	12.8	12.5
(3)双季晚稻	58.7	56.9	25.5	26.9	15.8	16.2
2.小麦	81.8	82.1	1.0	0.9	17.2	17.0
(1)冬小麦	84.0	84.4	1.0	0.9	15.0	14.7
(2)春小麦	49.7	47.8	0.8	1.0	49.5	51.3
3.玉米	77.2	78.3	1.1	1.0	21.7	20.7
4.其它谷物	55.8	53.4	0.8	0.6	43.5	45.9
其中：谷子	64.6	61.7	0.3	0.2	35.1	38.1
高粱	73.5	74.5	0.6	0.8	25.9	24.7
大麦	44.1	47.3	2.5	0.9	53.4	51.8
(二)豆类	80.6	80.2	2.0	2.0	17.4	17.8
其中：大　豆	86.7	86.7	1.8	1.9	11.4	11.4
绿　豆	80.6	80.5	0.5	0.5	18.9	19.0
红小豆	81.8	76.8	0.9	1.0	17.3	22.3
(三)薯类	43.3	42.5	6.4	6.3	50.3	51.2
其中：马铃薯	38.8	37.5	3.0	2.8	58.3	59.7
二、油料作物	**75.3**	**74.7**	**4.3**	**4.5**	**20.4**	**20.8**
其中：花　生	81.6	81.1	9.5	9.8	8.8	9.1
油菜籽	73.7	73.2	1.7	1.8	24.6	25.0
芝　麻	87.4	90.0	1.9	3.7	10.7	6.3
胡麻籽	43.5	37.0			56.5	63.0
向日葵	73.2	72.4	0.4	0.1	26.4	27.5
三、棉花	**28.7**	**24.1**	**0.8**	**0.7**	**70.5**	**75.3**
四、麻类	**82.0**	**80.5**	**0.2**	**0.2**	**17.8**	**19.3**
其中：黄红麻	67.6	62.7	2.1	1.8	30.3	35.5
苎　麻	83.0	84.2	0.1	0.0	17.0	15.7
大　麻	91.0	89.0			9.0	11.0
亚　麻	57.6	38.1			42.4	61.9
五、糖料	**9.8**	**12.2**	**13.0**	**12.6**	**77.2**	**75.2**
(一)甘蔗	3.1	3.0	14.7	14.5	82.2	82.5
(二)甜菜	62.2	71.7			37.8	28.3
六、烟叶	**36.5**	**35.0**	**6.3**	**6.3**	**57.3**	**58.7**
其中：烤烟	36.6	34.7	6.3	6.4	57.0	58.9
七、药材	**40.0**	**43.3**	**5.6**	**5.5**	**54.3**	**51.2**
八、蔬菜(含菜用瓜)	**56.1**	**55.4**	**14.2**	**14.2**	**29.7**	**30.3**
九、瓜果类	**65.2**	**65.5**	**9.8**	**9.8**	**24.9**	**24.7**
其中：西瓜	66.6	66.6	9.2	8.9	24.2	24.4
甜瓜	65.2	63.2	7.5	7.4	27.3	29.4
草莓	79.2	78.8	9.6	9.1	11.2	12.1
十、其他农作物	**48.0**	**45.9**	**9.3**	**9.2**	**42.7**	**44.9**
其中：青饲料	54.0	51.3	3.3	3.2	42.7	45.5

7-3 续表 6 （以粮食作物播种面积为100） 单位：%

指 标	全 国		东 部		中 部	
	2017年	2018年	2017年	2018年	2017年	2018年
粮食	**100.0**	**100.0**	**100.0**	**100.0**	**100.0**	**100.0**
夏粮	22.8	22.8	37.4	37.4	30.6	30.9
早稻	4.4	4.1	4.6	4.6	8.9	8.1
秋粮	72.9	73.1	58.0	58.0	60.6	61.0
谷物	85.4	85.2	94.3	93.8	92.2	91.8
稻谷	26.1	25.8	23.0	23.2	38.1	37.5
小麦	20.8	20.7	35.8	35.9	29.4	29.8
其中：冬小麦	19.4	19.4	35.7	35.8	29.4	29.8
玉米	35.9	36.0	33.6	33.0	23.3	23.0
豆类	8.5	8.7	2.6	2.9	5.1	5.4
其中：大豆	7.0	7.2	2.1	2.4	4.3	4.7
薯类	6.1	6.1	3.1	3.2	2.7	2.7
其中：马铃薯	4.1	4.1	1.2	1.2	1.4	1.4

指 标	全 国		西 部		东 北	
	2017年	2018年	2017年	2018年	2017年	2018年
粮食	**100.0**	**100.0**	**100.0**	**100.0**	**100.0**	**100.0**
夏粮	22.8	22.8	19.3	19.3		
早稻	4.4	4.1	2.5	2.4		
秋粮	72.9	73.1	78.2	78.2	100.0	100.0
谷物	85.4	85.2	75.7	74.9	79.6	80.8
稻谷	26.1	25.8	18.3	18.4	22.7	21.9
小麦	20.8	20.7	14.5	14.1	0.5	0.5
其中：冬小麦	19.4	19.4	10.3	10.0		
玉米	35.9	36.0	37.8	37.1	54.9	56.9
豆类	8.5	8.7	9.3	10.0	19.0	17.9
其中：大豆	7.0	7.2	6.3	6.7	17.4	16.8
薯类	6.1	6.1	14.9	15.1	1.4	1.3
其中：马铃薯	4.1	4.1	11.0	11.0	1.2	1.1

指 标	粮食主产区		粮食主销区		粮食平衡区	
	2017年	2018年	2017年	2018年	2017年	2018年
粮食	**100.0**	**100.0**	**100.0**	**100.0**	**100.0**	**100.0**
夏粮	22.8	22.9	10.7	10.1	24.9	25.1
早稻	3.5	3.2	24.6	24.4	3.5	3.5
秋粮	73.7	73.9	64.7	65.5	71.7	71.5
谷物	87.4	87.3	86.4	86.2	78.1	77.1
稻谷	25.9	25.5	71.4	72.1	17.6	17.5
小麦	22.6	22.6	5.1	4.8	17.3	17.2
其中：冬小麦	21.7	21.7	4.8	4.5	14.0	13.9
玉米	36.9	37.3	9.4	8.9	37.7	36.4
豆类	9.1	9.2	4.1	4.3	7.2	7.6
其中：大豆	8.1	8.3	3.1	3.3	3.9	4.0
薯类	3.5	3.5	9.5	9.5	14.8	15.4
其中：马铃薯	2.1	2.0	3.0	2.8	11.6	11.9

7-4 各地区农作物总播种面积

单位：千公顷

地区	1990年	1995年	2000年	2016年	2017年	2018年	2018年为2017年百分比(%)
全国	**148361.5**	**149879.4**	**156299.8**	**166939.0**	**166331.9**	**165902.4**	**99.7**
北京	590.3	553.2	457.3	145.5	120.9	103.8	85.8
天津	573.2	572.7	533.1	443.7	439.5	429.3	97.7
河北	8786.7	8720.1	9024.4	8467.5	8381.6	8197.1	97.8
山西	4016.3	3895.6	4042.4	3591.5	3577.6	3555.2	99.4
内蒙古	4722.4	5079.4	5914.4	8957.2	9014.2	8824.1	97.9
辽宁	3618.9	3623.7	3622.0	4242.7	4172.3	4207.1	100.8
吉林	4039.8	4059.8	4542.2	6063.2	6086.2	6080.9	99.9
黑龙江	8558.5	8647.4	9329.5	14829.5	14767.6	14673.3	99.4
上海	631.1	542.1	520.7	303.8	284.9	282.3	99.1
江苏	8259.2	7909.0	7944.9	7639.9	7556.4	7520.2	99.5
浙江	4384.7	3923.0	3554.3	1946.5	1981.1	1978.7	99.9
安徽	8313.6	8354.2	9005.8	8790.1	8726.7	8771.1	100.5
福建	2745.9	2835.1	2793.3	1548.8	1549.3	1577.3	101.8
江西	5758.1	5950.6	5650.8	5668.9	5638.5	5555.8	98.5
山东	10882.6	10837.3	11147.3	11278.6	11107.8	11076.8	99.7
河南	11889.7	12136.8	13136.9	14902.7	14732.5	14783.4	100.3
湖北	7361.1	7413.7	7584.1	7908.5	7956.1	7952.9	100.0
湖南	7951.8	7840.4	8002.1	8341.5	8322.0	8111.1	97.5
广东	5671.5	5304.3	5156.9	4181.6	4227.5	4279.4	101.2
广西	5141.3	5745.7	6260.7	5966.7	5969.9	5972.4	100.0
海南	821.3	870.0	906.0	731.9	709.4	712.9	100.5
重庆			3590.8	3333.1	3339.6	3348.5	100.3
四川	12475.3	12838.8	9609.1	9493.8	9575.1	9615.3	100.4
贵州	3578.3	4203.1	4696.7	5604.8	5659.4	5477.2	96.8
云南	4492.1	4958.9	5786.0	6786.6	6790.8	6890.8	101.5
西藏	213.5	219.3	231.1	263.1	254.1	270.4	106.4
陕西	4859.8	4496.9	4555.4	4160.2	4063.9	4091.0	100.7
甘肃	3611.3	3773.3	3740.2	3749.2	3752.0	3773.6	100.6
青海	544.7	568.8	553.7	557.7	555.3	557.3	100.3
宁夏	888.9	956.0	1016.5	1118.8	1132.6	1164.6	102.8
新疆	2979.5	3050.2	3391.6	5921.3	5887.0	6068.9	103.1

7-5 各地区粮食播种面积

单位：千公顷

地　区	1990年	1995年	2000年	2016年	2017年	2018年	2018年为2017年百分比(%)
全　国	**113465.9**	**110060.4**	**108462.5**	**119230.1**	**117989.1**	**117038.2**	**99.2**
北　京	484.4	434.1	308.3	85.5	66.8	55.6	83.2
天　津	457.9	443.3	345.9	362.0	351.4	350.2	99.7
河　北	6827.8	6829.5	6918.7	6791.4	6658.5	6538.7	98.2
山　西	3290.3	3151.5	3186.5	3227.3	3180.9	3137.1	98.6
内蒙古	3874.5	4143.2	4435.9	6803.4	6780.9	6789.9	100.1
辽　宁	3121.6	3030.9	2858.6	3515.0	3467.5	3484.0	100.5
吉　林	3525.9	3576.9	3833.7	5542.4	5544.0	5599.7	101.0
黑龙江	7420.0	7500.2	7852.5	14201.8	14154.3	14214.5	100.4
上　海	417.1	343.9	258.8	158.5	133.1	129.9	97.5
江　苏	6363.0	5755.2	5304.3	5583.3	5527.3	5475.9	99.1
浙　江	3266.0	2814.4	2300.3	951.4	977.2	975.7	99.8
安　徽	6246.1	5852.5	6183.8	7359.0	7321.8	7316.3	99.9
福　建	2080.6	2017.3	1828.5	832.8	833.2	833.5	100.0
江　西	3699.3	3509.3	3322.0	3807.2	3786.3	3721.3	98.3
山　东	8151.9	8131.6	7363.2	8517.3	8455.6	8404.8	99.4
河　南	9316.1	8810.0	9029.6	11219.6	10915.1	10906.1	99.9
湖　北	5200.0	4776.7	4156.2	4816.1	4853.0	4847.0	99.9
湖　南	5365.7	5115.6	5029.9	5010.7	4978.9	4747.9	95.4
广　东	3996.3	3472.3	3311.1	2177.8	2169.7	2151.0	99.1
广　西	3639.9	3662.7	3655.9	2897.1	2853.1	2802.1	98.2
海　南	567.5	574.9	542.0	292.0	282.5	286.1	101.3
重　庆			2773.4	2039.1	2030.7	2017.8	99.4
四　川	9827.7	9933.7	6854.5	6291.3	6292.0	6265.6	99.6
贵　州	2543.2	2864.5	3151.3	3122.2	3052.8	2740.2	89.8
云　南	3622.3	3643.0	4238.7	4201.3	4169.2	4174.6	100.1
西　藏	191.7	188.2	201.4	188.5	185.6	184.7	99.5
陕　西	4134.7	3807.7	3821.5	3144.0	3019.4	3006.0	99.6
甘　肃	2875.1	2928.7	2798.2	2684.2	2647.2	2645.3	99.9
青　海	400.3	384.3	322.7	284.7	282.6	281.3	99.5
宁　夏	723.5	761.8	807.1	717.9	722.5	735.7	101.8
新　疆	1835.5	1602.5	1468.2	2405.3	2295.9	2219.6	96.7

7-6 各地区粮食播种面积

(按季节分)

单位：千公顷

地区	夏收粮食		早稻		秋收粮食	
	2017年	2018年	2017年	2018年	2017年	2018年
全国	**26863.1**	**26702.9**	**5141.6**	**4791.3**	**85984.4**	**85544.0**
北京	11.4	10.1			55.4	45.5
天津	108.8	110.8			242.6	239.4
河北	2400.5	2385.1			4258.0	4153.6
山西	570.1	569.2			2610.8	2567.9
内蒙古					6780.9	6789.9
辽宁					3467.5	3484.0
吉林					5544.0	5599.7
黑龙江					14154.3	14214.5
上海	24.6	23.2			108.6	106.7
江苏	2514.2	2501.5			3013.1	2974.4
浙江	162.3	129.8	86.4	97.1	728.5	748.9
安徽	2823.5	2876.3	207.4	182.7	4291.0	4257.3
福建	49.2	50.5	118.6	105.5	665.5	677.6
江西	69.5	70.2	1279.2	1207.6	2437.6	2443.5
山东	4086.1	4060.0			4369.5	4344.9
河南	5741.3	5770.1			5173.8	5136.0
湖北	1363.2	1321.3	174.0	164.5	3315.8	3361.2
湖南	135.9	123.7	1448.2	1238.2	3394.8	3386.0
广东	137.8	136.8	853.5	839.2	1178.5	1175.0
广西	108.9	107.3	810.7	790.5	1933.4	1904.4
海南	21.3	20.6	124.5	126.9	136.8	138.6
重庆	390.4	385.1			1640.3	1632.8
四川	1135.3	1113.2			5156.7	5152.4
贵州	782.8	771.7			2269.9	1968.5
云南	987.5	977.1	39.1	39.2	3142.6	3158.3
西藏					185.6	184.7
陕西	1105.5	1108.3			1913.9	1897.7
甘肃	871.2	900.7			1776.0	1744.5
青海					282.6	281.3
宁夏	133.8	143.1			588.7	592.6
新疆	1128.1	1037.2			1167.8	1182.4

7-7　各地区粮食播种面积

(按品种分)

单位：千公顷

地　区	谷　物		#稻　谷		中稻和一季晚稻		双季晚稻	
	2017年	2018年	2017年	2018年	2017年	2018年	2017年	2018年
全　国	**100764.6**	**99671.4**	**30747.2**	**30189.5**	**20028.1**	**20125.3**	**5577.5**	**5272.8**
北　京	62.9	51.8	0.1	0.2	0.1	0.2		
天　津	344.7	342.4	30.5	39.9	30.5	39.9		
河　北	6356.7	6196.5	75.0	78.4	75.0	78.4		
山　西	2757.9	2711.8	0.8	0.8	0.8	0.8		
内蒙古	5177.4	5130.9	122.2	150.4	122.2	150.4		
辽　宁	3291.8	3311.2	492.7	488.4	492.7	488.4		
吉　林	5152.9	5209.9	820.8	839.7	820.8	839.7		
黑龙江	10006.4	10312.5	3948.9	3783.1	3948.9	3783.1		
上　海	131.2	128.6	104.1	103.6	104.1	103.6		
江　苏	5251.8	5183.2	2237.7	2214.7	2237.7	2214.7		
浙　江	784.9	789.9	620.7	651.1	439.6	454.9	94.7	99.0
安　徽	6597.8	6568.6	2605.1	2544.8	2190.1	2172.8	207.7	189.3
福　建	660.2	653.2	628.6	619.6	256.7	262.7	253.3	251.4
江　西	3561.1	3491.7	3504.7	3436.2	858.6	909.8	1366.8	1318.8
山　东	8228.0	8143.0	108.9	113.8	108.9	113.8		
河　南	10412.6	10367.2	615.0	620.4	615.0	620.4		
湖　北	4331.8	4291.8	2368.1	2391.0	1991.7	2034.3	202.4	192.2
湖　南	4650.6	4411.2	4238.7	4009.0	1291.3	1472.5	1499.2	1298.3
广　东	1929.2	1910.2	1805.4	1787.4			951.9	948.2
广　西	2436.5	2379.1	1801.7	1752.6	141.0	135.5	849.9	826.6
海　南	246.7	246.1	246.7	246.1			122.2	119.2
重　庆	1156.8	1143.9	658.9	656.4	658.9	656.4		
四　川	4507.7	4479.5	1874.9	1874.0	1874.9	1874.0		
贵　州	1938.8	1513.2	700.5	671.8	700.5	671.8		
云　南	3173.1	3173.5	870.6	849.6	802.2	780.5	29.3	29.9
西　藏	180.0	179.2	0.9	0.9	0.9	0.9		
陕　西	2483.7	2472.7	105.6	105.4	105.6	105.4		
甘　肃	1954.0	1937.0	4.0	3.8	4.0	3.8		
青　海	182.5	180.2						
宁　夏	585.1	603.2	81.1	78.0	81.1	78.0		
新　疆	2229.9	2158.5	74.2	78.4	74.2	78.4		

7-7　续表 1　　单位：千公顷

地　区	#小麦		冬小麦		春小麦		#玉米	
	2017年	2018年	2017年	2018年	2017年	2018年	2017年	2018年
全　国	**24508.0**	**24266.2**	**22895.8**	**22740.3**	**1612.2**	**1525.9**	**42399.0**	**42130.1**
北　京	11.3	9.8	11.2	9.7	0.1	0.0	49.7	40.1
天　津	108.8	110.8	95.7	96.0	13.0	14.8	201.4	186.8
河　北	2373.4	2357.2	2364.1	2347.9	9.3	9.3	3544.1	3437.7
山　西	560.5	560.3	560.5	560.3			1806.9	1747.7
内蒙古	673.9	596.7			673.9	596.7	3716.3	3742.1
辽　宁	3.6	2.4			3.6	2.4	2692.0	2713.0
吉　林	2.4	1.2			2.4	1.2	4164.0	4231.5
黑龙江	101.8	109.4			101.8	109.4	5862.8	6317.8
上　海	21.0	21.3	21.0	21.3			3.0	1.8
江　苏	2412.8	2404.0	2412.8	2404.0			543.2	515.8
浙　江	103.7	85.4	103.7	85.4			51.9	49.3
安　徽	2822.8	2875.9	2822.8	2875.9			1160.1	1138.6
福　建	0.2	0.2	0.2	0.2			26.8	28.8
江　西	14.5	14.6	14.5	14.6			35.7	35.0
山　东	4083.9	4058.6	4083.9	4058.6			4000.1	3934.7
河　南	5714.6	5739.9	5714.6	5739.9			3998.9	3919.0
湖　北	1153.2	1105.0	1153.2	1105.0			794.8	781.2
湖　南	28.3	23.4	28.3	23.4			365.8	359.2
广　东	0.5	0.4	0.5	0.4			121.0	120.1
广　西	3.1	3.0	3.1	3.0			591.2	584.4
海　南								
重　庆	30.1	24.8	30.1	24.8			447.3	442.3
四　川	652.7	635.0	641.9	625.0	10.8	10.0	1863.9	1856.0
贵　州	156.0	141.6	156.0	141.6			1006.4	602.1
云　南	343.7	339.2	343.7	339.2			1763.8	1785.2
西　藏	39.3	31.7	25.8	23.3	13.6	8.4	4.9	5.2
陕　西	963.1	967.3	963.1	967.3			1196.9	1179.5
甘　肃	766.5	775.6	569.1	553.7	197.4	221.8	1041.0	1012.7
青　海	112.4	111.6			112.4	111.6	18.9	18.5
宁　夏	123.1	128.6	57.2	62.4	65.9	66.2	306.3	310.8
新　疆	1126.8	1031.5	718.8	657.4	408.0	374.1	1019.9	1033.3

7-7 续表 2

单位：千公顷

地区	#其他谷物		谷子		高粱		大麦	
	2017年	2018年	2017年	2018年	2017年	2018年	2017年	2018年
全国	**3110.4**	**3085.8**	**861.0**	**778.2**	**506.5**	**618.7**	**330.0**	**262.5**
北京	1.8	1.8	1.5	1.3	0.2	0.4		
天津	4.0	4.9	1.1	0.3	2.6	4.6		
河北	364.3	323.2	127.2	118.4	2.4	9.8	0.1	0.0
山西	389.7	403.1	199.2	197.8	22.5	32.9		
内蒙古	664.9	641.6	234.4	181.9	90.2	171.1	42.7	25.8
辽宁	103.5	107.5	54.0	55.3	36.1	37.6		
吉林	165.6	137.5	46.2	29.1	117.8	107.1		
黑龙江	92.9	102.2	18.4	21.2	53.9	57.8	0.6	0.5
上海	3.1	1.9					3.1	1.9
江苏	58.1	48.8	0.1	0.1	0.2	0.3	53.1	45.0
浙江	8.6	4.1					5.1	0.4
安徽	9.8	9.4	8.8	6.5	0.3	0.3	0.1	0.5
福建	4.6	4.6			0.1	0.1	0.0	0.0
江西	6.2	5.8			2.5	2.4	0.3	0.3
山东	35.2	35.9	30.6	31.4	3.3	3.3	0.7	0.6
河南	84.0	88.0	36.0	36.4	21.3	21.3	26.7	30.3
湖北	15.7	14.6	0.1		5.0	4.3	8.2	8.3
湖南	17.7	19.6			6.3	9.6	1.4	1.4
广东	2.3	2.3	0.1	0.1	0.0	0.0		
广西	40.4	39.1	5.4	4.6	5.8	5.6		
海南	0.0							
重庆	20.4	20.3			16.0	16.1	0.5	0.5
四川	116.3	114.5			33.0	36.0	11.7	11.5
贵州	75.9	97.7	4.2	3.8	45.1	61.5	2.5	2.5
云南	195.1	199.6	0.4	0.4	3.4	3.3	95.8	99.1
西藏	134.9	141.4					0.9	0.1
陕西	218.1	220.5	67.0	68.4	16.3	17.1	3.6	3.4
甘肃	142.5	144.9	9.7	10.3	14.1	8.2	20.9	24.9
青海	51.2	50.2					49.8	
宁夏	74.6	85.8	14.7	9.5	3.1			
新疆	8.9	15.4	1.8	1.3	4.9	8.3	2.1	5.7

7-7 续表 3 单位：千公顷

地区	燕麦		荞麦		豆类		#大豆	
	2017年	2018年	2017年	2018年	2017年	2018年	2017年	2018年
全国	**372.1**	**333.1**	**360.6**	**361.4**	**10051.3**	**10186.3**	**8244.8**	**8412.8**
北京					2.9	2.6	2.2	1.9
天津	0.1	0.0			3.8	6.5	3.4	6.2
河北	115.8	114.0	2.6	8.7	90.1	116.0	70.1	87.6
山西	54.4	54.9	16.5	22.6	238.3	250.7	130.8	150.5
内蒙古	168.1	148.6	96.2	75.1	1171.4	1307.4	989.0	1094.2
辽宁			0.3		85.3	82.8	74.3	73.5
吉林			0.6	1.2	329.0	343.5	220.2	279.2
黑龙江	0.6	0.8	0.1		3982.1	3741.9	3735.5	3567.7
上海					1.5	0.6	1.1	0.6
江苏			0.5	0.4	249.7	257.1	194.4	193.8
浙江					108.3	113.1	80.4	85.2
安徽			0.0		658.7	687.6	620.5	649.9
福建					36.0	37.9	29.0	31.1
江西			0.5	0.4	123.3	127.6	102.1	106.2
山东					125.0	158.0	119.5	153.5
河南					389.9	424.0	345.2	385.6
湖北	0.1	0.1	0.3	0.4	238.5	247.1	212.3	219.8
湖南			2.2	2.2	141.0	148.2	99.7	106.5
广东					40.5	41.1	31.2	31.8
广西			28.1	27.7	149.4	155.4	94.3	97.7
海南					5.5	6.0	2.1	2.0
重庆	0.1	0.0	3.8	3.7	200.2	201.4	96.7	97.1
四川	4.0	4.0	32.1	30.0	518.4	524.9	369.3	377.0
贵州	0.7	0.7	8.8	14.4	298.2	325.1	194.7	198.9
云南	5.2	5.2	6.8	6.8	468.4	469.4	173.1	176.3
西藏				1.5	4.7	4.5	0.0	0.1
陕西			84.0	85.4	189.1	188.4	151.9	151.6
甘肃	19.4	2.3	37.1	35.8	127.9	137.5	64.4	45.0
青海					13.2	12.8		
宁夏	3.6	2.4	40.0	45.1	18.7	22.6	8.0	6.9
新疆					42.4	44.5	29.5	35.4

7-7 续表 4　　单位：千公顷

地　区	#绿　豆		#红小豆		薯　类		#马铃薯	
	2017年	2018年	2017年	2018年	2017年	2018年	2017年	2018年
全　国	**501.8**	**485.1**	**221.1**	**182.4**	**7173.2**	**7180.4**	**4859.9**	**4758.1**
北　京	0.1	0.1	0.4	0.3	1.1	1.2		
天　津	0.1	0.1	0.1	0.1	2.9	1.3	1.7	0.5
河　北	6.9	10.5	3.5	4.6	211.6	226.2	162.8	163.1
山　西	47.2	41.0	10.9	11.8	184.7	174.5	168.1	157.0
内蒙古	139.7	176.6	22.4	17.4	432.2	351.6	432.1	351.0
辽　宁	4.1	4.9	4.7	3.5	90.4	90.0	63.5	60.2
吉　林	100.4	56.0	8.3	8.3	62.1	46.3	60.1	44.3
黑龙江	47.2	33.5	124.0	85.3	165.7	160.2	164.1	157.9
上　海					0.4	0.6		
江　苏	2.0	4.0	6.3	8.2	25.8	35.7		
浙　江					84.1	72.7	45.0	34.3
安　徽	31.6	31.3	6.5	6.4	65.3	60.2	2.4	4.8
福　建	0.6	0.7	0.3	0.3	137.0	142.4	45.6	46.9
江　西	3.2	3.2	0.2	0.3	101.9	102.0	37.0	37.4
山　东	2.1	2.0	0.7	0.7	102.6	103.9		
河　南	40.0	38.5			112.7	114.9		
湖　北	4.5	6.9	1.8	2.9	282.7	308.1	203.8	217.2
湖　南	10.7	11.6	1.1	1.2	187.4	188.6	75.2	69.9
广　东	1.5	1.2	0.9	0.7	200.0	199.8	51.1	50.6
广　西	17.2	17.7	0.8	0.8	267.2	267.7	55.3	52.8
海　南	0.2	0.2	0.4	0.4	30.3	34.1	0.1	
重　庆	11.2	11.3	1.5	1.6	673.7	672.6	335.0	334.2
四　川	11.9	11.8	1.3	1.3	1265.9	1261.2	684.1	677.2
贵　州	4.1	3.3	3.9	3.8	815.8	902.0	699.8	730.1
云　南	4.0	3.8	4.5	4.4	527.6	531.6	471.0	473.9
西　藏					1.0	0.9	1.0	0.9
陕　西	9.4	9.3	13.7	13.6	346.6	344.9	311.0	309.7
甘　肃	0.4	0.7	2.1	2.9	565.3	570.7	565.3	570.7
青　海					86.8	88.3	86.8	88.3
宁　夏					118.7	109.9	118.7	109.9
新　疆	1.6	5.0	0.9	1.7	23.6	16.6	19.3	15.1

7-8　各地区油料播种面积

单位：千公顷

地　区	油料合计		#花　生		#油菜籽	
	2017年	2018年	2017年	2018年	2017年	2018年
全　国	**13223.2**	**12872.4**	**4607.7**	**4619.7**	**6653.0**	**6550.6**
北　京	2.2	1.6	1.4	1.2	0.0	0.0
天　津	5.6	2.1	1.5	1.4	0.2	0.0
河　北	394.6	367.9	266.8	258.1	24.5	19.4
山　西	114.1	111.9	5.8	5.4	18.8	25.3
内蒙古	1113.1	891.0	23.3	28.6	309.6	246.2
辽　宁	278.4	290.9	271.7	286.1	0.8	0.8
吉　林	408.7	280.8	332.6	244.9	0.5	
黑龙江	76.3	51.5	18.7	17.4	0.3	1.8
上　海	3.2	2.8	1.0	0.6	2.2	2.1
江　苏	267.6	262.8	88.2	98.4	175.3	159.1
浙　江	122.3	128.5	17.1	15.8	96.2	104.9
安　徽	518.3	520.2	138.9	144.2	354.1	357.0
福　建	72.5	75.4	67.1	69.6	4.9	5.3
江　西	699.0	680.1	162.5	167.3	509.1	483.0
山　东	725.2	711.4	709.2	695.3	8.0	8.6
河　南	1397.5	1461.4	1151.9	1203.2	155.7	145.0
湖　北	1291.3	1255.8	230.5	232.6	971.2	933.0
湖　南	1311.6	1344.7	106.1	109.2	1188.9	1222.2
广　东	331.8	341.0	319.1	332.5	8.7	4.7
广　西	239.3	243.4	206.0	211.5	20.8	24.4
海　南	33.0	31.6	32.1	30.6		
重　庆	318.5	325.1	62.1	62.8	244.3	250.2
四　川	1478.9	1491.2	261.1	263.5	1206.2	1218.5
贵　州	661.2	651.9	51.5	51.9	516.1	497.7
云　南	288.8	309.5	37.5	41.0	232.1	256.1
西　藏	19.6	22.5	0.1	0.1	19.5	22.4
陕　西	278.6	284.0	39.5	39.9	179.6	175.9
甘　肃	346.5	325.8	0.6	0.6	198.5	174.9
青　海	155.3	147.9			153.6	145.8
宁　夏	33.3	33.7	0.1	0.1	1.9	2.6
新　疆	237.2	224.1	3.6	6.1	51.3	63.5

7-8 续表

单位：千公顷

地 区	#芝 麻		#胡麻籽		#向日葵籽	
	2017年	2018年	2017年	2018年	2017年	2018年
全 国	**227.7**	**262.3**	**234.5**	**231.9**	**1170.7**	**921.3**
北 京	0.0	0.0			0.7	0.4
天 津	0.0	0.0			3.6	0.5
河 北	1.4	1.6	38.1	35.7	62.1	51.8
山 西	1.7	2.2	35.4	32.5	31.8	29.4
内蒙古	2.0	1.1	63.3	50.2	713.1	564.4
辽 宁	0.3	0.2			4.1	3.4
吉 林	0.3	0.9		0.0	52.3	28.7
黑龙江	0.0	0.4			8.5	4.5
上 海	0.0	0.1				
江 苏	4.0	5.1			0.2	0.2
浙 江		5.1				
安 徽	4.5	7.3	0.0		1.4	1.1
福 建	0.3	0.2			0.2	0.2
江 西	27.5	29.8		0.0		0.0
山 东	0.4	0.5			1.9	1.4
河 南	84.1	108.7			5.8	4.5
湖 北	62.7	67.9			4.3	3.5
湖 南	10.5	10.9	0.6		1.3	1.3
广 东	3.1	3.3				
广 西	2.8	3.0			1.0	1.0
海 南	0.9	1.0				
重 庆	9.7	4.1			2.4	2.0
四 川	1.4	1.6			2.6	2.3
贵 州	0.5	0.4	0.0	0.0	16.1	9.9
云 南	0.2	0.1	0.0	0.0	4.6	4.6
西 藏						
陕 西	9.2	6.4	4.6	3.4	29.3	20.0
甘 肃			66.4	81.9	62.5	50.8
青 海			1.7	2.1		
宁 夏			19.4	22.1	8.8	7.6
新 疆	0.1	0.3	5.0	4.0	152.4	127.9

7-9 各地区棉花和麻类播种面积

单位：千公顷

地区	棉花		麻类		#黄红麻	
	2017年	2018年	2017年	2018年	2017年	2018年
全国	**3194.7**	**3354.4**	**58.5**	**56.6**	**5.6**	**5.7**
北京		0.0				
天津	20.7	17.1				
河北	220.6	210.4	0.0	0.0		
山西	2.9	2.6	0.1	0.0		
内蒙古		0.1	1.3	0.5		
辽宁		0.0	0.1	0.0		
吉林			0.1			
黑龙江			19.3	16.7		
上海	0.4	0.1				
江苏	21.0	16.6	0.3	0.2		
浙江	4.5	5.7	0.0	0.0	0.0	0.0
安徽	88.1	86.3	0.9	1.0	0.3	0.3
福建		0.1	0.0	0.0	0.0	0.0
江西	69.0	46.7	3.7	3.6	0.0	0.0
山东	174.7	183.3	0.0	0.1		
河南	40.0	36.7	3.3	3.0	3.2	3.0
湖北	204.8	159.3	0.6	1.7	0.0	0.0
湖南	95.7	63.9	1.6	1.8	0.1	0.1
广东			0.1	0.1	0.1	0.1
广西	1.3	1.2	1.9	2.4	1.6	2.0
海南			0.0	0.0	0.0	0.0
重庆			4.2	3.8	0.0	0.0
四川	4.4	4.0	16.8	17.0	0.2	0.2
贵州	1.4	0.7	0.6	0.3	0.0	
云南		0.0	0.2	0.1		
西藏						
陕西	8.5	6.9	0.3	0.5		
甘肃	19.4	21.5	1.7	1.6		
青海						
宁夏						
新疆	2217.5	2491.3	1.5	2.2		

7-10　各地区糖料播种面积

单位：千公顷

地　　区	糖料合计		1. 甘　蔗		2. 甜　菜	
	2017年	2018年	2017年	2018年	2017年	2018年
全　　国	**1545.6**	**1622.9**	**1371.4**	**1405.8**	**174.3**	**216.1**
北　　京						
天　　津						
河　　北	12.2	18.1			12.2	18.1
山　　西	0.1	0.0			0.1	0.0
内 蒙 古	82.7	122.0			82.7	122.0
辽　　宁	2.0	2.0			2.0	2.0
吉　　林	0.7	0.6			0.7	0.6
黑 龙 江	9.4	12.0			9.4	12.0
上　　海	0.0	0.1	0.0	0.1		
江　　苏	0.8	0.9	0.8	0.9	0.0	0.0
浙　　江	5.7	6.2	5.7	6.2		
安　　徽	2.9	2.6	1.9	1.7	1.0	
福　　建	4.9	4.9	4.9	4.9		
江　　西	14.6	14.3	14.6	14.3		
山　　东	0.0				0.0	
河　　南	2.3	2.0	2.3	2.0		
湖　　北	6.6	6.5	6.6	6.5	0.0	0.0
湖　　南	7.3	7.4	7.2	7.4	0.0	
广　　东	169.2	172.6	169.2	172.6		
广　　西	876.1	886.4	876.1	886.4		
海　　南	21.2	20.8	21.2	20.8		
重　　庆	2.1	2.2	2.1	2.2		
四　　川	9.3	9.4	9.1	9.3	0.3	0.1
贵　　州	8.7	10.7	8.3	10.6	0.4	0.0
云　　南	239.9	260.0	239.9	260.0		
西　　藏						
陕　　西	1.4	0.1	1.4	0.0	0.0	0.1
甘　　肃	4.3	3.8			4.3	3.8
青　　海	0.0	0.0			0.0	0.0
宁　　夏						
新　　疆	61.1	57.3			61.1	57.3

7-11 各地区烟叶和药材播种面积

单位：千公顷

地区	烟叶合计		#烤烟		药材	
	2017年	2018年	2017年	2018年	2017年	2018年
全国	**1130.6**	**1057.9**	**1080.9**	**1003.3**	**2161.1**	**2392.4**
北京			0.0		2.2	2.1
天津					3.4	1.1
河北	1.3	1.4	1.3	1.3	74.9	85.5
山西	1.5	1.4	1.5	1.3	67.5	74.7
内蒙古	1.6	1.4	1.3	1.0	118.8	141.6
辽宁	8.0	6.4	7.4	5.4	24.3	26.3
吉林	6.2	9.9	3.0	6.1	14.3	23.0
黑龙江	15.0	11.9	14.6	11.7	32.9	41.6
上海					0.5	0.3
江苏					13.7	14.0
浙江	0.6	0.5			48.6	50.3
安徽	8.3	8.1	8.2	8.0	71.0	85.2
福建	52.7	48.6	52.6	48.4	19.1	21.3
江西	25.7	17.4	25.1	16.8	35.5	54.9
山东	21.4	17.9	21.4	17.9	30.5	35.0
河南	104.0	94.9	102.8	93.4	112.2	132.4
湖北	39.7	37.5	36.6	33.6	155.4	192.0
湖南	94.8	86.6	93.1	85.4	73.7	80.8
广东	17.4	17.5	15.6	15.4	34.9	42.3
广西	11.8	10.5	9.9	8.9	74.1	83.6
海南	0.1	0.1	0.1		12.7	14.5
重庆	34.9	32.4	30.7	28.1	109.4	113.7
四川	86.3	76.5	81.3	67.7	108.2	124.1
贵州	155.7	145.7	143.2	134.5	185.3	174.6
云南	424.6	412.3	412.5	401.6	172.6	187.6
西藏						1.5
陕西	17.1	16.8	17.1	14.7	174.4	188.2
甘肃	1.5	1.9	1.4	1.8	226.5	234.2
青海					37.9	44.1
宁夏	0.2	0.3	0.2	0.3	52.7	58.2
新疆		0.1			74.0	63.6

7-12 各地区蔬菜、瓜果类和青饲料播种面积

单位：千公顷

地　区	蔬菜		瓜果类		青饲料	
	2017年	2018年	2017年	2018年	2017年	2018年
全　国	**19981.1**	**20438.9**	**2112.9**	**2117.2**	**1874.1**	**1970.7**
北　京	40.3	36.0	3.9	3.6	2.5	2.4
天　津	49.3	49.7	4.3	4.8	1.6	1.8
河　北	748.6	787.6	70.7	73.9	115.0	71.0
山　西	169.9	176.9	14.5	16.2	22.0	27.9
内蒙古	218.7	189.8	66.7	58.4	352.6	383.7
辽　宁	308.6	313.4	44.0	45.3	25.9	26.5
吉　林	82.8	110.9	22.1	40.5	1.3	5.4
黑龙江	205.3	161.5	55.2	39.8	43.3	39.9
上　海	92.9	94.3	6.8	6.1	2.7	3.9
江　苏	1407.6	1425.0	162.1	163.9	30.0	27.3
浙　江	644.1	639.0	102.1	99.8	4.8	4.7
安　徽	628.2	652.2	74.9	80.0	4.6	9.2
福　建	533.4	558.3	17.7	18.4	3.2	3.0
江　西	619.3	632.9	80.9	82.6	71.7	76.0
山　东	1462.0	1479.6	215.0	214.5	3.7	3.6
河　南	1736.1	1721.1	318.2	307.7	6.3	6.9
湖　北	1188.6	1224.3	92.4	96.1	66.0	71.9
湖　南	1271.1	1264.9	128.5	134.3	142.2	140.0
广　东	1227.2	1272.2	41.2	42.0	46.8	46.9
广　西	1399.7	1439.7	117.9	118.3	40.3	44.7
海　南	252.9	257.7	31.9	32.7	0.6	0.5
重　庆	727.2	739.2	24.7	26.8	56.1	55.1
四　川	1324.3	1369.2	47.7	49.6	149.8	148.9
贵　州	1253.1	1401.0	29.9	32.6	154.8	185.0
云　南	1084.8	1131.9	24.3	24.4	177.8	184.5
西　藏	23.3	24.0	0.1	0.4	24.8	36.8
陕　西	480.6	495.1	71.5	75.4	4.1	6.4
甘　肃	337.0	352.6	51.2	54.7	58.4	67.9
青　海	43.1	44.0	1.6	1.1	32.0	35.3
宁　夏	118.6	121.8	59.1	62.3	88.9	89.9
新　疆	302.2	273.3	131.7	111.3	140.3	164.0

7-13 各地区主要农作物播种面积构成

(以农作物总播种面积为100) 单位：%

地区	粮食	棉花	油料	糖料	烟叶	蔬菜	瓜果类
全国	**70.5**	**2.0**	**7.8**	**1.0**	**0.6**	**12.3**	**1.3**
北京	53.6	0.0	1.5			34.7	3.5
天津	81.6	4.0	0.5			11.6	1.1
河北	79.8	2.6	4.5	0.2	0.0	9.6	0.9
山西	88.2	0.1	3.1	0.0	0.0	5.0	0.5
内蒙古	76.9	0.0	10.1	1.4	0.0	2.2	0.7
辽宁	82.8	0.0	6.9	0.0	0.2	7.5	1.1
吉林	92.1		4.6	0.0	0.2	1.8	0.7
黑龙江	96.9		0.4	0.1	0.1	1.1	0.3
上海	46.0	0.0	1.0	0.0		33.4	2.2
江苏	72.8	0.2	3.5	0.0		18.9	2.2
浙江	49.3	0.3	6.5	0.3	0.0	32.3	5.0
安徽	83.4	1.0	5.9	0.0	0.1	7.4	0.9
福建	52.8	0.0	4.8	0.3	3.1	35.4	1.2
江西	67.0	0.8	12.2	0.3	0.3	11.4	1.5
山东	75.9	1.7	6.4		0.2	13.4	1.9
河南	73.8	0.2	9.9	0.0	0.6	11.6	2.1
湖北	60.9	2.0	15.8	0.1	0.5	15.4	1.2
湖南	58.5	0.8	16.6	0.1	1.1	15.6	1.7
广东	50.3		8.0	4.0	0.4	29.7	1.0
广西	46.9	0.0	4.1	14.8	0.2	24.1	2.0
海南	40.1		4.4	2.9	0.0	36.2	4.6
重庆	60.3		9.7	0.1	1.0	22.1	0.8
四川	65.2	0.0	15.5	0.1	0.8	14.2	0.5
贵州	50.0	0.0	11.9	0.2	2.7	25.6	0.6
云南	60.6	0.0	4.5	3.8	6.0	16.4	0.4
西藏	68.3		8.3			8.9	0.1
陕西	73.5	0.2	6.9	0.0	0.4	12.1	1.8
甘肃	70.1	0.6	8.6	0.1	0.1	9.3	1.4
青海	50.5		26.5	0.0		7.9	0.2
宁夏	63.2		2.9		0.0	10.5	5.3
新疆	36.6	41.1	3.7	0.9	0.0	4.5	1.8

7-14 主要农作物产品产量

单位：万吨

年 份	粮食总产量	#稻 谷	#小 麦	#玉 米	#大 豆	#薯 类
1949	11318	4865	1382	1242	509	984
1952	16392	6843	1813	1685	953	1633
1957	19505	8678	2364	2144	1005	2193
1962	15441	6299	1667	1627	651	2345
1965	19453	8772	2522	2366	614	1986
1970	23996	10999	2919	3303	871	2668
1975	28452	12556	4531	4722	724	2857
1978	30477	13693	5384	5595	757	3174
1979	33212	14375	6273	6004	746	2846
1980	32056	13991	5521	6260	794	2873
1981	32502	14396	5964	5921	933	2597
1982	35450	16160	6847	6056	903	2705
1983	38728	16887	8139	6821	976	2925
1984	40731	17826	8782	7341	970	2848
1985	37911	16857	8581	6383	1050	2604
1986	39151	17222	9004	7086	1161	2534
1987	40298	17426	8590	7924	1247	2821
1988	39408	16911	8543	7735	1165	2697
1989	40755	18013	9081	7893	1023	2730
1990	44624	18933	9823	9682	1100	2743
1991	43529	18381	9595	9877	971	2716
1992	44266	18622	10159	9538	1030	2844
1993	45649	17751	10639	10270	1531	3181
1994	44510	17593	9930	9928	1600	3025
1995	46662	18523	10221	11199	1350	3263
1996	50454	19510	11057	12747	1322	3536
1997	49417	20073	12329	10431	1473	3192
1998	51230	19871	10973	13295	1515	3604
1999	50839	19849	11388	12809	1425	3641
2000	46218	18791	9964	10600	1541	3685
2001	45264	17758	9387	11409	1541	3563
2002	45706	17454	9029	12131	1651	3666
2003	43070	16066	8649	11583	1539	3513
2004	46947	17909	9195	13029	1740	3558
2005	48402	18059	9745	13937	1635	3469
2006	49804	18172	10847	15160	1508	2701
2007	50414	18638	10953	15512	1279	2742
2008	53434	19261	11293	17212	1571	2843
2009	53941	19620	11583	17326	1522	2793
2010	55911	19723	11614	19075	1541	2843
2011	58849	20288	11863	21132	1488	2924
2012	61223	20653	12254	22956	1344	2883
2013	63048	20629	12371	24845	1241	2855
2014	63965	20961	12832	24976	1269	2799
2015	66060	21214	13264	26499	1237	2729
2016	66044	21109	13327	26361	1360	2726
2017	66161	21268	13433	25907	1528	2799
2018	65789	21213	13144	25717	1597	2865

7-15 主要农作物产品产量

单位：万吨

指　　标	1990年	1995年	2000年	2016年	2017年	2018年	2018年为2017年百分比(%)
一、粮食作物	**44624.3**	**46661.8**	**46217.5**	**66043.5**	**66160.7**	**65789.2**	**99.4**
1.谷物		41611.6	40522.4	61666.5	61520.5	61003.6	99.2
稻谷	18933.1	18522.6	18790.8	21109.4	21267.6	21212.9	99.7
小麦	9822.9	10220.7	9963.6	13327.0	13433.4	13144.0	97.8
玉米	9681.9	11198.6	10600.0	26361.3	25907.1	25717.4	99.3
其他谷物	1025.0	1669.8	1168.0	868.7	912.5	929.2	101.8
其中：谷子	457.5	301.9	212.5	233.0	254.8	234.2	91.9
高粱	567.5	475.6	258.2	223.4	246.5	290.9	118.0
2.豆类		1787.5	2010.0	1650.7	1841.6	1920.3	104.3
其中：大豆	1100.0	1350.2	1540.9	1359.5	1528.2	1596.7	104.5
杂豆		437.3	469.1	291.1	313.3	323.6	103.3
3.薯类	2743.3	3262.6	3685.2	2726.3	2798.6	2865.4	102.4
其中：马铃薯	648.4	914.4	1325.5	1698.6	1769.6	1798.4	101.6
二、油料作物	**1613.2**	**2250.3**	**2954.8**	**3400.0**	**3475.2**	**3433.4**	**98.8**
其中：花　生	636.8	1023.5	1443.7	1636.1	1709.2	1733.2	101.4
油菜籽	695.8	977.7	1138.1	1312.8	1327.4	1328.1	100.1
芝　麻	46.9	58.3	81.1	35.2	36.6	43.1	117.7
胡麻籽	53.5	36.4	34.4	32.5	30.1	33.5	111.4
向日葵	133.9	126.9	195.4	320.1	314.9	249.4	79.2
三、棉花	**450.8**	**476.8**	**441.7**	**534.3**	**565.3**	**610.3**	**108.0**
四、麻类	**109.7**	**89.7**	**52.9**	**18.1**	**21.8**	**20.3**	**93.2**
其中：黄红麻	72.6	37.1	12.6	3.4	2.9	2.9	98.3
苎　麻	8.9	14.7	16.1	5.2	5.1	5.4	106.0
大　麻	3.2	2.2	1.7	7.2	12.5	10.6	85.2
亚　麻	24.2	35.2	21.4	1.2	1.1	1.3	120.4
五、糖料	**7214.5**	**7940.1**	**7635.3**	**11176.0**	**11378.8**	**11937.4**	**104.9**
甘蔗	5762.0	6541.7	6828.0	10321.5	10440.4	10809.7	103.5
甜菜	1452.5	1398.4	807.3	854.5	938.4	1127.7	120.2
六、烟叶	**262.7**	**231.4**	**255.2**	**257.4**	**239.1**	**224.1**	**93.7**
其中：烤烟	225.9	207.2	223.8	244.5	227.9	211.0	92.6
七、蔬菜				**67434.2**	**69192.7**	**70346.7**	**101.7**
八、瓜果类				**8202.3**	**8292.5**	**8123.1**	**98.0**

7-15　续表 1　　　　单位：万吨

指　　标	全国		东部		中部	
	2017年	2018年	2017年	2018年	2017年	2018年
一、粮食	**66160.7**	**65789.2**	**15581.5**	**15466.6**	**20040.5**	**20089.6**
其中：夏收粮食	14174.5	13881.0	5591.2	5486.9	6156.2	5996.7
(一)谷物	61520.5	61003.6	14964.0	14798.3	19387.8	19373.7
1.稻谷	21267.6	21212.9	4152.8	4273.1	8926.9	8915.0
(1)早稻	2987.2	2859.0	704.5	707.1	1790.8	1659.6
(2)中稻和一季晚稻	14957.3	15212.4	2642.1	2759.4	5086.1	5386.3
(3)双季晚稻	3323.2	3141.5	806.2	806.6	2050.0	1869.1
2.小麦	13433.4	13144.0	5415.6	5322.9	6021.7	5860.4
(1)冬小麦	12794.1	12500.5	5404.1	5311.0	6021.7	5860.4
(2)春小麦	639.3	643.5	11.5	11.9		
3.玉米	25907.1	25717.4	5259.4	5074.9	4330.0	4470.5
4.其它谷物	912.5	929.2	136.2	127.4	109.2	127.8
其中：谷子	254.8	234.2	55.9	55.8	54.0	59.2
高粱	246.5	290.9	3.7	7.4	14.6	25.0
大麦	108.5	95.6	32.1	25.4	14.7	14.0
(二)豆类	1841.6	1920.3	165.2	191.9	277.6	344.5
其中：大豆	1528.2	1596.7	133.0	155.0	244.2	303.6
绿豆	65.1	68.1	2.6	3.8	13.4	18.8
红小豆	36.0	27.8	2.8	3.4	2.2	3.2
(三)薯类	2798.6	2865.4	452.3	476.3	375.2	371.4
其中：马铃薯	1769.6	1798.4	165.8	164.0	157.8	167.6
二、油料作物	**3475.2**	**3433.4**	**692.4**	**685.4**	**1411.1**	**1462.3**
其中：花　生	1709.2	1733.2	584.1	583.2	752.6	802.1
油菜籽	1327.4	1328.1	79.7	77.1	606.3	604.2
芝　麻	36.6	43.1	1.7	3.0	30.2	36.7
胡麻籽	30.1	33.5	3.8	3.4	3.6	3.5
向日葵	314.9	249.4	18.9	16.4	8.5	7.9
三、棉花	**565.3**	**610.3**	**50.5**	**50.3**	**53.1**	**43.7**
四、麻类	**21.8**	**20.3**	**0.1**	**0.1**	**3.8**	**4.0**
其中：黄红麻	2.9	2.9	0.0	0.0	2.4	2.2
苎　麻	5.1	5.4	0.1	0.1	1.2	1.5
大　麻	12.5	10.6	0.0	0.0	0.2	0.2
亚　麻	1.1	1.3		0.0	0.0	
五、糖料	**11378.8**	**11937.4**	**1608.0**	**1711.6**	**155.6**	**151.8**
(一)甘蔗	10440.4	10809.7	1545.5	1617.4	149.9	151.6
(二)甜菜	938.4	1127.7	62.5	94.1	5.7	0.2
六、烟叶	**239.1**	**224.1**	**22.0**	**20.1**	**62.5**	**57.0**
其中：烤烟	227.9	211.0	21.3	19.4	61.0	55.1
七、药材						
八、蔬菜(含菜用瓜)	**69192.7**	**70346.7**	**26509.0**	**26929.8**	**19344.7**	**19523.7**
九、瓜果类	**8292.5**	**8123.1**	**2800.1**	**2772.6**	**2918.8**	**2901.0**
其中：西瓜	6314.7	6153.7	2060.1	1963.3	2506.6	2476.5
甜瓜	1232.6	1315.9	410.3	460.6	311.7	312.7
草莓	285.1	306.0	155.1	159.4	58.3	65.4

7-15 续表 2 单位：万吨

指　　标	西部		东北	
	2017年	2018年	2017年	2018年
一、粮食	**16643.6**	**16901.0**	**13895.1**	**13332.0**
其中：夏收粮食	2427.0	2397.4		
(一)谷物	14253.8	14418.5	12915.0	12413.1
1.稻谷	4262.1	4274.9	3925.8	3749.9
(1)早稻	491.8	492.4		
(2)中稻和一季晚稻	3303.3	3316.8	3925.8	3749.9
(3)双季晚稻	466.9	465.8		
2.小麦	1956.6	1923.1	39.5	37.6
(1)冬小麦	1368.3	1329.1		
(2)春小麦	588.3	594.0	39.5	37.6
3.玉米	7574.4	7727.2	8743.3	8444.8
4.其它谷物	460.7	493.3	206.3	180.8
其中：谷子	95.3	81.0	49.6	38.2
高粱	83.9	126.1	144.3	132.3
大麦	61.4	56.0	0.2	0.2
(二)豆类	591.1	622.6	807.7	761.2
其中：大豆	392.2	407.2	758.9	730.9
绿豆	28.1	33.7	21.0	11.8
红小豆	9.0	7.7	22.1	13.5
(三)薯类	1798.8	1859.9	172.4	157.7
其中：马铃薯	1284.8	1322.1	161.2	144.6
二、油料作物	**1147.6**	**1108.8**	**224.2**	**176.9**
其中：花　生	178.2	185.7	194.3	162.2
油菜籽	641.2	646.4	0.2	0.4
芝　麻	4.6	3.1	0.1	0.3
胡麻籽	22.7	26.6		0.0
向日葵	272.8	216.7	14.8	8.5
三、棉花	**461.7**	**516.2**	**0.0**	**0.0**
四、麻类	**6.0**	**5.7**	**11.8**	**10.5**
其中：黄红麻	0.5	0.7		
苎　麻	3.8	3.8	0.0	
大　麻	1.1	0.4	11.2	10.1
亚　麻	0.5	0.9	0.6	0.4
五、糖料	**9564.6**	**10006.8**	**50.7**	**67.3**
(一)甘蔗	8745.0	9040.7		
(二)甜菜	819.6	966.1	50.7	67.3
六、烟叶	**145.6**	**139.1**	**9.1**	**7.9**
其中：烤烟	137.7	130.1	7.8	6.3
七、药材				
八、蔬菜(含菜用瓜)	**20385.9**	**20968.3**	**2953.1**	**2924.9**
九、瓜果类	**2103.7**	**1973.2**	**469.9**	**476.2**
其中：西瓜	1460.7	1405.2	287.3	308.7
甜瓜	404.3	427.6	106.3	115.0
草莓	30.1	38.7	41.6	42.5

7-15　续表 3　　　　单位：万吨

指　　标	粮食主产区		粮食主销区		粮食平衡区	
	2017年	2018年	2017年	2018年	2017年	2018年
一、粮食	**52138.3**	**51768.9**	**2767.1**	**2785.9**	**11255.3**	**11234.5**
其中：夏收粮食	11697.7	11451.4	238.7	221.8	2238.1	2207.8
(一)谷物	49255.3	48810.4	2494.1	2510.2	9771.2	9683.0
1.稻谷	16444.3	16373.9	2119.7	2164.0	2703.7	2675.0
(1)早稻	1790.8	1659.6	704.5	707.1	491.8	492.4
(2)中稻和一季晚稻	12603.4	12845.2	608.9	650.3	1744.9	1716.9
(3)双季晚稻	2050.0	1869.1	806.2	806.6	466.9	465.8
2.小麦	11564.1	11330.6	120.9	111.4	1748.4	1702.1
(1)冬小麦	11328.1	11083.4	114.1	104.1	1351.9	1313.0
(2)春小麦	236.1	247.1	6.8	7.3	396.4	389.1
3.玉米	20676.6	20548.2	243.7	226.7	4986.8	4942.5
4.其它谷物	570.3	557.8	9.8	8.2	332.3	363.3
其中：谷子	193.8	167.7	0.7	0.4	60.3	66.0
高粱	203.7	237.4	1.6	2.3	41.1	51.2
大麦	54.7	47.7	3.4	1.2	50.5	46.8
(二)豆类	1475.7	1534.9	51.9	54.3	314.0	331.1
其中：大　豆	1328.6	1392.8	38.8	41.3	160.8	162.6
绿　豆	52.0	53.0	0.6	0.5	12.5	14.6
红小豆	29.4	21.0	0.5	0.5	6.0	6.4
(三)薯类	1407.3	1423.6	221.1	221.4	1170.2	1220.4
其中：马铃薯	802.1	805.3	63.1	58.0	904.4	935.1
二、油料作物	**2751.8**	**2706.0**	**159.3**	**167.1**	**564.1**	**560.2**
其中：花　生	1469.2	1482.8	132.4	138.8	107.6	111.6
油菜籽	984.5	985.5	23.6	25.9	319.3	316.8
芝　麻	31.5	38.4	0.7	1.7	4.4	3.0
胡麻籽	9.8	9.7			20.3	23.8
向日葵	227.3	174.5	0.8	0.2	86.9	74.7
三、棉花	**100.4**	**91.5**	**3.2**	**2.7**	**461.6**	**516.2**
四、麻类	**19.5**	**17.9**	**0.0**	**0.0**	**2.3**	**2.4**
其中：黄红麻	2.4	2.2	0.0	0.0	0.5	0.6
苎　麻	4.2	4.6	0.0	0.0	0.8	0.8
大　麻	12.1	10.3			0.3	0.3
亚　麻	0.6	0.6			0.5	0.7
五、糖料	**652.2**	**870.6**	**1540.7**	**1612.2**	**9185.9**	**9454.7**
(一)甘蔗	189.5	193.0	1540.6	1612.2	8710.3	9004.5
(二)甜菜	462.7	677.6	0.0		475.7	450.1
六、烟叶	**95.7**	**86.2**	**16.1**	**15.2**	**127.4**	**122.7**
其中：烤烟	91.3	80.4	15.4	14.4	121.2	116.1
七、药材						
八、蔬菜(含菜用瓜)	**45587.4**	**46043.7**	**7776.2**	**7957.4**	**15829.0**	**16345.6**
九、瓜果类	**5919.2**	**5833.2**	**615.3**	**621.1**	**1758.1**	**1668.7**
其中：西瓜	4638.2	4527.9	437.5	431.0	1239.0	1194.7
甜瓜	853.7	882.7	67.4	72.1	311.6	361.1
草莓	242.0	256.8	22.6	24.0	20.6	25.2

7-15 续表 4　　　　(以全国为100)　　　　单位：%

指　标	东部		中部		西部		东北	
	2017年	2018年	2017年	2018年	2017年	2018年	2017年	2018年
一、粮食	**23.6**	**23.5**	**30.3**	**30.5**	**25.2**	**25.7**	**21.0**	**20.3**
其中：夏收粮食	39.4	39.5	43.4	43.2	17.1	17.3		
(一)谷物	24.3	24.3	31.5	31.8	23.2	23.6	21.0	20.3
1.稻谷	19.5	20.1	42.0	42.0	20.0	20.2	18.5	17.7
(1)早稻	23.6	24.7	59.9	58.0	16.5	17.2		
(2)中稻和一季晚稻	17.7	18.1	34.0	35.4	22.1	21.8	26.2	24.7
(3)双季晚稻	24.3	25.7	61.7	59.5	14.1	14.8		
2.小麦	40.3	40.5	44.8	44.6	14.6	14.6	0.3	0.3
(1)冬小麦	42.2	42.5	47.1	46.9	10.7	10.6		
(2)春小麦	1.8	1.9			92.0	92.3	6.2	5.8
3.玉米	20.3	19.7	16.7	17.4	29.2	30.0	33.7	32.8
4.其它谷物	14.9	13.7	12.0	13.8	50.5	53.1	22.6	19.5
其中：谷子	21.9	23.8	21.2	25.3	37.4	34.6	19.5	16.3
高粱	1.5	2.5	5.9	8.6	34.0	43.4	58.5	45.5
大麦	29.6	26.5	13.6	14.7	56.6	58.6	0.2	0.2
(二)豆类	9.0	10.0	15.1	17.9	32.1	32.4	43.9	39.6
其中：大　豆	8.7	9.7	16.0	19.0	25.7	25.5	49.7	45.8
绿　豆	4.0	5.6	20.5	27.7	43.1	49.4	32.3	17.3
红小豆	7.7	12.1	6.0	11.5	25.0	27.7	61.3	48.7
(三)薯类	16.2	16.6	13.4	13.0	64.3	64.9	6.2	5.5
其中：马铃薯	9.4	9.1	8.9	9.3	72.6	73.5	9.1	8.0
二、油料作物	**19.9**	**20.0**	**40.6**	**42.6**	**33.0**	**32.3**	**6.5**	**5.2**
其中：花　生	34.2	33.7	44.0	46.3	10.4	10.7	11.4	9.4
油菜籽	6.0	5.8	45.7	45.5	48.3	48.7	0.0	0.0
芝　麻	4.7	7.0	82.4	85.1	12.7	7.3	0.2	0.7
胡麻籽	12.7	10.2	11.8	10.5	75.5	79.3		0.0
向日葵	6.0	6.6	2.7	3.2	86.6	86.9	4.7	3.4
三、棉花	**8.9**	**8.2**	**9.4**	**7.2**	**81.7**	**84.6**	**0.0**	**0.0**
四、麻类	**0.6**	**0.5**	**17.5**	**19.7**	**27.6**	**28.2**	**54.3**	**51.6**
其中：黄红麻	1.4	1.0	81.2	76.2	17.4	22.7		
苎　麻	1.3	1.2	23.4	28.2	75.3	70.7	0.0	
大　麻	0.2	0.1	1.6	1.9	8.5	3.4	89.7	94.7
亚　麻		0.4	0.0		45.4	67.3	54.6	32.3
五、糖料	**14.1**	**14.3**	**1.4**	**1.3**	**84.1**	**83.8**	**0.4**	**0.6**
(一)甘蔗	14.8	15.0	1.4	1.4	83.8	83.6		
(二)甜菜	6.7	8.3	0.6	0.0	87.3	85.7	5.4	6.0
六、烟叶	**9.2**	**9.0**	**26.2**	**25.4**	**60.9**	**62.1**	**3.8**	**3.5**
其中：烤烟	9.3	9.2	26.8	26.1	60.4	61.7	3.4	3.0
七、药材								
八、蔬菜(含菜用瓜)	**38.3**	**38.3**	**28.0**	**27.8**	**29.5**	**29.8**	**4.3**	**4.2**
九、瓜果类	**33.8**	**34.1**	**35.2**	**35.7**	**25.4**	**24.3**	**5.7**	**5.9**
其中：西瓜	32.6	31.9	39.7	40.2	23.1	22.8	4.5	5.0
甜瓜	33.3	35.0	25.3	23.8	32.8	32.5	8.6	8.7
草莓	54.4	52.1	20.4	21.4	10.6	12.6	14.6	13.9

7-15　续表 5　　(以全国为100)　　单位：%

指　标	粮食主产区		粮食主销区		粮食平衡区	
	2017年	2018年	2017年	2018年	2017年	2018年
一、粮食	**78.8**	**78.7**	**4.2**	**4.2**	**17.0**	**17.1**
其中：夏收粮食	82.5	82.5	1.7	1.6	15.8	15.9
(一)谷物	80.1	80.0	4.1	4.1	15.9	15.9
1.稻谷	77.3	77.2	10.0	10.2	12.7	12.6
(1)早稻	59.9	58.0	23.6	24.7	16.5	17.2
(2)中稻和一季晚稻	84.3	84.4	4.1	4.3	11.7	11.3
(3)双季晚稻	61.7	59.5	24.3	25.7	14.1	14.8
2.小麦	86.1	86.2	0.9	0.8	13.0	12.9
(1)冬小麦	88.5	88.7	0.9	0.8	10.6	10.5
(2)春小麦	36.9	38.4	1.1	1.1	62.0	60.5
3.玉米	79.8	79.9	0.9	0.9	19.2	19.2
4.其它谷物	62.5	60.0	1.1	0.9	36.4	39.1
其中：谷子	76.0	71.6	0.3	0.2	23.7	28.2
高粱	82.7	81.6	0.7	0.8	16.7	17.6
大麦	50.4	49.9	3.1	1.2	46.5	48.9
(二)豆类	80.1	79.9	2.8	2.8	17.0	17.2
其中：大　豆	86.9	87.2	2.5	2.6	10.5	10.2
绿　豆	80.0	77.8	0.9	0.8	19.2	21.4
红小豆	81.8	75.5	1.5	1.6	16.8	22.9
(三)薯类	50.3	49.7	7.9	7.7	41.8	42.6
其中：马铃薯	45.3	44.8	3.6	3.2	51.1	52.0
二、油料作物	**79.2**	**78.8**	**4.6**	**4.9**	**16.2**	**16.3**
其中：花　生	86.0	85.6	7.7	8.0	6.3	6.4
油菜籽	74.2	74.2	1.8	1.9	24.1	23.9
芝　麻	86.1	89.0	1.9	4.0	12.1	7.0
胡麻籽	32.5	29.0			67.5	71.0
向日葵	72.2	70.0	0.2	0.1	27.6	30.0
三、棉花	**17.8**	**15.0**	**0.6**	**0.4**	**81.7**	**84.6**
四、麻类	**89.4**	**88.0**	**0.2**	**0.2**	**10.4**	**11.8**
其中：黄红麻	82.3	77.3	1.4	1.0	16.3	21.6
苎　麻	83.5	85.8	0.0	0.1	16.5	14.1
大　麻	97.3	96.8			2.7	3.2
亚　麻	54.6	49.3			45.4	50.7
五、糖料	**5.7**	**7.3**	**13.5**	**13.5**	**80.7**	**79.2**
(一)甘蔗	1.8	1.8	14.8	14.9	83.4	83.3
(二)甜菜	49.3	60.1	0.0		50.7	39.9
六、烟叶	**40.0**	**38.5**	**6.7**	**6.8**	**53.3**	**54.8**
其中：烤烟	40.1	38.1	6.7	6.8	53.2	55.0
七、药材						
八、蔬菜(含菜用瓜)	**65.9**	**65.5**	**11.2**	**11.3**	**22.9**	**23.2**
九、瓜果类	**71.4**	**71.8**	**7.4**	**7.6**	**21.2**	**20.5**
其中：西瓜	73.5	73.6	6.9	7.0	19.6	19.4
甜瓜	69.3	67.1	5.5	5.5	25.3	27.4
草莓	84.9	83.9	7.9	7.8	7.2	8.2

7-15 续表 6 （以粮食作物产量为100） 单位：%

指标	全国		东部		中部	
	2017年	2018年	2017年	2018年	2017年	2018年
粮食	**100.0**	**100.0**	**100.0**	**100.0**	**100.0**	**100.0**
夏粮	21.4	21.1	35.9	35.5	30.7	29.8
早稻	4.5	4.3	4.5	4.6	8.9	8.3
秋粮	74.1	74.6	59.6	60.0	60.3	61.9
谷物	93.0	92.7	96.0	95.7	96.7	96.4
稻谷	32.1	32.2	26.7	27.6	44.5	44.4
小麦	20.3	20.0	34.8	34.4	30.0	29.2
其中：冬小麦	19.3	19.0	34.7	34.3	30.0	29.2
玉米	39.2	39.1	33.8	32.8	21.6	22.3
豆类	2.8	2.9	1.1	1.2	1.4	1.7
其中：大豆	2.3	2.4	0.9	1.0	1.2	1.5
薯类	4.2	4.4	2.9	3.1	1.9	1.8
其中：马铃薯	2.7	2.7	1.1	1.1	0.8	0.8

指标	全国		西部		东北	
	2017年	2018年	2017年	2018年	2017年	2018年
粮食	**100.0**	**100.0**	**100.0**	**100.0**	**100.0**	**100.0**
夏粮	21.4	21.1	14.6	14.2	0.0	0.0
早稻	4.5	4.3	3.0	2.9	0.0	0.0
秋粮	74.1	74.6	82.5	82.9	100.0	100.0
谷物	93.0	92.7	85.6	85.3	92.9	93.1
稻谷	32.1	32.2	25.6	25.3	28.3	28.1
小麦	20.3	20.0	11.8	11.4	0.3	0.3
其中：冬小麦	19.3	19.0	8.2	7.9	0.0	0.0
玉米	39.2	39.1	45.5	45.7	62.9	63.3
豆类	2.8	2.9	3.6	3.7	5.8	5.7
其中：大豆	2.3	2.4	2.4	2.4	5.5	5.5
薯类	4.2	4.4	10.8	11.0	1.2	1.2
其中：马铃薯	2.7	2.7	7.7	7.8	1.2	1.1

指标	粮食主产区		粮食主销区		粮食平衡区	
	2017年	2018年	2017年	2018年	2017年	2018年
粮食	**100.0**	**100.0**	**100.0**	**100.0**	**100.0**	**100.0**
夏粮	22.4	22.1	8.6	8.0	19.9	19.7
早稻	3.4	3.2	25.5	25.4	4.4	4.4
秋粮	74.1	74.7	65.9	66.7	75.7	76.0
谷物	94.5	94.3	90.1	90.1	86.8	86.2
稻谷	31.5	31.6	76.6	77.7	24.0	23.8
小麦	22.2	21.9	4.4	4.0	15.5	15.2
其中：冬小麦	21.7	21.4	4.1	3.7	12.0	11.7
玉米	39.7	39.7	8.8	8.1	44.3	44.0
豆类	2.8	3.0	1.9	1.9	2.8	2.9
其中：大豆	2.5	2.7	1.4	1.5	1.4	1.4
薯类	2.7	2.7	8.0	7.9	10.4	10.9
其中：马铃薯	1.5	1.6	2.3	2.1	8.0	8.3

7-16 各地区粮食总产量

单位：万吨

地　　区	1990年	1995年	2000年	2016年	2017年	2018年	2018年为2017年百分比(%)
全　　国	**44624.3**	**46661.8**	**46217.5**	**66043.5**	**66160.7**	**65789.2**	**99.4**
北　　京	264.6	259.8	144.2	52.8	41.1	34.1	83.0
天　　津	188.9	207.5	124.1	200.4	212.3	209.7	98.8
河　　北	2276.9	2739.2	2551.1	3783.0	3829.2	3700.9	96.6
山　　西	969.0	917.1	853.4	1380.3	1355.1	1380.4	101.9
内 蒙 古	973.0	1055.4	1241.9	3263.3	3254.5	3553.3	109.2
辽　　宁	1494.7	1423.5	1140.0	2315.6	2330.7	2192.4	94.1
吉　　林	2046.5	1992.4	1638.0	4150.7	4154.0	3632.7	87.5
黑 龙 江	2312.5	2552.1	2545.5	7416.1	7410.3	7506.8	101.3
上　　海	239.5	210.4	174.0	111.8	99.8	103.7	104.0
江　　苏	3230.8	3286.3	3106.6	3542.4	3610.8	3660.3	101.4
浙　　江	1586.1	1430.9	1217.7	564.8	580.1	599.1	103.3
安　　徽	2457.2	2580.7	2472.1	3961.8	4019.7	4007.3	99.7
福　　建	879.6	919.7	854.7	477.3	487.2	498.6	102.3
江　　西	1658.2	1607.4	1614.6	2234.4	2221.7	2190.7	98.6
山　　东	3354.9	4246.4	3837.7	5332.3	5374.3	5319.5	99.0
河　　南	3303.7	3466.5	4101.5	6498.0	6524.2	6648.9	101.9
湖　　北	2475.0	2463.8	2218.5	2796.4	2846.1	2839.5	99.8
湖　　南	2651.4	2691.6	2767.9	3052.3	3073.6	3022.9	98.4
广　　东	1896.9	1734.8	1760.1	1204.2	1208.6	1193.5	98.8
广　　西	1363.1	1508.2	1528.5	1419.0	1370.5	1372.8	100.2
海　　南	169.6	201.8	199.6	146.1	138.1	147.1	106.5
重　　庆			1106.9	1078.2	1079.9	1079.3	100.0
四　　川	4266.8	4365.0	3372.0	3469.9	3488.9	3493.7	100.1
贵　　州	721.0	948.9	1161.3	1264.3	1242.4	1059.7	85.3
云　　南	1057.2	1188.9	1467.8	1815.1	1843.4	1860.5	100.9
西　　藏	55.5	70.0	96.2	103.9	106.5	104.4	98.0
陕　　西	1070.7	913.4	1089.1	1264.0	1194.2	1226.0	102.7
甘　　肃	690.7	644.2	713.5	1117.5	1105.9	1151.4	104.1
青　　海	114.0	114.2	82.7	104.8	102.5	103.1	100.5
宁　　夏	190.1	203.2	252.7	370.7	370.1	392.6	106.1
新　　疆	666.2	718.5	783.7	1552.3	1484.7	1504.2	101.3

7-17 各地区分季粮食作物产量

单位：万吨

地　区	夏收粮食		早　稻		秋收粮食	
	2017年	2018年	2017年	2018年	2017年	2018年
全　国	**14174.5**	**13881.0**	**2987.2**	**2859.0**	**48999.1**	**49049.2**
北　京	6.2	5.3			34.9	28.8
天　津	62.4	57.1			149.9	152.6
河　北	1520.8	1466.5			2308.5	2234.4
山　西	233.7	229.9			1121.3	1150.5
内蒙古					3254.5	3553.3
辽　宁					2330.7	2192.4
吉　林					4154.0	3632.7
黑龙江					7410.3	7506.8
上　海	11.6	14.0			88.1	89.8
江　苏	1335.8	1326.4			2275.0	2333.9
浙　江	64.5	51.1	52.8	62.1	462.9	485.9
安　徽	1644.7	1607.5	126.4	112.6	2248.7	2287.1
福　建	20.6	21.6	72.8	67.1	393.8	409.9
江　西	25.0	26.6	717.1	693.9	1479.6	1470.2
山　东	2496.0	2472.2			2878.3	2847.3
河　南	3716.0	3613.7			2808.3	3035.2
湖　北	488.2	467.6	100.9	97.6	2257.0	2274.3
湖　南	48.6	51.4	846.5	755.5	2178.5	2216.0
广　东	64.3	63.9	509.0	500.0	635.3	629.6
广　西	21.7	21.3	470.2	470.5	878.7	881.0
海　南	9.0	8.8	70.0	77.9	59.1	60.4
重　庆	122.9	122.1			957.0	957.2
四　川	422.6	419.5			3066.3	3074.2
贵　州	222.2	215.7			1020.2	844.0
云　南	241.7	242.0	21.7	21.9	1580.1	1596.7
西　藏					106.5	104.4
陕　西	442.1	438.3			752.1	787.7
甘　肃	301.9	321.0			804.0	830.5
青　海					102.5	103.1
宁　夏	38.8	43.4			331.2	349.2
新　疆	613.1	574.2			871.6	930.0

7-18 各地区分品种粮食作物产量

单位：万吨

地区	谷物		#稻谷		中稻和一季晚稻		双季晚稻	
	2017年	2018年	2017年	2018年	2017年	2018年	2017年	2018年
全国	**61520.5**	**61003.6**	**21267.6**	**21212.9**	**14957.3**	**15212.4**	**3323.2**	**3141.5**
北京	39.9	33.0	0.1	0.1	0.1	0.1		
天津	209.9	207.4	26.3	37.4	26.3	37.4		
河北	3674.5	3524.9	50.4	52.5	50.4	52.5		
山西	1280.1	1293.2	0.5	0.6	0.5	0.6		
内蒙古	2930.8	3197.8	85.2	121.9	85.2	121.9		
辽宁	2261.3	2131.6	422.0	418.0	422.0	418.0		
吉林	4044.0	3533.8	684.4	646.3	684.4	646.3		
黑龙江	6609.7	6747.6	2819.3	2685.5	2819.3	2685.5		
上海	99.3	103.2	85.6	88.0	85.6	88.0		
江苏	3536.2	3572.5	1892.6	1958.0	1892.6	1958.0		
浙江	513.4	535.7	444.9	477.4	333.6	352.8	58.5	62.4
安徽	3907.7	3889.3	1647.5	1681.2	1414.6	1469.4	106.4	99.2
福建	406.3	412.7	393.2	398.3	163.3	172.0	157.1	159.3
江西	2145.9	2112.2	2126.1	2092.2	564.4	594.4	844.7	803.9
山东	5259.2	5190.8	90.1	98.6	90.1	98.6		
河南	6382.9	6483.4	485.2	501.4	485.2	501.4		
湖北	2716.0	2704.0	1927.2	1965.6	1688.7	1733.9	137.6	134.2
湖南	2955.2	2891.5	2740.4	2674.0	932.6	1086.7	961.3	831.8
广东	1102.0	1087.5	1046.3	1032.1			537.3	532.1
广西	1298.0	1295.9	1019.8	1016.2	96.8	94.4	452.8	451.4
海南	123.2	130.7	123.2	130.7			53.2	52.8
重庆	756.4	753.6	487.0	486.9	487.0	486.9		
四川	2831.8	2830.9	1473.7	1478.6	1473.7	1478.6		
贵州	950.6	739.2	448.8	420.7	448.8	420.7		
云南	1568.1	1581.7	529.2	527.7	493.4	491.4	14.1	14.4
西藏	102.0	101.5	0.5	0.5	0.5	0.5		
陕西	1074.3	1103.1	80.6	80.7	80.6	80.7		
甘肃	889.3	918.5	2.9	2.5	2.9	2.5		
青海	64.9	64.0						
宁夏	333.1	353.4	68.8	66.6	68.8	66.6		
新疆	1454.3	1478.8	65.5	72.7	65.5	72.7		

7-18 续表 1

单位：万吨

地区	#小麦		冬小麦		春小麦		#玉米	
	2017年	2018年	2017年	2018年	2017年	2018年	2017年	2018年
全　国	**13433.4**	**13144.0**	**12794.1**	**12500.5**	**639.3**	**643.5**	**25907.1**	**25717.4**
北　京	6.2	5.3	6.2	5.2	0.0	0.0	33.2	27.1
天　津	62.4	57.1	55.6	49.8	6.8	7.3	119.3	110.6
河　北	1504.1	1450.7	1499.4	1446.1	4.7	4.6	2035.5	1941.2
山　西	232.4	228.6	232.4	228.6			977.9	981.6
内蒙古	189.1	202.3			189.1	202.3	2497.4	2700.0
辽　宁	1.3	1.4			1.3	1.4	1789.4	1662.8
吉　林	0.1	0.0			0.1	0.0	3250.8	2799.9
黑龙江	38.1	36.2			38.1	36.2	3703.1	3982.2
上　海	10.2	13.0	10.2	13.0			2.1	1.3
江　苏	1295.5	1289.1	1295.5	1289.1			318.1	300.0
浙　江	41.9	35.8	41.9	35.8			23.0	20.6
安　徽	1644.5	1607.5	1644.5	1607.5			610.7	595.6
福　建	0.1	0.1	0.1	0.1			11.4	12.6
江　西	3.1	3.2	3.1	3.2			15.4	15.7
山　东	2495.1	2471.7	2495.1	2471.7			2662.2	2607.2
河　南	3705.2	3602.9	3705.2	3602.9			2170.1	2351.4
湖　北	426.9	410.4	426.9	410.4			356.7	323.4
湖　南	9.6	8.0	9.6	8.0			199.2	202.8
广　东	0.1	0.2	0.1	0.2			54.6	54.5
广　西	0.5	0.5	0.5	0.5			271.6	273.4
海　南								
重　庆	9.8	8.2	9.8	8.2			252.6	251.3
四　川	251.6	247.3	248.8	244.7	2.8	2.6	1068.0	1066.3
贵　州	41.2	33.2	41.2	33.2			441.2	259.0
云　南	73.7	74.3	73.7	74.3			912.9	926.0
西　藏	21.9	19.5	15.6	14.4	6.4	5.1	3.0	3.4
陕　西	406.4	401.3	406.4	401.3			551.1	584.2
甘　肃	269.7	280.5	174.3	172.0	95.4	108.5	576.7	590.0
青　海	42.3	42.6			42.3	42.6	12.2	11.5
宁　夏	37.8	41.6	9.3	12.4	28.5	29.2	214.9	234.6
新　疆	612.6	571.9	388.8	368.2	223.8	203.7	772.6	827.6

7-18 续表 2　　单位：万吨

地　区	#其他谷物		谷子		高粱		大麦	
	2017年	2018年	2017年	2018年	2017年	2018年	2017年	2018年
全　国	**912.5**	**929.2**	**254.8**	**234.2**	**246.5**	**290.9**	**108.5**	**95.6**
北　京	0.5	0.5	0.4	0.3	0.1	0.1		
天　津	1.9	2.3	0.3	0.1	1.5	2.2		
河　北	84.5	80.5	45.0	43.6	0.9	3.8	0.1	0.0
山　西	69.3	82.5	41.6	47.3	6.6	11.5		
内蒙古	159.1	173.7	76.6	62.2	31.5	67.5	6.5	4.8
辽　宁	48.5	49.5	19.9	18.6	24.6	28.2		
吉　林	108.6	87.6	22.4	12.1	85.7	75.2		
黑龙江	49.2	43.7	7.3	7.5	33.9	28.9	0.2	0.2
上　海	1.4	1.0					1.4	1.0
江　苏	30.1	25.4	0.0	0.0	0.2	0.2	28.3	23.9
浙　江	3.6	1.9					2.0	0.2
安　徽	5.1	5.1	4.8	2.9	0.2	0.2	0.1	0.1
福　建	1.7	1.8			0.0	0.0	0.0	0.0
江　西	1.3	1.2			0.3	0.3	0.1	0.0
山　东	11.8	13.3	10.2	11.7	1.1	1.1	0.4	0.3
河　南	22.3	27.8	7.6	9.0	3.3	7.9	11.4	10.8
湖　北	5.2	4.7	0.0		1.8	1.5	2.7	2.5
湖　南	6.0	6.7			2.5	3.6	0.6	0.6
广　东	0.8	0.8	0.0	0.0	0.0	0.0		
广　西	6.0	5.8	1.3	1.1	1.7	1.6		
海　南	0.0							
重　庆	7.0	7.2			6.1	6.3	0.1	0.1
四　川	38.5	38.7			17.8	19.0	4.4	4.4
贵　州	19.4	26.4	0.8	0.9	12.5	17.5	0.4	0.5
云　南	52.2	53.7	0.1	0.1	1.0	1.0	28.0	29.1
西　藏	76.6	78.2					0.2	0.0
陕　西	36.2	36.9	11.4	11.8	5.5	5.9	1.6	1.4
甘　肃	40.0	45.6	1.8	2.5	5.3	3.8	9.1	13.3
青　海	10.4	9.8					10.1	
宁　夏	11.6	10.6	2.3	1.6	0.8			
新　疆	3.7	6.7	1.0	0.8	1.6	3.7	1.0	2.3

7-18 续表 3　　　　单位：万吨

地　区	燕　麦		荞　麦		豆　类		#大　豆	
	2017年	2018年	2017年	2018年	2017年	2018年	2017年	2018年
全　国	**54.6**	**47.6**	**53.9**	**48.4**	**1841.6**	**1920.3**	**1528.2**	**1596.7**
北　京					0.6	0.5	0.5	0.4
天　津	0.0	0.0			0.8	1.4	0.8	1.4
河　北	16.1	16.0	0.3	1.5	20.8	28.1	17.1	21.2
山　西	6.1	7.0	2.0	3.1	28.3	35.6	17.1	23.6
内蒙古	23.0	21.0	17.1	11.2	186.2	205.7	162.6	179.4
辽　宁			0.1		21.0	20.0	19.3	18.0
吉　林			0.1	0.2	67.1	62.8	50.2	55.1
黑龙江	0.1	0.2	0.0		719.6	678.5	689.4	657.8
上　海					0.3	0.2	0.2	0.2
江　苏			0.2	0.1	58.8	65.0	45.0	49.1
浙　江					27.4	28.2	20.4	21.5
安　徽			0.0		97.1	103.0	94.0	97.5
福　建					9.9	10.8	7.8	8.6
江　西			0.1	0.1	28.3	29.4	25.2	26.3
山　东					33.6	44.5	32.1	43.3
河　南					53.4	101.7	50.4	95.6
湖　北	0.0	0.0	0.1	0.1	38.5	38.4	34.3	34.2
湖　南			0.6	0.6	32.0	36.3	23.2	26.5
广　东					11.1	11.3	8.5	8.7
广　西			2.9	2.9	24.7	26.2	15.3	16.2
海　南					1.7	1.9	0.7	0.6
重　庆	0.0	0.0	0.8	0.8	40.2	40.9	19.5	19.9
四　川	0.8	0.8	6.5	6.0	119.2	121.5	85.9	88.8
贵　州	0.1	0.1	1.7	2.0	25.6	29.3	19.3	19.7
云　南	1.2	1.2	1.4	1.4	118.3	118.1	43.5	43.5
西　藏			0.3	0.4	4.0	2.2	2.0	0.0
陕　西			8.7	8.6	28.6	28.6	23.9	23.9
甘　肃	6.7	0.8	4.8	5.6	25.2	30.6	9.3	7.2
青　海					2.8	2.9		
宁　夏	0.4	0.4	6.1	3.8	1.7	2.8	0.7	0.9
新　疆					14.6	14.0	10.2	7.6

7-18　续表 4　　　　单位：万吨

地　区	#绿　豆		#红小豆		薯　类		#马铃薯	
	2017年	2018年	2017年	2018年	2017年	2018年	2017年	2018年
全　国	**65.1**	**68.1**	**36.0**	**27.8**	**2798.6**	**2865.4**	**1769.6**	**1798.4**
北　京	0.0	0.0	0.0	0.0	0.6	0.7		
天　津	0.0	0.0	0.0	0.0	1.5	0.9	0.6	0.4
河　北	1.1	1.8	0.6	0.8	133.9	147.9	102.7	106.1
山　西	4.7	4.5	1.2	1.4	46.7	51.6	40.9	45.3
内蒙古	17.9	21.2	3.9	2.6	137.5	149.8	137.5	149.5
辽　宁	0.6	1.0	0.9	0.8	48.4	40.8	39.5	30.0
吉　林	15.1	6.7	1.8	0.9	42.9	36.2	41.7	35.3
黑龙江	5.2	4.0	19.3	11.9	81.0	80.7	80.0	79.3
上　海					0.2	0.4		
江　苏	0.5	1.0	1.5	1.9	15.8	22.8		
浙　江					39.3	35.2	18.7	13.2
安　徽	2.5	4.4	0.6	1.1	14.8	14.9	1.4	1.6
福　建	0.1	0.2	0.1	0.1	70.9	75.1	18.8	19.7
江　西	0.5	0.5	0.1	0.1	47.5	49.1	19.3	20.8
山　东	0.5	0.5	0.2	0.2	81.5	84.2		
河　南	3.0	6.1			88.0	63.8		
湖　北	0.6	0.9	0.1	0.3	91.6	97.0	64.9	64.5
湖　南	2.2	2.4	0.2	0.2	86.5	95.0	31.3	35.4
广　东	0.4	0.3	0.2	0.2	95.4	94.7	25.0	24.7
广　西	2.4	2.6	0.1	0.1	47.8	50.7	13.8	13.0
海　南	0.0	0.0	0.2	0.1	13.1	14.6	0.0	
重　庆	2.2	2.2	0.3	0.3	283.3	284.9	117.6	118.6
四　川	2.4	2.4	0.2	0.2	537.9	541.3	283.8	282.9
贵　州	0.4	0.4	0.3	0.3	266.3	291.2	231.7	241.4
云　南	0.8	0.8	0.9	0.9	157.0	160.7	145.4	148.7
西　藏					0.5	0.6	0.5	0.6
陕　西	0.9	0.9	1.7	1.7	91.3	94.3	79.6	82.3
甘　肃	0.1	0.1	0.5	0.5	191.4	202.3	191.4	202.3
青　海					34.8	36.2	34.8	36.2
宁　夏					35.2	36.4	35.2	36.4
新　疆	1.0	3.1	1.0	1.1	15.8	11.5	13.6	10.2

7-19 各地区油料产量

单位：吨

地区	油料合计		#花生		#油菜籽	
	2017年	2018年	2017年	2018年	2017年	2018年
全国	**34752385**	**34333892**	**17091913**	**17332038**	**13274131**	**13281162**
北京	5326	4167	4092	3187	30	48
天津	12608	6263	5262	5285	435	53
河北	1293984	1213849	1034076	984526	41681	34034
山西	150425	154676	13049	13386	17759	23705
内蒙古	2406905	2015095	59280	77321	356032	397684
辽宁	814563	781256	800159	768192	1302	1404
吉林	1284836	875264	1092701	802796	446	
黑龙江	142586	112205	49652	51375	709	2468
上海	7612	7119	2802	1631	4830	5362
江苏	853611	860391	347835	393285	497711	456998
浙江	269000	294293	51000	47398	202000	233353
安徽	1546592	1580376	687564	710548	831562	842971
福建	195516	212428	187283	203191	7550	8578
江西	1206400	1208000	467719	480606	704035	690804
山东	3183002	3108970	3135284	3066694	21235	21757
河南	5869460	6310346	5298139	5724379	420842	389651
湖北	3076878	3024833	783718	806667	2131710	2053137
湖南	2260783	2344464	275925	284945	1956971	2041729
广东	1012849	1062515	984178	1044022	21379	11179
广西	649251	666610	608011	626737	21640	23402
海南	90284	84440	89158	83115		
重庆	623962	637002	134239	135756	474285	486026
四川	3578899	3625373	659928	676720	2880335	2922031
贵州	1155191	1126171	112659	114624	880245	862177
云南	562563	609804	62389	69587	475215	525187
西藏	59422	58520	242	329	59180	58191
陕西	597500	609635	124600	125973	382400	369129
甘肃	773530	704107	2097	2166	437761	355261
青海	302767	284704			290200	281295
宁夏	69443	72892	164	259	4240	6294
新疆	696636	678123	18706	27338	150414	177245

7-20 各地区棉花和麻类产量

单位：吨

地区	棉花		麻类合计		#黄红麻	
	2017年	2018年	2017年	2018年	2017年	2018年
全国	**5652525**	**6102772**	**217950**	**203060**	**29131**	**28644**
北京	2	8				
天津	24805	18264				
河北	240380	239273	3	8		
山西	4014	3610	134	103		
内蒙古	1	106	7301	2314		
辽宁	0	22	423	51		
吉林			114			
黑龙江			117879	104749		
上海	409	103				
江苏	25725	20600	794	592		
浙江	6433	8119	200	120	200	80
安徽	85541	88509	3055	3234	1044	1165
福建	1	72	26	26	26	26
江西	104645	72115	5765	5688	157	97
山东	207199	217028	81	118		
河南	43585	37903	22449	21232	22197	20252
湖北	183635	149314	2526	5281	83	28
湖南	109503	85690	4162	4455	182	289
广东			206	190	179	190
广西	1494	1285	5748	6917	4654	6122
海南			2	2	2	2
重庆			6957	6450	75	74
四川	4276	3994	30283	30957	314	318
贵州	1115	646	1159	408	20	
云南		7	210	169		
西藏						
陕西	11594	9904	500	621		1
甘肃	31592	35302	2839	2800		
青海						
宁夏						
新疆	4566574	5110900	5135	6576		

7-21 各地区糖料产量

单位：吨

地　区	糖料合计		1.甘　蔗		2.甜　菜	
	2017年	2018年	2017年	2018年	2017年	2018年
全　国	**113788403**	**119374102**	**104404301**	**108097097**	**9384068**	**11276626**
北　京						
天　津		160		160		
河　北	624863	941089			624863	941089
山　西	6433	1183			6400	1183
内蒙古	3443413	5158837			3443413	5158837
辽　宁	106986	118110			106986	118110
吉　林	25896	25243			25896	25243
黑龙江	373707	529521			373707	529521
上　海	2134	2405	1906	2405	228	
江　苏	48606	52780	48456	52630	150	150
浙　江	375000	405863	375000	405863		
安　徽	112110	100964	62085	100964	50025	
福　建	263695	261304	263695	261304		
江　西	672816	645714	672816	645714		
山　东	119				119	
河　南	162369	153942	162369	153942		
湖　北	269946	277654	269813	276965	133	689
湖　南	332318	338112	332317	338112		
广　东	13434745	14126853	13434745	14126853		
广　西	71323456	72927613	71323456	72927613		
海　南	1330974	1325251	1330974	1325251		
重　庆	87926	90890	87926	90890		
四　川	349215	363699	347401	361825	1814	1874
贵　州	503055	625226	503055	624803		44
云　南	15161486	16400793	15161486	16400793		
西　藏						
陕　西	27200	1281	26800	1010	400	271
甘　肃	266926	251988			266926	251988
青　海	283	362			283	362
宁　夏						
新　疆	4482726	4247265			4482726	4247265

7-22 各地区烟叶和蔬菜产量

单位：吨

地区	烟叶合计		#烤烟		蔬菜	
	2017年	2018年	2017年	2018年	2017年	2018年
全国	**2391422**	**2241012**	**2278745**	**2109670**	**691926811**	**703467195**
北京	1	0	1	0	1568184	1305512
天津					2696123	2539771
河北	2231	3321	2189	3192	50585300	51544955
山西	5217	3911	5216	3517	8067433	8218711
内蒙古	6154	5525	5310	4076	11113486	10065221
辽宁	26255	17730	24853	14883	17978426	18523325
吉林	17888	27195	7826	15388	3566357	4381541
黑龙江	46543	33719	45763	33053	7985902	6343982
上海					2935033	2944877
江苏					55404835	56258811
浙江	1400	1162			19104500	18883687
安徽	20924	20079	20505	19719	20196378	21182078
福建	116437	107056	116195	106812	14153063	14930008
江西	55731	36148	54131	34229	14900702	15370039
山东	56953	46306	56953	46268	81337705	81920429
河南	266960	253096	263731	249537	75302172	72606671
湖北	68413	66020	61844	55745	38263995	39639428
湖南	208201	190550	204582	188246	36716224	38220364
广东	42616	43323	37377	37515	31774886	33302354
广西	25099	18011	21041	14329	32826294	34321574
海南	114	74	114	74	5530511	5667677
重庆	69053	62441	58942	52016	18626281	19327250
四川	180489	162460	165576	139727	42522660	44380219
贵州	267959	251308	244523	227655	22721596	26133995
云南	862335	844739	838531	822927	20777644	22057101
西藏					727320	725696
陕西	38700	39564	38200	33559	17339900	18084410
甘肃	4829	5838	4422	5786	12123100	12925655
青海					1480797	1502615
宁夏	920	1430	920	1415	5399391	5508058
新疆		5			18200612	14651180

7-23 主要农作物单位面积产量

单位：千克/公顷、%

指　　标	1990年	1995年	2000年	2016年	2017年	2018年	2018年为2017年百分比
一、粮食作物	**3933**	**4240**	**4261**	**5539.2**	**5607.4**	**5621.2**	**100.2**
1.谷物		4659	4753	6004.4	6105.4	6120.5	100.2
稻谷	5726	6025	6272	6865.8	6916.9	7026.6	101.6
小麦	3194	3541	3738	5396.9	5481.2	5416.6	98.8
玉米	4524	4917	4598	5967.1	6110.3	6104.3	99.9
其他谷物	2681	2410	2088	2816.7	2933.7	3011.4	102.6
其中：谷子	2008	1982	1700	2718.4	2959.2	3009.2	101.7
高粱	3674	3914	2904	4726.0	4866.8	4702.1	96.6
2.豆类		1591	1588	1777.4	1832.2	1885.1	102.9
其中：大豆	1455	1661	1656	1789.2	1853.6	1898.0	102.4
杂豆		1408	1399	1723.9	1734.4	1824.3	105.2
3.薯类	3008	3428	3497	3765.0	3901.5	3990.5	102.3
其中：马铃薯	2263	2663	2806	3536.9	3641.3	3779.6	103.8
二、油料作物	**1480**	**1718**	**1919**	**2577.5**	**2628.1**	**2667.2**	**101.5**
其中：花　生	2191	2687	2973	3677.9	3709.5	3751.8	101.1
油菜籽	1264	1415	1519	1982.2	1995.2	2027.5	101.6
芝　麻	702	908	1034	1529.3	1609.7	1645.3	102.2
胡麻籽	761	586	690	1337.0	1283.3	1445.6	112.6
向日葵	1878	1562	1590	2502.9	2690.1	2707.2	100.6
三、棉花	**807**	**879**	**1093**	**1670.5**	**1769.3**	**1819.3**	**102.8**
四、麻类	**2216**	**2386**	**2024**	**3346.4**	**3728.5**	**3584.7**	**96.1**
其中：黄红麻	2421	2534	2516	5131.6	5177.9	5007.6	96.7
苎　麻	1099	1513	1685	1863.0	1874.4	1887.5	100.7
大　麻	1524	1404	1324	5238.4	5693.0	5723.3	100.5
亚　麻	2782	3115	2229	4255.2	4915.1	3553.0	72.3
五、糖料	**42965**	**43630**	**50426**	**71859.9**	**73618.6**	**73554.1**	**99.9**
甘蔗	57118	58133	57626	73638.4	76132.1	76891.5	101.0
甜菜	21668	20132	24518	55629.8	53842.7	52174.5	96.9
六、烟叶	**1650**	**1574**	**1776**	**2130.0**	**2115.2**	**2118.4**	**100.2**
其中：烤烟	1683	1584	1763	2120.8	2108.1	2102.8	99.7

7-23 续表 1

单位：公斤/公顷

指 标	全国		东部		中部	
	2017年	2018年	2017年	2018年	2017年	2018年
一、粮食	**5607.4**	**5621.2**	**6121.1**	**6137.1**	**5720.0**	**5793.6**
其中：夏收粮食	5276.5	5198.3	5875.5	5819.6	5751.6	5588.3
(一)谷物	6105.4	6120.5	6236.0	6258.6	6000.2	6084.3
1.稻谷	6916.9	7026.6	7089.6	7298.4	6695.6	6856.6
(1)早稻	5809.8	5967.0	5955.7	6050.1	5760.4	5941.8
(2)中稻和一季晚稻	7468.1	7558.8	8123.0	8443.0	7320.8	7470.0
(3)双季晚稻	5958.1	5958.0	5669.1	5688.9	6257.4	6233.5
2.小麦	5481.2	5416.6	5941.2	5883.2	5849.7	5679.3
(1)冬小麦	5588.0	5497.1	5943.1	5885.6	5849.7	5679.3
(2)春小麦	3965.4	4217.4	5151.3	4954.5		
3.玉米	6110.3	6104.3	6157.6	6103.3	5305.0	5601.7
4.其它谷物	2933.7	3011.4	2825.5	2981.2	2088.1	2364.6
其中：谷子	2959.2	3009.2	3478.8	3681.3	2212.1	2458.2
高粱	4866.8	4702.1	4195.1	4035.4	2527.5	3536.2
大麦	3288.7	3643.9	5164.8	5292.9	4024.6	3456.3
(二)豆类	1832.2	1885.1	2490.1	2597.0	1550.9	1827.2
其中：大　豆	1853.6	1898.0	2493.0	2611.1	1616.4	1876.1
绿　豆	1296.7	1404.1	1945.5	2037.7	973.9	1422.8
红小豆	1628.4	1523.4	2210.7	2193.1	1060.3	1410.8
(三)薯类	3901.5	3990.5	5683.6	5825.2	4013.6	3916.8
其中：马铃薯	3641.3	3779.6	5413.2	5551.6	3243.4	3445.9
二、油料作物	**2628.1**	**2667.2**	**3536.4**	**3561.0**	**2646.5**	**2720.9**
其中：花　生	3709.5	3751.8	3885.0	3879.3	4191.2	4307.9
油菜籽	1995.2	2027.5	2489.2	2536.5	1896.0	1908.7
芝　麻	1609.7	1645.3	1692.1	1758.9	1581.0	1619.2
胡麻籽	1283.3	1445.6	1001.0	958.2	987.2	1084.1
向日葵	2690.1	2707.2	2752.0	3004.2	1899.9	1973.3
三、棉花	**1769.3**	**1819.3**	**1142.8**	**1162.1**	**1060.9**	**1105.5**
四、麻类	**3728.5**	**3584.7**	**2906.8**	**2569.9**	**3778.4**	**3587.8**
其中：黄红麻	5177.9	5007.6	3517.2	2921.5	6506.3	6383.8
苎　麻	1874.4	1887.5	2370.2	2504.6	2106.2	2151.9
大　麻	5693.0	5723.3	3785.4	1925.0	3217.8	3180.6
亚　麻	4915.1	3553.0		3066.7		
五、糖料	**73618.6**	**73554.1**	**75110.7**	**76598.0**	**45970.1**	**46242.0**
(一)甘蔗	76132.1	76891.5	76558.3	78784.4	45939.2	47446.4
(二)甜菜	53842.7	52174.5	51204.6	51864.8	46766.9	41151.6
六、烟叶	**2115.2**	**2118.4**	**2346.8**	**2343.0**	**2283.1**	**2318.5**
其中：烤烟	2108.1	2102.8	2336.7	2335.0	2282.7	2310.3
七、药材						
八、蔬菜(含菜用瓜)	**34629.1**	**34418.0**	**41046.0**	**40805.8**	**34462.7**	**34419.7**
九、瓜果类	**39247.7**	**38367.1**	**42696.9**	**42035.1**	**41140.9**	**40464.7**
其中：西瓜	41552.0	40539.9	45760.4	44734.4	43255.3	42600.1
甜瓜	35337.4	34986.6	39191.6	40104.7	34446.4	34303.8
草莓	26456.0	25509.0	30437.3	29844.1	21424.2	20270.0

7-23 续表 2 单位：公斤/公顷

指　　标	西部		东北	
	2017年	2018年	2017年	2018年
一、粮食	**4847.9**	**4991.1**	**5998.1**	**5722.3**
其中：夏收粮食	3653.2	3663.7		
(一)谷物	5481.1	5687.6	6999.6	6590.9
1.稻谷	6770.8	6871.4	7460.1	7336.7
(1)早稻	5787.5	5935.1		
(2)中稻和一季晚稻	7235.1	7313.3	7460.1	7336.7
(3)双季晚稻	5310.5	5438.6		
2.小麦	3920.4	4017.7	3663.9	3326.6
(1)冬小麦	3899.7	3911.7		
(2)春小麦	3969.4	4277.1	3663.9	3326.6
3.玉米	5836.8	6146.3	6874.3	6367.6
4.其它谷物	2643.2	2785.6	5697.7	5207.1
其中：谷子	2823.0	2889.3	4180.4	3618.5
高粱	3615.1	3856.6	6945.9	6536.2
大麦	2663.9	3232.6	3975.7	3471.3
(二)豆类	1846.0	1834.6	1837.3	1826.3
其中：大　豆	1806.8	1785.6	1883.1	1864.3
绿　豆	1408.0	1406.2	1384.9	1246.6
红小豆	1762.3	1620.6	1610.5	1396.0
(三)薯类	3510.2	3634.1	5415.7	5318.2
其中：马铃薯	3399.4	3560.1	5604.9	5509.9
二、油料作物	**2219.7**	**2239.9**	**2936.9**	**2837.8**
其中：花　生	2600.1	2630.0	3118.0	2958.5
油菜籽	2046.2	2100.0	1611.8	1353.1
芝　麻	1791.1	1856.1	1489.2	1900.6
胡麻籽	1416.8	1623.5		4666.7
向日葵	2747.8	2741.9	2283.6	2315.2
三、棉花	**2049.7**	**2043.8**		**2291.7**
四、麻类	**2115.7**	**2014.9**	**6072.4**	**6277.5**
其中：黄红麻	2701.8	2963.5		
苎　麻	1806.1	1792.4	1937.5	
大　麻	3297.2	1650.4	6212.6	6396.8
亚　麻	5255.2	3268.4	4739.8	4349.3
五、糖料	**74394.7**	**74014.4**	**42001.9**	**45868.2**
(一)甘蔗	76923.3	77363.9		
(二)甜菜	55076.4	52712.6	42001.9	45868.2
六、烟叶	**1983.6**	**1993.4**	**3104.0**	**2785.9**
其中：烤烟	1974.5	1976.2	3139.2	2733.9
七、药材				
八、蔬菜(含菜用瓜)	**27877.5**	**27657.8**	**49480.5**	**49925.0**
九、瓜果类	**33587.1**	**32078.7**	**38755.6**	**37928.3**
其中：西瓜	34151.1	32773.8	46104.2	44763.6
甜瓜	33661.5	32440.2	31708.9	30028.0
草莓	16869.6	17666.9	35383.2	34337.7

7-23 续表 3 单位：公斤/公顷

指 标	粮食主产区		粮食主销区		粮食平衡区	
	2017年	2018年	2017年	2018年	2017年	2018年
一、粮食	**5875.7**	**5862.1**	**5748.1**	**5825.7**	**4605.3**	**4691.9**
其中：夏收粮食	5771.0	5663.0	4631.8	4602.4	3682.2	3679.9
(一)谷物	6353.3	6331.0	5995.8	6089.4	5121.6	5247.6
1.稻谷	7145.7	7263.1	6168.9	6276.3	6290.0	6372.7
(1)早稻	5760.4	5941.8	5955.7	6050.1	5787.5	5935.1
(2)中稻和一季晚稻	7579.7	7667.7	7327.7	7550.4	6791.3	6835.7
(3)双季晚稻	6257.4	6233.5	5669.1	5688.9	5310.5	5438.6
2.小麦	5771.1	5687.1	4927.2	4885.4	4138.4	4136.3
(1)冬小麦	5889.0	5774.4	4912.9	4883.0	3944.4	3939.4
(2)春小麦	2944.5	3389.9	5180.5	4919.4	4972.1	4975.4
3.玉米	6315.1	6230.2	5369.4	5310.3	5418.4	5667.0
4.其它谷物	3288.5	3383.8	4009.9	4164.7	2458.8	2562.4
其中：谷子	3485.4	3491.6	2727.4	2551.7	1993.9	2229.5
高粱	5473.0	5152.6	5547.4	4633.3	3133.2	3346.8
大麦	3755.4	3842.1	4066.9	5067.0	2866.6	3439.3
(二)豆类	1821.3	1879.6	2616.2	2611.9	1793.7	1826.9
其中：大 豆	1857.6	1909.4	2600.1	2602.3	1704.7	1694.2
绿 豆	1286.5	1355.9	2322.2	2320.8	1313.0	1585.6
红小豆	1628.2	1497.6	2628.9	2534.1	1576.8	1567.9
(三)薯类	4530.5	4669.3	4851.7	4898.9	3240.4	3316.5
其中：马铃薯	4255.0	4516.5	4397.8	4381.0	3194.3	3289.4
二、油料作物	**2762.8**	**2815.9**	**2792.6**	**2867.3**	**2095.2**	**2090.5**
其中：花 生	3905.8	3955.6	3013.5	3072.4	2645.5	2661.8
油菜籽	2007.4	2055.2	2103.7	2209.9	1951.2	1933.2
芝 麻	1584.7	1627.5	1574.5	1754.9	1820.7	1834.8
胡麻籽	957.3	1132.6			1534.3	1629.6
向日葵	2650.9	2615.4	1696.0	1856.2	2813.3	2952.7
三、棉花	**1093.9**	**1133.0**	**1236.3**	**1155.1**	**2050.9**	**2044.9**
四、麻类	**4066.8**	**3917.3**	**3358.6**	**2956.2**	**2177.4**	**2201.8**
其中：黄红麻	6301.5	6171.8	3517.2	2921.5	2783.8	3053.6
苎 麻	1887.0	1922.9		3243.2	1818.3	1694.0
大 麻	6089.1	6219.4			1694.5	1689.2
亚 麻	4664.4	4601.2			5255.2	2909.0
五、糖料	**43238.2**	**43978.7**	**76621.8**	**78854.5**	**76951.8**	**77462.9**
(一)甘蔗	44605.7	45807.2	76622.1	78854.5	77232.5	77675.1
(二)甜菜	42702.1	43716.3			72149.4	73614.0
六、烟叶	**2320.0**	**2331.4**	**2264.6**	**2275.1**	**1968.3**	**1974.9**
其中：烤烟	2306.1	2308.4	2248.1	2261.5	1965.4	1964.6
七、药材						
八、蔬菜(含菜用瓜)	**40697.9**	**40630.7**	**27380.0**	**27369.9**	**26650.3**	**26366.7**
九、瓜果类	**42945.0**	**42071.0**	**29573.1**	**29958.8**	**33391.6**	**31885.2**
其中：西瓜	45801.2	44763.6	31267.1	31838.7	33750.2	32200.3
甜瓜	37531.7	37130.2	25659.0	25937.0	32763.5	32654.3
草莓	28337.8	27154.3	21798.6	22033.5	17113.7	17389.2

7-24 各地区分季粮食作物单位面积产量

单位：千克/公顷

地区	夏收粮食		早稻		秋收粮食	
	2017年	2018年	2017年	2018年	2017年	2018年
全国	**5276.5**	**5198.3**	**5809.8**	**5967.0**	**5698.6**	**5733.8**
北京	5451.8	5274.9			6296.9	6328.7
天津	5737.7	5154.3			6176.6	6373.4
河北	6335.1	6148.6			5421.5	5379.4
山西	4099.9	4038.9			4295.1	4480.4
内蒙古					4799.6	5233.2
辽宁					6721.7	6292.8
吉林					7492.8	6487.4
黑龙江					5235.4	5281.1
上海	4742.6	6013.3			8116.7	8417.7
江苏	5313.1	5302.5			7550.3	7846.4
浙江	3974.8	3937.1	6104.7	6398.6	6353.9	6488.7
安徽	5825.0	5588.8	6094.1	6163.7	5240.5	5372.2
福建	4192.1	4281.5	6136.7	6357.1	5917.2	6049.9
江西	3600.6	3789.2	5605.5	5746.1	6070.1	6016.7
山东	6108.4	6089.3			6587.4	6553.2
河南	6472.3	6262.8			5427.8	5909.7
湖北	3581.6	3538.9	5795.6	5929.0	6806.9	6766.5
湖南	3572.2	4154.4	5845.2	6101.6	6417.3	6544.6
广东	4663.9	4667.4	5964.0	5958.0	5390.8	5358.5
广西	1991.8	1985.1	5799.0	5952.0	4544.5	4626.3
海南	4228.1	4258.0	5623.2	6137.2	4324.2	4362.0
重庆	3147.8	3170.7			5834.1	5862.7
四川	3722.5	3768.5			5946.2	5966.5
贵州	2838.5	2795.4			4494.5	4287.4
云南	2447.1	2476.6	5548.9	5593.6	5027.9	5055.4
西藏					5738.3	5652.8
陕西	3999.4	3954.8			3929.5	4150.8
甘肃	3465.7	3563.4			4527.0	4760.4
青海					3629.2	3664.2
宁夏	2901.3	3028.9			5626.4	5893.6
新疆	5434.9	5536.0			7464.0	7865.4

7-25 各地区分品种粮食作物单位面积产量

单位：千克/公顷

地区	谷物		#稻谷		#小麦		#玉米	
	2017年	2018年	2017年	2018年	2017年	2018年	2017年	2018年
全国	**6105.4**	**6120.5**	**6916.9**	**7026.6**	**5481.2**	**5416.6**	**6110.3**	**6104.3**
北京	6350.0	6362.0	5992.0	6752.7	5492.3	5367.4	6676.8	6770.2
天津	6090.4	6056.4	8636.9	9376.5	5737.7	5154.3	5922.5	5919.2
河北	5780.5	5688.5	6722.3	6692.6	6337.5	6154.5	5743.4	5646.6
山西	4641.4	4768.9	6810.0	6960.0	4146.0	4080.0	5412.0	5616.8
内蒙古	5660.9	6232.5	6975.0	8100.0	2805.2	3390.0	6720.2	7215.0
辽宁	6869.5	6437.6	8566.5	8559.8	3516.4	5749.5	6647.3	6129.0
吉林	7848.0	6782.9	8338.3	7697.0	613.8	326.1	7806.9	6616.8
黑龙江	6605.5	6543.1	7139.6	7098.8	3741.6	3306.6	6316.3	6303.1
上海	7562.2	8023.0	8221.7	8492.5	4846.4	6082.0	6924.6	6930.2
江苏	6733.3	6892.5	8457.6	8841.0	5369.2	5362.5	5855.3	5815.6
浙江	6541.7	6782.4	7168.2	7332.6	4043.4	4192.8	4440.4	4183.2
安徽	5922.8	5921.1	6323.9	6606.6	5825.7	5589.5	5264.0	5231.3
福建	6154.3	6317.5	6255.1	6428.3	2844.6	2807.9	4251.3	4361.5
江西	6026.1	6049.2	6066.6	6088.7	2137.1	2168.3	4319.2	4471.4
山东	6391.8	6374.5	8280.6	8661.0	6109.7	6090.0	6655.2	6626.1
河南	6130.0	6253.8	7889.9	8081.9	6483.7	6276.9	5426.8	6000.0
湖北	6270.0	6300.5	8138.1	8220.9	3701.8	3713.9	4488.6	4139.5
湖南	6354.4	6555.1	6465.1	6670.0	3391.0	3430.4	5444.7	5646.4
广东	5712.2	5693.4	5795.6	5774.2	3192.5	3571.4	4517.7	4542.0
广西	5327.3	5447.2	5660.1	5798.6	1654.7	1666.7	4594.5	4678.1
海南	4996.0	5310.8	4996.2	5310.8				
重庆	6538.9	6588.1	7390.5	7417.5	3245.8	3289.3	5647.2	5681.9
四川	6282.1	6319.7	7860.0	7890.1	3855.0	3894.5	5730.0	5745.2
贵州	4903.1	4885.3	6407.3	6262.9	2641.1	2342.9	4383.8	4300.8
云南	4941.8	4984.1	6079.2	6211.5	2143.9	2190.0	5175.9	5187.1
西藏	5666.8	5665.7	5606.5	5592.7	5576.3	6133.0	6153.8	6517.8
陕西	4325.4	4461.1	7626.8	7656.1	4219.6	4149.0	4604.9	4952.6
甘肃	4551.3	4742.0	7216.0	6468.9	3519.0	3616.8	5539.8	5825.7
青海	3558.3	3548.2			3765.2	3820.8	6479.6	6249.3
宁夏	5693.0	5859.1	8490.6	8531.0	3071.5	3233.5	7014.4	7549.1
新疆	6522.1	6851.0	8819.0	9268.2	5436.3	5544.4	7575.3	8009.1

7-25 续表 单位：千克/公顷

地区	豆类		#大豆		薯类		#马铃薯	
	2017年	2018年	2017年	2018年	2017年	2018年	2017年	2018年
全国	**1832.2**	**1885.1**	**1853.6**	**1898.0**	**3901.5**	**3990.5**	**3641.3**	**3779.6**
北京	2022.8	1965.4	2141.3	1986.7	5600.0	5555.3		
天津	2246.7	2175.9	2301.0	2183.2	5087.2	6984.6	3619.8	7149.4
河北	2311.3	2425.6	2434.0	2424.3	6327.2	6537.4	6308.2	6501.3
山西	1187.9	1420.5	1306.5	1567.5	2529.5	2954.3	2431.3	2887.5
内蒙古	1589.6	1573.0	1644.4	1639.5	3181.5	4260.8	3181.4	4260.0
辽宁	2468.4	2414.9	2598.5	2449.0	5351.9	4535.6	6220.4	4978.2
吉林	2039.0	1826.7	2277.6	1974.7	6916.4	7807.1	6943.7	7970.2
黑龙江	1807.1	1813.3	1845.6	1843.7	4888.3	5037.8	4877.1	5022.0
上海	1971.1	2699.8	1954.6	2699.8	6191.5	6225.1		
江苏	2354.4	2527.5	2312.4	2535.2	6125.1	6389.2		
浙江	2529.4	2494.7	2535.1	2517.9	4676.7	4838.5	4148.0	3848.2
安徽	1474.7	1497.8	1515.3	1500.1	2270.6	2482.1	5846.2	3262.3
福建	2760.4	2855.7	2700.1	2773.9	5175.5	5273.4	4132.2	4199.5
江西	2294.1	2305.7	2468.0	2472.9	4660.8	4812.8	5219.2	5550.5
山东	2689.8	2816.2	2687.4	2822.4	7940.4	8112.0		
河南	1368.6	2398.6	1458.9	2478.8	7810.7	5552.7		
湖北	1613.5	1554.5	1615.6	1556.6	3240.9	3148.7	3184.3	2969.7
湖南	2267.9	2452.3	2327.8	2489.2	4614.7	5039.2	4162.2	5067.3
广东	2750.1	2747.9	2720.3	2739.9	4771.1	4738.0	4881.0	4881.5
广西	1652.2	1683.4	1624.9	1654.9	1790.0	1894.6	2486.5	2465.9
海南	3135.2	3104.0	3215.0	3184.1	4339.5	4279.0	4105.6	
重庆	2009.1	2028.3	2017.0	2046.2	4204.3	4236.0	3509.5	3546.9
四川	2300.0	2314.7	2325.0	2355.4	4249.0	4291.9	4148.1	4177.5
贵州	857.3	901.1	990.0	991.5	3264.0	3228.2	3311.4	3306.1
云南	2525.7	2515.5	2511.8	2467.5	2975.8	3023.5	3086.2	3137.9
西藏	8528.6	4929.4		3228.5	5584.8	6693.6	5584.8	6693.6
陕西	1513.7	1518.9	1573.8	1577.8	2633.3	2734.0	2558.5	2658.8
甘肃	1967.5	2223.5	1450.8	1608.0	3386.3	3545.1	3386.3	3545.1
青海	2114.8	2264.9			4009.2	4103.3	4009.2	4103.3
宁夏	925.1	1243.4	908.5	1275.4	2966.3	3309.4	2966.3	3309.4
新疆	3441.5	3136.6	3454.4	2157.6	6699.2	6905.9	7033.6	6746.0

7-26 各地区油料作物单位面积产量

单位：千克/公顷

地区	油料合计		#花生		#油菜籽	
	2017年	2018年	2017年	2018年	2017年	2018年
全国	**2628.1**	**2667.2**	**3709.5**	**3751.8**	**1995.2**	**2027.5**
北京	2471.7	2637.5	2834.7	2771.5	941.5	1600.0
天津	2259.7	2992.3	3594.4	3694.9	1762.0	1611.5
河北	3279.3	3299.6	3876.0	3814.8	1700.2	1752.1
山西	1318.6	1382.7	2263.1	2483.4	944.7	937.9
内蒙古	2162.4	2261.6	2539.1	2706.5	1149.8	1615.1
辽宁	2926.0	2685.3	2945.5	2685.2	1677.1	1703.9
吉林	3144.0	3117.1	3284.9	3278.2	936.9	
黑龙江	1868.3	2176.7	2654.7	2950.5	2604.7	1355.3
上海	2356.8	2574.0	2820.4	2785.5	2177.2	2563.2
江苏	3190.1	3274.4	3945.8	3997.6	2839.7	2872.8
浙江	2199.6	2291.1	2975.5	2992.3	2100.8	2225.2
安徽	2983.9	3037.8	4951.1	4929.2	2348.1	2361.1
福建	2698.2	2816.6	2791.9	2917.8	1541.3	1621.2
江西	1725.9	1776.2	2879.0	2873.2	1383.0	1430.2
山东	4389.2	4370.5	4420.7	4410.7	2638.4	2531.1
河南	4200.0	4318.0	4599.4	4757.7	2703.0	2686.9
湖北	2382.7	2408.7	3399.6	3468.0	2195.0	2200.6
湖南	1723.7	1743.5	2599.5	2608.6	1646.0	1670.5
广东	3052.4	3115.9	3084.2	3140.1	2445.2	2382.1
广西	2713.5	2738.9	2951.1	2963.7	1041.9	957.8
海南	2739.3	2675.6	2780.6	2717.7		
重庆	1959.0	1959.6	2161.1	2163.4	1941.5	1942.9
四川	2420.0	2431.2	2527.3	2568.3	2388.0	2398.1
贵州	1747.2	1727.5	2186.2	2207.2	1705.5	1732.4
云南	1947.8	1970.5	1662.7	1695.8	2047.1	2050.4
西藏	3033.8	2596.3	3128.8	2939.9	3033.4	2594.6
陕西	2145.0	2146.6	3158.2	3160.4	2129.7	2098.6
甘肃	2232.5	2161.0	3556.9	3938.2	2205.0	2031.1
青海	1949.6	1924.9			1888.8	1929.9
宁夏	2087.4	2161.2	3037.0	3158.5	2184.4	2450.0
新疆	2937.2	3025.6	5136.9	4449.4	2932.5	2793.3

7-27 各地区棉花和麻类作物单位面积产量

单位：千克/公顷

地区	棉花		麻类合计		#黄红麻	
	2017年	2018年	2017年	2018年	2017年	2018年
全国	**1769.3**	**1819.3**	**3728.5**	**3584.7**	**5177.9**	**5007.6**
北京		800.0				
天津	1200.2	1068.1				
河北	1089.7	1137.3	1378.5	1420.5		
山西	1400.3	1399.2	1983.8	2078.9		
内蒙古		1376.2	5837.4	4501.9		
辽宁		2291.7	2838.9	4500.0		
吉林			1937.5			
黑龙江			6110.0	6278.7		
上海	1023.7	1176.9				
江苏	1225.0	1241.0	2835.7	2466.7		
浙江	1419.1	1421.6	5000.0	3243.2	7500.0	3243.2
安徽	970.6	1025.6	3469.4	3276.6	3894.0	4017.2
福建		798.8	2968.6	3196.7	3012.6	3196.7
江西	1516.6	1544.6	1572.6	1571.3	4757.6	4217.4
山东	1186.3	1184.2	2028.1	2313.7		
河南	1089.6	1033.3	6825.5	7082.1	6848.8	6858.1
湖北	896.7	937.5	4397.2	3124.9	3188.0	2800.0
湖南	1144.6	1341.0	2595.3	2471.5	2640.5	2010.7
广东			2580.5	2772.4	2241.5	2772.4
广西	1179.5	1058.1	2987.6	2861.8	2828.8	3077.8
海南			3000.0	3000.0	3000.0	3000.0
重庆			1671.3	1677.9	1844.3	1834.7
四川	971.8	991.3	1800.2	1819.9	1869.0	1881.7
贵州	796.4	989.6	1925.7	1475.6	1000.0	
云南		377.8	1044.3	1494.7		
西藏						
陕西	1369.3	1431.2	1500.0	1380.0		
甘肃	1628.5	1639.7	1696.4	1772.2		
青海						
宁夏						
新疆	2059.4	2051.5	3533.8	3002.7		

7-28　各地区糖料作物单位面积产量

单位：千克/公顷

地　区	糖料合计		1.甘　蔗		2.甜　菜	
	2017年	2018年	2017年	2018年	2017年	2018年
全　国	**73619**	**73554**	**76132**	**76891**	**53843**	**52174**
北　京						
天　津						
河　北	51238	51914			51238	51914
山　西	50892	46408			50526	46408
内蒙古	41627	42271			41627	42271
辽　宁	52664	59203			52664	59203
吉　林	38245	39504			38245	39504
黑龙江	39958	43996			39958	43996
上　海	63528	33356	63528	33356		
江　苏	59618	60667	60548	61918		
浙　江	65636	65994	65636	65994		
安　徽	38324	39347	32757	58059	48568	
福　建	53388	53274	53388	53274		
江　西	45967	45026	45967	45026		
山　东	44715				44715	
河　南	70346	75833	70346	75833		
湖　北	40939	42914	41047	42940	6407	
湖　南	45792	45781	45995	45781		
广　东	79421	81868	79421	81868		
广　西	81409	82274	81409	82274		
海　南	62697	63815	62697	63815		
重　庆	41392	41573	41392	41573		
四　川	37429	38491	38387	38735	6479	17352
贵　州	57960	58194	60779	59047		
云　南	63199	63068	63199	63068		
西　藏						
陕　西	19155	14233	19420	25250		
甘　肃	62177	66840			62177	66840
青　海	28682	18100			28682	18100
宁　夏						
新　疆	73419	74175			73419	74175

7-29 茶叶、水果产量

单位：万吨

年 份	茶叶产量	水果产量					
			苹 果	柑 桔	梨	葡 萄	香 蕉
1952	8.2	244.3	11.8	20.7	39.4	4.8	11.0
1957	11.2	324.7	22.2	32.2	50.4	8.5	7.3
1962	7.4	271.2	22.5	20.6	44.3	8.4	3.5
1965	10.1	323.9	31.8	25.4	51.1	10.0	14.5
1970	13.6	374.5	79.8	24.2	65.4	8.5	16.6
1975	21.1	538.1	158.3	33.6	108.7	12.3	16.5
1978	26.8	657.0	227.5	38.3	151.7	10.4	8.5
1979	27.7	701.5	286.9	58.2	143.8	12.6	7.5
1980	30.4	679.3	236.3	71.3	146.6	11.0	6.1
1981	34.3	780.1	300.6	79.8	159.3	14.8	12.6
1982	39.7	771.3	243.0	93.9	175.5	18.6	20.1
1983	40.1	948.7	354.1	129.6	179.5	24.7	20.7
1984	41.4	984.5	294.1	149.9	210.0	29.4	30.0
1985	43.2	1163.9	361.4	180.8	213.7	36.1	63.1
1986	46.1	1347.7	333.7	254.8	234.8	44.2	125.1
1987	50.8	1667.9	426.4	322.4	248.9	64.1	203.0
1988	54.5	1666.1	434.4	256.0	272.1	79.2	183.0
1989	53.5	1831.9	449.9	456.1	256.5	87.4	140.4
1990	54.0	1874.4	431.9	485.5	235.3	85.9	145.6
1991	54.2	2176.1	454.0	633.3	249.8	91.6	198.1
1992	56.0	2440.1	655.6	516.0	284.6	112.5	245.1
1993	60.0	3011.2	907.0	656.1	321.7	135.5	270.1
1994	58.9	3499.8	1112.9	680.5	404.3	152.2	289.8
1995	58.9	4214.6	1400.8	822.5	494.2	174.2	312.5
1996	59.3	4652.8	1704.7	845.7	580.7	188.3	253.6
1997	61.3	5089.3	1721.9	1010.2	641.5	203.3	289.2
1998	66.5	5452.9	1948.1	859.0	727.5	235.8	351.8
1999	67.6	6237.6	2080.2	1078.7	774.2	270.8	419.4
2000	68.3	6225.1	2043.1	878.3	841.2	328.2	494.1
2001	70.2	6658.0	2001.5	1160.7	879.6	368.0	527.2
2002	74.5	6952.0	1924.1	1199.0	930.9	447.9	555.7
2003	76.8	14517.4	2110.2	1345.4	979.8	517.6	590.3
2004	83.5	15340.9	2367.5	1495.8	1064.2	567.5	605.6
2005	93.5	16120.1	2401.1	1591.9	1132.4	579.4	651.8
2006	102.8	17102.0	2605.9	1789.8	1198.6	627.1	690.1
2007	101.0	16800.1	2734.7	1837.7	1222.8	644.0	764.0
2008	125.5	18108.8	2899.5	2297.0	1296.4	698.2	748.4
2009	135.1	19093.7	3047.5	2471.7	1343.6	764.9	829.6
2010	146.2	20095.4	3164.9	2581.7	1409.5	813.5	884.1
2011	160.8	21018.6	3367.3	2864.1	1448.6	857.7	946.1
2012	176.1	22091.5	3581.4	3089.4	1550.4	1000.6	1036.0
2013	188.7	22748.1	3629.8	3196.4	1544.4	1088.5	1103.0
2014	204.9	23302.6	3735.4	3362.2	1581.9	1173.1	1062.2
2015	227.7	24524.6	3889.9	3617.5	1652.7	1316.4	1062.7
2016	231.3	24405.2	4039.3	3591.5	1596.3	1262.9	1094.0
2017	246.0	25241.9	4139.0	3816.8	1641.0	1308.3	1117.0
2018	261.0	25688.4	3923.3	4138.1	1607.8	1366.7	1122.2

注：2003年起，水果产量包括种植业中的瓜果类产量(后同)。

7-30 茶叶、水果主要品种面积和产量及增减情况

指　　标	单　位	1990年	1995年	2000年	2016年	2017年	2018年	2018年为2017年百分比(%)
一、茶叶生产情况								
年末实有茶园面积	千公顷	1061.3	1115.3	1089.0	2722.8	2848.7	2985.8	104.8
茶叶产量	吨	540070	588553	683324	2313274	2460409	2610393	106.1
绿茶	吨	332502	413784	498057	1552499	1638155	1734558	105.9
青茶	吨	33411	55372	67608	254609	266711	278160	104.3
红茶	吨	109680	52003	47294	206505	225501	233307	103.5
黑茶	吨	25026	17476	22558	143682	162867	176946	108.6
黄茶	吨				686	516	2743	531.2
白茶	吨				19480	24596	36607	148.8
其它茶	吨	39451	49918	47807	135739	141933	148071	104.3
二、水果生产情况								
年末果园面积	千公顷	5178.7	8097.6	8931.6	10902.8	11135.9	11874.9	106.6
#香蕉园	千公顷	108.8	190.2	249.2	350.1	351.0	331.9	94.5
苹果园	千公顷	1633.1	2953.1	2254.1	1945.5	1946.9	1938.6	99.6
柑桔园	千公顷	1061.2	1214.1	1271.8	2324.0	2435.7	2486.7	102.1
梨　园	千公顷	480.7	859.4	1014.6	929.1	921.0	943.4	102.4
葡萄园	千公顷	122.6	152.5	283.0	712.6	703.3	725.1	103.1
园林水果产量	万吨	1874.4	4214.6	6225.1	16202.9	16949.4	17565.3	103.6
#香蕉	万吨	145.6	312.5	494.1	1094.0	1117.0	1122.2	100.5
苹果	万吨	431.9	1400.8	2043.1	4039.3	4139.0	3923.3	94.8
柑桔	万吨	485.5	822.5	878.3	3591.5	3816.8	4138.1	108.4
梨	万吨	235.3	494.2	841.2	1596.3	1641.0	1607.8	98.0
葡萄	万吨	85.9	174.2	328.2	1262.9	1308.3	1366.7	104.5
菠萝	万吨	46.3	53.9	85.7	139.9	149.5	162.5	108.7
红枣	万吨	42.3	78.2	130.6	685.1	721.3	735.8	102.0
柿子	万吨	62.5	96.9	159.2	296.7	302.9	314.3	103.8

7-31 各地区茶园面积和茶叶产量

单位：千公顷、吨

地区	年末实有茶园面积		本年采摘面积		茶叶产量		绿茶	
	2017年	2018年	2017年	2018年	2017年	2018年	2017年	2018年
全　国	**2848.7**	**2985.8**	**2191.1**	**2310.8**	**2460409**	**2610393**	**1638155**	**1734558**
北　京								
天　津								
河　北	0.0	0.0	0.0	0.0	6	3	6	3
山　西	0.2	0.1	0.2	0.1	62	18		
内蒙古								
辽　宁								
吉　林								
黑龙江								
上　海		0.1		0.1		7		6
江　苏	33.7	33.7	30.5	31.3	13943	14037	10760	10700
浙　江	198.5	200.5	180.3	180.6	178300	175170	172100	169079
安　徽	165.4	176.3	145.0	151.5	107787	112440	99769	102230
福　建	207.1	210.9	193.4	199.2	394941	418337	117537	126175
江　西	104.4	103.5	73.3	79.2	61399	65362	49319	51690
山　东	20.7	23.1	16.2	17.8	19501	22232	19501	22232
河　南	115.8	115.7	97.6	97.9	63954	63427	58229	58012
湖　北	283.3	321.5	202.9	232.7	303254	329831	211203	235352
湖　南	155.8	165.0	114.1	122.3	197133	214687	88483	95115
广　东	58.4	63.4	46.7	50.7	92889	99871	37607	41193
广　西	74.7	71.7	60.9	58.5	71919	75183	48581	49756
海　南	2.1	2.0	1.3	1.3	1024	1138	473	542
重　庆	39.9	42.4	30.0	31.2	38752	41994	33623	36592
四　川	356.3	375.4	252.4	277.0	277777	300715	232536	249345
贵　州	456.2	465.8	281.3	284.7	176498	180318	141306	144469
云　南	437.9	466.6	371.8	397.1	393499	423259	255281	275740
西　藏								
陕　西	126.6	135.9	87.0	91.1	66572	71038	60641	65000
甘　肃	11.7	12.1	6.1	6.5	1200	1327	1200	1327
青　海								
宁　夏								
新　疆								

7-31 续表 1

单位：吨

地 区	青 茶		红 茶		黑 茶	
	2017年	2018年	2017年	2018年	2017年	2018年
全 国	**266711**	**278160**	**225501**	**233307**	**162867**	**176946**
北 京						
天 津						
河 北						
山 西						
内蒙古						
辽 宁						
吉 林						
黑龙江						
上 海				1		
江 苏	93	30	3011	3257	75	50
浙 江			1400	1375	3200	3144
安 徽	28	37	5772	6448		150
福 建	209387	215855	47398	49012		
江 西	803	717	7162	8095	40	41
山 东						
河 南			5637	5407		
湖 北	1136	1163	34243	33397	48431	50760
湖 南	2449	2415	21198	22848	78795	87695
广 东	41050	43907	6396	6750	10	
广 西	356	3202	16021	14445	2331	2598
海 南			319	392		
重 庆	57	62	3687	3926		
四 川	5198	5298	5352	7137	17975	20490
贵 州	914	576	12634	13421	10130	10095
云 南	5240	4898	51212	53283		
西 藏						
陕 西			4060	4114	1880	1924
甘 肃						
青 海						
宁 夏						
新 疆						

7-31 续表 2 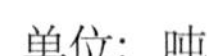 单位：吨

地　区	黄　茶		白　茶		其他茶	
	2017年	2018年	2017年	2018年	2017年	2018年
全　国	**516**	**2743**	**24596**	**36607**	**141933**	**148071**
北　京						
天　津						
河　北						
山　西					62	18
内蒙古						
辽　宁						
吉　林						
黑龙江						
上　海						
江　苏			3		0	
浙　江					1600	1572
安　徽		702	471	1455	1539	1418
福　建			19135	25796	1483	1499
江　西	33	250	1049	1404	2993	3165
山　东						
河　南						8
湖　北	247	266	1477	2450	6518	6443
湖　南	63	386	191	967	5954	5261
广　东		1034			7826	6987
广　西			2	2	4784	5180
海　南					233	204
重　庆			17	18	1369	1396
四　川	86	95	360	356	16270	17994
贵　州	87	10	1888	4155	9539	7593
云　南	0	0	3	5	81763	89333
西　藏						
陕　西						
甘　肃						
青　海						
宁　夏						
新　疆						

7-32 各地区果园面积

单位：千公顷

地区	年末实有果园面积		#香蕉园		#苹果园	
	2017年	2018年	2017年	2018年	2017年	2018年
全国	**11135.9**	**11874.9**	**351.0**	**331.9**	**1946.9**	**1938.6**
北京	47.7	46.4			6.6	6.5
天津	31.5	28.6			4.0	3.1
河北	560.0	529.7			122.2	119.5
山西	359.5	363.3			152.1	147.5
内蒙古	59.8	83.1			17.8	25.5
辽宁	350.7	352.1			140.0	137.1
吉林	18.6	24.7			4.8	5.9
黑龙江	27.2	20.4			8.6	8.7
上海		14.5				
江苏	209.1	204.5			31.3	29.4
浙江	325.7	323.5				
安徽	138.0	142.0			7.2	12.1
福建	310.4	331.8	10.4	11.3		
江西	396.9	411.7				
山东	579.4	574.7			265.4	258.0
河南	442.7	434.1			147.4	129.1
湖北	345.8	366.2			1.3	1.0
湖南	500.7	517.0			0.0	
广东	960.5	982.3	107.0	108.7		
广西	1174.4	1263.6	120.2	82.7		
海南	165.3	170.7	34.4	34.8		
重庆	290.3	307.4	0.5	0.5	0.6	0.7
四川	693.7	744.5	2.0	1.8	36.6	43.7
贵州	406.3	580.3	3.1	6.4	14.0	18.1
云南	570.0	599.8	73.4	85.7	70.7	52.0
西藏						
陕西	1086.9	1113.9			586.2	597.6
甘肃	303.3	313.7			230.3	234.4
青海	6.2	7.4			0.5	0.8
宁夏	79.6	92.4			28.3	28.0
新疆	695.4	930.7			71.1	79.9

7-32 续表 单位：千公顷

地 区	#柑桔园		#梨 园		#葡萄园	
	2017年	2018年	2017年	2018年	2017年	2018年
全 国	**2435.7**	**2486.7**	**921.0**	**943.4**	**703.3**	**725.1**
北 京			6.7	6.6	2.7	2.4
天 津			5.1	5.2	4.8	4.4
河 北			122.0	120.3	42.7	41.8
山 西			39.7	39.3	12.4	13.0
内蒙古			6.1	7.0	7.6	6.4
辽 宁			93.3	91.2	31.7	32.7
吉 林			4.4	6.6	4.9	6.1
黑龙江			2.7	2.5	4.0	3.8
上 海		3.8		1.8		3.4
江 苏	2.3	2.3	38.4	39.9	35.9	39.9
浙 江	91.4	88.2	22.2	21.4	32.5	32.6
安 徽	1.0	2.0	40.7	40.0	20.1	24.5
福 建	124.1	131.7	13.7	13.8	8.8	9.7
江 西	323.1	326.8	24.5	22.5	8.0	8.0
山 东			34.3	35.0	37.8	36.2
河 南	11.7	8.5	55.5	63.4	36.9	39.0
湖 北	217.8	227.2	22.9	23.9	14.2	15.5
湖 南	369.4	384.3	33.6	33.6	25.9	26.0
广 东	223.6	231.1	8.3	8.3		
广 西	441.3	388.2	21.9	22.8	33.9	33.5
海 南	7.2	7.3				
重 庆	200.4	212.4	22.9	24.1	8.8	9.5
四 川	284.3	306.2	67.9	68.8	31.8	32.4
贵 州	39.2	67.6	41.9	47.4	23.9	30.6
云 南	75.6	75.3	64.4	61.4	55.5	41.0
西 藏						
陕 西	23.2	23.5	46.2	46.6	44.7	46.7
甘 肃	0.0	0.2	17.7	20.0	17.2	17.0
青 海			0.3	0.4	0.1	0.1
宁 夏			1.1	1.4	22.6	26.1
新 疆			62.8	68.3	133.7	142.9

7-33 各地区水果产量

单位：万吨

地区	水果产量		#香蕉		#苹果	
	2017年	2018年	2017年	2018年	2017年	2018年
全国	**25241.9**	**25688.4**	**1117.0**	**1122.2**	**4139.0**	**3923.3**
北京	74.4	61.5			7.1	4.3
天津	58.2	62.5			5.6	3.6
河北	1365.3	1347.9			228.1	220.1
山西	844.0	750.5			444.9	376.5
内蒙古	322.9	264.2			15.5	13.6
辽宁	770.3	788.9			240.9	237.0
吉林	89.5	148.1			4.6	5.6
黑龙江	236.9	170.8			14.4	13.8
上海	46.4	54.3			0.0	
江苏	942.5	934.1			58.0	40.5
浙江	751.3	743.6				
安徽	606.3	643.8			20.0	36.4
福建	644.7	683.1	38.7	42.1	0.0	
江西	670.1	684.4				
山东	2804.3	2788.8			939.5	952.2
河南	2602.4	2492.8			434.5	402.7
湖北	948.4	998.0			1.2	1.0
湖南	956.4	1016.8				
广东	1538.7	1669.2	395.2	422.8		
广西	1900.4	2116.6	371.6	323.2		
海南	405.5	430.4	127.2	121.6		
重庆	403.4	431.3	1.2	0.1	0.4	0.4
四川	1007.9	1080.7	4.6	4.9	65.2	72.6
贵州	280.1	369.5	1.7	4.0	7.1	9.1
云南	783.9	813.4	176.8	203.5	59.7	51.9
西藏	0.2	0.3				
陕西	1922.1	1835.1			1092.5	1008.7
甘肃	630.9	609.3			311.1	291.5
青海	3.6	3.5			0.4	0.4
宁夏	210.6	197.2			44.0	18.2
新疆	1420.2	1497.8			144.2	163.3

7-33 续表 1

单位：万吨

地区	#柑桔		#梨		#葡萄	
	2017年	2018年	2017年	2018年	2017年	2018年
全国	**3816.8**	**4138.1**	**1641.0**	**1607.8**	**1308.3**	**1366.7**
北京			9.1	7.9	2.7	2.2
天津			6.4	8.4	11.4	10.2
河北			342.4	329.7	111.6	113.4
山西			86.7	63.7	30.5	28.4
内蒙古			7.9	7.0	7.5	6.1
辽宁			116.2	126.3	70.5	76.2
吉林			3.9	5.7	6.3	11.3
黑龙江			3.7	4.3	7.3	8.7
上海	9.4	10.7	3.2	3.8	6.4	6.6
江苏	3.2	3.0	78.0	70.4	64.9	67.1
浙江	186.8	183.7	38.9	38.3	80.8	76.8
安徽	0.8	2.3	124.2	122.6	42.5	48.2
福建	315.4	339.2	16.7	17.5	19.6	20.8
江西	404.3	410.8	16.8	16.3	8.0	8.6
山东			103.7	101.1	109.9	109.4
河南	4.9	3.9	121.8	122.9	70.3	77.0
湖北	465.9	488.1	37.5	37.3	24.2	27.9
湖南	500.9	528.6	16.6	19.7	17.6	18.5
广东	410.3	437.2	10.4	11.3		
广西	682.1	836.5	35.9	40.2	55.0	55.9
海南	6.6	7.0				
重庆	250.6	261.2	26.8	29.0	10.2	11.7
四川	415.7	433.0	91.7	94.7	37.9	37.6
贵州	25.4	47.9	28.0	35.9	20.3	31.3
云南	88.8	98.1	63.6	57.6	126.5	101.3
西藏						
陕西	45.7	46.9	105.2	99.7	78.6	72.8
甘肃	0.1	0.1	21.0	19.0	24.9	25.3
青海			0.0	0.4	0.0	0.0
宁夏			1.7	0.9	13.7	19.9
新疆			123.1	116.2	249.3	293.5

7-33 续表 2 单位：万吨

地 区	#菠 萝		#红 枣		#柿 子	
	2017年	2018年	2017年	2018年	2017年	2018年
全 国	**149.5**	**162.5**	**721.3**	**735.8**	**302.9**	**314.3**
北 京			0.9	0.9	2.8	2.3
天 津			5.5	7.1	1.1	1.4
河 北			77.3	77.1	31.8	30.3
山 西			72.5	66.2	10.3	13.3
内 蒙 古			0.1	0.2		
辽 宁			12.3	10.5		
吉 林						
黑 龙 江						
上 海			0.0	0.0	0.0	0.1
江 苏			0.7	0.4	10.9	9.3
浙 江					5.7	5.7
安 徽			1.5	1.5	12.3	12.9
福 建	1.4	2.4			9.8	10.3
江 西					1.4	3.0
山 东			83.2	66.2	11.5	11.5
河 南			29.9	25.2	50.9	48.4
湖 北			3.1	3.3	4.7	5.2
湖 南			3.2	3.3	2.2	2.3
广 东	94.5	102.3			12.4	12.8
广 西	3.5	3.6	2.9	3.0	89.7	99.8
海 南	41.0	44.0				
重 庆			0.9	1.1	1.5	1.4
四 川		0.0	1.9	1.8	6.1	5.9
贵 州		0.0	0.3	0.3	1.6	1.2
云 南	9.0	10.1	3.1	3.5	9.7	9.1
西 藏						
陕 西			92.5	88.0	23.1	26.1
甘 肃			7.9	9.1	3.7	1.8
青 海						
宁 夏			5.6	5.7		
新 疆			315.9	361.2		

7-33 续表 3

单位：万吨

地 区	#瓜果类		#西 瓜		#甜 瓜	
	2017年	2018年	2017年	2018年	2017年	2018年
全 国	**8292.5**	**8123.1**	**6314.7**	**6153.7**	**1232.6**	**1315.9**
北 京	17.2	15.1	15.7	13.2	0.3	0.3
天 津	20.3	22.6	18.5	18.9	1.0	2.8
河 北	395.4	391.0	254.3	244.5	90.1	98.0
山 西	46.5	53.0	38.9	43.0	5.9	6.9
内蒙古	267.5	225.2	159.6	146.4	97.4	72.0
辽 宁	211.8	212.4	130.4	126.0	35.0	40.8
吉 林	72.3	122.5	50.9	88.1	5.6	32.4
黑龙江	185.8	141.3	106.0	94.6	65.6	41.7
上 海	21.8	24.8	15.7	17.8	3.9	4.3
江 苏	632.7	645.5	481.6	477.5	73.8	87.9
浙 江	293.3	285.7	216.6	207.6	44.3	45.5
安 徽	289.7	317.9	250.8	270.9	5.1	8.4
福 建	43.5	43.3	38.9	35.2	1.9	2.9
江 西	214.9	214.2	184.1	186.8	17.1	16.8
山 东	1156.7	1115.0	886.8	810.3	179.1	202.6
河 南	1670.5	1585.4	1447.0	1364.3	201.4	197.0
湖 北	327.2	342.5	269.0	284.0	39.8	41.5
湖 南	370.0	388.1	316.8	327.5	42.4	42.2
广 东	117.5	121.3	84.2	90.3	12.3	12.6
广 西	323.3	326.0	278.8	289.7	21.4	30.5
海 南	101.7	108.3	47.9	48.0	3.7	3.7
重 庆	55.8	58.5	53.2	54.2	0.7	0.7
四 川	124.7	132.3	100.9	107.1	1.3	1.4
贵 州	69.2	75.7	48.4	54.4	3.7	2.9
云 南	58.5	56.2	47.4	43.7	2.5	2.8
西 藏	0.2	0.3	0.1	0.2		0.0
陕 西	261.3	269.1	171.6	169.1	65.3	71.7
甘 肃	233.7	239.2	194.7	165.9	13.2	34.0
青 海	2.5	2.1	1.3	1.4		0.0
宁 夏	142.5	149.6	140.9	138.9	1.3	10.2
新 疆	564.7	438.9	263.5	234.3	197.6	201.4

7-34 主要林产品产量

单位：万吨

年 份	橡胶	生漆	油桐籽	油茶籽	乌桕籽	松脂
1952			43.5	24.9	11.8	
1957		0.2	51.8	49.4	12.5	
1962	0.5	0.1	18.3	20.1	8.1	
1965	1.7	0.2	13.0	33.2		
1970	4.6	0.1	22.4	35.0		
1975	6.9	0.2	37.0	42.5	7.7	30.3
1978	10.2	0.2	39.1	47.9	8.5	33.8
1979	10.8	0.3	32.5	61.7	8.1	40.4
1980	11.3	0.3	30.3	49.0	9.3	42.1
1981	12.8	0.3	36.0	65.4	9.5	56.2
1982	15.3	0.3	33.9	49.4	8.5	47.0
1983	17.2	0.3	36.8	43.5	8.5	30.4
1984	18.9	0.2	36.2	53.6	8.1	36.9
1985	18.8	0.2	37.9	61.9	7.1	34.4
1986	20.9	0.3	34.6	43.8	7.0	41.6
1987	23.8	0.3	34.2	51.8	6.8	52.3
1988	24.0	0.3	35.9	46.3	6.3	46.1
1989	24.3	0.3	33.5	66.7	5.6	48.7
1990	26.4	0.3	36.0	52.3	5.2	43.5
1991	29.6	0.3	32.8	62.1	4.5	44.0
1992	30.9	0.3	43.7	62.9	4.3	46.9
1993	32.6	0.3	42.1	48.8	4.1	58.1
1994	37.4	0.2	43.5	63.1	3.7	56.9
1995	42.4	0.3	40.2	62.3	3.9	54.8
1996	40.2	0.4	41.0	69.6	4.2	58.1
1997	45.2	0.4	45.3	85.7	4.1	70.3
1998	46.2	0.5	43.2	72.3	4.1	54.5
1999	49.0	0.5	44.8	79.3	3.5	57.1
2000	48.0	0.5	45.3	82.3	3.6	55.1
2001	47.7	0.5	40.7	82.5	2.9	56.4
2002	52.7	0.7	38.9	85.3	3.2	56.7
2003	56.5	0.9	37.3	77.9	2.8	62.6
2004	57.5	1.0	38.1	87.5	2.3	67.3
2005	51.4	1.4	36.9	87.5	3.0	76.7
2006	53.8	2.1	38.3	92.0	2.7	90.9
2007	58.8	1.3	36.1	93.9	2.6	96.6
2008	54.8	1.6	37.1	99.0	3.2	84.9
2009	61.9	2.0	36.7	116.9	3.3	104.7
2010	69.1	2.0	43.4	109.2	3.4	111.6
2011	75.1	1.9	43.8	148.0	3.6	115.7
2012	80.2	2.6	42.7	172.8	3.9	121.5
2013	86.5	2.5	41.9	177.7	3.7	130.8
2014	84.0	2.2	41.6	202.3	3.6	131.0
2015	81.6	2.3	41.2	216.3	3.2	132.6
2016	81.6	2.2	40.9	216.4	2.6	132.9
2017	81.7	1.8	37.0	243.2	2.6	144.4
2018	82.4	1.9	34.8	263.0	2.3	137.5

注：根据第三次全国农业普查结果，对2007-2016林业数据进行了修订，后同。

7-35 营林面积和主要林产品产量及增减情况

指　　标	单　位	1990年	1995年	2000年	2016年	2017年	2018年	2018年为2017年百分比(%)
一、营林情况								
1.人工造林面积	千公顷	4353.4	4405.4	4345.0	3823.7	4295.9	3678.0	85.6
2.飞播造林面积	千公顷	855.1	561.8	760.1	162.3	141.2	135.4	95.9
3.当年新封山(沙)育林面积	千公顷	5208.5	4967.2	5105.1	1953.6	1657.2	1785.1	107.7
4.退化林修复面积	千公顷				991.1	1281.0	1329.2	103.8
5.人工更新面积	千公顷	671.5	729.7	919.8	272.8	305.4	371.9	121.7
6.森林抚育面积	千公顷				8500.4	8856.4	8676.0	98.0
7.年末实有封山(沙)育林面积	千公顷				25497	24683	24596	99.6
8.四旁(零星)植树	万　株	337596.3	326377.6	300504.0	183094	174798.9	173967.2	99.5
9.育苗面积	千公顷	213.5	206.0	278.6	1407.4	1419.2	1427.1	100.6
二、主要林产品产量								
板　栗	吨				2289212	2364548	2272867	96.1
竹笋干	吨	83551	174588	339084	770705	858083	805691	93.9
油茶籽	吨	523313	623128	823224	2164440	2431647	2629796	108.1
核　桃	吨				3645170	4171386	3820720	91.6
生　漆	吨	2683	2976	5279	21934	18145	18882	104.1
油桐籽	吨	350770	404929	453461	408518	370083	348173	94.1
乌桕籽	吨	51947	38834	35775	26204	25689	23237	90.5
五倍子	吨	5783	10084	8678	21647	20198	21263	105.3
棕　片	吨	39860	52955	61082	60782	61429	59051	96.1
松　脂	吨	435244	548133	551057	1328877	1443868	1375367	95.3
紫胶(原胶)	吨	1421	3486	1419	7980	7579	6160	81.3
三、木竹采伐								
木材(商品材)	万立方米				7776	8398	8811	104.9
竹材	万根				250630	272013	315517	116.0

注：自2015年起，根据国家林业局提供的数据，林业面积指标有较大的调整。

7-36 各地区造林面积

单位：千公顷

地　区	人工造林面积		飞播造林面积		当年新封山(沙)育林面积	
	2017年	2018年	2017年	2018年	2017年	2018年
全　国	**4295.9**	**3678.0**	**141.2**	**135.4**	**1657.2**	**1785.1**
北　京	9.3	18.4			12.7	10.0
天　津	9.6	8.6			2.7	
河　北	371.8	359.0	20.2	14.9	84.8	223.8
山　西	280.0	308.0			32.0	32.1
内蒙古	346.3	318.0	68.3	61.1	138.1	107.5
辽　宁	56.9	62.4		13.3	55.3	55.3
吉　林	80.8	48.3				
黑龙江	36.6	45.7			42.3	30.9
上　海	2.7	3.2				
江　苏	34.0	41.3				
浙　江	8.5	7.5			2.2	1.8
安　徽	56.7	55.7			41.9	40.0
福　建	8.1	6.5			144.3	112.8
江　西	89.4	88.6			68.6	70.2
山　东	92.3	118.7			0.5	
河　南	126.3	137.3	13.7	13.3	19.8	18.9
湖　北	162.3	143.8			67.5	63.2
湖　南	186.1	188.1			160.9	168.0
广　东	80.7	85.2			89.0	99.8
广　西	54.6	46.8			26.1	29.4
海　南	4.6	2.7				
重　庆	100.8	110.1			63.3	62.2
四　川	483.9	258.0			61.5	70.7
贵　州	584.5	205.9			82.2	84.3
云　南	277.7	261.1			72.5	67.7
西　藏	37.5	39.9			45.2	35.2
陕　西	163.1	160.9	34.0	27.0	58.4	75.2
甘　肃	280.3	296.0		0.7	35.4	85.4
青　海	56.6	70.0			138.8	135.9
宁　夏	45.5	44.8			19.1	14.9
新　疆	165.7	134.9	4.9	5.0	92.2	89.7
大兴安岭	2.7	2.7				
军事管理区						

7-36 续表 1

单位：千公顷

地区	退化林修复面积		人工更新面积		森林抚育面积	
	2017年	2018年	2017年	2018年	2017年	2018年
全国	**1281.0**	**1329.2**	**305.4**	**371.9**	**8856.4**	**8676.0**
北京	18.3	0.7	0.1	0.8	101.9	96.3
天津					51.8	49.0
河北	1.7	0.2	2.8	2.9	403.7	449.1
山西					63.6	62.4
内蒙古	125.6	92.5	2.2	20.8	723.2	667.6
辽宁	25.0	25.7	7.0	11.3	94.0	99.4
吉林	62.5	62.7	9.7	11.7	214.1	214.2
黑龙江	18.7	19.7	0.1	0.4	663.4	588.2
上海					23.5	26.7
江苏	0.1	0.1	2.5	1.9	74.1	73.9
浙江	24.9	47.0	8.4	7.4	102.0	128.6
安徽	40.2	38.8	6.1	4.0	616.6	553.8
福建	20.0	18.9	61.1	55.1	372.8	394.0
江西	118.1	144.8	6.3	4.6	381.5	378.1
山东	17.9	3.2	31.5	25.5	230.0	203.0
河南	21.1	4.1			300.7	301.9
湖北	167.0	119.6	4.0	4.1	405.8	273.3
湖南	198.6	223.8	8.5	4.4	466.9	473.4
广东	66.0	63.7	34.8	21.8	509.7	504.6
广西	2.7	6.1	92.7	165.5	869.9	860.7
海南	0.2		8.1	7.8	61.7	49.2
重庆	63.4	89.5	0.6	8.2	160.0	156.7
四川	108.0	96.1	4.9	12.0	175.3	198.6
贵州	11.6	56.4			400.0	400.0
云南	37.0	45.9	0.0	0.1	143.3	169.9
西藏					22.5	22.7
陕西	75.1	85.0	4.2		150.2	166.9
甘肃	9.7	10.7			176.0	147.4
青海	3.3				26.0	38.3
宁夏	7.2	40.3	6.4		23.9	26.7
新疆	16.1	12.8	3.4	1.5	617.7	670.7
大兴安岭	20.9	20.9			230.6	230.6
军事管理区						

7-36 续表 2

单位：千公顷

地 区	年末实有封山育林面积		四旁(零星)植树(万株)		育苗面积	
	2017年	2018年	2017年	2018年	2017年	2018年
全 国	**24682.8**	**24596.1**	**174798.9**	**173967.2**	**1419.2**	**1427.1**
北 京	36.3	84.1	237.5	630.7	15.6	14.9
天 津	26.0	26.0	235.0	232.9	12.9	13.8
河 北	865.0	1019.2	9729.0	9378.9	92.4	95.4
山 西	596.4	557.5	10775.0	10775.4	74.1	74.6
内 蒙 古	4090.6	3695.9	973.7	759.1	46.8	46.5
辽 宁	601.8	485.4	6527.5	3586.2	27.5	28.1
吉 林	421.3	397.5	825.2	443.5	9.7	11.7
黑 龙 江	764.9	703.6	1825.5	466.4	11.7	7.7
上 海			58.5	50.8	9.8	3.2
江 苏	2.9	3.1	6233.7	6484.9	196.1	173.2
浙 江	1196.2	1117.3	1567.5	1680.1	138.2	139.6
安 徽	397.2	285.4	10773.5	11868.9	88.7	86.2
福 建	662.8	707.3	4412.7	4502.0	1.0	8.5
江 西	885.1	778.7	5656.4	4408.8	101.1	98.8
山 东	59.1	14.8	15073.0	14408.6	202.6	182.3
河 南	404.0	350.8	13610.9	14068.8	55.5	53.8
湖 北	1151.4	1178.6	14577.0	11403.7	52.0	42.1
湖 南	1316.4	1387.5	9015.7	16216.4	3.9	13.5
广 东	846.7	874.1	8180.2	7800.1	3.3	4.1
广 西	1549.1	1510.1	4354.2	4381.6	9.0	11.9
海 南			143.1	140.1	1.4	1.6
重 庆	310.3	255.5	7415.7	5160.7	19.0	19.5
四 川	273.0	788.3	13825.2	12992.8	27.7	41.8
贵 州	638.8	854.5	3441.6	3379.8	3.9	16.9
云 南	1053.6	862.9	9554.4	11511.2	2.1	13.3
西 藏	1423.4	1326.6	8.1	505.1	1.2	4.3
陕 西	706.9	743.9	7763.8	7486.1	75.5	98.0
甘 肃	1027.0	1130.2	5638.4	5697.1	49.5	47.4
青 海	1501.2	1479.3		1586.2	8.9	8.9
宁 夏	306.5	313.6	701.3	662.8	35.3	29.2
新 疆	1568.9	1664.5	1665.7	1297.5	42.6	36.2
大兴安岭					0.2	0.1
军事管理区						

7-37 各地区主要林产品产量

单位：吨

地　区	生　漆		油桐籽		油茶籽	
	2017年	2018年	2017年	2018年	2017年	2018年
全　国	**18145**	**18882**	**370083**	**348173**	**2431647**	**2629796**
北　京						
天　津						
河　北						
山　西						
内蒙古						
辽　宁						
吉　林						
黑龙江						
上　海						
江　苏					265	260
浙　江	20	20	168	178	61039	68523
安　徽	343	110	1894	1729	85763	97267
福　建	155	85	26972	26329	155172	174154
江　西	655	195	12644	13563	454077	455454
山　东						
河　南	2086	1998	68173	66397	32047	49134
湖　北	3217	2664	21593	21400	146879	194836
湖　南	1009	1120	33347	26663	1007523	1010844
广　东			7469	8701	125195	149194
广　西	423	55	83676	85617	225213	273000
海　南					3439	3844
重　庆	1400	1458	4310	4318	9131	10518
四　川	458	293	6972	5238	20852	23119
贵　州	6942	7392	65902	44470	74528	83090
云　南	518	130	15475	15766	14237	20043
西　藏				897		2
陕　西	885	3361	21436	26905	16287	16514
甘　肃	34	1	52	2		
青　海						
宁　夏						
新　疆						

7-37 续表 1 单位：吨

地 区	乌桕籽		五倍子	
	2017年	2018年	2017年	2018年
全 国	**25689**	**23237**	**20198**	**21263**
北 京				
天 津				
河 北				
山 西				
内蒙古				
辽 宁				
吉 林				
黑龙江				
上 海				
江 苏				
浙 江				
安 徽	145	101	56	59
福 建	438	419	167	59
江 西	94	118	42	20
山 东				
河 南	7220	7845	4062	3897
湖 北	11701	10234	2826	2767
湖 南	616	518	867	436
广 东	1034	1047		
广 西	413	383	148	169
海 南				
重 庆	479	443	1890	1918
四 川	1237	628	398	209
贵 州	1807	1248	6971	9536
云 南	298	27	108	34
西 藏				
陕 西	207	226	2472	1982
甘 肃			191	177
青 海				
宁 夏				
新 疆				

7-37 续表 2 单位：吨

<table>
<tr><th rowspan="2">地 区</th><th colspan="2">松 脂</th><th colspan="2">竹笋干</th></tr>
<tr><th>2017年</th><th>2018年</th><th>2017年</th><th>2018年</th></tr>
<tr><td>全 国</td><td>1443868</td><td>1375367</td><td>858083</td><td>805691</td></tr>
<tr><td>北 京</td><td></td><td></td><td></td><td></td></tr>
<tr><td>天 津</td><td></td><td></td><td></td><td></td></tr>
<tr><td>河 北</td><td></td><td></td><td></td><td></td></tr>
<tr><td>山 西</td><td></td><td></td><td></td><td></td></tr>
<tr><td>内蒙古</td><td></td><td></td><td></td><td></td></tr>
<tr><td>辽 宁</td><td></td><td></td><td></td><td></td></tr>
<tr><td>吉 林</td><td></td><td></td><td></td><td></td></tr>
<tr><td>黑龙江</td><td></td><td></td><td></td><td></td></tr>
<tr><td>上 海</td><td></td><td></td><td>174</td><td>169</td></tr>
<tr><td>江 苏</td><td></td><td></td><td>746</td><td>805</td></tr>
<tr><td>浙 江</td><td>287</td><td>272</td><td>186580</td><td>197434</td></tr>
<tr><td>安 徽</td><td>15057</td><td>14880</td><td>35628</td><td>33107</td></tr>
<tr><td>福 建</td><td>105171</td><td>107635</td><td>207796</td><td>204101</td></tr>
<tr><td>江 西</td><td>215713</td><td>119760</td><td>54374</td><td>49482</td></tr>
<tr><td>山 东</td><td></td><td></td><td></td><td></td></tr>
<tr><td>河 南</td><td>7</td><td>7</td><td>1097</td><td>1593</td></tr>
<tr><td>湖 北</td><td>42665</td><td>13280</td><td>22154</td><td>16547</td></tr>
<tr><td>湖 南</td><td>46986</td><td>47434</td><td>62041</td><td>71911</td></tr>
<tr><td>广 东</td><td>238825</td><td>248015</td><td>57503</td><td>54779</td></tr>
<tr><td>广 西</td><td>638216</td><td>690217</td><td>33598</td><td>33804</td></tr>
<tr><td>海 南</td><td>7464</td><td>7712</td><td>686</td><td>622</td></tr>
<tr><td>重 庆</td><td>82</td><td>80</td><td>29148</td><td>29499</td></tr>
<tr><td>四 川</td><td>384</td><td>240</td><td>122376</td><td>72900</td></tr>
<tr><td>贵 州</td><td>19077</td><td>16708</td><td>25818</td><td>17143</td></tr>
<tr><td>云 南</td><td>113016</td><td>108490</td><td>13495</td><td>17344</td></tr>
<tr><td>西 藏</td><td></td><td></td><td></td><td></td></tr>
<tr><td>陕 西</td><td>918</td><td>637</td><td>4859</td><td>4446</td></tr>
<tr><td>甘 肃</td><td></td><td></td><td>10</td><td>5</td></tr>
<tr><td>青 海</td><td></td><td></td><td></td><td></td></tr>
<tr><td>宁 夏</td><td></td><td></td><td></td><td></td></tr>
<tr><td>新 疆</td><td></td><td></td><td></td><td></td></tr>
</table>

注：竹笋干即为竹笋片。

7-37 续表 3

单位：吨

地 区	棕 片		紫 胶	
	2017年	2018年	2017年	2018年
全 国	**61429**	**59051**	**7579**	**6160**
北 京				
天 津				
河 北				
山 西				
内蒙古				
辽 宁				
吉 林				
黑龙江				
上 海				
江 苏				
浙 江	522	582		
安 徽	3981	3612		
福 建	18177	16503	3851	3565
江 西	2803	3433		
山 东				
河 南				
湖 北	3044	3014		
湖 南	4818	4345		
广 东	3871	4433	748	573
广 西	3292	3355	4	
海 南				
重 庆	614	646		
四 川	1427	1141		
贵 州	5533	6577		
云 南	10022	7445	2976	2022
西 藏				
陕 西	3311	3965		
甘 肃	14			
青 海				
宁 夏				
新 疆				

7-38 主要牲畜出栏量和畜产品产量及增长情况

指　标	单　位	1999年	2000年	2016年	2017年	2018年	2018年为2017年百分比(%)
一、牲畜出栏量							
1.大牲畜出栏							
牛	万头	3766.2	3806.9	4265.0	4340.3	4397.5	101.3
马	万头	136.1	146.1	98.1	92.9	92.1	99.1
驴	万头	194.3	201.7	102.3	106.6	105.7	99.2
骡	万头	59.2	65.3	15.1	15.8	15.0	94.8
骆驼	万头	6.7	6.7	7.9	7.6	10.1	133.1
2.猪	万头	51977.2	51862.3	70073.9	70202.1	69382.4	98.8
3.羊	万只	18820.4	19653.4	30005.3	30797.7	31010.5	100.7
4.家禽	亿只	74.3	82.6	132.0	130.2	130.9	100.5
5.兔	万只	22103.0	25878.2	35056.7	31955.3	31670.9	99.1
二、肉类总产量	**万吨**	**5949.0**	**6013.9**	**8628.3**	**8654.4**	**8624.6**	**99.7**
#猪牛羊肉产量	万吨	4762.3	4743.2	6502.6	6557.5	6522.9	99.5
猪肉产量	万吨	4005.6	3966.0	5425.5	5451.8	5403.7	99.1
平均每头产肉量	千克/头	77.1	76.5	77.4	77.7	77.9	100.3
牛肉产量	万吨	505.4	513.1	616.9	634.6	644.1	101.5
平均每头产肉量	千克/头	134.2	134.8	144.6	146.2	146.5	100.2
羊肉产量	万吨	251.3	264.1	460.3	471.1	475.1	100.8
平均每只产肉量	千克/只	13.5	13.4	15.3	15.3	15.3	100.2
禽肉产量	万吨	1115.5	1191.1	2001.7	1981.7	1993.7	100.6
兔肉产量	万吨	31.0	37.0	53.5	46.9	46.6	99.4
三、其他畜产品产量							
奶类产量	万吨	806.9	919.1	3173.9	3148.6	3176.8	100.9
#牛奶产量	万吨	717.6	827.4	3064.0	3038.6	3074.6	101.2
山羊粗毛产量	吨	31849	33266	35785	32863	26965	82.1
绵羊毛产量	吨	283152	292502	411642	410523	356608	86.9
#细羊毛	吨	114103	117386	129164	127921	117891	92.2
半细羊毛	吨	73700	84921	137973	133458	120430	90.2
山羊绒产量	吨	10180	11057	18844	17852	15438	86.5
蜂蜜产量	万吨	23.0	24.6	55.5	54.3	44.7	82.4
禽蛋产量	万吨	2134.7	2182.0	3160.5	3096.3	3128.3	101.0
蚕茧产量	吨	484702	547613	803419	817442	830901	101.6
#桑蚕茧	吨	447261	500640	737688	750885	763738	101.7
柞蚕茧	吨	37234	46782	65730	66556	67162	100.9

注：1.本年鉴中2000-2006年畜牧业数据根据第二次全国农业普查结果进行了修订。
2.根据第三次全国农业普查结果，对2007-2017年畜牧业数据进行了修订(后同)。

7-39 各地区主要牲畜出栏量

单位：万头、万只

地　区	当年出栏肉猪	当年出栏肉牛	当年出栏肉羊	当年出栏家禽
全　国	**69382.4**	**4397.5**	**31010.5**	**1308936.0**
北　京	169.4	5.3	35.6	1615.6
天　津	278.6	16.7	49.2	5435.7
河　北	3709.6	345.6	2201.4	59728.2
山　西	814.6	44.0	558.7	11968.5
内蒙古	896.0	375.1	6390.7	10069.5
辽　宁	2495.8	175.1	583.6	76271.3
吉　林	1570.4	249.6	383.0	45062.3
黑龙江	1964.4	270.2	743.9	24632.8
上　海	148.9	0.3	16.5	984.0
江　苏	2680.9	15.5	690.5	64201.0
浙　江	911.6	8.2	135.1	17195.9
安　徽	2837.4	56.7	1197.2	89361.0
福　建	1421.3	17.9	144.3	95537.7
江　西	3124.0	119.4	131.5	45423.5
山　东	5082.3	363.4	2682.4	216869.9
河　南	6402.4	231.2	2208.2	92767.3
湖　北	4363.5	108.3	609.2	53244.8
湖　南	5993.7	152.7	911.0	42476.7
广　东	3757.4	33.2	110.7	109246.8
广　西	3465.8	123.6	210.9	84929.5
海　南	561.6	20.0	84.6	16011.5
重　庆	1758.2	54.5	447.0	21349.2
四　川	6638.3	276.2	1740.9	66071.0
贵　州	1869.9	157.5	297.1	11759.6
云　南	3850.5	309.1	1051.5	26092.9
西　藏	17.9	145.5	342.4	284.4
陕　西	1150.8	56.9	605.7	5791.5
甘　肃	691.6	201.9	1462.8	3645.0
青　海	116.5	135.6	748.1	494.1
宁　夏	112.5	74.8	558.8	1848.7
新　疆	526.7	253.5	3677.8	8566.3

注：从2000年开始，牲畜出栏量使用抽样调查推算数。

7-40 各地区肉类总产量

单位：万吨

地　区	肉类总产量	#猪牛羊肉				禽　肉
			猪　肉	牛　肉	羊　肉	
全　国	**8624.6**	**6522.9**	**5403.7**	**644.1**	**475.1**	**1993.7**
北　京	17.5	15.1	13.5	0.9	0.6	2.3
天　津	33.9	25.3	21.2	2.9	1.2	8.5
河　北	466.7	373.3	286.3	56.5	30.5	88.9
山　西	93.1	77.1	62.5	6.5	8.1	15.1
内蒙古	267.3	239.6	71.8	61.4	106.3	19.7
辽　宁	377.1	244.2	210.1	27.5	6.6	130.5
吉　林	253.6	172.3	127.0	40.7	4.6	79.4
黑龙江	247.5	204.9	149.9	42.6	12.5	41.3
上　海	13.5	11.6	11.3	0.0	0.3	1.5
江　苏	328.5	216.1	205.5	2.8	7.8	105.8
浙　江	104.6	77.5	74.0	1.2	2.3	26.4
安　徽	421.7	269.7	243.9	8.7	17.1	150.7
福　建	256.1	117.1	113.1	1.9	2.0	136.8
江　西	325.7	260.9	246.3	12.5	2.1	63.2
山　东	854.7	534.2	421.0	76.4	36.8	315.1
河　南	669.4	540.7	479.0	34.8	26.9	121.9
湖　北	430.9	358.8	333.2	15.8	9.7	71.4
湖　南	541.7	479.6	446.8	17.9	14.9	59.7
广　东	449.9	287.6	281.5	4.1	2.0	153.3
广　西	426.8	279.6	263.9	12.3	3.4	138.8
海　南	79.9	48.7	45.6	1.9	1.1	28.0
重　庆	182.3	146.1	132.2	7.2	6.8	32.3
四　川	664.7	542.0	481.2	34.5	26.3	100.6
贵　州	213.7	189.8	164.8	19.9	5.0	20.0
云　南	427.2	378.5	323.8	36.0	18.6	47.5
西　藏	28.4	27.8	1.0	20.9	5.9	0.6
陕　西	114.5	104.4	86.6	8.2	9.6	9.3
甘　肃	101.2	95.6	50.6	21.4	23.6	4.5
青　海	36.5	35.5	9.2	13.2	13.1	0.8
宁　夏	34.1	30.3	8.8	11.5	9.9	3.6
新　疆	162.0	139.4	38.1	42.0	59.4	16.0

7-41 各地区其他畜产品产量

单位：万吨

地区	奶类		#牛奶		蜂蜜		禽蛋	
	2017年	2018年	2017年	2018年	2017年	2018年	2017年	2018年
全国	**3148.6**	**3176.8**	**3038.6**	**3074.6**	**54.3**	**44.7**	**3096.3**	**3128.3**
北京	37.4	31.1	37.4	31.1	0.2	0.1	15.7	11.2
天津	52.1	48.0	52.1	48.0	0.0	0.0	19.0	19.4
河北	388.3	391.1	381.0	384.8	1.4	1.1	383.7	378.0
山西	78.1	81.7	77.4	81.1	0.6	0.6	101.9	102.6
内蒙古	559.6	571.8	552.9	565.6	0.5	0.4	53.2	55.2
辽宁	120.7	132.6	119.7	131.8	0.3	0.3	270.4	297.2
吉林	34.4	39.0	34.0	38.8	1.1	1.1	121.0	117.1
黑龙江	468.4	458.5	465.2	455.9	1.9	1.9	113.8	108.5
上海	36.4	33.4	36.4	33.4	0.1	0.1	3.4	3.2
江苏	49.0	50.0	49.0	50.0	0.3	0.5	183.4	178.0
浙江	14.3	15.8	14.3	15.7	16.4	6.6	35.9	31.5
安徽	29.8	30.8	29.8	30.8	1.8	2.1	154.7	158.3
福建	13.5	14.3	13.1	13.8	1.5	1.6	46.5	44.3
江西	9.5	9.6	9.5	9.6	1.5	1.8	45.7	47.0
山东	231.3	232.5	223.5	225.1	0.5	0.4	444.8	447.0
河南	212.9	208.9	202.9	202.7	7.1	6.1	401.2	413.6
湖北	12.8	12.8	12.8	12.8	2.8	2.3	168.2	171.5
湖南	6.1	6.2	6.1	6.2	1.0	1.0	103.2	105.4
广东	13.9	13.9	13.9	13.9	2.3	2.4	38.5	39.2
广西	8.1	8.9	8.1	8.9	1.5	1.6	24.2	22.3
海南	0.5	0.2	0.5	0.2	0.1	0.1	4.8	4.7
重庆	5.1	4.9	5.1	4.9	2.3	2.2	40.3	41.5
四川	63.8	64.3	63.7	64.2	5.8	5.4	144.5	148.8
贵州	4.4	4.6	4.4	4.6	0.4	0.4	18.7	20.0
云南	64.5	65.7	56.8	58.2	1.1	1.2	30.3	32.7
西藏	42.0	40.8	37.1	36.4		0.0	0.5	0.5
陕西	156.9	159.7	107.3	109.7	0.6	0.6	60.1	61.6
甘肃	41.0	41.1	40.4	40.5	0.2	0.4	13.8	14.1
青海	33.2	33.5	32.4	32.6	0.2	0.2	2.5	2.3
宁夏	160.1	169.4	160.1	168.3	0.1	0.1	15.3	14.4
新疆	200.3	201.7	191.9	194.9	0.9	2.0	37.4	37.3

7-42 牲畜年末存栏头数及增减情况

指　　标	单 位	1999年	2000年	2016年	2017年	2018年	2018年为2017年百分比(%)
一、大牲畜头数	**万头**	**15024.8**	**14638.1**	**9559.9**	**9763.6**	**9625.5**	**98.6**
#役畜	万头	7403.8	7446.2	1616.4	1341.1	1259.1	93.9
1.牛	万头	12698.3	12353.2	8834.5	9038.7	8915.3	98.6
#黄牛	万头	9436.6	9271.4				
#水牛	万头	2258.7	2185.0				
#肉牛	万头			6181.0	6617.9	6618.4	100.0
#奶牛	万头	442.8	469.4	1037.0	1079.8	1037.7	96.1
2.马	万头	891.4	876.6	351.2	343.6	347.3	101.1
3.驴	万头	934.8	922.7	259.3	267.8	253.3	94.6
4.骡	万头	467.3	453.0	84.5	81.1	75.8	93.4
5.骆驼	万头	33.0	32.6	30.5	32.3	33.8	104.7
二、猪	**万头**	**43144.2**	**41633.6**	**44209.2**	**44158.9**	**42817.1**	**97.0**
三、羊	**万只**	**27925.8**	**27948.2**	**29930.5**	**30231.7**	**29713.5**	**98.3**
山羊	万只	14816.3	14945.6	13691.8	13823.8	13574.7	98.2
绵羊	万只	13109.5	13002.6	16238.8	16407.9	16138.8	98.4
四、家禽	**亿只**	**45.5**	**46.4**	**61.7**	**60.5**	**60.4**	**99.7**
五、兔	**万只**	**15789.3**	**17781.7**	**13225.7**	**12114.0**	**12033.9**	**99.3**

注：从2008年起牛的品种修正为肉牛、奶牛和役用牛。

7-43 各地区牲畜年末存栏情况

单位：万头

地　区	大牲畜	牛	肉　牛	奶　牛
全　国	**9625.5**	**8915.3**	**6618.4**	**1037.7**
北　京	10.9	10.6	3.0	7.5
天　津	25.1	24.6	13.3	11.3
河　北	371.6	342.0	199.3	105.9
山　西	118.5	102.0	53.2	31.7
内蒙古	778.7	616.2	489.8	120.8
辽　宁	306.0	248.3	212.8	29.2
吉　林	330.7	325.3	309.4	15.1
黑龙江	476.2	456.5	349.7	105.0
上　海	5.8	5.8	0.2	5.6
江　苏	31.7	29.2	15.8	13.4
浙　江	13.7	13.7	9.8	3.2
安　徽	80.0	79.6	58.3	12.8
福　建	30.9	30.9	11.1	4.1
江　西	246.5	246.5	219.1	3.7
山　东	390.1	380.6	259.0	91.4
河　南	377.0	373.4	231.1	34.3
湖　北	241.5	241.1	122.1	4.5
湖　南	387.0	385.4	310.8	5.8
广　东	120.6	120.6	81.2	6.0
广　西	350.7	328.6	99.0	5.1
海　南	54.5	54.5	44.6	0.1
重　庆	105.6	103.7	78.3	1.2
四　川	916.0	824.3	476.2	76.9
贵　州	483.0	465.3	371.9	6.0
云　南	859.6	811.9	755.8	16.5
西　藏	642.2	608.4	498.4	42.3
陕　西	153.1	149.9	120.8	27.9
甘　肃	504.6	440.4	410.5	29.9
青　海	527.6	514.3	492.0	22.4
宁　夏	128.9	124.6	84.5	40.1
新　疆	557.3	457.2	237.3	158.0

7-43 续表 1 单位：万头

地 区	马	驴	骡
全 国	**347.3**	**253.3**	**75.8**
北 京	0.1	0.2	0.0
天 津	0.1	0.4	0.0
河 北	6.1	18.0	5.5
山 西	1.0	12.0	3.6
内蒙古	63.8	72.8	8.6
辽 宁	6.2	46.4	5.2
吉 林	2.8	2.3	0.3
黑龙江	13.4	5.2	1.0
上 海	0.0		
江 苏	0.2	1.7	0.6
浙 江			
安 徽	0.1	0.3	0.0
福 建			
江 西			
山 东	0.7	8.5	0.3
河 南	0.9	2.3	0.4
湖 北	0.3	0.1	0.0
湖 南	1.4	0.1	0.1
广 东	0.0		
广 西	18.8	0.0	3.3
海 南			
重 庆	1.4	0.1	0.4
四 川	74.3	8.5	8.9
贵 州	17.1	0.1	0.5
云 南	14.3	13.2	20.2
西 藏	27.7	4.8	1.2
陕 西	0.2	2.7	0.4
甘 肃	11.7	34.5	15.0
青 海	11.6	0.4	0.1
宁 夏	0.1	3.9	0.2
新 疆	73.0	14.8	0.0

7-43　续表 2　　　　单位：万头、万只

地　区	猪	羊		
			山羊	绵羊
全　国	**42817.1**	**29713.5**	**13574.7**	**16138.8**
北　京	45.4	24.2	5.7	18.6
天　津	196.9	41.9	4.9	37.0
河　北	1820.8	1179.6	365.2	814.3
山　西	549.5	875.6	344.1	531.5
内蒙古	497.3	6001.9	1632.0	4369.9
辽　宁	1262.2	772.8	407.9	364.9
吉　林	870.4	396.6	54.3	342.3
黑龙江	1353.2	772.7	166.0	606.7
上　海	96.5	13.7	12.9	0.9
江　苏	1552.0	390.2	380.7	9.5
浙　江	516.8	125.9	40.8	85.0
安　徽	1356.3	500.6	499.8	0.8
福　建	799.9	95.3	95.3	
江　西	1587.3	100.3	100.3	
山　东	2985.6	1801.4	875.2	926.2
河　南	4337.2	1734.1	1474.0	260.1
湖　北	2521.8	546.8	546.8	
湖　南	3822.0	668.3	668.3	
广　东	2024.3	93.0	93.0	
广　西	2298.3	223.5	222.9	0.6
海　南	382.4	68.9	68.8	0.1
重　庆	1167.2	323.2	323.0	0.2
四　川	4258.5	1462.9	1303.5	159.4
贵　州	1549.3	401.5	379.1	22.5
云　南	3055.5	1268.9	1175.3	93.6
西　藏	38.8	1047.1	366.8	680.3
陕　西	839.0	866.8	715.7	151.0
甘　肃	545.2	1885.9	407.3	1478.5
青　海	78.2	1336.1	180.0	1156.1
宁　夏	73.8	534.3	107.2	427.1
新　疆	335.8	4159.7	558.0	3601.7

7-44 水产品产量和养殖面积

年 份	水产品总产量（万吨）	内陆水产品（万吨）	#人工养殖	海水产品（万吨）	#人工养殖	水产品养殖面积（千公顷）内陆养殖	海水养殖
1952	166.6	60.6	14.0	106.0	6.0		
1957	311.6	117.9	57.0	193.7	12.0	1054.7	60.0
1962	228.3	78.5	31.0	149.8	9.0	1600.0	50.0
1965	298.4	97.0	51.0	201.4	10.0	1979.3	83.3
1970	318.5	90.4	58.0	228.1	18.0	2721.3	83.3
1975	441.2	106.5	75.0	334.7	28.0	3244.0	112.0
1978	465.3	105.9	76.2	359.5	45.0	2722.8	100.6
1979	430.5	111.6	81.3	318.9	41.6	2737.8	116.5
1980	449.7	124.0	90.1	325.7	44.4	2864.1	133.6
1981	460.6	137.3	101.4	323.2	45.8	2880.3	138.5
1982	515.5	156.2	120.7	359.3	49.5	3050.6	162.5
1983	545.8	184.1	142.8	361.7	54.5	3082.6	186.7
1984	619.3	225.0	181.1	394.4	63.9	3259.5	242.6
1985	705.2	285.4	237.8	419.7	71.2	3687.5	277.0
1986	935.8	353.5	295.2	582.3	150.1	3787.9	325.2
1987	1091.9	413.0	348.4	678.9	192.6	3859.3	369.3
1988	1225.3	461.7	389.8	763.6	249.3	3894.9	409.5
1989	1332.6	497.8	417.0	834.8	275.7	3812.3	423.1
1990	1427.3	531.6	445.9	895.7	284.2	3829.8	428.9
1991	1573.0	563.0	462.6	1010.0	333.3	3827.5	449.3
1992	1824.5	632.9	533.8	1191.6	424.3	3975.7	499.1
1993	2152.3	760.3	648.3	1392.0	540.2	4132.6	586.3
1994	2515.7	916.5	789.7	1599.2	604.8	4429.9	653.5
1995	2953.0	1091.8	940.8	1861.3	721.5	4669.4	715.9
1996	3280.7	1269.2	1093.8	2011.5	765.9	4832.3	822.1
1997	3118.6	1230.5	1067.0	1888.1	691.7	4962.9	937.9
1998	3382.7	1338.1	1140.6	2044.5	752.0	5064.2	1004.4
1999	3570.1	1424.9	1226.9	2145.3	851.9	5182.1	1095.0
2000	3706.2	1502.3	1308.9	2203.9	928.0	5264.8	1243.2
2001	3795.9	1562.4	1376.2	2233.5	989.4	5399.4	1286.9
2002	3954.9	1656.4	1461.7	2298.5	1060.5	5509.7	1344.7
2003	4077.0	1744.2	1530.9	2332.8	1095.9	5609.4	1532.2
2004	4246.6	1842.1	1632.5	2404.5	1151.3	5723.3	1623.8
2005	4419.9	1954.0	1733.0	2465.9	1210.8	5863.7	1694.5
2006	4583.6	2074.0	1853.6	2509.6	1264.2	4253.8	1271.7
2007	4747.5	2196.6	1971.0	2550.9	1307.3	4413.6	1331.5
2008	4895.6	2297.3	2072.5	2598.3	1340.3	4971.0	1578.9
2009	5116.4	2434.9	2216.5	2681.6	1405.2	5423.8	1859.3
2010	5373.0	2575.5	2346.5	2797.5	1482.3	5564.3	2080.9
2011	5603.2	2695.2	2471.9	2908.1	1551.3	5728.6	2106.4
2012	5502.1	2612.5	2408.5	2889.6	1575.2	5907.5	2180.9
2013	5744.2	2751.9	2547.7	2992.4	1664.7	6006.1	2315.6
2014	6001.9	2865.7	2663.2	3136.3	1732.4	6080.9	2305.5
2015	6211.0	2978.7	2779.3	3232.3	1796.6	6147.2	2317.8
2016	6379.5	3078.2	2877.9	3301.3	1915.3	5347.4	2098.1
2017	6445.3	3123.6	2905.3	3321.7	2000.7	5365.0	2084.1
2018	6457.7	3156.2	2959.8	3301.4	2031.2	5146.5	2043.1

注：1. 1997–2006年全国水产品总产量、海洋、内陆水产品产量、捕捞、养殖水产品产量根据第二次全国农业普查结果进行了修订，各地区数据以及全国其他细项数据未作修订。
2. 2012–2016年全国水产品总产量、海洋、内陆水产品产量、捕捞、养殖水产品产量根据第三次全国农业普查结果进行了修订，各地区数据以及全国其他细项数据未作修订。

7-45 水产品产量和养殖面积及增减情况

指　　标	单位	1990年	1995年	2000年	2016年	2017年	2018年	2018年为2017年百分比(%)
一、水产品总产量	**吨**	**12370203**	**25171794**	**37062295**	**63794834**	**64453279**	**64576558**	**100.2**
1.按海水、内陆分								
海水产品产量	吨	7132915	14391297	22039081	33012620	33217376	33014303	99.4
内陆水产品产量	吨	5237288	10780497	15023215	30782214	31235903	31562255	101.0
2.按生产性质分								
捕捞产量	吨	6291908	11641237	14693895	15862874	15393376	14665968	95.3
养殖产量	吨	6078295	13530557	22368401	47931960	49059903	49910590	101.7
3.按品种分								
鱼类	吨	9280816	17767539	26060480	38357713	38183273	37828389	99.1
甲壳类	吨	1165054	2121365	3853954	6609247	6915015	7379062	106.7
贝类	吨	1549061	4127896	10849816	14830993	15280869	15277550	100.0
藻类	吨	275186	749140	1221988	2137890	2255361	2369159	105.0
其他类	吨	100086	405854	798607	1858991	1818761	1722398	94.7
二、水产养殖面积	**千公顷**	**4258.7**	**5385.3**	**6508.1**	**7445.5**	**7449.0**	**7189.5**	**96.5**
1.海水养殖面积	千公顷	428.9	715.9	1243.2	2098.1	2084.1	2043.1	98.0
浅海养殖	千公顷		131.8	326.0	1102.4	1102.9	1140.2	103.4
滩涂养殖	千公顷		424.6	686.5	652.7	658.3	596.5	90.6
陆基养殖	千公顷		159.5	230.8	343.0	322.9	306.4	94.9
2.内陆养殖面积	千公顷	3829.8	4669.4	5264.8	5347.4	5365.0	5146.5	95.9
池塘养殖	千公顷		1857.9	2212.6	2447.1	2527.8	2666.8	105.5
湖泊养殖	千公顷		824.2	879.1	914.7	886.5	746.2	84.2
河沟养殖	千公顷		347.4	379.8	220.0	213.7	179.4	83.9
水库养殖	千公顷		1515.7	1620.0	1644.1	1615.4	1441.7	89.2
其他养殖	千公顷		124.2	173.3	121.5	121.5	112.4	92.5
三、稻田养殖面积	**千公顷**				**1484.0**	**1682.7**	**2028.3**	**120.5**

注：1. 2008年以来海水养殖面积中的陆基养殖面积为其他养殖面积。
　　2. 2016年水产品数据根据农业普查结果进行了修订，(后同)。

7-46 海水产品和内陆水产品产量

单位：吨

指　标	1990年	1995年	2000年	2016年	2017年	2018年	2018年为2017年百分比(%)
海水产品产量	**7132915**	**14391297**	**22039081**	**33012620**	**33217376**	**33014303**	**99.4**
一、海洋捕捞产量	**5508862**	**10268373**	**12759487**	**13859541**	**13210403**	**12702097**	**96.2**
鱼类		7436501	9902931	10195970	9738363	9419727	96.7
甲壳类		1732445	2626967	2181850	2075964	1979498	95.4
贝类		823691	1779621	462482	442890	430403	97.2
藻类		10637	20429	23133	19976	18286	91.5
其他类		265099	444576	996106	933210	854183	91.5
二、海水养殖产量	**1624053**	**4122924**	**9279594**	**19153079**	**20006973**	**20312206**	**101.5**
鱼类		144937	426957	1308917	1419389	1495088	105.3
甲壳类		115901	343940	1504168	1631185	1702911	104.4
贝类		3099099	8607050	13893716	14371304	14439302	100.5
藻类		738503	1201559	2107060	2227838	2343871	105.2
其他类		24484	33359	339218	357257	331034	92.7
内陆水产品产量	**5237288**	**10780497**	**15023215**	**30782214**	**31235903**	**31562255**	**101.0**
一、内陆捕捞产量	**783046**	**1372864**	**1934408**	**2003333**	**2182973**	**1963871**	**90.0**
鱼类		1080666	1703586	1451900	1615758	1470819	91.0
甲壳类		137195	254844	286597	289326	258511	89.3
贝类		125496	256281	236710	251847	212048	84.2
其他类		29507	48941	28126	26042	22493	86.4
二、内陆养殖产量	**4454242**	**9407633**	**13088807**	**28778881**	**29052930**	**29598384**	**101.9**
鱼类		9105435	14027006	25400926	25409763	25442755	100.1
甲壳类		135824	628203	2636632	2918540	3438142	117.8
贝类		79610	206864	238085	214828	195797	91.1
其他类		86764	271731	503238	509799	521690	102.3

注：2016年水产品数据根据农业普查结果进行了修订。

7-47 各地区水产品产量

(按来源分) 单位：吨

地区	水产品总产量		捕捞产量		养殖产量	
	2017年	2018年	2017年	2018年	2017年	2018年
全国	**64453279**	**64576558**	**15393376**	**14665968**	**49059903**	**49910590**
北京	45098	30028	12016	4066	33082	25962
天津	323321	326445	44951	46565	278370	279880
河北	1164600	1096152	331267	319965	833333	776187
山西	53047	47773	2142	2322	50905	45451
内蒙古	156181	139499	28354	21320	127827	118179
辽宁	4794374	4508240	883000	845878	3911374	3662362
吉林	220350	234090	19304	19300	201046	214790
黑龙江	587302	624320	51640	47100	535662	577220
上海	268882	262509	146132	168216	122750	94293
江苏	5075922	4948443	864157	777173	4211765	4171270
浙江	5944516	5896129	3674687	3554120	2269829	2342009
安徽	2179632	2249625	278508	259126	1901124	1990499
福建	7445737	7838917	2240333	2249740	5205404	5589177
江西	2505549	2559450	226043	224007	2279506	2335443
山东	8680030	8614032	2264621	2232651	6415409	6381381
河南	946730	983817	111480	108321	835250	875496
湖北	4654222	4584045	292961	181064	4361261	4402981
湖南	2415312	2469383	94928	89869	2320384	2379514
广东	8335387	8424441	1609433	1439726	6725954	6984715
广西	3207683	3319989	724263	674109	2483420	2645880
海南	1807899	1758188	1140626	1097136	667273	661052
重庆	515130	529581	18943	18835	496187	510746
四川	1507396	1534754	53783	45396	1453613	1489358
贵州	254782	237320	11520	10938	243262	226382
云南	631182	637500	55949	31124	575233	606376
西藏	454	377	383	334	71	43
陕西	163030	163035	7200	7200	155830	155835
甘肃	15441	14136			15441	14136
青海	16073	17116			16073	17116
宁夏	180889	176949	429	394	180460	176555
新疆	165528	174342	12723	14040	152805	160302
中农发集团	191600	175933	191600	175933		

7-48 各地区水产品产量

(按类别分)

单位：吨

地　区	水产品总产量	鱼　类	甲壳类	贝　类	藻　类	其他类
全　国	**64576558**	**37828389**	**7379062**	**15277550**	**2369159**	**1722398**
北　京	30028	30028				
天　津	326445	275392	47513	1906		1634
河　北	1096152	492132	107175	453455	1003	42387
山　西	47773	47302	183			288
内蒙古	139499	136257	1409		1728	105
辽　宁	4508240	1422264	208745	2349227	341838	186166
吉　林	234090	229694	4089	307		
黑龙江	624320	615619	8122	495		84
上　海	262509	222171	39704	2		632
江　苏	4948443	2881561	1147694	798211	44338	76639
浙　江	5896129	3500991	1009582	1013955	89764	281837
安　徽	2249625	1697805	424777	79860		47183
福　建	7838917	2827442	590914	3113570	1120959	186032
江　西	2559450	2227455	188008	65318	2794	75875
山　东	8614032	2843435	508320	4297050	666569	298658
河　南	983817	921637	52686	2145	5	7344
湖　北	4584045	3493098	1016521	8095		66331
湖　南	2469383	2136559	268881	17345		46598
广　东	8424441	5132994	1064676	1978891	79274	168606
广　西	3319989	1718105	449266	1045616		107002
海　南	1758188	1382163	201754	46439	20388	107444
重　庆	529581	517056	7661	288		4576
四　川	1534754	1504001	18877	3241		8635
贵　州	237320	234089	2191	283		757
云　南	637500	629531	4719	1815	498	937
西　藏	377	68				309
陕　西	163035	156464	411	8	1	6151
甘　肃	14136	14039	75			22
青　海	17116	16913	203			
宁　夏	176949	175862	1050			37
新　疆	174342	170329	3856	28		129
中农发集团	175933	175933				

7-49　各地区海水产品产量

（按来源分）　　单位：吨

地　区	海水产品产量		海洋捕捞产量		海水养殖产量	
	2017年	2018年	2017年	2018年	2017年	2018年
全　国	**33217376**	**33014303**	**13210403**	**12702097**	**20006973**	**20312206**
北　京	9000	1706	9000	1706		
天　津	48589	48695	39417	41043	9172	7652
河　北	811407	767665	282249	277829	529158	489836
山　西						
内 蒙 古						
辽　宁	3918774	3670133	837400	806499	3081374	2863634
吉　林						
黑 龙 江						
上　海	144701	166632	144701	166632		
江　苏	1487281	1408306	556522	489979	930759	918327
浙　江	4723721	4632465	3561163	3423492	1162558	1208973
安　徽						
福　建	6624580	6968161	2171408	2179864	4453172	4788297
江　西						
山　东	7371727	7360685	2180891	2149830	5190836	5210855
河　南						
湖　北						
湖　南						
广　东	4518133	4491690	1489063	1324431	3029070	3167259
广　西	1919010	1944161	619658	580979	1299352	1363182
海　南	1448853	1378071	1127331	1083880	321522	294191
重　庆						
四　川						
贵　州						
云　南						
西　藏						
陕　西						
甘　肃						
青　海						
宁　夏						
新　疆						
中农发集团	191600	175933	191600	175933		

注：2016年水产品数据根据农业普查结果进行了修订。

7-50 各地区海水产品产量

(按类别分)

单位：吨

地　区	海水产品产量	鱼　类	甲壳类	贝　类	藻　类	其他类
全　国	**33014303**	**10914815**	**3682409**	**14869705**	**2362157**	**1185217**
北　京	1706	1706				
天　津	48695	38093	7964	1658		980
河　北	767665	198847	77142	451880	1003	38793
山　西						
内蒙古						
辽　宁	3670133	656411	144216	2349038	341838	178630
吉　林						
黑龙江						
上　海	166632	158585	7828	2		217
江　苏	1408306	356772	253789	708299	43362	46084
浙　江	4632465	2541873	863899	980106	89274	157313
安　徽						
福　建	6968161	2108295	506832	3065971	1120449	166614
江　西						
山　东	7360685	1720671	388707	4292739	666569	291999
河　南						
湖　北						
湖　南						
广　东	4491690	1557298	793713	1942424	79274	118981
广　西	1944161	391753	439218	1032057		81133
海　南	1378071	1008578	199101	45531	20388	104473
重　庆						
四　川						
贵　州						
云　南						
西　藏						
陕　西						
甘　肃						
青　海						
宁　夏						
新　疆						
中农发集团	175933	175933				

7-51 各地区内陆水产品产量

（按来源分） 单位：吨

地区	内陆水产品产量		内陆捕捞产量		内陆养殖产量	
	2017年	2018年	2017年	2018年	2017年	2018年
全国	**31235903**	**31562255**	**2182973**	**1963871**	**29052930**	**29598384**
北京	36098	28322	3016	2360	33082	25962
天津	274732	277750	5534	5522	269198	272228
河北	353193	328487	49018	42136	304175	286351
山西	53047	47773	2142	2322	50905	45451
内蒙古	156181	139499	28354	21320	127827	118179
辽宁	875600	838107	45600	39379	830000	798728
吉林	220350	234090	19304	19300	201046	214790
黑龙江	587302	624320	51640	47100	535662	577220
上海	124181	95877	1431	1584	122750	94293
江苏	3588641	3540137	307635	287194	3281006	3252943
浙江	1220795	1263664	113524	130628	1107271	1133036
安徽	2179632	2249625	278508	259126	1901124	1990499
福建	821157	870756	68925	69876	752232	800880
江西	2505549	2559450	226043	224007	2279506	2335443
山东	1308303	1253347	83730	82821	1224573	1170526
河南	946730	983817	111480	108321	835250	875496
湖北	4654222	4584045	292961	181064	4361261	4402981
湖南	2415312	2469383	94928	89869	2320384	2379514
广东	3817254	3932751	120370	115295	3696884	3817456
广西	1288673	1375828	104605	93130	1184068	1282698
海南	359046	380117	13295	13256	345751	366861
重庆	515130	529581	18943	18835	496187	510746
四川	1507396	1534754	53783	45396	1453613	1489358
贵州	254782	237320	11520	10938	243262	226382
云南	631182	637500	55949	31124	575233	606376
西藏	454	377	383	334	71	43
陕西	163030	163035	7200	7200	155830	155835
甘肃	15441	14136			15441	14136
青海	16073	17116			16073	17116
宁夏	180889	176949	429	394	180460	176555
新疆	165528	174342	12723	14040	152805	160302

注：2016年水产品数据根据农业普查结果进行了修订。

7-52 各地区内陆水产品产量

(按类别分) 单位：吨

地区	内陆水产品产量	鱼类	甲壳类	贝类	其他类
全国	**31562255**	**26913574**	**3696653**	**407845**	**544183**
北京	28322	28322			
天津	277750	237299	39549	248	654
河北	328487	293285	30033	1575	3594
山西	47773	47302	183		288
内蒙古	139499	136257	1409		1833
辽宁	838107	765853	64529	189	7536
吉林	234090	229694	4089	307	
黑龙江	624320	615619	8122	495	84
上海	95877	63586	31876		415
江苏	3540137	2524789	893905	89912	31531
浙江	1263664	959118	145683	33849	125014
安徽	2249625	1697805	424777	79860	47183
福建	870756	719147	84082	47599	19928
江西	2559450	2227455	188008	65318	78669
山东	1253347	1122764	119613	4311	6659
河南	983817	921637	52686	2145	7349
湖北	4584045	3493098	1016521	8095	66331
湖南	2469383	2136559	268881	17345	46598
广东	3932751	3575696	270963	36467	49625
广西	1375828	1326352	10048	13559	25869
海南	380117	373585	2653	908	2971
重庆	529581	517056	7661	288	4576
四川	1534754	1504001	18877	3241	8635
贵州	237320	234089	2191	283	757
云南	637500	629531	4719	1815	1435
西藏	377	68			309
陕西	163035	156464	411	8	6152
甘肃	14136	14039	75		22
青海	17116	16913	203		
宁夏	176949	175862	1050		37
新疆	174342	170329	3856	28	129

7-53 各地区水产养殖面积

单位：千公顷

地区	水产品养殖面积		内陆养殖面积		海水养殖面积	
	2017年	2018年	2017年	2018年	2017年	2018年
全国	**7449.0**	**7189.5**	**5365.0**	**5146.5**	**2084.1**	**2043.1**
北京	2.9	2.6	2.9	2.6		
天津	33.3	30.6	30.1	27.8	3.2	2.8
河北	153.5	151.9	45.9	40.5	107.6	111.4
山西	10.7	11.3	10.7	11.3		
内蒙古	137.1	112.8	137.1	112.8		
辽宁	878.7	870.2	180.3	177.0	698.4	693.2
吉林	250.7	325.5	250.7	325.5		
黑龙江	382.7	400.3	382.7	400.3		
上海	15.6	12.8	15.6	12.8		
江苏	632.2	631.6	439.8	445.0	192.4	186.6
浙江	274.0	260.7	198.0	179.8	76.0	80.9
安徽	477.2	487.2	477.2	487.2		
福建	241.9	248.4	86.2	85.9	155.7	162.5
江西	412.8	408.4	412.8	408.4		
山东	833.6	782.3	223.2	211.4	610.4	570.9
河南	146.6	148.1	146.6	148.1		
湖北	797.6	535.1	797.6	535.1		
湖南	417.5	419.3	417.5	419.3		
广东	473.8	478.9	312.1	313.3	161.7	165.6
广西	182.0	183.3	134.9	135.5	47.0	47.8
海南	61.1	52.2	29.4	30.8	31.7	21.4
重庆	82.2	83.0	82.2	83.0		
四川	188.4	190.1	188.4	190.1		
贵州	35.2	47.7	35.2	47.7		
云南	93.5	94.4	93.5	94.4		
西藏	0.0	0.0	0.0	0.0		
陕西	42.9	41.5	42.9	41.5		
甘肃	6.5	6.5	6.5	6.5		
青海	17.4	17.4	17.4	17.4		
宁夏	35.1	35.0	35.1	35.0		
新疆	132.4	120.4	132.4	120.4		

注：2016年水产品数据根据农业普查结果进行了修订。

农村市场与物价

8-1 农村主要物价总指数

(以上年价格为100)

年 份	农村居民消费价格指数	农业生产资料价格指数	农产品生产者价格总指数
1952			101.7
1957			105.0
1962			99.4
1965			99.2
1970			100.1
1975			102.1
1978		99.9	103.9
1979		100.4	122.1
1980		101.0	107.1
1981		101.7	105.9
1982		101.9	102.2
1983		103.0	104.4
1984		108.9	104.0
1985	107.6	104.8	108.6
1986	106.1	101.1	106.4
1987	106.2	107.0	112.0
1988	117.5	116.2	123.0
1989	119.3	118.9	115.0
1990	104.5	105.5	97.4
1991	102.3	102.9	98.0
1992	104.7	103.7	103.4
1993	113.7	114.1	113.4
1994	123.4	121.6	139.9
1995	117.5	127.4	119.9
1996	107.9	108.4	104.2
1997	102.5	99.5	95.5
1998	99.0	94.5	92.0
1999	98.5	95.8	87.8
2000	99.9	99.1	96.4
2001	100.8	99.1	103.1
2002	99.6	100.5	99.7
2003	101.6	101.4	104.4
2004	104.8	110.6	113.1
2005	102.2	108.3	101.4
2006	101.5	101.5	101.2
2007	105.4	107.7	118.5
2008	106.5	120.3	114.1
2009	99.7	97.5	97.6
2010	103.6	102.9	110.9
2011	105.8	111.3	116.5
2012	102.5	105.6	102.7
2013	102.8	101.4	103.2
2014	101.8	99.1	99.8
2015	101.3	100.4	101.7
2016	101.9	100.1	103.4
2017	101.3	100.6	96.5
2018	102.1	103.1	99.1

注：2000年以前农产品生产者价格总指数为农副产品收购价格指数。

8-2 各地区农村商品零售价格分类指数

(上年价格=100)

地区	总指数	一、食品	1.粮食	2.薯类	3.豆类	4.食用油
全国平均	**102.1**	**101.6**	**100.8**	**106.4**	**100.8**	**98.9**
北京						
天津						
河北	102.6	102.1	100.4	108.8	101.0	99.0
山西	101.6	101.1	99.8	102.8	101.5	99.5
内蒙古	101.8	102.7	100.8	103.2	102.5	94.4
辽宁	101.3	100.8	100.3	104.4	100.4	100.1
吉林	102.8	102.0	102.1	110.9	99.9	99.6
黑龙江	101.9	100.5	102.0	108.4	100.4	98.5
上海						
江苏	103.2	101.9	101.1	106.1	100.1	100.1
浙江	102.3	102.5	100.9	106.2	102.2	99.0
安徽	102.1	102.0	100.5	108.7	101.1	98.0
福建	101.6	101.4	101.1	104.6	100.4	99.2
江西	100.8	99.7	101.6	99.9	101.5	97.1
山东	102.7	102.4	101.2	114.1	100.6	101.6
河南	102.9	100.8	100.5	107.9	100.8	98.3
湖北	101.6	102.0	102.2	107.5	99.7	100.1
湖南	102.0	98.8	101.5	96.4	97.9	96.1
广东	101.8	101.6	100.4	104.5	102.0	98.9
广西	101.7	100.5	100.5	100.3	99.9	96.2
海南	102.2	102.3	99.9	112.7	93.3	95.3
重庆						
四川	101.3	100.9	100.4	105.1	101.1	97.4
贵州	101.3	100.1	101.4	107.0	98.5	95.9
云南	101.8	100.7	101.9	100.4	102.3	95.8
西藏	102.4	103.6	102.9	102.0	102.3	101.0
陕西	102.3	101.4	100.1	111.3	99.9	98.5
甘肃	101.0	101.1	100.5	104.6	100.6	100.8
青海	102.6	103.6	101.1	105.8	99.8	99.3
宁夏	103.2	103.1	102.1	107.2	98.0	100.0
新疆	102.0	102.9	99.8	105.0	99.8	99.2

8-2 续表 1

地 区	5.菜	6.畜肉类	7.禽肉类	8.水产品	9.蛋类	10.奶类
全国平均	**106.4**	**95.0**	**106.5**	**102.6**	**112.0**	**100.9**
北 京						
天 津						
河 北	107.3	95.1	105.6	103.0	114.8	100.8
山 西	106.3	91.9	102.5	100.9	121.3	99.0
内 蒙 古	106.5	102.3	104.4	107.7	112.1	99.5
辽 宁	106.1	92.4	102.5	103.0	111.4	99.8
吉 林	107.9	95.7	102.9	103.5	112.0	102.4
黑 龙 江	106.9	89.8	105.9	102.7	112.5	99.4
上 海						
江 苏	105.7	95.5	107.0	100.1	110.3	102.5
浙 江	106.8	98.1	106.4	103.6	109.4	101.1
安 徽	107.1	95.3	106.7	98.6	113.0	102.2
福 建	106.9	94.9	108.0	102.0	111.9	100.8
江 西	104.7	90.1	105.1	100.1	109.9	99.7
山 东	110.0	94.4	109.1	103.6	108.9	100.8
河 南	103.7	91.7	106.1	102.8	119.4	99.3
湖 北	107.2	96.0	109.7	102.4	114.8	100.9
湖 南	100.8	91.6	109.0	99.8	106.6	101.0
广 东	106.1	96.2	104.4	103.5	107.2	100.6
广 西	102.3	92.1	107.8	106.6	111.6	102.4
海 南	105.2	97.4	110.3	109.6	111.7	101.7
重 庆						
四 川	107.2	95.5	108.2	100.8	109.4	99.5
贵 州	104.9	94.0	105.1	102.2	106.8	99.6
云 南	103.2	94.2	102.6	105.5	110.0	101.7
西 藏	106.6	101.5	103.4	105.2	104.1	104.2
陕 西	106.1	94.1	103.2	100.5	112.6	102.2
甘 肃	102.1	99.8	100.8	101.2	108.5	103.7
青 海	106.9	106.4	102.6	101.3	112.4	101.8
宁 夏	112.3	106.5	99.0	98.2	114.8	100.2
新 疆	99.9	108.5	105.1	108.2	114.0	100.0

8-2 续表 2

地区	11.干鲜瓜果类	12.糖果糕点类	13.调味品	14.其他食品类	15.在外餐饮	二、饮料、烟酒
全国平均	**104.9**	**101.9**	**101.6**	**101.7**	**102.2**	**101.3**
北京						
天津						
河北	107.0	102.0	102.4	103.2	102.5	101.6
山西	111.8	100.8	100.8	100.3	100.1	100.2
内蒙古	105.1	101.1	101.9	101.5	101.9	101.0
辽宁	109.3	100.3	100.3	101.1	101.0	101.2
吉林	104.5	101.8	101.1	100.1	101.3	101.0
黑龙江	106.1	98.6	102.2	100.2	101.2	101.8
上海						
江苏	105.3	102.5	102.7	102.3	104.5	102.1
浙江	101.6	102.3	102.9	101.7	103.6	101.2
安徽	106.5	102.5	102.1	101.9	104.5	100.3
福建	102.6	101.4	101.5	101.4	102.9	100.4
江西	105.1	102.9	102.4	101.2	103.1	100.0
山东	108.7	103.8	101.9	103.4	101.6	101.7
河南	104.1	101.2	102.0	101.2	101.1	101.9
湖北	103.8	103.3	101.7	101.5	101.9	100.9
湖南	101.7	100.6	100.9	100.4	100.5	101.4
广东	102.8	101.7	101.0	100.3	102.5	101.5
广西	101.8	101.7	101.8	102.7	103.5	100.9
海南	93.7	101.1	97.0	101.9	102.9	99.0
重庆						
四川	104.1	100.6	100.6	100.9	100.7	101.7
贵州	103.4	100.7	99.8	99.6	101.8	100.4
云南	105.4	101.4	103.6	100.9	103.5	100.2
西藏	102.2	102.5	101.4	101.9	107.8	100.5
陕西	105.1	101.6	100.7	100.8	103.3	101.3
甘肃	100.3	100.9	99.6	100.8	101.0	100.4
青海	99.7	101.8	103.4	100.7	103.1	100.9
宁夏	98.8	100.5	100.4	100.2	100.6	100.2
新疆	99.6	100.7	101.7	101.4	102.9	101.4

8-2 续表 3

地　区	1.茶及饮料	2.烟草	3.酒类	三、服装、鞋帽	1.服装	2.鞋帽袜
全国平均	**101.6**	**100.3**	**102.6**	**101.6**	**101.9**	**100.8**
北　京						
天　津						
河　北	103.0	100.5	102.5	101.2	102.0	99.4
山　西	100.5	100.0	100.5	102.0	102.1	101.8
内蒙古	100.6	100.4	101.9	102.8	103.2	101.8
辽　宁	100.5	101.3	101.1	100.9	100.9	101.0
吉　林	102.1	100.0	101.8	102.9	103.8	100.9
黑龙江	100.6	100.5	103.8	101.7	101.9	101.4
上　海						
江　苏	103.2	99.8	105.5	102.8	103.3	101.7
浙　江	101.5	100.0	103.3	101.3	102.1	98.5
安　徽	102.9	99.3	100.6	102.4	102.7	101.7
福　建	101.0	100.6	99.5	100.9	101.1	100.5
江　西	100.9	98.7	101.3	99.7	99.9	98.8
山　东	101.3	101.2	102.7	103.3	103.6	102.6
河　南	102.3	100.2	102.8	101.3	101.3	101.4
湖　北	101.2	100.1	101.6	99.7	100.1	98.9
湖　南	100.1	100.2	103.3	102.0	102.7	100.3
广　东	101.3	100.2	103.5	100.7	101.0	100.0
广　西	102.8	99.8	100.7	100.1	100.1	100.1
海　南	98.4	98.8	99.8	100.4	99.8	101.7
重　庆						
四　川	100.8	99.9	104.8	101.4	101.8	100.6
贵　州	100.4	100.0	101.4	101.8	101.7	102.1
云　南	100.7	99.9	101.1	100.6	100.2	101.4
西　藏	101.1	100.5	100.1	101.8	101.2	103.2
陕　西	102.2	100.0	101.9	100.6	100.4	101.2
甘　肃	100.4	99.9	101.0	100.6	100.7	100.5
青　海	102.9	100.0	100.3	100.8	100.5	101.7
宁　夏	100.9	100.0	100.0	103.0	102.5	104.7
新　疆	101.8	100.3	102.6	99.9	99.2	101.0

8-2 续表 4

地 区	3.其他衣着配件	四、纺织品	1.服装材料	2.床上用品	五、家用电器及音像器材	1.家庭设备
全国平均	**100.6**	**100.8**	**102.4**	**100.3**	**100.2**	**101.1**
北 京						
天 津						
河 北	100.1	100.8	102.0	100.6	100.3	100.7
山 西	101.6	100.9	100.9	100.9	99.6	99.8
内蒙古	100.9	100.4	100.3	100.4	100.8	101.8
辽 宁	100.6	100.3	100.4	100.3	100.0	100.7
吉 林	99.6	102.9	108.9	101.5	101.3	102.4
黑龙江	100.4	100.1	100.9	99.8	98.5	100.0
上 海						
江 苏	101.4	103.0	101.7	103.5	101.7	102.4
浙 江	102.8	101.5	103.4	100.8	98.3	99.9
安 徽	100.3	100.8	102.7	100.3	100.3	101.0
福 建	99.9	99.5	103.2	98.3	100.2	100.8
江 西	102.5	100.5	103.1	99.5	100.5	101.2
山 东	101.3	101.3	106.2	99.9	101.4	102.9
河 南	100.0	101.3	101.8	101.2	100.9	101.6
湖 北	97.5	98.8	100.3	98.2	100.2	100.7
湖 南	100.0	101.2	102.8	100.6	101.7	101.2
广 东	100.1	99.5	101.2	98.8	99.5	100.1
广 西	100.0	103.3	102.2	104.0	100.6	101.6
海 南	104.2	99.7	100.2	99.5	101.3	102.5
重 庆						
四 川	102.0	100.0	102.2	99.4	98.5	99.7
贵 州	100.7	100.9	102.1	100.7	99.9	99.9
云 南	102.6	101.3	101.9	101.2	99.1	99.0
西 藏	100.3	103.1	103.4	102.6	102.4	103.1
陕 西	101.5	102.1	102.3	102.0	100.7	102.5
甘 肃	100.0	99.5	99.4	99.6	98.9	99.2
青 海	99.7	100.8	100.2	101.1	98.9	99.8
宁 夏	100.0	102.4	100.5	102.9	102.8	104.1
新 疆	104.0	103.5	104.0	103.1	98.6	98.8

8-2 续表 5

地　　区	2.文娱用耐用消费品	3.专业音像器材	六、文化办公用品	七、日用品	1.日用百货	2.厨具餐具茶具
全国平均	**98.5**	**99.4**	**100.9**	**101.4**	**101.7**	**101.2**
北　　京						
天　　津						
河　　北	99.5	98.7	101.5	101.2	101.2	100.7
山　　西	99.4	97.4	100.9	100.6	100.5	100.6
内 蒙 古	99.1	100.1	101.1	100.9	100.9	101.1
辽　　宁	98.8	97.7	98.5	100.2	100.0	100.8
吉　　林	99.5	99.5	103.1	102.8	103.0	104.7
黑 龙 江	96.2	97.1	97.9	101.2	101.3	102.5
上　　海						
江　　苏	99.9	100.8	101.1	103.8	103.6	103.6
浙　　江	95.0	97.9	101.0	102.6	102.6	103.0
安　　徽	99.3	97.8	98.9	101.1	100.9	102.0
福　　建	99.6	97.7	100.4	100.9	101.2	101.5
江　　西	99.8	96.5	102.9	101.1	101.2	102.6
山　　东	98.1	99.7	103.0	101.7	103.2	99.6
河　　南	98.6	101.2	99.6	101.4	101.7	100.9
湖　　北	99.4	100.1	100.6	100.8	101.2	100.5
湖　　南	102.6	100.9	101.4	100.6	100.1	99.9
广　　东	98.4	99.3	100.1	100.3	100.6	99.7
广　　西	99.6	94.2	101.7	101.9	101.6	100.0
海　　南	99.6	99.5	99.7	98.9	97.8	97.7
重　　庆						
四　　川	95.4	101.1	99.2	101.1	101.3	100.4
贵　　州	99.6	101.3	100.6	100.2	100.8	99.9
云　　南	99.3	99.5	102.9	101.6	101.3	100.8
西　　藏	101.2	100.8	100.4	100.8	101.1	102.4
陕　　西	98.2	102.5	100.6	102.8	102.2	105.5
甘　　肃	98.5	99.5	101.3	101.9	101.2	104.7
青　　海	97.8	101.2	102.8	100.8	102.2	100.0
宁　　夏	101.0	99.0	101.9	101.0	100.9	101.4
新　　疆	98.1	100.2	100.4	100.9	101.1	100.8

8-2 续表 6

地 区	3.清洗用品	4.其他日用品	八、体育娱乐用品	1.体育户外用品	2.娱乐用品	九、交通、通信用品
全国平均	**101.7**	**100.8**	**100.8**	**100.6**	**100.9**	**98.7**
北 京						
天 津						
河 北	102.3	100.7	101.9	100.7	102.0	96.1
山 西	99.8	101.1	100.6	102.9	100.0	97.9
内 蒙 古	101.1	100.8	100.2	100.6	100.1	98.5
辽 宁	100.2	100.2	100.5	100.0	100.6	98.5
吉 林	100.5	103.4	101.5	97.7	102.5	100.3
黑 龙 江	100.8	100.7	102.2	100.0	102.6	98.0
上 海						
江 苏	104.1	103.8	102.0	101.2	102.5	100.2
浙 江	104.1	101.0	100.8	101.4	100.6	99.3
安 徽	101.1	100.9	100.1	100.3	100.0	97.2
福 建	101.0	99.5	100.2	100.1	100.3	98.4
江 西	99.1	102.4	99.1	99.6	98.9	97.7
山 东	101.2	100.7	100.7	99.6	101.1	99.4
河 南	101.1	100.8	100.6	100.8	100.5	103.3
湖 北	100.3	100.8	100.5	100.7	100.4	99.2
湖 南	103.6	98.9	100.5	100.3	100.7	99.9
广 东	100.8	100.1	100.2	100.2	100.2	98.3
广 西	103.7	101.8	101.3	100.8	101.7	95.2
海 南	99.3	100.9	100.3	100.2	100.4	99.1
重 庆						
四 川	102.0	100.5	100.8	100.9	100.8	96.4
贵 州	99.9	100.1	100.1	100.7	100.0	98.9
云 南	102.9	100.3	101.7	103.5	100.5	99.4
西 藏	99.3	100.8	100.5	101.5	100.2	101.8
陕 西	101.4	100.9	103.2	100.7	103.9	97.3
甘 肃	100.7	101.2	99.2	99.5	99.1	98.8
青 海	100.2	101.0	100.6	100.4	100.8	96.9
宁 夏	101.5	100.1	101.5	100.1	101.8	102.2
新 疆	101.1	100.2	101.6	101.1	102.0	98.4

8-2 续表 7

地 区	1.交通运输机械	2.通信器材	十、家具	十一、化妆品	十二、金银饰品	十三、中西药品及医疗保健用品
全国平均	**98.8**	**98.7**	**102.4**	**101.2**	**98.4**	**105.2**
北 京						
天 津						
河 北	96.5	95.4	102.1	100.8	98.6	109.0
山 西	98.8	95.0	100.6	99.9	99.2	104.1
内蒙古	97.0	100.4	100.0	100.7	98.6	103.3
辽 宁	99.8	95.7	101.5	99.4	97.6	103.9
吉 林	98.1	103.6	102.1	101.7	97.8	108.4
黑龙江	100.1	94.5	99.5	101.1	96.9	106.4
上 海						
江 苏	98.7	101.8	105.1	101.9	97.6	105.0
浙 江	100.3	96.4	102.0	100.8	100.0	102.8
安 徽	97.2	97.3	100.6	101.5	96.9	106.6
福 建	98.9	96.8	103.6	101.0	98.6	106.8
江 西	98.1	96.5	101.8	101.1	98.3	101.6
山 东	98.4	102.4	102.6	101.8	98.0	106.1
河 南	99.8	108.1	103.9	101.3	99.3	105.6
湖 北	99.1	99.4	101.0	102.9	99.5	103.9
湖 南	100.1	99.6	102.0	101.7	102.6	106.7
广 东	99.8	95.6	102.6	100.8	96.5	104.0
广 西	96.6	93.1	100.5	101.1	97.5	107.4
海 南	99.7	98.0	104.1	101.4	98.0	108.6
重 庆						
四 川	97.0	95.3	104.4	100.9	99.6	104.3
贵 州	100.8	95.5	101.8	100.2	99.5	102.5
云 南	100.1	97.8	101.3	101.0	100.0	108.5
西 藏	100.0	105.9	103.0	101.1	98.3	103.2
陕 西	100.1	91.7	102.3	100.4	98.3	105.2
甘 肃	99.5	97.8	99.4	99.9	97.7	102.5
青 海	101.2	96.3	101.4	100.8	99.4	107.9
宁 夏	102.6	101.5	103.3	100.1	94.8	103.6
新 疆	99.7	96.9	105.5	102.8	99.6	100.8

8-2 续表 8

地区	1.医疗卫生器具	2.中药	3.西药	4.保健器具及用品	十四、书报杂志及电子出版物	1.教材及参考书	2.书报杂志
全国平均	**99.8**	**105.4**	**106.1**	**103.1**	**103.1**	**102.9**	**104.3**
北京							
天津							
河北	101.0	108.8	109.8	103.8	104.4	104.8	102.5
山西	99.4	105.9	104.6	101.5	102.8	102.1	104.5
内蒙古	99.6	102.9	104.2	99.0	102.1	100.4	106.7
辽宁	100.2	102.9	104.6	101.3	102.2	102.9	102.0
吉林	100.6	110.9	110.1	101.0	101.7	103.3	100.6
黑龙江	100.7	109.5	105.4	102.0	103.8	100.8	108.7
上海							
江苏	99.9	106.3	105.9	100.4	106.7	105.5	107.5
浙江	101.1	103.5	102.7	102.4	104.9	101.5	109.9
安徽	100.6	105.0	108.1	105.0	106.7	109.2	104.6
福建	101.6	104.8	108.6	100.6	102.8	104.8	101.6
江西	98.8	104.1	99.9	106.2	100.7	103.4	98.0
山东	98.9	102.4	108.5	104.3	103.5	104.0	103.3
河南	100.6	106.2	105.7	102.9	103.4	102.5	104.8
湖北	100.6	105.3	103.1	104.5	100.4	100.8	100.0
湖南	102.6	105.6	108.6	100.9	101.3	100.7	102.5
广东	98.4	104.9	104.3	105.0	101.7	102.3	101.6
广西	99.6	106.7	109.1	102.5	103.6	101.6	107.4
海南	100.1	109.6	105.9	125.4	101.0	101.5	100.6
重庆							
四川	100.1	105.2	104.6	101.6	101.2	99.8	105.8
贵州	101.7	101.8	103.1	101.5	100.9	102.4	100.2
云南	92.9	108.9	110.2	103.4	100.7	100.5	102.0
西藏	100.0	102.6	104.8	100.8	100.2	100.2	100.1
陕西	102.7	107.4	104.5	102.0	104.1	103.0	107.8
甘肃	98.7	105.1	102.3	98.2	100.5	100.5	101.2
青海	99.1	106.7	110.4	106.8	107.8	109.8	107.3
宁夏	100.0	108.8	102.3	99.3	105.1	103.9	108.7
新疆	102.2	99.6	101.2	101.5	102.3	103.5	101.4

8-2 续表 9

地　区	3.计算机办公软件	十五、燃料	1.煤炭及制品	2.石油及制品	十六、建筑材料及五金电料	1.建筑装璜材料	2.五金水暖
全国平均	**100.7**	**109.9**	**108.7**	**110.4**	**104.0**	**104.5**	**102.3**
北　京							
天　津							
河　北	106.5	115.3	118.8	111.3	100.8	100.7	101.1
山　西	100.0	109.8	108.8	110.6	102.6	102.9	101.8
内 蒙 古	100.0	106.7	103.7	108.8	102.0	102.2	101.3
辽　宁	100.1	110.5	107.1	112.1	101.6	102.0	100.6
吉　林	97.5	107.4	106.2	107.5	103.2	103.4	102.3
黑 龙 江	99.7	112.4	114.1	111.2	102.0	102.5	100.7
上　海							
江　苏	109.2	109.1	103.4	110.3	108.8	110.3	105.1
浙　江	97.9	110.4	102.7	111.7	104.3	104.7	103.5
安　徽	96.9	110.9	106.0	112.8	103.8	104.4	101.3
福　建	100.0	108.1	112.9	107.2	102.7	103.4	101.2
江　西	98.8	108.5	103.7	109.5	104.1	104.9	102.1
山　东	101.3	108.1	104.2	109.7	105.0	106.4	102.4
河　南	102.7	112.0	114.0	111.2	104.0	104.2	102.8
湖　北	100.0	107.0	102.3	108.5	103.3	104.0	100.8
湖　南	100.2	109.0	102.2	111.0	105.6	106.6	100.9
广　东	99.4	110.4	103.4	110.9	102.8	103.3	100.8
广　西	100.0	111.2	105.2	112.5	103.1	102.7	104.6
海　南	100.0	108.5	98.5	109.4	101.2	101.2	101.0
重　庆							
四　川	99.8	109.2	109.7	108.9	104.8	105.2	103.0
贵　州	98.3	109.1	104.4	110.2	102.2	102.5	100.5
云　南	100.4	108.1	102.6	109.9	102.1	102.2	101.8
西　藏	100.9	106.1	101.4	108.2	100.8	100.4	102.3
陕　西	99.4	108.7	110.1	107.7	108.6	109.8	105.7
甘　肃	97.9	106.4	103.6	108.3	101.1	101.3	100.5
青　海	100.0	108.9	105.5	110.6	102.8	102.4	104.0
宁　夏	100.0	109.1	106.0	110.8	103.5	103.5	103.5
新　疆	100.0	110.1	112.7	108.8	104.2	105.5	100.8

8-3 各地区农村居民消费价格分类指数

(以上年价格为100)

地　区	居民消费价格总指数	一、食品烟酒	1.食品	(1)粮食	(2)薯类
全国平均	**102.1**	**101.1**	**101.0**	**100.8**	**105.7**
北　京					
天　津					
河　北	102.4	101.9	102.2	100.1	109.2
山　西	101.8	101.1	101.4	99.9	102.4
内蒙古	101.9	101.9	101.9	100.6	101.4
辽　宁	102.0	100.7	100.6	100.3	103.8
吉　林	102.3	100.7	100.3	101.3	111.7
黑龙江	101.9	100.3	99.9	102.2	108.7
上　海					
江　苏	102.4	101.9	101.2	101.0	106.9
浙　江	102.2	101.9	102.0	100.8	106.3
安　徽	102.0	101.7	101.5	100.6	109.2
福　建	101.5	101.1	101.1	101.0	104.5
江　西	102.2	99.9	99.2	101.7	100.5
山　东	102.7	101.9	102.0	100.3	112.9
河　南	102.0	100.8	100.5	100.6	107.9
湖　北	101.8	101.7	101.9	102.0	107.5
湖　南	102.0	99.3	98.9	101.6	96.6
广　东	101.9	101.0	100.7	100.3	104.9
广　西	102.2	100.5	100.0	100.3	100.5
海　南	102.5	101.7	101.9	99.7	111.0
重　庆					
四　川	101.7	100.9	100.7	100.2	107.0
贵　州	101.4	100.1	99.7	101.6	106.8
云　南	101.4	100.6	100.1	102.2	102.1
西　藏	102.2	103.2	102.9	103.0	100.9
陕　西	102.3	101.8	101.7	100.4	109.9
甘　肃	102.3	100.6	100.5	100.4	102.7
青　海	102.5	103.7	104.4	101.1	105.4
宁　夏	102.7	103.4	104.2	101.4	105.0
新　疆	102.4	102.8	102.9	99.7	105.9

8-3 续表 1

地 区	(3)豆类	(4)食用油	(5)菜	(6)畜肉类	(7)禽肉类
全国平均	**100.6**	**98.3**	**105.6**	**94.6**	**106.2**
北 京					
天 津					
河 北	101.4	98.8	109.9	95.1	104.0
山 西	102.0	99.3	106.3	92.1	102.5
内 蒙 古	102.6	95.4	106.9	99.6	105.3
辽 宁	100.1	99.8	106.2	91.4	102.4
吉 林	100.1	99.7	108.1	90.4	102.0
黑 龙 江	100.4	98.2	106.3	89.2	105.3
上 海					
江 苏	99.6	100.2	105.9	95.4	106.7
浙 江	102.1	99.1	107.3	98.0	106.5
安 徽	101.7	98.1	107.1	95.3	106.1
福 建	100.4	99.2	106.5	95.0	108.7
江 西	101.3	98.3	104.1	91.1	104.8
山 东	100.2	100.3	109.6	94.2	108.0
河 南	101.0	98.4	103.6	91.9	106.4
湖 北	99.6	100.5	107.0	96.0	109.1
湖 南	97.8	96.2	101.6	91.8	107.4
广 东	102.1	98.6	104.9	94.6	104.8
广 西	100.0	97.4	102.5	92.1	106.5
海 南	93.7	95.3	104.9	97.0	109.6
重 庆					
四 川	101.6	96.7	106.1	95.0	109.2
贵 州	98.5	94.6	104.8	93.9	105.8
云 南	100.5	96.8	104.4	92.9	103.0
西 藏	102.9	100.9	105.3	101.0	103.9
陕 西	99.9	99.4	106.2	95.8	104.1
甘 肃	100.1	100.1	100.3	98.1	100.0
青 海	98.8	99.6	107.5	108.6	102.7
宁 夏	98.4	100.1	111.0	109.0	100.5
新 疆	99.8	98.5	99.3	107.7	104.4

8-3 续表 2

地 区	(8)水产品	(9)蛋类	(10)奶类	(11)干鲜瓜果类	(12)糖果糕点类
全国平均	**102.7**	**112.7**	**100.8**	**104.5**	**101.6**
北 京					
天 津					
河 北	103.1	114.8	100.7	107.3	102.4
山 西	101.2	121.7	99.0	112.6	100.8
内蒙古	109.7	112.7	99.5	103.4	100.7
辽 宁	103.2	110.6	100.0	108.9	100.3
吉 林	99.5	110.9	103.8	105.4	102.2
黑龙江	102.7	112.1	99.7	105.5	98.9
上 海					
江 苏	100.0	111.2	102.6	105.6	102.4
浙 江	103.6	109.5	100.9	101.8	101.4
安 徽	98.7	113.2	102.3	106.4	102.6
福 建	102.0	111.4	101.0	102.0	101.8
江 西	100.7	109.7	100.0	103.8	102.3
山 东	103.6	109.3	100.7	108.8	103.8
河 南	103.1	119.9	99.5	104.3	100.8
湖 北	102.6	113.8	100.7	103.3	102.8
湖 南	100.2	106.0	101.0	101.6	100.7
广 东	105.3	107.9	101.0	102.7	101.2
广 西	105.6	110.2	102.1	101.3	101.1
海 南	109.1	112.4	101.4	93.9	101.5
重 庆					
四 川	101.7	109.6	99.4	104.2	100.4
贵 州	102.8	106.0	99.5	104.0	100.7
云 南	104.5	109.6	101.2	105.0	101.3
西 藏	106.1	104.1	105.1	101.2	103.0
陕 西	100.1	113.2	102.1	104.2	101.7
甘 肃	103.2	108.4	103.1	101.9	101.6
青 海	99.7	109.8	103.0	99.1	101.9
宁 夏	99.6	113.6	100.1	101.2	100.4
新 疆	108.5	117.4	100.4	99.4	101.7

8-3 续表 3

地 区	(13)调味品	(14)其他食品类	2.茶及饮料	3.烟酒	(1)烟草
全国平均	**101.5**	**101.2**	**101.5**	**100.9**	**100.1**
北 京					
天 津					
河 北	102.4	102.8	102.8	101.1	100.4
山 西	100.9	100.3	100.5	100.1	100.0
内 蒙 古	102.4	101.1	100.9	101.3	100.4
辽 宁	100.4	100.9	100.9	101.3	101.5
吉 林	101.0	100.0	102.4	100.8	100.0
黑 龙 江	102.2	100.1	100.7	101.9	100.7
上 海					
江 苏	102.7	102.7	103.1	101.7	99.8
浙 江	102.6	101.4	100.9	101.0	100.0
安 徽	102.1	101.9	103.2	99.8	99.4
福 建	101.7	101.2	101.2	100.2	100.7
江 西	102.8	101.2	100.6	99.7	98.9
山 东	101.8	102.3	101.0	101.6	100.7
河 南	102.0	101.6	101.9	101.3	100.5
湖 北	101.0	101.0	100.8	100.5	99.9
湖 南	100.8	100.4	100.1	101.2	100.1
广 东	100.8	99.9	101.3	101.1	100.4
广 西	101.8	101.9	102.7	100.0	99.8
海 南	97.1	101.8	98.8	99.2	98.9
重 庆					
四 川	100.5	100.6	100.9	102.0	100.0
贵 州	99.8	99.6	100.3	100.4	100.0
云 南	103.3	100.3	100.9	100.2	99.7
西 藏	101.2	102.4	101.5	100.4	100.8
陕 西	100.8	100.7	102.3	100.4	100.1
甘 肃	100.0	101.0	100.1	100.1	99.9
青 海	103.3	100.8	102.9	100.1	100.0
宁 夏	101.0	99.9	100.8	100.0	100.0
新 疆	101.5	101.9	101.5	100.8	100.1

8-3 续表 4

地　区	(2)酒类	4.在外餐饮	二、衣着	1.服装	(1)男式服装
全国平均	**102.3**	**102.3**	**101.5**	**101.6**	**101.7**
北　京					
天　津					
河　北	102.1	101.3	101.8	102.4	102.7
山　西	100.4	100.2	101.6	101.6	103.5
内蒙古	102.4	102.3	103.1	103.5	103.6
辽　宁	101.0	100.8	100.9	100.9	101.5
吉　林	102.5	102.5	103.0	103.4	104.0
黑龙江	103.5	101.2	101.8	102.1	101.2
上　海					
江　苏	105.3	104.4	102.9	103.3	102.9
浙　江	103.1	102.8	101.3	101.9	101.6
安　徽	100.6	104.2	102.4	102.7	102.7
福　建	99.4	102.5	101.1	101.2	101.7
江　西	101.3	103.7	99.5	99.6	100.3
山　东	102.6	101.6	103.2	103.4	103.6
河　南	102.7	101.1	101.3	101.2	101.1
湖　北	101.8	101.9	100.0	100.1	99.2
湖　南	103.2	100.4	102.0	102.5	102.0
广　东	102.8	102.9	100.7	100.9	100.7
广　西	100.3	103.5	100.8	100.3	100.8
海　南	99.9	102.9	100.7	100.0	102.1
重　庆					
四　川	105.1	100.8	101.2	101.3	101.6
贵　州	101.2	101.6	102.0	101.8	101.5
云　南	101.3	103.0	100.8	100.4	100.6
西　藏	100.0	108.1	102.2	101.6	102.5
陕　西	100.9	103.2	100.9	100.2	100.4
甘　肃	100.3	101.7	100.8	100.7	100.4
青　海	100.2	103.4	101.0	100.5	101.3
宁　夏	100.1	101.1	103.5	103.3	104.7
新　疆	101.8	103.9	100.7	99.8	99.3

8-3 续表 5

地　　区	(2)女式服装	(3)儿童服装	2.服装材料	3.其他衣着及配件	4.衣着加工服务费
全国平均	**101.6**	**101.8**	**102.3**	**100.6**	**103.8**
北　　京					
天　　津					
河　　北	102.3	102.0	101.1	99.7	104.5
山　　西	101.0	99.2	100.5	100.7	101.2
内 蒙 古	103.0	104.7	100.4	101.6	104.4
辽　　宁	100.3	101.4	100.4	100.6	102.3
吉　　林	102.4	105.1	108.4	103.6	108.8
黑 龙 江	102.7	102.1	101.0	99.8	102.2
上　　海					
江　　苏	104.0	102.7	101.7	100.8	103.9
浙　　江	102.2	101.3	102.6	101.9	103.4
安　　徽	102.5	103.2	102.5	100.7	104.2
福　　建	100.8	101.0	103.2	99.8	104.9
江　　西	99.0	99.9	102.6	100.2	100.9
山　　东	103.1	103.6	105.9	103.1	102.5
河　　南	101.3	101.3	101.1	100.4	104.6
湖　　北	100.6	100.5	100.2	98.7	102.7
湖　　南	102.7	103.2	102.5	100.5	105.8
广　　东	101.0	101.0	101.8	97.8	104.6
广　　西	100.3	99.7	102.3	100.5	105.1
海　　南	96.8	105.5	100.2	102.2	100.9
重　　庆					
四　　川	101.1	101.7	104.1	100.1	104.6
贵　　州	101.6	103.4	102.3	99.7	100.2
云　　南	99.6	101.8	100.7	102.3	101.6
西　　藏	101.1	101.5	100.9	101.3	104.9
陕　　西	100.6	98.4	103.1	101.1	104.9
甘　　肃	100.5	103.3	99.8	102.4	105.0
青　　海	100.2	100.3	100.2	100.5	104.5
宁　　夏	102.2	103.1	101.0	102.4	102.3
新　　疆	99.8	101.0	102.8	100.2	103.8

8-3 续表 6

地 区	5.鞋类	(1)鞋	(2)鞋类加工服务	三、居住	1.租赁房房租
全国平均	**101.2**	**101.1**	**103.7**	**103.3**	**103.5**
北 京					
天 津					
河 北	100.3	100.3	100.2	103.7	100.8
山 西	102.0	102.0	100.1	102.9	104.3
内蒙古	102.5	102.5	101.0	100.9	103.1
辽 宁	101.1	101.1	100.2	101.2	99.8
吉 林	101.2	101.1	107.1	103.3	104.3
黑龙江	101.5	101.3	109.7	102.8	101.8
上 海					
江 苏	101.8	101.7	105.4	103.4	102.0
浙 江	99.1	99.0	101.2	103.8	104.1
安 徽	101.7	101.6	103.5	102.9	99.8
福 建	100.7	100.6	105.9	101.9	101.4
江 西	98.8	98.8	101.5	103.4	102.7
山 东	102.9	102.9	100.8	104.0	106.1
河 南	101.5	101.5	101.2	102.1	101.9
湖 北	99.4	99.4	101.2	103.1	103.3
湖 南	100.4	100.3	103.7	105.4	108.2
广 东	100.5	100.5	101.1	103.4	103.4
广 西	101.6	101.5	102.5	104.7	103.8
海 南	102.5	102.1	119.2	103.7	101.2
重 庆					
四 川	100.8	100.5	106.4	103.8	105.5
贵 州	102.7	102.7	101.0	102.3	103.7
云 南	101.9	101.9	104.4	101.9	102.5
西 藏	103.4	103.3	105.5	100.3	100.3
陕 西	102.0	102.1	101.3	103.7	102.7
甘 肃	100.3	100.4	100.0	105.4	106.9
青 海	102.3	102.3	100.5	102.0	101.7
宁 夏	104.4	104.5	100.0	102.0	99.2
新 疆	102.8	101.4	112.4	99.2	100.7

8-3 续表 7

地　区	2.住房保养维修及管理	(1)住房装潢材料	(2)物业管理费	(3)住房装潢维修	3.水电燃料
全国平均	**104.1**	**104.4**	**101.7**	**103.9**	**102.9**
北　京					
天　津					
河　北	101.1	100.5	103.1	101.3	109.6
山　西	102.1	102.9	101.1	101.7	104.1
内 蒙 古	99.2	101.7	102.9	98.2	101.0
辽　宁	102.0	102.6	100.0	101.7	103.7
吉　林	105.0	103.2	101.8	106.0	101.8
黑 龙 江	101.9	102.6	100.4	101.6	106.2
上　海					
江　苏	109.4	110.0	100.7	109.4	102.9
浙　江	105.1	104.5	100.1	107.3	102.7
安　徽	104.5	104.4	100.0	104.8	104.3
福　建	105.2	103.4	100.8	107.6	100.9
江　西	105.5	105.2	100.0	105.8	102.1
山　东	105.2	106.4	102.4	104.2	102.3
河　南	102.3	104.2	100.1	101.0	102.1
湖　北	105.2	104.8	101.3	106.0	101.5
湖　南	105.2	105.5	101.5	105.0	102.7
广　东	102.8	102.8	106.2	102.2	103.3
广　西	104.1	102.8	105.0	105.3	104.2
海　南	101.9	101.4	100.0	102.4	102.0
重　庆					
四　川	104.9	105.8	100.0	104.5	101.4
贵　州	101.8	102.2	100.3	101.5	101.6
云　南	101.9	102.0	99.4	102.7	101.1
西　藏	100.7	100.4	100.0	101.1	100.5
陕　西	106.5	108.8	100.0	104.5	102.1
甘　肃	105.6	101.5	104.0	109.8	101.1
青　海	101.9	102.9	100.0	100.4	102.1
宁　夏	102.3	104.5	100.0	99.1	103.9
新　疆	103.7	104.0	105.3	102.4	91.8

8-3 续表 8

地 区	(1)水	(2)电	(3)燃气	(4)取暖费	(5)其他燃料
全国平均	**103.3**	**99.4**	**106.1**	**100.3**	**108.7**
北 京					
天 津					
河 北	106.4	100.0	103.6	100.1	120.1
山 西	101.7	100.0	104.9	99.9	107.4
内 蒙 古	102.0	99.7	101.7	100.2	102.1
辽 宁	102.7	100.0	106.5	99.9	107.5
吉 林	106.4	100.0	104.1	100.0	102.7
黑 龙 江	101.1	100.0	105.8	100.0	114.3
上 海					
江 苏	103.4	100.0	108.1	100.0	102.9
浙 江	101.0	100.0	108.6	100.0	102.0
安 徽	107.5	100.0	112.6	100.0	106.1
福 建	100.6	100.0	102.6	100.0	105.1
江 西	106.1	100.0	104.3	100.0	106.2
山 东	102.5	99.7	104.0	100.0	104.7
河 南	105.1	100.0	102.0	100.0	107.9
湖 北	103.9	100.2	104.3	100.1	101.7
湖 南	103.3	100.0	106.7	100.0	104.5
广 东	102.8	98.7	111.5	100.0	102.0
广 西	100.0	100.0	111.6	100.0	107.0
海 南	101.1	99.9	105.6	100.0	100.0
重 庆					
四 川	105.6	98.4	103.1	100.0	106.2
贵 州	100.4	100.0	100.9	98.1	107.5
云 南	102.7	99.4	103.0	100.1	104.4
西 藏	104.7	100.0	100.4	100.0	100.0
陕 西	100.6	100.0	100.4	99.8	111.4
甘 肃	103.7	100.0	100.5	101.1	102.1
青 海	102.4	100.0	101.1	102.7	104.8
宁 夏	119.4	100.0	102.4	100.0	106.1
新 疆	105.9	69.3	101.0	100.3	114.0

8-3 续表 9

地　区	4.自有住房	四、生活用品及服务	1.家具及室内装饰品	(1)家具	(2)室内装饰品
全国平均	**103.1**	**101.6**	**102.5**	**102.6**	**101.6**
北　京					
天　津					
河　北	101.1	101.4	102.4	102.4	102.0
山　西	102.3	100.3	100.8	100.8	100.8
内蒙古	101.3	101.2	100.1	100.1	99.4
辽　宁	99.6	100.4	101.1	101.2	99.6
吉　林	103.4	102.1	101.8	101.8	102.2
黑龙江	101.4	101.6	99.7	99.6	100.7
上　海					
江　苏	101.9	103.5	105.3	105.3	105.4
浙　江	103.8	101.2	102.2	102.2	102.4
安　徽	101.4	101.2	100.4	100.4	100.8
福　建	101.4	101.0	102.2	102.4	100.1
江　西	103.3	101.2	102.2	102.2	102.4
山　东	104.4	102.0	102.3	102.4	101.2
河　南	101.9	101.7	103.4	103.6	101.3
湖　北	102.9	101.2	101.3	101.4	100.0
湖　南	106.9	101.4	101.7	101.7	101.9
广　东	103.8	101.0	102.5	102.6	101.0
广　西	105.2	102.1	100.6	100.5	102.0
海　南	106.0	100.9	103.5	103.7	101.6
重　庆					
四　川	104.0	101.7	105.1	105.7	101.5
贵　州	102.6	100.3	101.5	101.8	100.3
云　南	102.2	101.0	102.4	102.3	102.9
西　藏	100.1	102.6	103.2	103.1	104.3
陕　西	104.3	102.2	102.4	102.6	101.2
甘　肃	108.0	100.6	99.6	99.3	101.3
青　海	102.0	101.0	101.3	101.5	100.3
宁　夏	100.4	102.3	103.0	103.4	100.9
新　疆	102.2	102.0	103.2	103.8	98.7

8-3 续表 10

地 区	2.家用器具	(1)大型家用器具	(2)小家电	3.家用纺织品	(1)床上用品
全国平均	**100.8**	**100.8**	**101.0**	**101.0**	**100.8**
北 京					
天 津					
河 北	100.4	100.4	100.0	100.3	100.4
山 西	99.7	99.7	99.5	101.1	100.8
内蒙古	101.5	101.4	101.5	100.3	100.2
辽 宁	100.7	100.8	100.0	100.4	100.4
吉 林	102.3	102.5	100.6	101.1	101.3
黑龙江	99.7	99.5	100.6	100.0	100.0
上 海					
江 苏	102.0	101.8	104.2	104.0	104.1
浙 江	99.7	99.8	99.3	99.9	99.7
安 徽	100.9	101.0	100.3	100.6	100.6
福 建	100.9	101.0	100.3	99.0	98.6
江 西	100.8	100.5	102.6	100.8	100.3
山 东	102.7	102.6	102.8	100.5	100.1
河 南	101.6	101.8	99.7	101.1	101.1
湖 北	100.6	100.3	102.3	99.2	99.0
湖 南	101.2	101.1	102.4	100.5	100.5
广 东	100.2	100.2	100.3	100.4	99.9
广 西	101.1	100.9	101.9	102.4	102.8
海 南	102.3	102.1	103.5	99.6	99.5
重 庆					
四 川	99.4	99.1	100.4	101.7	100.5
贵 州	99.9	99.8	100.4	100.7	101.0
云 南	99.2	99.1	99.7	101.0	100.9
西 藏	104.9	105.5	101.7	101.6	102.1
陕 西	102.6	102.7	102.2	102.3	101.7
甘 肃	99.0	98.8	100.0	100.0	99.7
青 海	99.7	99.7	99.0	101.0	100.5
宁 夏	103.2	103.8	98.6	102.8	104.0
新 疆	99.4	99.0	101.2	103.0	102.5

8-3 续表 11

地　区	(2)窗帘门帘	(3)其他家用纺织品	4.家庭日用杂品	(1)洗涤卫生用品	(2)厨具餐具茶具
全国平均	**102.4**	**101.0**	**101.4**	**101.5**	**101.1**
北　京					
天　津					
河　北	100.0	100.9	101.5	101.4	101.0
山　西	103.0	99.7	100.0	99.5	100.6
内蒙古	99.0	102.6	100.9	101.2	100.8
辽　宁	100.8	100.1	100.2	99.8	100.7
吉　林	100.4	100.4	102.5	101.5	104.0
黑龙江	100.0	100.0	101.9	101.8	102.8
上　海					
江　苏	104.1	103.4	103.7	103.9	104.1
浙　江	101.8	99.4	101.7	102.3	101.9
安　徽	102.0	98.4	101.4	101.2	102.2
福　建	101.6	99.6	100.3	99.4	101.7
江　西	102.5	104.9	101.4	101.3	101.4
山　东	102.5	101.0	101.3	102.0	99.5
河　南	101.9	99.6	100.9	101.0	100.8
湖　北	100.4	100.1	101.5	102.2	100.4
湖　南	100.4	100.4	100.8	102.3	99.8
广　东	104.3	99.8	100.4	100.8	99.7
广　西	102.7	99.1	103.4	103.1	100.5
海　南	100.0	100.2	98.7	97.9	98.2
重　庆					
四　川	109.0	103.5	101.1	101.0	100.5
贵　州	100.2	98.8	100.0	100.0	99.9
云　南	101.3	101.0	101.6	102.5	100.5
西　藏	98.6	100.1	101.3	100.1	102.7
陕　西	104.3	101.6	102.9	101.5	103.8
甘　肃	101.1	100.3	101.2	101.7	101.4
青　海	103.1	100.3	101.5	101.7	100.0
宁　夏	100.8	100.3	101.1	100.5	102.4
新　疆	104.8	102.4	101.0	101.0	101.1

8-3 续表 12

地　区	(3)家用手工工具	(4)其他家庭日用杂品	5.个人护理用品	(1)化妆品	(2)其他护理用品类
全国平均	**103.8**	**101.1**	**101.1**	**101.0**	**101.1**
北　京					
天　津					
河　北	100.6	102.0	100.8	100.6	101.2
山　西	102.3	100.6	99.9	99.5	100.3
内蒙古	99.1	100.4	100.5	101.9	98.6
辽　宁	100.3	100.4	99.8	99.7	100.1
吉　林	101.6	103.1	101.3	101.3	101.4
黑龙江	100.0	101.5	101.2	101.7	100.7
上　海					
江　苏	102.9	103.1	102.2	101.7	103.1
浙　江	103.1	100.8	101.0	101.1	100.8
安　徽	102.0	101.3	101.3	101.3	101.3
福　建	101.5	101.4	101.2	101.1	101.3
江　西	106.3	101.0	100.2	100.8	99.4
山　东	101.2	101.2	101.4	101.6	101.2
河　南	104.4	100.2	101.4	100.9	102.0
湖　北	101.6	101.2	101.9	102.7	101.6
湖　南	100.5	100.0	102.0	100.7	102.2
广　东	98.8	100.0	100.3	100.3	100.2
广　西	112.0	103.3	101.2	100.6	101.6
海　南	103.8	100.0	100.4	102.2	99.7
重　庆					
四　川	103.5	101.3	101.0	101.1	101.0
贵　州	100.0	100.1	100.0	100.2	99.7
云　南	101.0	100.6	101.1	101.1	101.1
西　藏	100.8	103.0	101.3	101.3	101.3
陕　西	106.2	102.3	100.4	100.5	100.3
甘　肃	98.9	100.7	100.9	100.9	101.0
青　海	102.6	102.2	100.6	100.6	100.7
宁　夏	102.4	100.9	100.1	100.0	100.4
新　疆	100.2	101.0	101.7	102.2	101.2

8-3 续表 13

地　区	6.家庭服务	五、交通和通信	1.交通	(1)交通工具	(2)交通工具用燃料
全国平均	**105.2**	**101.8**	**103.2**	**98.9**	**112.7**
北　京					
天　津					
河　北	105.5	100.5	101.7	94.7	112.7
山　西	103.6	101.3	103.3	98.7	112.8
内蒙古	107.0	102.2	103.3	97.8	113.0
辽　宁	100.7	101.9	103.5	99.7	113.3
吉　林	103.0	102.1	103.3	98.0	112.3
黑龙江	112.4	101.2	102.8	99.6	112.7
上　海					
江　苏	107.3	102.1	103.0	99.5	112.9
浙　江	106.9	101.4	103.7	100.0	112.6
安　徽	105.6	101.2	102.1	96.9	112.8
福　建	103.8	101.6	102.8	99.5	112.5
江　西	102.3	101.5	102.9	99.0	112.8
山　东	104.9	102.0	103.0	99.0	112.9
河　南	103.1	102.9	103.2	100.3	113.1
湖　北	105.0	102.2	104.0	99.4	112.8
湖　南	105.3	103.0	104.7	99.9	112.9
广　东	104.2	102.7	104.9	99.1	112.9
广　西	106.5	101.6	103.0	97.2	112.7
海　南	99.8	103.1	105.0	99.9	111.2
重　庆					
四　川	107.4	101.3	102.7	97.0	112.3
贵　州	100.1	101.9	104.6	99.2	112.6
云　南	104.1	101.0	103.3	100.2	112.0
西　藏	101.9	102.6	104.3	100.7	111.3
陕　西	102.3	101.2	102.9	99.7	112.7
甘　肃	107.9	100.7	102.6	99.6	112.2
青　海	102.0	102.5	104.0	101.8	112.5
宁　夏	102.0	103.6	104.9	103.1	112.2
新　疆	110.4	101.2	102.2	99.0	112.0

8-3 续表 14

地　区	(3)交通工具使用和维修	(4)交通费	2.通信	(1)通信工具	(2)通信服务
全国平均	**101.6**	**101.2**	**99.2**	**98.3**	**99.4**
北　京					
天　津					
河　北	100.5	102.6	98.3	95.4	99.3
山　西	101.2	100.5	97.7	93.7	98.8
内蒙古	101.5	102.1	100.1	100.0	100.1
辽　宁	100.7	100.3	98.6	95.0	100.0
吉　林	103.2	100.3	99.8	102.0	98.6
黑龙江	101.5	100.4	98.5	94.5	100.0
上　海					
江　苏	101.7	101.8	100.3	101.9	99.8
浙　江	103.4	100.9	97.1	95.9	97.3
安　徽	102.6	101.3	99.6	97.3	100.0
福　建	101.4	98.7	99.5	97.1	100.0
江　西	99.6	99.6	99.2	95.4	100.0
山　东	101.4	100.7	100.3	101.1	100.0
河　南	102.5	101.4	102.2	108.1	99.6
湖　北	100.2	102.2	99.1	97.1	99.7
湖　南	101.7	103.8	100.0	99.9	100.0
广　东	103.2	101.1	99.1	95.6	99.8
广　西	102.3	102.0	99.1	95.4	100.2
海　南	100.9	109.6	99.7	98.3	100.2
重　庆					
四　川	100.5	101.3	98.5	94.5	99.6
贵　州	101.6	100.5	98.5	96.3	99.1
云　南	101.2	98.2	97.5	99.3	96.8
西　藏	102.5	104.2	100.4	108.7	97.1
陕　西	103.0	100.2	97.4	90.9	99.8
甘　肃	100.9	99.4	97.6	97.5	97.4
青　海	102.7	99.6	98.2	93.2	100.1
宁　夏	101.1	102.4	101.2	102.2	100.7
新　疆	100.3	99.0	99.0	96.5	99.8

8-3 续表 15

地　区	(3)邮递服务	六、教育文化和娱乐	1.教育	(1)教育用品	(2)教育服务
全国平均	**100.8**	**102.2**	**102.7**	**102.3**	**102.7**
北　京					
天　津					
河　北	100.0	102.3	102.7	103.9	102.7
山　西	101.1	101.6	101.9	101.4	102.0
内蒙古	100.0	100.9	100.9	100.5	101.2
辽　宁	100.3	102.3	102.9	103.1	102.8
吉　林	100.1	102.5	102.7	104.1	102.6
黑龙江	100.0	102.4	103.2	100.5	103.3
上　海					
江　苏	103.9	102.0	101.8	106.1	101.4
浙　江	103.3	102.3	102.8	101.8	102.9
安　徽	103.1	102.3	102.8	109.3	102.6
福　建	101.4	102.2	102.7	104.4	102.6
江　西	100.7	103.6	104.4	102.4	104.4
山　东	102.0	102.7	103.2	104.1	103.2
河　南	101.9	104.1	105.6	102.2	105.8
湖　北	100.1	101.8	102.2	101.0	102.4
湖　南	100.0	101.5	101.5	100.7	101.6
广　东	100.6	101.4	102.0	102.7	101.9
广　西	99.3	102.3	102.6	101.4	102.8
海　南	100.0	103.2	104.1	101.6	104.4
重　庆					
四　川	100.0	101.2	102.7	99.9	102.9
贵　州	100.0	103.5	101.9	102.1	101.9
云　南	100.0	102.0	102.2	100.9	102.2
西　藏	100.2	100.7	100.4	100.2	100.5
陕　西	100.2	101.8	101.8	102.9	101.6
甘　肃	99.8	100.6	101.2	100.9	101.2
青　海	102.5	101.6	100.9	107.9	100.7
宁　夏	101.5	101.2	101.2	103.2	101.1
新　疆	100.2	100.8	100.7	102.7	100.6

8-3 续表 16

地　区	2.文化娱乐	(1)文娱耐用消费品	(2)其他文娱用品	(3)文化娱乐服务	(4)旅游
全国平均	**101.0**	**98.9**	**101.7**	**100.4**	**104.0**
北　京					
天　津					
河　北	100.9	99.2	101.9	100.5	104.2
山　西	100.5	100.0	101.5	99.9	100.1
内蒙古	100.7	99.7	101.4	100.7	101.9
辽　宁	99.4	97.7	100.9	100.4	101.4
吉　林	101.6	101.3	101.0	100.3	105.7
黑龙江	98.2	95.9	103.2	100.1	94.7
上　海					
江　苏	102.5	100.3	103.1	101.6	105.7
浙　江	100.6	96.7	103.6	100.9	103.2
安　徽	100.7	98.6	100.6	102.1	103.8
福　建	101.1	99.8	100.4	101.5	103.6
江　西	100.7	99.7	100.6	100.3	103.1
山　东	101.1	100.0	102.3	99.6	102.8
河　南	100.7	98.5	102.5	100.4	105.1
湖　北	101.0	99.8	101.6	100.2	103.8
湖　南	101.7	101.8	100.2	100.1	105.3
广　东	100.1	97.7	100.5	100.2	103.1
广　西	101.5	99.7	104.1	99.5	103.1
海　南	101.2	99.9	100.4	100.5	106.7
重　庆					
四　川	99.0	95.0	101.2	100.5	100.1
贵　州	105.9	99.9	100.3	99.8	118.2
云　南	101.6	99.7	104.1	100.8	103.4
西　藏	100.9	100.9	100.5	102.5	100.0
陕　西	101.7	98.2	103.9	100.0	107.1
甘　肃	99.3	98.9	100.0	99.9	98.2
青　海	102.9	100.0	102.8	100.7	109.7
宁　夏	101.2	101.7	103.6	101.0	98.5
新　疆	101.1	98.8	102.1	99.3	105.4

8-3 续表 17

地 区	七、医疗保健	1.药品及医疗器具	(1)中药	(2)西药	(3)滋补保健品
全国平均	**103.7**	**105.3**	**105.6**	**106.2**	**103.9**
北 京					
天 津					
河 北	104.4	108.7	108.9	110.1	105.6
山 西	102.4	103.9	105.7	104.3	102.0
内蒙古	104.1	102.8	103.1	104.3	96.7
辽 宁	107.8	104.0	103.6	104.9	102.1
吉 林	104.1	108.9	110.9	109.4	102.6
黑龙江	104.9	106.2	109.6	106.0	102.1
上 海					
江 苏	101.7	104.2	106.1	105.6	100.4
浙 江	101.6	102.8	103.8	103.0	102.7
安 徽	102.9	107.0	105.4	108.6	105.8
福 建	101.9	105.6	105.1	107.4	100.6
江 西	109.4	101.0	104.3	98.9	106.0
山 东	103.2	107.1	102.8	109.5	106.0
河 南	103.2	105.4	106.0	105.7	106.4
湖 北	101.5	104.1	106.6	103.0	105.9
湖 南	103.4	107.7	105.7	109.5	101.1
广 东	103.6	103.2	103.3	103.8	104.7
广 西	104.3	105.8	106.5	107.4	103.4
海 南	104.3	108.8	109.0	105.7	126.6
重 庆					
四 川	101.7	103.5	104.7	103.8	101.9
贵 州	101.5	102.3	101.9	103.0	101.2
云 南	104.8	108.2	108.8	110.1	106.5
西 藏	101.0	102.8	101.7	104.2	100.6
陕 西	103.2	105.3	107.9	105.0	102.8
甘 肃	107.7	102.2	106.0	102.5	94.8
青 海	103.9	109.9	105.8	111.9	105.7
宁 夏	102.0	103.1	106.8	101.9	99.5
新 疆	111.3	101.0	99.7	101.4	101.9

8-3 续表 18

地 区	(4)医疗卫生器具	(5)保健器具	2.医疗服务	(1)综合医疗类	(2)诊断类
全国平均	**100.3**	**100.5**	**102.8**	**105.5**	**100.2**
北 京					
天 津					
河 北	100.7	100.3	102.0	101.7	101.8
山 西	99.4	99.7	101.6	103.8	99.4
内蒙古	100.0	99.3	104.6	107.6	100.6
辽 宁	100.2	99.7	110.0	119.1	96.5
吉 林	100.6	99.7	101.6	104.5	99.4
黑龙江	100.9	100.0	104.2	101.7	101.8
上 海					
江 苏	99.7	101.0	100.8	101.0	100.6
浙 江	101.1	97.4	101.0	104.5	100.0
安 徽	100.6	100.4	101.3	106.4	99.3
福 建	101.4	99.8	100.7	103.1	99.8
江 西	99.3	100.9	112.2	125.5	102.5
山 东	99.8	101.1	100.1	102.1	99.8
河 南	100.5	101.7	101.9	103.9	99.7
湖 北	100.4	100.5	100.1	100.6	100.0
湖 南	102.2	100.0	101.1	102.0	100.2
广 东	98.7	100.1	103.8	110.3	100.5
广 西	99.7	100.1	103.5	109.3	100.3
海 南	100.1	99.5	100.4	101.0	100.0
重 庆					
四 川	100.2	100.9	100.3	100.9	99.6
贵 州	101.1	100.0	100.9	102.4	100.3
云 南	98.9	101.5	102.2	105.3	101.7
西 藏	100.0	100.0	100.0	100.0	100.0
陕 西	103.7	100.8	101.2	101.9	100.8
甘 肃	98.5	100.0	111.0	126.1	99.1
青 海	99.7	100.9	100.2	101.0	99.9
宁 夏	100.0	101.0	101.0	101.5	101.1
新 疆	101.5	100.3	115.7	138.5	100.2

8-3 续表 19

地　区	(3)治疗类	(4)康复类	(5)中医医疗服务类	(6)其他医疗服务	八、其他用品和服务
全国平均	**103.5**	**102.2**	**104.7**	**103.4**	**101.2**
北　京					
天　津					
河　北	101.7	101.0	104.7	111.1	103.6
山　西	101.9	99.7	101.6	104.2	103.4
内蒙古	106.2	108.8	101.5	100.6	100.7
辽　宁	119.0	116.9	100.0	107.5	102.0
吉　林	100.9	104.1	100.4	100.0	101.5
黑龙江	105.5	104.1	115.0	117.7	100.7
上　海					
江　苏	100.6	100.8	102.5	101.8	102.0
浙　江	100.1	99.9	103.1	100.1	101.2
安　徽	100.8	100.0	100.3	98.7	100.2
福　建	100.4	100.2	99.3	100.0	100.7
江　西	111.3	112.7	123.6	113.4	100.8
山　东	99.3	99.9	100.2	99.1	101.1
河　南	102.4	102.0	102.4	105.7	101.1
湖　北	100.0	100.0	100.1	100.1	100.9
湖　南	101.0	101.1	100.0	100.0	100.5
广　东	104.7	102.1	101.2	103.4	99.2
广　西	102.7	101.9	113.8	100.0	101.0
海　南	100.4	100.2	100.2	100.0	101.9
重　庆					
四　川	101.0	100.4	101.0	100.2	101.9
贵　州	100.6	100.0	100.8	100.0	101.0
云　南	101.4	101.7	102.7	100.2	100.7
西　藏	100.0	100.0	100.1	100.0	102.1
陕　西	101.1	100.9	101.3	99.6	103.5
甘　肃	109.5	92.8	137.9	105.0	101.3
青　海	99.7	100.0	101.5	100.0	101.5
宁　夏	100.8	100.0	100.0	100.0	103.3
新　疆	116.3	110.6	110.6	102.7	99.8

8-3　续表 20

地　区	1.其他用品类	(1)首饰手表	(2)其他杂项用品	2.其他服务类	(1)旅馆住宿
全国平均	**99.6**	**98.8**	**100.5**	**102.8**	**101.0**
北　京					
天　津					
河　北	99.8	99.1	100.5	106.6	100.4
山　西	100.8	100.4	101.1	105.7	100.7
内蒙古	100.0	98.1	101.6	101.3	108.7
辽　宁	99.1	97.9	100.3	104.0	97.8
吉　林	100.6	98.2	103.1	102.1	100.7
黑龙江	98.4	97.1	100.7	101.9	100.5
上　海					
江　苏	100.2	98.2	102.4	104.0	105.3
浙　江	100.5	100.1	101.2	101.7	101.8
安　徽	99.2	97.6	100.7	101.2	100.8
福　建	99.1	98.9	99.3	102.2	99.4
江　西	100.1	98.4	102.2	101.6	100.9
山　东	99.1	98.0	100.4	103.0	99.0
河　南	99.9	99.5	100.8	102.8	102.7
湖　北	99.7	99.4	99.9	101.9	101.2
湖　南	99.9	101.8	98.9	101.1	101.5
广　东	97.9	97.1	99.8	100.4	100.5
广　西	99.1	97.8	99.9	102.3	99.4
海　南	100.2	98.3	101.5	103.4	100.7
重　庆					
四　川	99.6	100.0	99.1	103.5	101.5
贵　州	100.5	99.8	100.8	101.4	102.5
云　南	100.1	99.9	100.2	103.9	101.6
西　藏	99.4	98.5	100.8	104.8	112.8
陕　西	99.3	98.1	101.5	108.5	101.7
甘　肃	100.0	98.3	101.2	102.6	101.5
青　海	99.7	99.4	100.1	103.6	104.8
宁　夏	96.7	95.5	99.7	110.0	98.0
新　疆	99.6	98.8	100.7	100.0	96.7

8-3 续表 21

地 区	(2)美容美发洗浴	(3)养老服务	(4)金融保险	(5)其他服务类
全国平均	**103.6**	**102.8**	**102.8**	**101.8**
北 京				
天 津				
河 北	102.7	101.7	108.7	102.8
山 西	103.3	101.2	109.3	101.0
内蒙古	103.6	100.0	100.0	104.3
辽 宁	101.2	112.2	104.6	101.0
吉 林	103.3	101.1	101.8	103.1
黑龙江	102.5	102.8	101.9	100.0
上 海				
江 苏	105.1	109.1	100.6	104.0
浙 江	104.1	102.8	98.3	104.2
安 徽	102.7	101.6	100.0	99.1
福 建	102.7	102.6	102.4	100.0
江 西	102.3	100.2	101.3	101.8
山 东	105.0	102.1	101.9	100.3
河 南	103.9	106.6	101.3	100.9
湖 北	104.2	104.9	99.9	101.5
湖 南	101.9	100.0	100.1	102.3
广 东	101.8	100.2	100.0	97.9
广 西	103.4	102.2	102.3	104.8
海 南	106.6	104.6	102.2	100.0
重 庆				
四 川	105.1	100.2	104.2	101.0
贵 州	103.2	100.0	100.2	100.0
云 南	104.2	110.4	100.2	123.7
西 藏	106.4	100.0	100.0	100.0
陕 西	104.4	101.0	115.2	101.9
甘 肃	101.4	100.0	103.7	103.3
青 海	103.0	106.1	100.5	111.5
宁 夏	107.1	95.9	119.1	100.0
新 疆	100.5	103.8	100.6	100.0

8-4 各地区农业生产资料价格分类指数

(以上年价格为100)

地　区	农业生产资料价格指数	一、农用手工工具	二、饲料	三、仔畜幼禽及产品畜	四、半机械化农具
全国平均	**103.1**	**103.8**	**102.9**	**89.5**	**101.4**
北　京					
天　津					
河　北	103.2	100.8	103.6	89.6	101.7
山　西	102.5	106.2	103.6	89.5	100.3
内蒙古	102.8	108.9	100.2	97.4	101.8
辽　宁	101.8	99.7	103.0	77.3	100.3
吉　林	103.7	102.2	105.3	99.5	100.0
黑龙江	103.6	107.5	101.3	89.7	100.9
上　海					
江　苏	103.9	106.8	104.0	92.7	100.5
浙　江	101.8	105.8	101.1	87.1	102.2
安　徽	101.5	102.8	100.8	77.0	101.2
福　建	103.1	101.6	102.7	96.4	100.0
江　西	102.7	103.5	105.2	90.3	102.5
山　东	106.9	101.1	107.5	90.5	106.6
河　南	104.3	106.1	106.4	83.7	100.8
湖　北	100.9	100.3	98.7	96.0	99.4
湖　南	102.7	101.5	101.2	90.1	102.2
广　东	102.5	102.5	101.5	92.5	99.8
广　西	101.8	104.0	100.8	77.8	101.1
海　南	102.2	102.8	100.6	90.9	100.0
重　庆					
四　川	101.8	107.3	103.6	88.2	101.2
贵　州	98.8	102.7	100.2	86.0	100.6
云　南	101.7	103.2	102.9	86.1	100.4
西　藏	101.0	102.6	100.7	101.0	100.0
陕　西	103.8	103.7	101.4	88.0	104.6
甘　肃	104.2	105.5	101.9	99.4	102.4
青　海	102.1	100.9	100.5	95.4	101.4
宁　夏	105.6	110.9	107.3	107.1	108.7
新　疆	104.9	102.6	102.2	98.5	100.5

8-4 续表 1

地　区	五、机械化农具	六、化学肥料	七、农药及农药器械	1.化学农药	2.农药器械
全国平均	**101.8**	**107.4**	**104.8**	**105.1**	**102.3**
北　京					
天　津					
河　北	100.7	108.4	105.2	105.5	101.8
山　西	100.3	105.4	102.1	102.4	100.3
内蒙古	100.9	107.4	102.0	102.3	100.3
辽　宁	100.8	105.7	102.0	102.2	100.9
吉　林	100.7	107.9	102.7	102.7	102.7
黑龙江	102.4	105.3	106.6	106.2	108.6
上　海					
江　苏	100.3	109.3	105.2	105.5	101.9
浙　江	102.9	105.2	102.9	103.1	100.2
安　徽	100.3	108.3	101.3	101.3	101.2
福　建	99.9	107.1	105.4	105.6	102.1
江　西	102.5	103.8	103.8	104.3	100.1
山　东	104.8	112.3	114.6	115.6	104.2
河　南	100.7	109.4	105.1	105.3	101.6
湖　北	101.5	103.9	101.8	102.0	99.9
湖　南	104.8	106.4	105.2	105.5	100.6
广　东	100.3	104.8	103.8	104.4	99.8
广　西	103.7	106.7	103.2	103.4	101.7
海　南	104.0	106.6	102.3	102.3	103.3
重　庆					
四　川	101.8	107.0	103.8	103.9	103.0
贵　州	100.1	103.9	100.2	100.1	100.2
云　南	100.6	108.5	103.4	103.5	103.1
西　藏	100.0	100.0	100.0	100.0	100.2
陕　西	106.3	108.0	105.7	106.4	102.2
甘　肃	103.1	108.3	101.2	101.3	100.5
青　海	101.7	105.8	107.4	107.6	100.7
宁　夏	99.7	108.0	101.3	101.3	101.2
新　疆	100.6	111.9	101.7	102.4	99.4

8-4 续表 2

地　区	八、农用机油	九、其他农用生产资料	十、农业生产服务
全国平均	**112.6**	**101.3**	**102.8**
北　京			
天　津			
河　北	111.2	101.8	100.2
山　西	113.3	100.6	101.6
内蒙古	112.6	99.1	100.9
辽　宁	113.8	100.9	102.9
吉　林	112.5	97.3	100.5
黑龙江	112.8	104.7	104.8
上　海			
江　苏	116.0	101.8	102.3
浙　江	113.0	101.8	102.1
安　徽	113.1	99.8	100.4
福　建	110.6	100.7	100.6
江　西	110.3	102.3	99.5
山　东	112.1	101.4	105.3
河　南	115.2	100.3	102.5
湖　北	112.4	99.8	100.3
湖　南	113.8	101.6	102.0
广　东	111.3	101.1	104.1
广　西	113.0	101.0	106.5
海　南	112.3	101.2	100.0
重　庆			
四　川	111.3	102.5	104.4
贵　州	107.6	99.4	100.2
云　南	109.5	102.7	102.8
西　藏	105.9	102.0	100.0
陕　西	111.8	103.0	102.7
甘　肃	111.5	101.2	103.9
青　海	113.1	98.3	101.7
宁　夏	114.1	100.0	102.4
新　疆	112.4	101.1	105.4

8-5 农产品生产者价格指数

(以上年价格为100)

指 标	2013年	2014年	2015年	2016年	2017年	2018年
农产品生产者价格总指数	**103.2**	**99.8**	**101.7**	**103.4**	**96.5**	**99.1**
农业产品	**104.3**	**101.8**	**99.2**	**97.0**	**99.5**	**101.2**
谷物	103.1	102.7	98.7	92.2	100.5	102.3
#小麦	106.7	105.1	99.2	94.1	104.4	100.1
稻谷	102.2	102.2	101.6	98.8	100.7	99.7
玉米	100.2	101.7	96.5	86.8	97.1	105.1
豆类	105.7	102.4	98.9	97.9	97.4	98.2
油料	102.4	99.9	100.8	101.1	100.5	99.1
棉花	103.9	87.1	87.5	118.4	100.8	97.9
糖料	98.9	99.7	98.8	106.5	106.3	98.8
蔬菜	106.9	98.5	104.6	107.0	95.6	103.6
水果	106.2	106.4	99.7	92.5	104.8	101.1
林业产品	**99.1**	**99.4**	**97.9**	**96.1**	**104.9**	**98.9**
饲养动物及其产品	**102.4**	**97.1**	**104.2**	**110.4**	**90.8**	**95.6**
猪	99.3	92.2	108.9	119.4	86.0	85.6
牛	113.1	104.4	99.1	98.7	98.8	104.9
羊	109.1	100.8	89.4	93.6	107.1	114.7
家禽	103.2	104.4	101.3	99.6	96.7	107.7
蛋类	105.8	105.7	96.9	94.3	92.8	117.6
奶类	111.0	107.9	92.2	96.2	100.0	101.3
渔业产品	**104.3**	**103.1**	**102.5**	**103.4**	**104.9**	**102.6**
海水养殖产品	100.7	101.9	101.0	104.1	107.9	101.4
海水捕捞产品	107.7	103.1	106.0	106.2	103.1	104.7
淡水养殖产品	104.7	103.8	102.1	102.0	102.4	102.2
淡水捕捞产品	103.5	101.5				

8-6 各地区农产品生产者价格指数

(以上年价格为100)

地　区	总指数	一、农业产品	二、林业产品	三、饲养动物及其产品	四、渔业产品
全国平均	**99.1**	**101.2**	**98.9**	**95.6**	**102.6**
北　京	103.6	109.7		97.0	96.6
天　津	104.2	109.0		100.4	95.7
河　北	104.7	104.5	100.6	104.6	109.9
山　西	104.7	107.1	71.0	100.9	110.9
内蒙古	102.0	105.4	101.3	98.7	99.2
辽　宁	103.7	105.4	105.7	101.6	104.8
吉　林	106.1	110.5	108.2	93.0	94.1
黑龙江	100.8	102.9	105.1	89.6	99.1
上　海	100.5	102.8	102.0	93.0	102.5
江　苏	100.9	101.0	102.4	98.8	103.8
浙　江	100.8	100.1	99.2	95.6	106.3
安　徽	99.0	99.4	101.0	96.2	103.2
福　建	102.6	102.6	110.8	95.7	103.9
江　西	97.4	98.9	101.4	91.7	103.2
山　东	100.5	101.2	101.4	97.3	103.1
河　南	97.9	100.1	105.8	94.0	
湖　北	96.6	99.0	100.3	90.9	101.9
湖　南	95.4	98.2	101.4	91.6	95.8
广　东	101.3	100.1	99.4	101.6	103.6
广　西	97.3	99.2	102.9	91.7	103.4
海　南	97.3	97.3	90.4	95.7	102.5
重　庆	99.7	106.3	92.9	94.6	99.7
四　川	100.2	101.7	101.3	98.7	101.0
贵　州	92.6	101.5	96.8	85.7	99.3
云　南	96.9	100.7	105.9	89.0	100.3
西　藏					
陕　西	100.9	103.7	95.3	96.1	103.1
甘　肃	101.7	101.6		102.2	93.6
青　海	100.3	97.1		105.6	100.0
宁　夏	105.0	104.0		106.0	106.3
新　疆	106.3	106.0	121.3	106.2	107.8

8-7 各地区主要农产品分品种生产者价格指数

(以上年价格为100)

地区	一、农业产品	谷物	小麦	稻谷	玉米	豆类
全国平均	**101.2**	**102.3**	**100.1**	**99.7**	**105.1**	**98.2**
北京	109.7	107.9	102.3		109.3	
天津	109.0	109.8	100.5		113.8	
河北	104.5	103.1	97.9		106.9	93.4
山西	107.1	112.7	102.3		114.3	95.5
内蒙古	105.4	109.7	98.6	99.8	112.0	102.0
辽宁	105.4	105.2		99.2	108.2	104.1
吉林	110.5	112.5		100.0	116.1	98.2
黑龙江	102.9	107.9	96.4	96.8	115.7	92.4
上海	102.8	99.9	96.5	99.7		
江苏	101.0	98.3	95.0	99.3	104.9	100.1
浙江	100.1	96.9		97.1	92.4	111.8
安徽	99.4	96.9	97.5	95.6	103.3	92.2
福建	102.6	101.2		101.2		
江西	98.9	97.3		97.3		103.1
山东	101.2	103.2	98.0	99.8	107.9	92.9
河南	100.1	100.8	98.6	92.7	107.0	92.0
湖北	99.0	94.3	91.6	93.9	101.4	96.4
湖南	98.2	99.5		99.0	108.2	89.7
广东	100.1	101.0		101.0		102.2
广西	99.2	102.5		101.6	105.3	101.9
海南	97.3	99.3		102.7	73.8	109.6
重庆	106.3	101.8		100.3	104.9	
四川	101.7	99.9	102.5	98.8	101.7	102.8
贵州	101.5	103.3	99.9	104.1	102.3	100.5
云南	100.7	104.7	108.4	101.4	106.9	103.3
西藏						
陕西	103.7	105.6	106.9	97.4	105.6	93.2
甘肃	101.6	104.5	102.7		103.9	87.4
青海	97.1	103.8	100.1		105.3	106.9
宁夏	104.0	104.5	102.9	99.8	108.1	
新疆	106.0	98.5	99.0	93.2	98.0	

8-7 续表 1

地　　区	大豆	薯类	油料	花生	油菜籽	棉花	糖料
全国平均	**97.9**	**101.7**	**99.1**	**96.0**	**99.8**	**97.9**	**98.8**
北　　京							
天　　津		171.4				103.1	
河　　北	95.0	97.3	85.5	85.5		97.4	
山　　西	95.5	78.3					
内 蒙 古	97.3	78.3	104.8		100.0		100.9
辽　　宁	104.1	95.2	86.7	86.7			
吉　　林	97.7	109.4	92.8	92.8			
黑 龙 江	92.4	93.5	114.8				
上　　海			112.5		112.5		
江　　苏	100.1	102.7	101.4	98.5	102.0	105.9	
浙　　江	111.8	101.4	98.7	84.8	104.1		
安　　徽	92.2	105.3	102.6	98.6	103.8	101.8	
福　　建		98.5	93.9	93.9			
江　　西	104.0	103.3	97.8	98.3	98.5	103.9	
山　　东	92.9	129.2	85.7	85.7		99.2	
河　　南	92.0	118.7	89.6	87.9		89.4	
湖　　北	96.4	107.2	100.4	95.5	101.3	99.7	
湖　　南	89.7	110.1	100.7		96.3	93.9	
广　　东	102.2	106.3	102.2	102.2			91.4
广　　西	101.9	92.7	98.2	98.2			99.4
海　　南	112.2	104.3	101.8	101.8			98.7
重　　庆		105.8	102.2		102.2		
四　　川	102.2	107.8	103.0	105.5	101.5		106.2
贵　　州	100.4	103.8	101.4	94.7	102.1		98.4
云　　南	100.0	99.5	100.1		100.0		98.9
西　　藏							
陕　　西	93.7	98.9	106.7	120.2	103.8	96.7	
甘　　肃	99.6	77.6	101.1		105.0	96.9	108.2
青　　海		85.3	101.2		101.2		
宁　　夏		83.0	108.9				
新　　疆		123.7	95.4			97.8	104.8

8-7 续表 2

地区	麻类	烟叶	蔬菜	水果	茶叶
全国平均	**103.1**	**94.9**	**103.6**	**101.1**	**100.4**
北京			102.6	114.3	
天津			111.7	100.1	
河北			106.7	114.9	
山西			109.9	99.4	
内蒙古			101.0	100.6	
辽宁		93.6	109.4	110.1	
吉林		81.2	109.1	122.8	
黑龙江			116.3	84.9	
上海			109.2	92.9	
江苏			103.9	99.8	99.9
浙江			102.8	96.9	98.2
安徽	123.1	98.5	105.2	113.8	100.4
福建		100.1	105.0	104.3	101.4
江西	110.5	101.5	99.4	105.0	99.8
山东		100.4	102.8	96.8	92.6
河南		102.7	96.9	104.6	102.4
湖北	100.0	102.2	102.2	93.1	99.7
湖南		100.5	100.3	91.3	101.9
广东		97.5	101.1	95.0	104.6
广西	100.0	100.6	101.2	90.6	103.1
海南			99.8	92.4	
重庆	129.5	119.0	109.0	98.1	100.2
四川	114.0	102.3	103.1	99.2	108.1
贵州		102.9	99.4	96.1	98.9
云南		107.5	98.5	92.5	102.6
西藏					
陕西		114.9	111.3	101.1	96.8
甘肃			103.4	105.8	
青海			105.3		
宁夏			110.2	113.6	
新疆	90.8		119.8	115.4	

8-7 续表 3

地　区	二、林产品	三、饲养动物及其产品	猪	家禽	蛋类	奶类
全国平均	**98.9**	**95.6**	**85.6**	**107.7**	**117.6**	**101.3**
北　京		97.0	85.2	101.7	108.0	101.3
天　津		100.4	82.8	109.2	140.4	100.6
河　北	100.6	104.6	84.0	111.0	125.1	102.6
山　西	71.0	100.9	83.7	104.8	112.8	103.5
内蒙古	101.3	98.7	81.6	101.1	118.2	90.4
辽　宁	105.7	101.6	83.9	114.6	119.0	98.7
吉　林	108.2	93.0	79.8	103.0	110.5	99.3
黑龙江	105.1	89.6	77.4	107.4	122.3	99.4
上　海	102.0	93.0	84.8	98.6	114.9	100.3
江　苏	102.4	98.8	85.4	105.0	115.6	98.1
浙　江	99.2	95.6	91.0	105.1	117.6	102.5
安　徽	101.0	96.2	83.3	107.2	120.4	
福　建	110.8	95.7	89.3	105.8	114.1	
江　西	101.4	91.7	87.6	103.0	113.1	
山　东	101.4	97.3	84.0	102.7	122.8	100.2
河　南	105.8	94.0	81.2	127.5	120.8	100.7
湖　北	100.3	90.9	82.5	116.3	118.6	100.5
湖　南	101.4	91.6	86.9	105.0	119.0	
广　东	99.4	101.6	90.7	107.5	120.3	
广　西	102.9	91.7	85.7	112.9	115.4	
海　南	90.4	95.7	88.0	106.8	112.1	
重　庆	92.9	94.6	89.6	103.6	104.4	
四　川	101.3	98.7	90.8	108.0	105.8	103.9
贵　州	96.8	85.7	83.4	102.8	100.1	
云　南	105.9	89.0	85.6	107.2	120.6	102.4
西　藏						
陕　西	95.3	96.1	87.5	118.8	108.9	108.2
甘　肃		102.2	85.9	104.9	124.1	108.0
青　海		105.6	91.4	110.7	120.4	103.1
宁　夏		106.0	85.4	113.4	128.0	104.2
新　疆	121.3	106.2	86.1	110.4	117.3	102.0

8-7 续表 4

地　区	四、渔业产品	海水养殖产品	海水捕捞产品	淡水养殖产品
全国平均	**102.6**	**101.4**	**104.7**	**102.2**
北　京	96.6			96.6
天　津	95.7	90.7		96.7
河　北	109.9			109.9
山　西	110.9			110.9
内蒙古	99.2			98.8
辽　宁	104.8	103.8		106.8
吉　林	94.1			94.1
黑龙江	99.1			99.1
上　海	102.5		104.4	101.6
江　苏	103.8	115.5	101.6	101.9
浙　江	106.3	104.9	110.0	100.0
安　徽	103.2			103.2
福　建	103.9	104.0	99.3	107.0
江　西	103.2			103.2
山　东	103.1	102.8	100.4	107.8
河　南				
湖　北	101.9			101.9
湖　南	95.8			95.8
广　东	103.6	103.2	105.6	101.9
广　西	103.4	109.1	102.5	100.0
海　南	102.5	98.3	107.6	100.6
重　庆	99.7			99.7
四　川	101.0			101.0
贵　州	99.3			99.3
云　南	100.3			100.3
西　藏				
陕　西	103.1			103.1
甘　肃	93.6			93.6
青　海	100.0			100.0
宁　夏	106.3			106.3
新　疆	107.8			107.8

农产品进出口

9-1 海关出口主要农产品数量

单位：万头、万吨

年 份	活猪(种猪除外)	稻谷和大米	棉花	蔬菜	鲜、干水果及坚果	水海产品
1980	316	109	1.0	34	24	11
1981	318	59		47	20	12
1982	324	47		51	21	10
1983	321	58	6.0	54	20	11
1984	308	116	19.0	52	17	12
1985	296	101	35.0	51	21	12
1986	310	95	56.0	64	22	17
1987	302	102	75.0	64	24	22
1988	303	70	47.0	77	30	29
1989	297	32	27.0	82	25	29
1990	300	33	17.0	98	23	36
1991	285	69	20.0	104	16	38
1992	290	95	14.0	138	15	44
1993	272	143	15.0	137	32	48
1994	270	152	11.0	154	39	57
1995	253	5	2.0	158	40	61
1996	240	26	0.4	167	56	64
1997	227	94	0.1	167	68	72
1998	219	375	4.5	201	66	79
1999	196	271	23.6	225	73	109
2000	203	295	29.2	245	82	120
2001	196	186	5.2	298	81	154
2002	188	199	15.0	360	113	163
2003	188	262	11.2	432	146	158
2004	197	91	0.9	470	175	177
2005	176	69	0.5	520	200	176
2006	172	124	1.3	568	198	194
2007	161	134	2.1	622	240	183
2008	164	97	1.6	624	285	175
2009	169	79	0.8	636	330	209
2010	172	62	0.6	655	300	243
2011	156	52	2.6	772	289	288
2012	164	28	1.8	741	304	368
2013	168	48	0.7	778	298	384
2014	173	42	1.3	803	272	403
2015	169	28.7	2.9	833	287	391
2016	155	39.5	0.8	827	347	409
2017	157	120	1.7	925	344	421
2018	158	209	4.7	948	341	425

注：1. 按照海关统计标准，第九部分指标名称“活猪”更名为“活猪(种猪除外)”，“大米”更名为“稻谷和大米”，“棉花(原棉)”更名为“棉花”，“水果”更名为“鲜、干水果及坚果”，“水产品”更名为“水海产品”。
2. 9-1至9-6数据来源于海关统计。

9-2 海关进口主要农产品数量

单位：万吨

年 份	小麦	玉米	大豆	棉花	食用植物油
1980	1057	163.8	57	89	9
1981	1300	67.6	57	80	4
1982	1380	156.9	36	47	6
1983	1111	211.0	…	23	4
1984	987	5.5	…	4	1
1985	541	9.1	0	…	4
1986	611	58.8	29	…	20
1987	1320	154.2	27	1	51
1988	1455	10.9	15	3	21
1989	1488	6.8	0	52	106
1990	1253	36.9	0	42	112
1991	1237	0.1	0	37	61
1992	1058	…	12	28	42
1993	642	…	10	1	24
1994	730	0.1	5	50	163
1995	1159	518.1	29	74	213
1996	825	44.1	111	65	263
1997	186	…	280	75	275
1998	149	25.1	320	20	206
1999	45	7.0	432	5	208
2000	88	…	1042	5	179
2001	69	…	1394	6	165
2002	63	1.0	1131	18	319
2003	45	…	2074	87	541
2004	726	…	2023	191	676
2005	354	…	2659	257	621
2006	61	7	2824	364	669
2007	10	4	3082	246	838
2008	4.3	5	3744	211	816
2009	90.4	8	4255	153	816
2010	123	157	5480	284	687
2011	125.8	175.3	5264	336	657
2012	370	520.8	5838	513	845
2013	554	326.6	6338	415	810
2014	300	260	7140	244	650
2015	301	473	8169	147	676
2016	341	317	8391	90	553
2017	442	283	9553	116	577
2018	310	352	8803	157	629

9-3 海关出口农副产品及加工品数量

指　标	单位	1995年	2000年	2016年	2017年	2018年	2018年比2017年增长(%)
活猪(种猪除外)	万头	253	203	155	157	158	0.8
活家禽	万只	5263	4890	440	230	240	4.7
牛肉	万吨	2	2	0.4	0.1	…	-53.0
猪肉	万吨	15	5	4.9	5.1	4.2	-18.6
冻鸡	万吨	24.9	35.7	11.5	12.9	10.9	-15.2
鲜蛋	百万个	358	757	1303	1369	1177	-14.1
水海产品	万吨	61	120	409	421	425	-0.3
谷物及谷物粉	万吨	64	1378	58	156	249	61.5
其中：稻谷和大米	万吨	5	295	39.5	119.7	208.9	74.7
玉米	万吨	11	1047	0.4	8.6	1.2	-82.5
棉花	万吨	2.2	29.2	0.8	1.7	4.7	177.2
蔬菜	万吨	158	245	827	925	948	2.5
鲜、干水果及坚果	万吨	49	82	347	344	341	-0.5
其中：橘、橙	万吨	13.2	19.1	72.2	56.2	70.9	26.9
苹果	万吨	10.9	29.8	132.2	133.5	111.8	-15.8
食糖	万吨	48	41.4	14.9	15.8	19.6	23.9
天然蜂蜜	万吨	8.7	10.3	12.8	12.9	12.3	-4.5
茶叶	万吨	16.7	22.8	32.9	35.5	36.5	2.7
辣椒干	万吨	3.6	5.4	8.0	6.2	7.7	25.8
猪肉罐头	万吨	6.4	3.8	3.9	4.3	5.0	16.1
蘑菇罐头	万吨	19.0	20.4	23.6	22.6	24.2	6.7
烤烟	万吨	5.7	9.4	12.0	14.7	12.7	-13.2
生丝	万吨	1.3	1.3	0.7	0.6	0.5	-22.8
山羊绒	吨	1829	3123	2995	3072	3212	4.5
肠衣	吨	44971	52316	96537	105955	102864	-2.9
填充用羽毛羽绒	吨	23345	36882	43677	53376	49355	-7.5
中药材及中式成药	万吨	13.7	17.6	15.2	15.6	12.8	-17.6
食用油籽	万吨	121	76	57	71	84	18.6
其中：大豆	万吨	38	21	13	11	13	19.4
花生和花生仁	万吨	39	40	12	15	20	33.5
食用植物油(包括棕榈油)	万吨	51	11.2	11.4	20.0	29.4	50.0

注：1.按照海关统计标准，第九部分指标名称“鲜、冻牛肉”更名为“牛肉”，“鲜、冻猪肉”更名为“猪肉”，“鲜苹果”更名为“苹果”，“药材”更名为“中药材及中式成药”，“食用植物油”更名为“食用植物油(包含棕榈油)”。
2.自2018年起，水海产品范围扩大，同比采用2018年口径，导致增长率为负值。

9-4 海关出口农副产品及加工品金额

单位：万美元

指　　标	2017年	2018年
活猪(种猪除外)	45015	42729
活家禽	223	97
牛肉	790	320
猪肉	25857	19531
冻鸡	24135	23820
鲜蛋	11384	11175
水海产品	2040740	2200203
谷物及谷物粉	75656	106590
其中：稻谷和大米	59685	88750
玉米	2224	599
棉花	3358	9365
蔬菜	1315237	1261522
鲜、干水果及坚果	506496	500893
#橘、橙	83597	97253
苹果	145637	129891
食糖	9059	10059
天然蜂蜜	27070	24926
茶叶	160996	177786
辣椒干	12148	15492
猪肉罐头	13210	15029
烤烟	51415	44828
生丝	32809	29083
山羊绒	18891	23794
肠衣	134741	135650
填充用羽毛羽绒	64085	82608
中药材及中式成药	121802	110174
食用油籽	84864	102778
其中：大豆	9116	10002
花生和花生仁	22479	27858
食用植物油(包含棕榈油)	22970	30701

9-5 海关进口农副产品及加工品数量

指　　标	单位	1990年	1995年	2000年	2016年	2017年	2018年	2018年比2017年增长(%)
冻鱼	万吨			89	193	214	231	7.9
鲜、干水果及坚果	万吨				397	451	565	25.2
其中：香蕉(包括芭蕉)	万吨			59	89	104	154	48.6
谷物及谷物粉	万吨			315	2199	2559	2047	-20
其中：玉米	万吨				317	283	352	24.7
小麦	万吨	1253	1159	88	341	442	310	-29.9
#小麦粉	万吨				4	13	22	77.1
大麦	万吨	65	127	197	500	886	682	-23.1
稻谷和大米	万吨			24	356	403	308	-23.6
大豆	万吨	…	29	1042	8391	9553	8803	-7.9
食用植物油	万吨	112	213	179	553	577	629	9
#豆油	万吨				56	65	55	-16
棕榈油	万吨				316	346	357	3.1
菜子油和芥子油	万吨				70	76	130	71.2
食糖	万吨	113	295	64	306	229	280	22.1
饲料用鱼粉	万吨				104	157	146	-7.1
豆饼、豆粕	吨				18077	61203	22810	-62.7
纸烟	万条				7612	7431	8314	11.8
天然橡胶(包括胶乳)	万吨				250	279	260	-7.1
合成橡胶(包括胶乳)	万吨				331	436	441	1.2
原木	万立方米				4872	5540	5969	7.7
锯材	万立方米				3151	3739	3674	-1.8
纸浆	万吨				2106	2372	2479	4.5
羊毛	万吨	3	28	30	32	35	37	7
棉花	万吨	42	74	5	90	116	157	36.2
肥料	万吨	1626	1991	1189	832	918	950	4.8
矿物肥料及化肥	万吨				832	917	950	4.9
尿素	吨				65794			
氮磷钾复合肥料	万吨				113	111	146	32.5
磷酸氢二胺	万吨				3			
氯化钾	万吨				682	753	746	-1
硫酸钾	万吨				5			
杀虫剂、除草剂及类似品	吨				84790	83544	79200	-5.2

注：按照海关统计标准，第九部分指标名称“香蕉”更名为“香蕉(包括芭蕉)”，“羊毛(包括羊毛条)”更名为“羊毛”，“化肥”更名为“矿物肥料及化肥”。

9-6 海关进口农副产品及加工品金额

单位:万美元

指　　标	2017年	2018年
冻鱼	371647	455020
鲜、干水果及坚果	622224	841809
其中:香蕉(包括芭蕉)	57951	89684
谷物及谷物粉	648524	591184
其中: 玉米	60337	78884
小麦	108252	85805
#小麦粉	5115	7716
大麦	181627	169039
稻谷和大米	186000	163930
大豆	3963765	3806003
食用植物油	453056	472770
#豆油	53644	43779
棕榈油	237641	229398
菜子油和芥子油	62913	108348
食糖	107845	102880
饲料用鱼粉	221665	222100
豆饼、豆粕	3575	1419
纸烟	50080	61589
天然橡胶(包括胶乳)	491702	360672
合成橡胶(包括胶乳)	847274	762077
原木	992068	1098445
锯材	1006549	1013068
纸浆	1534167	1971594
羊毛	275555	322273
棉花	218977	317159
肥料	233967	272375
矿物肥料及化肥	233442	271908
尿素	2989	4543
氮磷钾复合肥料	46129	66901
磷酸氢二胺	3	2455
氯化钾	171426	184792
硫酸钾	2037	2499
杀虫剂、除草剂及类似品	68136	68956

10

农产品成本与收益

10-1 全国种植业产品成本与收益

指　　标	单位	三种粮食平均		稻　谷	
		2017年	2018年	2017年	2018年
每亩					
主产品产量	千克	468.7	449.3	481.1	491.9
产值合计	元	1069.1	1008.2	1342.7	1289.5
主产品产值	元	1046.0	985.4	1326.4	1273.2
副产品产值	元	23.0	22.8	16.4	16.4
总成本	元	1081.6	1093.8	1210.2	1223.6
生产成本	元	866.0	868.9	980.9	988.5
物质与服务费用	元	437.2	449.6	498.0	514.7
人工成本	元	428.8	419.4	482.9	473.8
家庭用工折价	元	393.9	383.7	415.5	402.4
雇工费用	元	34.9	35.7	67.4	71.5
土地成本	元	215.6	224.9	229.3	235.1
流转地租金	元	38.4	41.3	59.5	63.5
自营地折租	元	177.2	183.6	169.8	171.7
净利润	元	-12.5	-85.6	132.6	65.9
现金成本	元	510.5	526.5	624.9	649.6
现金收益	元	558.5	481.7	717.9	639.9
成本利润率	%	-1.2	-7.8	11.0	5.4
每50公斤主产品					
平均出售价格	元	111.6	109.7	137.9	129.4
总成本	元	112.9	119.0	124.2	122.8
生产成本	元	90.4	94.5	100.7	99.2
净利润	元	-1.3	-9.3	13.6	6.6
现金成本	元	53.3	57.3	64.2	65.2
现金收益	元	58.3	52.4	73.7	64.2
附:					
每亩用工数量	日	5.0	4.8	5.5	5.3
每亩主产品出售数量	千克	371.2	344.1	372.1	378.4
每亩主产品出售产值	元	821.1	745.8	1015.9	960.3
商品率	%	91.0	91.1	83.9	84.7
每亩成本外支出	元	0.6	0.4	0.6	0.4

10-1 续表 1

指 标	单位	小 麦		玉 米	
		2017年	2018年	2017年	2018年
每亩					
主产品产量	千克	423.5	369.0	501.5	487.0
产值合计	元	1013.7	853.5	850.7	881.5
主产品产值	元	987.6	827.9	824.1	855.2
副产品产值	元	26.1	25.7	26.6	26.3
总成本	元	1007.6	1012.9	1026.5	1044.8
生产成本	元	800.5	801.0	816.2	817.3
物质与服务费用	元	438.7	450.3	375.0	383.8
人工成本	元	361.9	350.8	441.2	433.5
家庭用工折价	元	348.0	337.0	417.7	411.8
雇工费用	元	13.9	13.8	23.5	21.7
土地成本	元	207.1	211.9	210.3	227.5
流转地租金	元	29.2	30.7	26.5	29.7
自营地折租	元	177.9	181.2	183.8	197.9
净利润	元	6.1	-159.4	-175.8	-163.3
现金成本	元	481.7	494.7	425.0	435.1
现金收益	元	532.0	358.8	425.7	446.4
成本利润率	%	0.6	-15.7	-17.1	-15.6
每50公斤主产品					
平均出售价格	元	116.6	112.2	82.2	87.8
总成本	元	115.9	133.1	99.1	104.1
生产成本	元	92.1	105.3	78.8	81.4
净利润	元	0.7	-21.0	-17.0	-16.3
现金成本	元	55.4	65.0	41.1	43.3
现金收益	元	61.2	47.2	41.1	44.5
附:					
每亩用工数量	日	4.3	4.1	5.3	5.1
每亩主产品出售数量	千克	357.8	309.4	383.6	344.4
每亩主产品出售产值	元	826.1	682.9	621.1	594.2
商品率	%	90.9	90.0	98.3	98.6
每亩成本外支出	元	0.8	0.5	0.4	0.3

10-1 续表 2

指 标	单位	大 豆		两种油料平均	
		2017年	2018年	2017年	2018年
每亩					
主产品产量	千克	140.0	126.5	195.7	197.3
产值合计	元	537.9	474.3	1092.3	1084.7
主产品产值	元	527.2	463.1	1078.5	1070.9
副产品产值	元	10.7	11.2	13.9	13.8
总成本	元	668.8	666.3	1167.4	1164.7
生产成本	元	417.5	408.3	978.4	976.8
物质与服务费用	元	201.7	204.0	351.6	357.2
人工成本	元	215.9	204.3	626.9	619.6
家庭用工折价	元	193.3	173.4	613.3	608.7
雇工费用	元	22.6	30.8	13.6	10.9
土地成本	元	251.3	258.1	189.0	187.9
流转地租金	元	76.4	82.0	20.7	20.4
自营地折租	元	174.9	176.1	168.3	167.5
净利润	元	-130.9	-192.0	-75.1	-80.0
现金成本	元	300.6	316.8	385.8	388.6
现金收益	元	237.3	157.5	706.5	696.1
成本利润率	%	-19.6	-28.8	-6.4	-6.9
每50公斤主产品					
平均出售价格	元	188.3	183.1	275.5	271.4
总成本	元	234.1	257.2	294.5	291.4
生产成本	元	146.1	157.6	246.8	244.4
净利润	元	-45.8	-74.1	-18.9	-20.0
现金成本	元	105.2	122.3	97.3	97.2
现金收益	元	83.0	60.8	178.2	174.2
附:					
每亩用工数量	日	2.5	2.3	7.5	7.3
每亩主产品出售数量	千克	113.0	113.1	149.2	151.0
每亩主产品出售产值	元	416.8	410.0	810.4	816.2
商品率	%	97.6	98.5	88.3	89.6
每亩成本外支出	元	0.1	0.1	0.2	0.2

10-1 续表 3

指 标	单位	花 生		油菜籽	
		2017年	2018年	2017年	2018年
每亩					
主产品产量	千克	253.3	256.7	138.2	138.0
产值合计	元	1471.0	1445.2	713.7	724.2
主产品产值	元	1452.9	1426.5	704.0	715.3
副产品产值	元	18.0	18.6	9.7	8.9
总成本	元	1412.9	1412.9	922.5	917.0
生产成本	元	1157.5	1161.8	799.9	792.4
物质与服务费用	元	463.7	470.2	239.4	244.1
人工成本	元	693.9	691.6	560.5	548.2
家庭用工折价	元	681.5	685.1	545.7	532.9
雇工费用	元	12.4	6.5	14.8	15.3
土地成本	元	255.4	251.1	122.6	124.6
流转地租金	元	28.4	27.9	12.9	12.9
自营地折租	元	226.9	223.2	109.7	111.7
净利润	元	58.1	32.2	-208.9	-192.8
现金成本	元	504.5	504.7	267.1	272.3
现金收益	元	966.5	940.5	446.6	451.8
成本利润率	%	4.1	2.3	-22.6	-21.0
每50公斤主产品					
平均出售价格	元	286.8	277.9	254.8	259.2
总成本	元	275.5	271.7	329.4	328.2
生产成本	元	225.7	223.4	285.6	283.6
净利润	元	11.3	6.2	-74.6	-69.0
现金成本	元	98.4	97.0	95.4	97.5
现金收益	元	188.5	180.9	159.4	161.7
附:					
每亩用工数量	日	8.4	8.2	6.7	6.4
每亩主产品出售数量	千克	184.9	186.6	113.4	115.4
每亩主产品出售产值	元	1052.9	1036.5	567.9	595.8
商品率	%	89.0	90.7	87.5	88.5
每亩成本外支出	元			0.4	0.4

10-1 续表 4

指 标	单位	棉 花		烤 烟	
		2017年	2018年	2017年	2018年
每亩					
主产品产量	千克	105.9	105.8	133.4	137.1
产值合计	元	1860.5	1814.3	3528.7	3800.9
主产品产值	元	1561.0	1541.3	3523.4	3795.6
副产品产值	元	299.5	273.0	5.3	5.3
总成本	元	2330.8	2275.2	3630.8	3717.3
生产成本	元	2023.8	1950.5	3299.5	3391.6
物质与服务费用	元	670.1	755.6	1075.2	1145.6
人工成本	元	1353.7	1194.9	2224.3	2246.1
家庭用工折价	元	1102.1	962.9	1789.4	1728.6
雇工费用	元	251.7	232.0	434.9	517.4
土地成本	元	307.0	324.7	331.3	325.7
流转地租金	元	43.0	49.5	49.6	51.5
自营地折租	元	264.0	275.3	281.7	274.2
净利润	元	-470.3	-460.9	-102.2	83.6
现金成本	元	964.8	1037.0	1559.7	1714.5
现金收益	元	895.7	777.3	1968.9	2086.4
成本利润率	%	-20.2	-20.3	-2.8	2.3
每50公斤主产品					
平均出售价格	元	736.7	728.2	1320.4	1384.0
总成本	元	923.0	913.2	1358.7	1353.6
生产成本	元	801.4	782.8	1234.7	1235.0
净利润	元	-186.2	-185.0	-38.2	30.5
现金成本	元	382.0	416.2	583.6	624.3
现金收益	元	354.7	312.0	736.8	759.8
附:					
每亩用工数量	日	15.6	13.5	26.3	26.0
每亩主产品出售数量	千克	100.9	103.5	133.4	137.1
每亩主产品出售产值	元	1484.4	1507.0	3523.1	3795.5
商品率	%	99.9	100.0	100.0	100.0
每亩成本外支出	元	0.3	0.1		

10-1 续表 5

指　标	单位	甘　蔗		甜　菜	
		2017年	2018年	2017年	2018年
每亩					
主产品产量	千克	5553.5	5752.6	4098.5	4132.8
产值合计	元	2756.3	2774.9	1910.4	1982.6
主产品产值	元	2732.3	2750.6	1894.6	1968.0
副产品产值	元	24.1	24.3	15.8	14.6
总成本	元	2349.9	2443.5	1747.7	1786.6
生产成本	元	2050.3	2127.5	1498.4	1541.5
物质与服务费用	元	841.7	873.4	740.2	732.3
人工成本	元	1208.7	1254.2	758.2	809.2
家庭用工折价	元	626.0	658.9	582.9	632.0
雇工费用	元	582.7	595.3	175.2	177.2
土地成本	元	299.6	316.0	249.3	245.2
流转地租金	元	31.3	35.1	25.1	29.9
自营地折租	元	268.3	280.9	224.2	215.3
净利润	元	406.4	331.3	162.8	196.0
现金成本	元	1455.6	1503.8	940.5	939.3
现金收益	元	1300.7	1271.1	969.9	1043.3
成本利润率	%	17.3	13.6	9.3	11.0
每50公斤主产品					
平均出售价格	元	24.6	23.9	23.1	23.8
总成本	元	21.0	21.1	21.1	21.5
生产成本	元	18.3	18.3	18.1	18.5
净利润	元	3.6	2.9	2.0	2.4
现金成本	元	13.0	13.0	11.4	11.3
现金收益	元	11.6	11.0	11.7	12.5
附:					
每亩用工数量	日	13.4	13.3	8.6	9.0
每亩主产品出售数量	千克	5488.3	5612.8	4098.5	4132.8
每亩主产品出售产值	元	2704.9	2693.1	1894.6	1968.0
商品率	%	100.0	100.0	100.0	100.0
每亩成本外支出	元	0.4	0.4	0.0	0.3

10-1 续表 6

指　　标	单位	桑蚕茧		苹　果	
		2017年	2018年	2017年	2018年
每亩					
主产品产量	千克	107.0	105.3	2108.7	1645.9
产值合计	元	4878.8	4748.9	6797.2	7518.8
主产品产值	元	4796.4	4660.9	6793.9	7515.5
副产品产值	元	82.5	88.0	3.3	3.4
总成本	元	4575.6	4494.0	4887.6	4904.8
生产成本	元	4340.1	4245.3	4567.0	4578.6
物质与服务费用	元	736.6	770.9	1456.0	1513.4
人工成本	元	3603.5	3474.4	3111.0	3065.2
家庭用工折价	元	3503.2	3293.7	2116.1	2038.5
雇工费用	元	100.3	180.7	994.9	1026.8
土地成本	元	235.5	248.8	320.6	326.2
流转地租金	元	46.4	60.7	60.7	75.7
自营地折租	元	189.1	188.1	259.9	250.6
净利润	元	303.2	254.9	1909.6	2614.0
现金成本	元	883.3	1012.2	2511.7	2615.8
现金收益	元	3995.6	3736.7	4285.6	4903.1
成本利润率	%	6.6	5.7	39.1	53.3
每50公斤主产品					
平均出售价格	元	2240.7	2213.4	161.1	228.3
总成本	元	2101.4	2094.6	115.8	148.9
生产成本	元	1993.3	1978.6	108.2	139.0
净利润	元	139.3	118.8	45.3	79.4
现金成本	元	405.6	471.8	59.5	79.4
现金收益	元	1835.0	1741.6	101.6	148.9
附:					
每亩用工数量	日	43.2	40.8	35.5	33.9
每亩主产品出售数量	千克	107.0	105.3	1694.5	1489.4
每亩主产品出售产值	元	4796.4	4660.5	5118.0	6786.4
商品率	%	100.0	100.0	99.2	99.5
每亩成本外支出	元	1.7	1.9	3.3	3.7

10-2 全国饲养业产品成本与收益

项 目	单位	生猪平均		规模养猪平均		农户散养生猪	
		2017年	2018年	2017年	2018年	2017年	2018年
每头(百只、亩)							
主产品产量	千克	120.8	122.6	120.8	122.6	120.7	122.5
产值合计	元	1834.5	1616.3	1842.2	1595.2	1826.8	1637.5
主产品产值	元	1820.3	1602.4	1829.8	1583.3	1810.8	1621.6
副产品产值	元	14.2	13.9	12.4	11.8	16.0	15.9
总成本	元	1867.1	1728.9	1726.9	1584.9	2007.0	1873.0
生产成本	元	1865.7	1727.3	1724.4	1582.0	2006.8	1872.8
物质与服务费用	元	1528.4	1388.7	1546.8	1403.0	1510.0	1374.3
人工成本	元	337.2	338.7	177.5	179.0	496.9	498.6
家庭用工折价	元	310.8	312.4	124.7	126.5	496.9	498.6
雇工费用	元	26.5	26.3	52.9	52.5		
土地成本	元	1.4	1.5	2.6	2.9	0.2	0.1
净利润	元	-32.6	-112.6	115.2	10.2	-180.2	-235.5
成本利润率	%	-1.7	-6.5	6.7	0.6	-9.0	-12.6
每50公斤主产品							
平均出售价格	元	753.7	653.6	757.4	645.6	750.0	661.7
总成本	元	767.1	699.2	710.0	641.5	824.0	756.9
生产成本	元	766.5	698.5	708.9	640.3	823.9	756.8
净利润	元	-13.4	-45.5	47.4	4.1	-74.0	-95.2
附:							
每核算单位用工数量	日	4.0	4.0	2.1	2.0	6.0	5.9
平均饲养天数	日	156.5	158.4	149.1	150.6	163.9	166.2

10-2 续表 1

项　　目	单位	规模养殖蛋鸡平均		规模养殖肉鸡平均	
		2017年	2018年	2017年	2018年
每头(百只、亩)					
主产品产量	千克	1760.8	1774.1	230.2	247.2
产值合计	元	13655.0	16084.5	2643.1	3219.3
主产品产值	元	11786.3	14129.7	2615.6	3192.7
副产品产值	元	1868.7	1954.9	27.5	26.6
总成本	元	14220.1	14792.8	2495.5	2769.4
生产成本	元	14190.0	14775.1	2490.0	2764.3
物质与服务费用	元	12888.0	13454.2	2205.8	2447.7
人工成本	元	1302.0	1320.9	284.2	316.6
家庭用工折价	元	944.8	972.0	237.7	264.0
雇工费用	元	357.2	348.9	46.5	52.6
土地成本	元	30.1	17.7	5.5	5.1
净利润	元	-565.2	1291.7	147.6	449.9
成本利润率	%	-4.0	8.7	5.9	16.2
每50公斤主产品					
平均出售价格	元	334.7	398.2	568.2	645.8
总成本	元	348.5	366.2	536.5	555.5
生产成本	元	347.8	365.8	535.3	554.5
净利润	元	-13.9	32.0	31.7	90.3
附:					
每核算单位用工数量	日	14.8	14.6	3.3	3.6
平均饲养天数	日	357.7	358.7	73.6	73.8

10-2 续表 2

项目	单位	奶牛平均		规模奶牛平均		农户散养奶牛	
		2017年	2018年	2017年	2018年	2017年	2018年
每头(百只、亩)							
主产品产量	千克	5775.7	5974.0	6330.4	6547.1	5221.1	5400.9
产值合计	元	24037.3	25350.4	26492.1	27877.8	21582.5	22823.1
主产品产值	元	21796.0	22929.5	24034.0	25273.3	19557.9	20585.6
副产品产值	元	2241.4	2421.0	2458.1	2604.5	2024.6	2237.5
总成本	元	18650.8	19202.9	20814.0	21246.0	16486.8	17159.4
生产成本	元	18595.1	19145.3	20740.0	21172.1	16449.4	17118.1
物质与服务费用	元	15049.7	15533.1	17590.4	18014.1	12508.9	13051.9
人工成本	元	3545.3	3612.2	3149.6	3157.9	3940.5	4066.2
家庭用工折价	元	2446.5	2601.9	995.5	1200.3	3896.7	4003.2
雇工费用	元	1098.9	1010.3	2154.0	1957.6	43.7	63.0
土地成本	元	55.7	57.6	74.0	74.0	37.4	41.3
净利润	元	5386.5	6147.6	5678.1	6631.7	5095.7	5663.7
成本利润率	%	28.9	32.0	27.3	31.2	30.9	33.0
每50公斤主产品							
平均出售价格	元	188.7	191.9	189.8	193.0	187.3	190.6
总成本	元	146.4	145.4	149.1	147.1	143.1	143.3
生产成本	元	146.0	144.9	148.6	146.6	142.8	142.9
净利润	元	42.3	46.5	40.7	45.9	44.2	47.3
附:							
每核算单位用工数量	日	39.5	39.7	31.6	31.7	47.3	47.7
平均饲养天数	日	365.0	365.0	365.0	365.0	365.0	365.0

11

收入与消费

11-1 农村居民可支配收入及构成

指　　标	2014年	2015年	2016年	2017年	2018年
可支配收入(元/人)	**10488.9**	**11421.7**	**12363.4**	**13432.4**	**14617.0**
一、工资性收入	**4152.2**	**4600.3**	**5021.8**	**5498.4**	**5996.1**
二、经营净收入	**4237.4**	**4503.6**	**4741.3**	**5027.8**	**5358.4**
(一)第一产业经营净收入	2998.6	3153.8	3269.6	3391.0	3489.5
1.农业	2306.8	2412.2	2439.7	2523.6	2608.0
2.林业	177.3	170.6	165.9	176.5	187.0
3.牧业	443.0	488.7	573.7	585.8	574.5
4.渔业	71.4	82.3	90.3	105.2	120.0
(二)第二产业经营净收入	259.1	276.1	287.9	318.9	378.4
(三)第三产业经营净收入	979.6	1073.7	1183.8	1318.0	1490.5
三、财产净收入	**222.1**	**251.5**	**272.1**	**303.0**	**342.1**
四、转移净收入	**1877.2**	**2066.3**	**2328.2**	**2603.2**	**2920.5**
可支配收入构成　(%)	**100.0**	**100.0**	**100.0**	**100.0**	**100.0**
一、工资性收入	**39.6**	**40.3**	**40.6**	**40.9**	**41.0**
二、经营净收入	**40.4**	**39.4**	**38.3**	**37.4**	**36.7**
(一)第一产业经营净收入	28.6	27.6	26.4	25.2	23.9
1.农业	22.0	21.1	19.7	18.8	17.8
2.林业	1.7	1.5	1.3	1.3	1.3
3.牧业	4.2	4.3	4.6	4.4	3.9
4.渔业	0.7	0.7	0.7	0.8	0.8
(二)第二产业经营净收入	2.5	2.4	2.3	2.4	2.6
(三)第三产业经营净收入	9.3	9.4	9.6	9.8	10.2
三、财产净收入	**2.1**	**2.2**	**2.2**	**2.3**	**2.3**
四、转移净收入	**17.9**	**18.1**	**18.8**	**19.4**	**20.0**

11-2 农村居民消费支出及构成

指　　标	2014年	2015年	2016年	2017年	2018年
消费支出(元/人)	**8382.6**	**9222.6**	**10129.8**	**10954.5**	**12124.3**
(一)食品烟酒	2814.0	3048.0	3266.1	3415.4	3645.6
(二)衣着	510.4	550.5	575.4	611.6	647.7
(三)居住	1762.7	1926.2	2147.1	2353.5	2660.6
(四)生活用品及服务	506.5	545.6	595.7	634.0	720.5
(五)交通通信	1012.6	1163.1	1359.9	1509.1	1690.0
(六)教育文化娱乐	859.5	969.3	1070.3	1171.3	1301.6
(七)医疗保健	753.9	846.0	929.2	1058.7	1240.1
(八)其他用品及服务	163.0	174.0	186.0	200.9	218.3
消费支出构成(%)	**100.0**	**100.0**	**100.0**	**100.0**	**100.0**
(一)食品烟酒	33.6	33.0	32.2	31.2	30.1
(二)衣着	6.1	6.0	5.7	5.6	5.3
(三)居住	21.0	20.9	21.2	21.5	21.9
(四)生活用品及服务	6.0	5.9	5.9	5.8	5.9
(五)交通通信	12.1	12.6	13.4	13.8	13.9
(六)教育文化娱乐	10.3	10.5	10.6	10.7	10.7
(七)医疗保健	9.0	9.2	9.2	9.7	10.2
(八)其他用品及服务	1.9	1.9	1.8	1.8	1.8

11-3 农村居民现金消费支出及构成

指　　标	2014年	2015年	2016年	2017年	2018年
现金消费支出(元/人)	**6716.7**	**7392.1**	**8127.3**	**8856.5**	**9862.0**
(一)食品烟酒	2301.3	2540.0	2763.4	2921.2	3226.3
(二)衣着	509.7	549.9	575.0	610.9	647.2
(三)居住	758.5	779.0	832.8	956.0	1084.0
(四)生活用品及服务	500.1	538.3	589.7	624.9	709.0
(五)交通通信	1012.5	1162.6	1357.8	1508.1	1685.0
(六)教育文化娱乐	859.2	969.0	1069.9	1170.7	1300.5
(七)医疗保健	614.9	681.4	755.8	868.2	997.4
(八)其他用品及服务	160.5	172.0	183.0	196.3	212.7
现金消费支出构成(%)	**100.0**	**100.0**	**100.0**	**100.0**	**100.0**
(一)食品烟酒	34.3	34.4	34.0	33.0	32.7
(二)衣着	7.6	7.4	7.1	6.9	6.6
(三)居住	11.3	10.5	10.2	10.8	11.0
(四)生活用品及服务	7.4	7.3	7.3	7.1	7.2
(五)交通通信	15.1	15.7	16.7	17.0	17.1
(六)教育文化娱乐	12.8	13.1	13.2	13.2	13.2
(七)医疗保健	9.2	9.2	9.3	9.8	10.1
(八)其他用品及服务	2.4	2.3	2.3	2.2	2.2

11-4 农村居民主要食品消费量

单位：公斤/人

指　　标	2014年	2015年	2016年	2017年	2018年
一、粮食(原粮)	**167.6**	**159.5**	**157.2**	**154.6**	**148.5**
(一)谷物	159.1	150.2	147.1	144.8	137.9
(二)薯类	2.4	2.7	2.9	2.8	3.0
(三)豆类	6.2	6.6	7.3	7.1	7.7
二、食用油	**9.8**	**10.1**	**10.2**	**10.1**	**9.9**
#食用植物油	9.0	9.2	9.3	9.2	9.0
三、蔬菜及食用菌	**88.9**	**90.3**	**91.5**	**90.2**	**87.5**
#鲜菜	87.5	88.7	89.7	88.5	85.6
四、肉类	**22.5**	**23.1**	**22.7**	**23.6**	**27.5**
#猪肉	19.2	19.5	18.7	19.5	23.0
牛肉	0.8	0.8	0.9	0.9	1.1
羊肉	0.7	0.9	1.1	1.0	1.0
五、禽类	**6.7**	**7.1**	**7.9**	**7.9**	**8.0**
六、水产品	**6.8**	**7.2**	**7.5**	**7.4**	**7.8**
七、蛋类	**7.2**	**8.3**	**8.5**	**8.9**	**8.4**
八、奶类	**6.4**	**6.3**	**6.6**	**6.9**	**6.9**
九、干鲜瓜果类	**30.3**	**32.3**	**36.8**	**38.4**	**39.9**
#鲜瓜果	28.0	29.7	33.8	35.1	36.3
坚果类	1.9	2.1	2.4	2.6	2.8
十、食糖	**1.3**	**1.3**	**1.4**	**1.4**	**1.3**

11-5 农村居民年末主要耐用消费品拥有量

单位：平均每百户

指　　标	单　位	2014年	2015年	2016年	2017年	2018年
家用汽车	辆	11.0	13.3	17.4	19.3	22.3
摩托车	辆	67.6	67.5	65.1	64.1	57.4
助力车	辆	45.4	50.1	57.7	61.1	64.9
洗衣机	台	74.8	78.8	84.0	86.3	88.5
电冰箱(柜)	台	77.6	82.6	89.5	91.7	95.9
微波炉	台	14.7	15.0	16.1	17.3	17.7
彩色电视机	台	115.6	116.9	118.8	120.0	116.6
空调	台	34.2	38.8	47.6	52.6	65.2
热水器	台	48.2	52.5	59.7	62.5	68.7
排油烟机	台	13.9	15.3	18.4	20.4	26.0
移动电话	部	215.0	226.1	240.7	246.1	257.0
计算机	台	23.5	25.7	27.9	29.2	26.9
照相机	台	4.5	4.1	3.4	3.9	2.5

11-6 农村居民第一产业生产经营收支情况

单位：元/人

指　　标	2014年	2015年	2016年	2017年	2018年
一、生产经营收入	**5731.6**	**6077.1**	**6385.1**	**6516.8**	**6841.1**
(一)农业	3896.6	4057.9	4128.0	4251.1	4476.9
(二)林业	218.2	204.0	204.9	210.5	227.1
(三)牧业	1473.6	1627.7	1835.2	1821.8	1879.9
(四)渔业	143.1	187.5	217.0	233.4	257.2
二、生产经营现金收入	**4586.2**	**4925.0**	**5329.0**	**5510.9**	**5875.6**
(一)农业	2992.2	3137.0	3291.9	3453.0	3716.0
(二)林业	141.0	139.6	152.8	160.5	168.2
(三)牧业	1313.6	1464.8	1672.0	1669.1	1738.7
(四)渔业	139.4	183.6	212.3	228.3	252.7
三、生产经营费用支出	**2506.4**	**2716.9**	**2909.9**	**2915.7**	**3114.6**
(一)农业	1439.8	1506.6	1547.9	1583.1	1716.4
(二)林业	38.7	32.3	38.1	33.3	38.2
(三)牧业	961.8	1078.0	1200.5	1173.7	1228.2
(四)渔业	66.0	100.0	123.3	125.7	131.9
四、生产经营现金费用支出	**2351.7**	**2547.7**	**2742.9**	**2758.4**	**2964.7**
(一)农业	1408.8	1472.6	1512.9	1549.5	1683.2
(二)林业	38.5	32.2	37.9	33.1	38.2
(三)牧业	838.9	943.3	1071.7	1052.6	1112.1
(四)渔业	65.5	99.7	120.4	123.2	131.2

11-7 2018年分地区农村居民可支配收入

单位：元/人

地区	可支配收入	一、工资性收入	二、经营净收入	三、财产净收入	四、转移净收入
全国	**14617.0**	**5996.1**	**5358.4**	**342.1**	**2920.5**
北京	26490.3	19826.7	2021.7	1876.8	2765.0
天津	23065.2	13568.1	5334.6	921.6	3241.0
河北	14030.9	7454.1	4611.5	298.7	1666.5
山西	11750.0	5735.8	3075.2	192.9	2746.1
内蒙古	13802.6	2896.6	7180.7	520.4	3204.8
辽宁	14656.3	5644.8	6263.8	334.5	2413.2
吉林	13748.2	3521.5	7756.2	256.5	2213.9
黑龙江	13803.7	3009.1	7053.3	679.0	3062.2
上海	30374.7	19503.5	1753.2	1003.2	8114.8
江苏	20845.1	10221.6	6016.6	767.5	3839.3
浙江	27302.4	16898.4	6677.0	784.1	2942.9
安徽	13996.0	5058.0	5411.5	256.0	3270.5
福建	17821.2	8214.7	6705.6	322.5	2578.4
江西	14459.9	6121.0	5271.9	235.5	2831.6
山东	16297.0	6550.0	7193.6	429.0	2124.4
河南	13830.7	5335.6	4790.7	221.4	3483.0
湖北	14977.8	4886.8	6270.8	185.9	3634.2
湖南	14092.5	5769.3	4785.7	179.3	3358.2
广东	17167.7	8510.7	4432.7	448.9	3775.5
广西	12434.8	3691.4	5393.4	241.4	3108.6
海南	13988.9	5611.4	5806.1	253.7	2317.8
重庆	13781.2	4847.8	4812.9	334.8	3785.8
四川	13331.4	4311.0	5117.2	379.5	3523.7
贵州	9716.1	4276.2	3226.7	126.2	2086.9
云南	10767.9	3259.9	5599.0	187.2	1721.8
西藏	11449.8	3037.2	5888.9	427.2	2096.6
陕西	11212.8	4620.8	3508.0	196.6	2887.5
甘肃	8804.1	2534.7	3823.7	211.5	2234.1
青海	10393.3	3047.3	3904.6	463.1	2978.4
宁夏	11707.6	4547.8	4638.5	362.8	2158.5
新疆	11974.5	2945.2	6623.9	235.1	2170.3

11-8 2018年分地区农村居民可支配收入构成

单位：%

地 区	可支配收入	一、工资性收入	二、经营净收入	三、财产净收入	四、转移净收入
全 国	**100.0**	**41.0**	**36.7**	**2.3**	**20.0**
北 京	100.0	74.8	7.6	7.1	10.4
天 津	100.0	58.8	23.1	4.0	14.1
河 北	100.0	53.1	32.9	2.1	11.9
山 西	100.0	48.8	26.2	1.6	23.4
内蒙古	100.0	21.0	52.0	3.8	23.2
辽 宁	100.0	38.5	42.7	2.3	16.5
吉 林	100.0	25.6	56.4	1.9	16.1
黑龙江	100.0	21.8	51.1	4.9	22.2
上 海	100.0	64.2	5.8	3.3	26.7
江 苏	100.0	49.0	28.9	3.7	18.4
浙 江	100.0	61.9	24.5	2.9	10.8
安 徽	100.0	36.1	38.7	1.8	23.4
福 建	100.0	46.1	37.6	1.8	14.5
江 西	100.0	42.3	36.5	1.6	19.6
山 东	100.0	40.2	44.1	2.6	13.0
河 南	100.0	38.6	34.6	1.6	25.2
湖 北	100.0	32.6	41.9	1.2	24.3
湖 南	100.0	40.9	34.0	1.3	23.8
广 东	100.0	49.6	25.8	2.6	22.0
广 西	100.0	29.7	43.4	1.9	25.0
海 南	100.0	40.1	41.5	1.8	16.6
重 庆	100.0	35.2	34.9	2.4	27.5
四 川	100.0	32.3	38.4	2.8	26.4
贵 州	100.0	44.0	33.2	1.3	21.5
云 南	100.0	30.3	52.0	1.7	16.0
西 藏	100.0	26.5	51.4	3.7	18.3
陕 西	100.0	41.2	31.3	1.8	25.8
甘 肃	100.0	28.8	43.4	2.4	25.4
青 海	100.0	29.3	37.6	4.5	28.7
宁 夏	100.0	38.8	39.6	3.1	18.4
新 疆	100.0	24.6	55.3	2.0	18.1

11-9　2018年分地区农村居民消费支出

单位：元/人

地　区	消费支出	一、食品烟酒支出	二、衣着支出	三、居住支出
全　国	**12124.3**	**3645.6**	**647.7**	**2660.6**
北　京	20195.3	4802.4	1088.3	5950.9
天　津	16863.3	4983.7	991.5	3415.4
河　北	11382.8	3002.7	722.5	2542.3
山　西	9172.2	2539.8	626.4	2075.7
内蒙古	12661.5	3476.2	717.1	2337.8
辽　宁	11455.0	3063.0	656.2	2246.3
吉　林	10826.2	3010.2	628.4	1917.2
黑龙江	11416.8	3114.7	695.1	1916.5
上　海	19964.7	7429.8	1135.9	3953.8
江　苏	16567.0	4337.7	811.9	4130.2
浙　江	19706.8	5965.6	1017.6	4992.7
安　徽	12748.1	4208.3	635.0	3013.3
福　建	14942.8	5339.8	677.1	3649.1
江　西	10885.2	3403.0	526.1	3038.2
山　东	11270.1	3162.0	622.4	2214.3
河　南	10392.0	2778.3	736.1	2273.7
湖　北	13946.3	3928.2	783.1	2954.3
湖　南	12720.5	3713.9	624.1	2920.6
广　东	15411.3	5641.2	523.6	3355.8
广　西	10617.0	3194.8	326.7	2469.1
海　南	10955.8	4580.7	314.7	2160.4
重　庆	11976.8	4180.0	631.0	2273.5
四　川	12723.2	4551.7	716.4	2500.0
贵　州	9170.2	2593.3	502.1	2127.2
云　南	9122.9	2688.9	370.0	1883.7
西　藏	7452.1	2688.7	973.0	1175.1
陕　西	10070.8	2576.9	525.5	2431.2
甘　肃	9064.6	2694.5	557.9	1725.8
青　海	10352.4	3053.3	721.0	1790.1
宁　夏	10789.6	2949.9	752.2	1867.8
新　疆	9421.3	2824.0	798.7	1716.3

11-9 续表 单位：元/人

地　区	四、生活用品及服务支出	五、交通通信支　出	六、教育文化娱乐支出	七、医疗保健支　出	八、其他用品及服务支出
全　国	**720.5**	**1690.0**	**1301.6**	**1240.1**	**218.3**
北　京	1580.3	3077.7	1436.2	1991.9	267.5
天　津	1357.4	2595.2	1236.8	1974.9	308.5
河　北	773.9	1736.5	1170.9	1201.6	232.4
山　西	443.7	1106.9	1149.6	1065.2	165.0
内蒙古	578.9	2102.5	1736.5	1468.5	244.0
辽　宁	568.5	1820.1	1325.2	1529.1	246.5
吉　林	405.6	1770.5	1411.0	1450.9	232.4
黑龙江	490.8	1632.5	1419.4	1916.2	231.6
上　海	1137.2	2892.2	1173.3	1739.5	502.9
江　苏	939.3	2959.9	1547.3	1529.6	311.1
浙　江	1053.2	2952.9	1787.9	1626.9	310.0
安　徽	772.5	1556.1	1271.1	1036.7	255.2
福　建	764.8	1817.1	1359.4	1015.8	319.8
江　西	607.2	1214.7	1143.7	783.8	168.5
山　东	761.9	1873.0	1265.6	1205.0	166.0
河　南	697.5	1286.0	1226.8	1226.6	167.0
湖　北	852.2	1933.1	1551.4	1588.0	356.0
湖　南	756.8	1449.7	1678.6	1385.5	191.4
广　东	817.0	1930.4	1473.0	1366.7	303.6
广　西	604.1	1528.1	1246.9	1088.0	159.4
海　南	513.2	1105.3	1376.0	712.4	193.0
重　庆	784.8	1502.5	1345.2	1075.1	184.7
四　川	859.8	1578.3	934.2	1344.8	237.9
贵　州	569.2	1373.1	1161.2	703.2	140.9
云　南	558.9	1507.3	1153.1	845.6	115.5
西　藏	351.1	1396.6	409.0	314.9	143.7
陕　西	634.7	1222.5	1252.9	1241.8	185.3
甘　肃	513.9	1077.9	1201.9	1132.6	160.1
青　海	495.0	1765.2	944.6	1332.3	250.8
宁　夏	673.5	1818.7	1295.8	1248.6	183.1
新　疆	610.0	1301.1	1010.7	1017.5	142.8

11-10 2018年分地区农村居民消费支出构成

单位：%

地区	消费支出	一、食品烟酒支出	二、衣着支出	三、居住支出
全国	**100.0**	**30.1**	**5.3**	**21.9**
北京	100.0	23.8	5.4	29.5
天津	100.0	29.6	5.9	20.3
河北	100.0	26.4	6.3	22.3
山西	100.0	27.7	6.8	22.6
内蒙古	100.0	27.5	5.7	18.5
辽宁	100.0	26.7	5.7	19.6
吉林	100.0	27.8	5.8	17.7
黑龙江	100.0	27.3	6.1	16.8
上海	100.0	37.2	5.7	19.8
江苏	100.0	26.2	4.9	24.9
浙江	100.0	30.3	5.2	25.3
安徽	100.0	33.0	5.0	23.6
福建	100.0	35.7	4.5	24.4
江西	100.0	31.3	4.8	27.9
山东	100.0	28.1	5.5	19.6
河南	100.0	26.7	7.1	21.9
湖北	100.0	28.2	5.6	21.2
湖南	100.0	29.2	4.9	23.0
广东	100.0	36.6	3.4	21.8
广西	100.0	30.1	3.1	23.3
海南	100.0	41.8	2.9	19.7
重庆	100.0	34.9	5.3	19.0
四川	100.0	35.8	5.6	19.6
贵州	100.0	28.3	5.5	23.2
云南	100.0	29.5	4.1	20.6
西藏	100.0	36.1	13.1	15.8
陕西	100.0	25.6	5.2	24.1
甘肃	100.0	29.7	6.2	19.0
青海	100.0	29.5	7.0	17.3
宁夏	100.0	27.3	7.0	17.3
新疆	100.0	30.0	8.5	18.2

11-10 续表

单位：%

地 区	四、生活用品及服务支出	五、交通通信支出	六、教育文化娱乐支出	七、医疗保健支出	八、其他用品及服务支出
全 国	**5.9**	**13.9**	**10.7**	**10.2**	**1.8**
北 京	7.8	15.2	7.1	9.9	1.3
天 津	8.0	15.4	7.3	11.7	1.8
河 北	6.8	15.3	10.3	10.6	2.0
山 西	4.8	12.1	12.5	11.6	1.8
内蒙古	4.6	16.6	13.7	11.6	1.9
辽 宁	5.0	15.9	11.6	13.3	2.2
吉 林	3.7	16.4	13.0	13.4	2.1
黑龙江	4.3	14.3	12.4	16.8	2.0
上 海	5.7	14.5	5.9	8.7	2.5
江 苏	5.7	17.9	9.3	9.2	1.9
浙 江	5.3	15.0	9.1	8.3	1.6
安 徽	6.1	12.2	10.0	8.1	2.0
福 建	5.1	12.2	9.1	6.8	2.1
江 西	5.6	11.2	10.5	7.2	1.5
山 东	6.8	16.6	11.2	10.7	1.5
河 南	6.7	12.4	11.8	11.8	1.6
湖 北	6.1	13.9	11.1	11.4	2.6
湖 南	5.9	11.4	13.2	10.9	1.5
广 东	5.3	12.5	9.6	8.9	2.0
广 西	5.7	14.4	11.7	10.2	1.5
海 南	4.7	10.1	12.6	6.5	1.8
重 庆	6.6	12.5	11.2	9.0	1.5
四 川	6.8	12.4	7.3	10.6	1.9
贵 州	6.2	15.0	12.7	7.7	1.5
云 南	6.1	16.5	12.6	9.3	1.3
西 藏	4.7	18.7	5.5	4.2	1.9
陕 西	6.3	12.1	12.4	12.3	1.8
甘 肃	5.7	11.9	13.3	12.5	1.8
青 海	4.8	17.1	9.1	12.9	2.4
宁 夏	6.2	16.9	12.0	11.6	1.7
新 疆	6.5	13.8	10.7	10.8	1.5

11-11　2018年分地区农村居民现金消费支出

单位：元/人

地　区	现金消费支出	一、食品烟酒支出	二、衣着支出	三、居住支出
全　国	**9862.0**	**3226.3**	**647.2**	**1084.0**
北　京	15628.8	4710.1	1087.5	2128.6
天　津	14607.4	4838.7	991.1	1841.7
河　北	9873.7	2881.2	722.3	1363.4
山　西	7734.6	2305.2	625.9	1079.4
内蒙古	11010.3	3010.5	717.1	1411.2
辽　宁	9824.3	2775.8	656.0	1097.1
吉　林	9188.6	2671.0	628.3	815.8
黑龙江	10088.3	2952.2	695.0	983.1
上　海	16765.0	7086.8	1134.1	1979.6
江　苏	13703.2	4050.5	811.7	1894.6
浙　江	15423.5	5478.2	1017.5	1478.4
安　徽	10193.6	3941.1	634.3	918.9
福　建	11995.4	4828.3	676.7	1408.8
江　西	8235.5	3046.0	526.0	892.4
山　东	9711.4	3040.8	621.2	1063.7
河　南	8632.1	2688.4	736.0	850.6
湖　北	11300.6	3436.7	782.6	1200.0
湖　南	9992.5	3067.7	622.8	1108.4
广　东	12313.4	5051.3	523.0	1235.0
广　西	8201.0	2579.3	325.8	1021.3
海　南	9060.1	4263.6	314.6	763.7
重　庆	9467.7	3277.9	630.0	850.5
四　川	9848.0	3549.0	715.8	948.1
贵　州	7160.3	2006.9	501.9	872.3
云　南	6883.9	2010.9	369.8	534.7
西　藏	5708.4	2081.6	970.2	216.7
陕　西	8264.0	2357.3	525.0	1076.7
甘　肃	7516.0	2266.5	557.8	871.3
青　海	8858.1	2630.3	720.7	1039.2
宁　夏	9412.0	2660.9	751.8	1088.9
新　疆	7959.3	2296.3	796.4	1011.3

11-11 续表 单位：元/人

地 区	四、生活用品及服务支出	五、交通通信支 出	六、教育文化娱乐支出	七、医疗保健支 出	八、其他用品及服务支出
全 国	**709.0**	**1685.0**	**1300.5**	**997.4**	**212.7**
北 京	1569.2	3077.3	1435.7	1357.5	262.9
天 津	1114.3	2593.5	1236.7	1706.2	285.2
河 北	770.2	1735.1	1170.9	998.7	231.9
山 西	441.9	1106.8	1149.5	875.3	150.5
内蒙古	578.8	2102.5	1736.1	1210.1	244.0
辽 宁	562.3	1819.2	1325.2	1344.4	244.2
吉 林	403.1	1770.5	1411.0	1256.5	232.3
黑龙江	490.3	1632.5	1419.2	1685.6	230.3
上 海	1117.9	2872.0	1172.9	909.4	492.4
江 苏	931.7	2942.6	1547.2	1216.3	308.6
浙 江	1044.4	2951.8	1787.6	1363.7	302.0
安 徽	765.5	1527.8	1270.9	882.3	252.9
福 建	755.6	1810.9	1359.4	837.2	318.6
江 西	603.7	1214.7	1143.7	641.2	167.9
山 东	734.9	1869.5	1265.5	954.9	160.9
河 南	695.9	1285.9	1226.4	982.7	166.2
湖 北	850.4	1928.1	1551.4	1211.1	340.4
湖 南	753.9	1438.8	1678.2	1133.4	189.2
广 东	803.4	1925.3	1469.8	1013.3	292.4
广 西	555.0	1526.4	1246.3	802.0	145.1
海 南	494.2	1105.3	1376.0	556.5	186.3
重 庆	765.5	1501.9	1344.8	914.4	182.8
四 川	836.3	1577.7	931.9	1058.7	230.6
贵 州	563.2	1360.7	1161.1	557.3	136.8
云 南	554.4	1507.2	1152.8	641.0	113.1
西 藏	340.6	1396.3	409.0	150.5	143.4
陕 西	625.0	1212.7	1251.8	1032.1	183.5
甘 肃	510.4	1075.6	1191.3	884.4	158.8
青 海	494.3	1765.2	944.0	1017.6	246.8
宁 夏	658.9	1817.1	1295.5	970.6	168.2
新 疆	603.6	1300.2	996.8	861.6	93.3

11-12 2018年分地区农村居民现金消费支出构成

单位：%

地　区	现金消费支出	一、食品烟酒支出	二、衣着支出	三、居住支出
全　国	**100.0**	**32.7**	**6.6**	**11.0**
北　京	100.0	30.1	7.0	13.6
天　津	100.0	33.1	6.8	12.6
河　北	100.0	29.2	7.3	13.8
山　西	100.0	29.8	8.1	14.0
内蒙古	100.0	27.3	6.5	12.8
辽　宁	100.0	28.3	6.7	11.2
吉　林	100.0	29.1	6.8	8.9
黑龙江	100.0	29.3	6.9	9.7
上　海	100.0	42.3	6.8	11.8
江　苏	100.0	29.6	5.9	13.8
浙　江	100.0	35.5	6.6	9.6
安　徽	100.0	38.7	6.2	9.0
福　建	100.0	40.3	5.6	11.7
江　西	100.0	37.0	6.4	10.8
山　东	100.0	31.3	6.4	11.0
河　南	100.0	31.1	8.5	9.9
湖　北	100.0	30.4	6.9	10.6
湖　南	100.0	30.7	6.2	11.1
广　东	100.0	41.0	4.2	10.0
广　西	100.0	31.5	4.0	12.5
海　南	100.0	47.1	3.5	8.4
重　庆	100.0	34.6	6.7	9.0
四　川	100.0	36.0	7.3	9.6
贵　州	100.0	28.0	7.0	12.2
云　南	100.0	29.2	5.4	7.8
西　藏	100.0	36.5	17.0	3.8
陕　西	100.0	28.5	6.4	13.0
甘　肃	100.0	30.2	7.4	11.6
青　海	100.0	29.7	8.1	11.7
宁　夏	100.0	28.3	8.0	11.6
新　疆	100.0	28.9	10.0	12.7

11-12 续表

单位：%

地　区	四、生活用品及服务支出	五、交通通信支　出	六、教育文化娱乐支出	七、医疗保健支　出	八、其他用品及服务支出
全　国	**7.2**	**17.1**	**13.2**	**10.1**	**2.2**
北　京	10.0	19.7	9.2	8.7	1.7
天　津	7.6	17.8	8.5	11.7	2.0
河　北	7.8	17.6	11.9	10.1	2.3
山　西	5.7	14.3	14.9	11.3	1.9
内蒙古	5.3	19.1	15.8	11.0	2.2
辽　宁	5.7	18.5	13.5	13.7	2.5
吉　林	4.4	19.3	15.4	13.7	2.5
黑龙江	4.9	16.2	14.1	16.7	2.3
上　海	6.7	17.1	7.0	5.4	2.9
江　苏	6.8	21.5	11.3	8.9	2.3
浙　江	6.8	19.1	11.6	8.8	2.0
安　徽	7.5	15.0	12.5	8.7	2.5
福　建	6.3	15.1	11.3	7.0	2.7
江　西	7.3	14.7	13.9	7.8	2.0
山　东	7.6	19.3	13.0	9.8	1.7
河　南	8.1	14.9	14.2	11.4	1.9
湖　北	7.5	17.1	13.7	10.7	3.0
湖　南	7.5	14.4	16.8	11.3	1.9
广　东	6.5	15.6	11.9	8.2	2.4
广　西	6.8	18.6	15.2	9.8	1.8
海　南	5.5	12.2	15.2	6.1	2.1
重　庆	8.1	15.9	14.2	9.7	1.9
四　川	8.5	16.0	9.5	10.8	2.3
贵　州	7.9	19.0	16.2	7.8	1.9
云　南	8.1	21.9	16.7	9.3	1.6
西　藏	6.0	24.5	7.2	2.6	2.5
陕　西	7.6	14.7	15.1	12.5	2.2
甘　肃	6.8	14.3	15.9	11.8	2.1
青　海	5.6	19.9	10.7	11.5	2.8
宁　夏	7.0	19.3	13.8	10.3	1.8
新　疆	7.6	16.3	12.5	10.8	1.2

11-13 农村居民按收入五等份分组的人均可支配收入

单位：元/人

组　别	2013年	2014年	2015年	2016年	2017年	2018年
低收入户(20%)	2877.9	2768.1	3085.6	3006.5	3301.9	3666.2
中间偏下户(20%)	5965.6	6604.4	7220.9	7827.7	8348.6	8508.5
中间收入户(20%)	8438.3	9503.9	10310.6	11159.1	11978.0	12530.2
中间偏上户(20%)	11816.0	13449.2	14537.3	15727.4	16943.6	18051.5
高收入户(20%)	21323.7	23947.4	26013.9	28448.0	31299.3	34042.6

11-14 农村居民按东、中、西部及东北地区分组的人均可支配收入

单位：元/人

组　别	2013年	2014年	2015年	2016年	2017年	2018年
东部地区	11856.8	13144.6	14297.4	15498.3	16822.1	18285.7
中部地区	8983.2	10011.1	10919.0	11794.3	12805.8	13954.1
西部地区	7436.6	8295.0	9093.4	9918.4	10828.6	11831.4
东北地区	9761.5	10802.1	11490.1	12274.6	13115.8	14080.4

11-15　农村贫困状况

年　份	贫困人口(万人)	贫困发生率(%)
1978	77039	97.5
1980	76542	96.2
1985	66101	78.3
1990	65849	73.5
1995	55463	60.5
2000	46224	49.8
2005	28662	30.2
2010	16567	17.2
2011	12238	12.7
2012	9899	10.2
2013	8249	8.5
2014	7017	7.2
2015	5575	5.7
2016	4335	4.5
2017	3046	3.1
2018	1660	1.7

注：现行农村贫困标准为每人每年2300元，2010年不变价。

11-16 1978-2018年农村居民人均可支配收入增长情况

年份	人均可支配收入(元)	比上年名义增长(%)	比上年实际增长(%)	指数(1978年=100)
1978	133.6	—	—	100.0
1979	160.2	19.9	19.2	119.2
1980	191.3	19.5	16.6	139.0
1981	223.4	16.8	15.4	160.4
1982	270.1	20.9	19.9	192.3
1983	309.8	14.7	14.2	219.6
1984	355.3	14.7	13.6	249.5
1985	397.6	11.9	7.8	268.9
1986	423.8	6.6	3.2	277.6
1987	462.6	9.2	5.2	292.0
1988	544.9	17.8	6.4	310.7
1989	601.5	10.4	-1.6	305.7
1990	686.3	14.1	1.8	311.2
1991	708.6	3.2	2.0	317.4
1992	784.0	10.6	5.9	336.2
1993	921.6	17.6	3.2	346.9
1994	1221.0	32.5	5.0	364.3
1995	1577.7	29.2	5.3	383.6
1996	1926.1	22.1	9.0	418.1
1997	2090.1	8.5	4.6	437.3
1998	2171.2	3.9	4.7	458.1
1999	2229.1	2.7	4.2	477.5
2000	2282.1	2.4	2.5	489.6
2001	2406.9	5.5	4.7	512.3
2002	2528.9	5.1	5.3	539.2
2003	2690.3	6.4	4.8	564.9
2004	3026.6	12.5	7.3	606.1
2005	3370.2	11.4	6.7	646.6
2006	3731.0	10.7	7.9	697.6
2007	4327.0	16.0	10.0	767.7
2008	4998.8	15.5	8.5	833.1
2009	5435.1	8.7	9.0	908.3
2010	6272.4	15.4	11.4	1012.1
2011	7393.9	17.9	11.4	1127.4
2012	8389.3	13.5	10.7	1248.1
2013	9429.6	12.4	9.3	1364.5
2014	10488.9	11.2	9.2	1490.5
2015	11421.7	8.9	7.5	1602.3
2016	12363.4	8.2	6.2	1702.1
2017	13432.4	8.6	7.3	1825.5
2018	14617.0	8.8	6.6	1945.3

注：1.表中2013-2018年人均可支配收入来源于住户收支与生活状况调查，1978-2012年数据根据历史数据按照新口径推算获得。
2.可支配收入绝对数按当年价格计算，指数按可比价计算。

农村文化、教育、卫生及社会服务

12-1 乡村教育情况

指标	单位	1995年	2000年	2013年	2014年	2015年	2016年	2017年	2018年
一、高　　中									
学校数	所	3112	2629	708	667	668	652	675	710
班　数	万个	2.3	2.9	1.5	1.5	1.5	1.5	1.5	1.7
毕业生数	万人	33.1	39.2	26.0	25.2	24.7	23.3	23.1	24.1
招生数	万人	44.7	64.4	28.1	27.0	27.0	27.0	27.8	28.5
在校生数	万人	113.2	157.8	81.5	78.6	77.0	75.7	77.9	82.1
专任教师	万人	9.4	10.4	5.5	5.5	5.5	5.5	5.7	6.1
二、初　　中									
学校数	所	45626	39313	18485	17707	16991	16171	15288	14792
班　数	万个	50.9	60.1	17.8	16.6	15.7	15.1	14.7	14.9
毕业生数	万人	684.6	903.8	313.9	251.1	235.3	224.7	207.9	198.0
招生数	万人	1017.3	1265.9	274.5	249.7	232.3	227.1	224.0	224.2
在校生数	万人	2659.8	3428.5	814.5	748.5	702.5	667.0	643.4	648.4
专任教师	万人	149.9	168.2	73.1	68.5	64.5	60.8	57.5	56.3
三、小　　学									
学校数	万所	55.9	44.0	14.0	12.9	11.8	10.6	9.6	9.1
班　数	万个	309.4	274.6	113.9	109.7	106.9	104.8	101.4	98.4
毕业生数	万人	1328.7	1567.6	560.3	474.3	440.9	432.3	430.8	428.6
招生数	万人	1791.1	1253.7	591.8	534.7	539.1	517.2	486.9	470.8
在校生数	万人	9306.2	8503.7	3217.0	3049.9	2965.9	2891.7	2775.4	2666.4
专任教师	万人	382.7	367.8	219.9	211.6	203.6	197.5	177.2	171.7

注：1.高中包括完全中学在内。
2.2011年，教育事业统计报表进行了全面改革，实施了国家统计局首次颁布的《统计用城乡划分代码》。新的城乡划分标准，将原来的城市、县镇、农村的三个分类调整为三大类七小类，即城区(含主城区、城乡结合部)、镇区(含镇中心区、镇乡结合区、特殊区域)、乡村(含乡中心区、村庄)。因城乡划分口径发生了变化，故城乡数据不与往年做比较。
3.本表数据来自教育部。

12-2 农村乡(镇)卫生院情况

指标	单位	1995年	2000年	2013年	2014年	2015年	2016年	2017年	2018年
乡(镇)卫生院	个	51797	49229	37015	36902	36817	36795	36551	36461
卫生人员	人	1051752	1169826	1233858	1247299	1277697	1320841	1360272	1391324
床　位	张	733064	734807	1136492	1167245	1196122	1223891	1292076	1333909

注：本表数据来自卫健委。

12-3　2018年各地区农村乡(镇)卫生院、床位数和卫生人员数

地　区	乡(镇)卫生院(个)	卫生人员数(人)	床　位(张)
全国总计	**36461**	**1391324**	**1333909**
北　京			
天　津	141	5532	4156
河　北	2005	56280	71819
山　西	1313	25825	31018
内蒙古	1301	21669	22443
辽　宁	1032	25116	31889
吉　林	777	24345	18015
黑龙江	972	22776	23886
上　海			
江　苏	1053	94930	70655
浙　江	1155	55167	18781
安　徽	1365	53880	58458
福　建	881	38184	30845
江　西	1588	48049	56328
山　东	1592	105181	97171
河　南	2042	107706	114445
湖　北	1139	79423	77677
湖　南	2208	84181	101561
广　东	1184	94894	60584
广　西	1264	75595	65278
海　南	299	11535	6016
重　庆	872	34259	42048
四　川	4433	112582	131474
贵　州	1341	47147	42349
云　南	1355	50577	52877
西　藏	678	4523	3653
陕　西	1544	48259	36220
甘　肃	1376	28203	26750
青　海	405	5491	4522
宁　夏	217	5389	3532
新　疆	929	24626	29459

注：本表数据来自卫健委。

12-4 2018年各地区农村村卫生室和人员情况

地　区	村卫生室（个）	设卫生室的村数占行政村数比重（%）	乡村医生和卫生员（人）	平均每千农村人口村卫生室人员（人）
全国总计	**622001**	**94.0**	**907098**	**1.54**
北　京	2493	63.7	2977	
天　津	2511	70.6	4600	10.65
河　北	59047	100.0	72690	2.13
山　西	28338	100.0	35642	2.07
内蒙古	13539	100.0	17639	1.70
辽　宁	19127	100.0	21884	1.55
吉　林	9901	100.0	14768	1.29
黑龙江	10740	100.0	20156	1.44
上　海	1162	73.9	717	5.78
江　苏	15311	100.0	27000	1.61
浙　江	11483	46.5	7312	0.92
安　徽	15317	100.0	37609	1.34
福　建	18283	100.0	23297	1.33
江　西	28309	100.0	39550	1.56
山　东	53246	76.5	101069	2.19
河　南	56173	100.0	103306	1.74
湖　北	24411	100.0	37373	1.61
湖　南	39976	100.0	39987	1.23
广　东	25996	100.0	23063	0.91
广　西	20409	100.0	32648	0.98
海　南	2716	100.0	3378	1.09
重　庆	10847	100.0	17906	1.67
四　川	56019	100.0	62907	1.52
贵　州	20355	100.0	34097	1.00
云　南	13404	100.0	38443	1.22
西　藏	5298	100.0	12748	5.75
陕　西	24183	100.0	29424	1.67
甘　肃	16487	100.0	19330	1.74
青　海	4474	100.0	6795	2.31
宁　夏	2300	100.0	3137	1.59
新　疆	10146	100.0	15646	1.32

注：本表数据来自卫健委。

12-5 2018年各地区农村养老机构和文化机构情况

地　区	农村特困人员救助供养机构数（个）	农村特困人员救助供养机构年末收养人数（人）	乡镇文化站（个）
全　国	**13885**	**869636**	**33858**
北　京	10	252	
天　津	39	2088	
河　北	388	27431	
山　西	241	12841	
内蒙古	260	12322	
辽　宁	207	13387	
吉　林	556	27032	
黑龙江	158	16050	
上　海			
江　苏	1230	95094	
浙　江	565	35246	
安　徽	978	73908	
福　建	80	2228	
江　西	1050	91780	
山　东	652	46418	
河　南	784	45381	
湖　北	1038	73556	
湖　南	1114	52443	
广　东	1036	21507	
广　西	40	1295	
海　南	1	221	
重　庆	339	14978	
四　川	1546	123030	
贵　州	639	25917	
云　南	326	11402	
西　藏	3	336	
陕　西	321	28357	
甘　肃	107	4858	
青　海	23	812	
宁　夏	50	2856	
新　疆	104	6610	

注：1.本表数据来自民政部。
2.因统计口径调整，2018年起农村养老机构统计范围指登记注册的农村特困人员救助供养机构。

12-6 2018年各地区农村社会救济情况

单位：万人、亿元

地 区	农村居民最低生活保障人数	农村最低生活保障支出	农村特困人员集中供养人数	农村特困人员分散供养人数
全 国	**3519.1**	**1056.9**	**86.2**	**368.8**
北 京	3.8	4.0	0.2	0.3
天 津	6.2	6.6	0.1	0.9
河 北	122.2	35.1	3.0	22.1
山 西	100.5	33.1	1.6	12.1
内蒙古	125.2	39.5	1.0	7.2
辽 宁	59.9	21.7	2.2	10.4
吉 林	59.4	15.3	1.9	8.6
黑龙江	89.3	21.2	1.8	8.5
上 海	3.5	3.0	0.1	0.1
江 苏	74.8	38.3	5.0	15.2
浙 江	50.6	31.2	2.3	0.3
安 徽	180.6	62.4	6.6	31.1
福 建	37.8	17.6	0.6	5.9
江 西	167.8	53.6	10.9	9.4
山 东	117.1	41.4	5.6	16.8
河 南	257.8	56.8	7.7	41.9
湖 北	133.8	46.8	4.6	19.8
湖 南	126.8	32.2	5.3	31.7
广 东	123.8	47.8	1.6	20.4
广 西	182.2	49.5	1.6	22.3
海 南	14.7	5.3	0.2	2.2
重 庆	58.1	26.1	1.1	8.6
四 川	339.9	74.9	10.4	34.1
贵 州	226.8	66.7	3.0	5.1
云 南	254.9	67.8	1.2	10.6
西 藏	17.3	5.1	1.1	0.8
陕 西	85.7	33.6	3.1	9.0
甘 肃	233.6	44.4	0.8	9.3
青 海	30.9	10.5	0.3	1.5
宁 夏	36.6	14.9	0.3	0.7
新 疆	197.6	50.7	1.2	1.7

注：本表数据来自民政部。

13

国有农场

13-1 农垦系统国有农场基本情况

指　　标	单位	2003年	2016年	2017年	2018年	2018年比2017年增加	
						绝对数	%
一、农 场 数	**个**	**1967**	**1781**	**1758**	**1759**	**1.0**	**0.1**
二、职工人数	**万人**	**353.7**	**276.7**	**271.5**	**192.1**	**-79.4**	**-29.2**
三、耕 地 面 积	**千公顷**	**4690.1**	**6446.9**	**6455.6**	**6419.7**	**-35.9**	**-0.6**
四、农业机械总动力	**亿瓦**	**129.9**	**296.5**	**302.6**	**306.2**	**3.6**	**1.2**
大中型农用拖拉机	万台	7.0	21.6	22.2	22.9	0.8	3.4
小型及手扶拖拉机	万台	24.5	26.8	30.1	37.3	7.2	24.0
农用排灌动力机械	万台	17.7	29.4	28.7	33.3	4.6	16.1
联合收割机	万台	1.8	9.4	6.4	6.4	0.0	0.3
农用化肥施用量(折纯量)	万吨	143.9	273.9	278.0	273.8	-4.2	-1.5
农场用电量	亿千瓦小时	64.2	173.6	238.8	320.8	82.0	34.3
五、农业总产值							
按当年价格计算	亿元	846.3	3457.8	3837.2	3823.1	-14.1	-0.4
六、主要农产品产量							
粮食总产量	万吨	1342.6	3483.2	3515.5	3652.8	137.3	3.9
棉花总产量	万吨	103.4	187.7	208.6	284.8	76.2	36.5
油料总产量	万吨	71.9	81.7	76.6	79.7	3.2	4.1
肉类总产量	万吨	108.4	251.0	258.2	220.4	-37.8	-14.6

13-2 各地区农垦系统国有农场基本情况

地区	农场数(个)		职工人数(万人)		耕地面积(千公顷)	
	2017年	2018年	2017年	2018年	2017年	2018年
全国	**1758**	**1759**	**271.5**	**192.1**	**6455.6**	**6419.7**
北京	9	8	4.3	5.7	1.4	1.4
天津	13	12	1.0	1.1	2.8	2.7
河北	33	33	6.1	5.5	92.8	95.8
山西	24	25	0.4	0.3	6.5	6.5
内蒙古	104	104	9.6	6.6	671.8	694.6
辽宁	106	104	22.2	14.8	152.6	158.2
吉林	92	92	3.2	2.8	130.9	103.7
黑龙江	113	113	28.6	27.4	2917.4	2956.4
上海	19	21	8.9	8.8	36.1	38.2
江苏	18	18	5.2	5.0	64.8	64.6
浙江	50	96	0.1	0.2	4.1	4.3
安徽	20	20	2.0	1.9	30.2	30.2
福建	112	110	2.6	2.0	9.2	8.3
江西	156	156	35.8	30.9	83.5	84.4
山东	14	12	0.4	0.3	14.8	12.8
河南	96	91	2.8	2.6	29.0	28.1
湖北	53	65	36.2	36.1	131.8	142.6
湖南	69	65	14.6	9.7	67.2	76.2
广东	47	47	4.6	4.2	37.2	38.1
广西	41	18	2.5	2.2	33.7	33.6
海南	28	27	7.2	5.8	36.3	35.8
重庆	17	17	0.7	0.7	0.3	0.3
四川	33	30	0.2	0.1	0.8	0.9
贵州	37	37	0.4	0.3	1.8	1.1
云南	43	43	5.6	5.2	12.3	12.0
陕西	12	12	0.4	0.4	10.2	10.8
甘肃	24	21	1.4	1.3	69.6	68.9
青海	21	22	0.0	0.6	155.3	38.1
宁夏	14	14	1.2	1.1	41.3	41.2
新疆	340	326	63.2	8.8	1610.1	1630.0

13-2 续表 1

地 区	农业机械总动力(万千瓦)		大中型拖拉机(台)		农用运输汽车(辆)	
	2017年	2018年	2017年	2018年	2017年	2018年
全 国	**3025.9**	**3062.3**	**221487**	**228803**	**81764**	**76030**
北 京	3.2	6.3	71	82	24	233
天 津	2.6	1.8	105	95	106	81
河 北	105.0	108.5	4791	4274	5598	4806
山 西	2.7	2.7	46	47	194	186
内 蒙 古	207.2	223.7	15833	15248	7115	5582
辽 宁	127.4	102.2	5561	4984	13681	12819
吉 林	120.1	58.7	5705	5014	4092	1658
黑 龙 江	1099.2	1137.5	84509	90450	4910	5653
上 海	28.4	28.3	1465	1317	27	33
江 苏	53.2	48.4	3883	3536	737	652
浙 江	1.1	1.2	42	46	35	33
安 徽	46.6	43.8	3024	2906	1207	641
福 建	7.1	5.0	85	48	656	472
江 西	51.5	52.4	1955	1950	1770	1800
山 东	5.0	3.9	444	466	147	97
河 南	30.2	31.5	1287	1187	990	1001
湖 北	183.1	180.1	8901	9039	9200	9217
湖 南	97.7	149.8	3899	5645	2301	1690
广 东	44.2	45.0	573	773	901	1565
广 西	35.1	35.5	1807	1820	1192	1217
海 南	32.1	33.2	464	828	2569	2787
重 庆	0.7	0.7	7	7	5	5
四 川	0.2	0.2				
贵 州	2.0	1.5	56	20		29
云 南	20.3	20.7	867	683	987	1063
陕 西	4.7	4.0	215	237	713	138
甘 肃	30.5	35.2	6927	7392	1077	809
青 海	5.0	5.6	307	297	983	690
宁 夏	31.4	32.4	2630	2648	1812	1799
新 疆	648.4	662.6	66028	67764	18735	19274

13-2 续表 2

地区	化肥施用量(万吨)		现价农业总产值(万元)	
	2017年	2018年	2017年	2018年
全国	**277.8**	**273.8**	**38371780**	**38230485**
北京	0.2	0.2	477746	659080
天津			113398	132016
河北	5.2	3.2	1010991	1115189
山西	0.7	0.4	33211	36040
内蒙古	17.5	16.2	1244442	1302047
辽宁	12.7	8.2	1864642	1709781
吉林	3.9	3.9	386586	321763
黑龙江	56.4	57.2	9834446	8464962
上海	1.9	1.9	870198	894585
江苏	7.7	8.4	412963	419013
浙江	0.4	0.2	48493	59184
安徽	2.8	2.7	210619	210352
福建	3.3	1.7	241967	229638
江西	7.0	3.0	551618	600185
山东	1.2	3.0	102580	65908
河南	2.5	2.3	270184	250174
湖北	16.4	14.9	2379825	2385369
湖南	12.9	5.7	581372	1023245
广东	6.7	5.7	1093616	1156909
广西	6.0	6.0	1023607	748235
海南	7.6	19.0	1476255	1508217
重庆			141200	149681
四川	0.1		17057	16253
贵州	0.5	0.1	54645	59782
云南	7.6	2.6	721689	667645
陕西	0.9	0.7	46184	56315
甘肃	0.7	3.6	252449	238045
青海	0.7	1.1	55179	71135
宁夏	3.7	3.4	298453	316640
新疆	90.6	98.3	12556165	13363098

13-3 农垦系统国有农场种植业生产情况

指　　标	单位	2000年	2007年	2016年	2017年	2018年	2018年比2017年增加	
							绝对数	%
农作物总播种面积	**千公顷**	**4755.8**	**5633.4**	**6930.1**	**6872.7**	**6851.2**	**-21.5**	**-0.3**
一、粮食播种面积	**千公顷**	**3163.9**	**3725.5**	**4996.3**	**4894.1**	**4827.0**	**-67.1**	**-1.4**
每公顷产量	千克	4631.0	5804.0	6971.0	7181.0	7567.0	386.0	5.4
总 产 量	万吨	1465.2	2162.3	3483.2	3515.2	3652.8	137.6	3.9
1.谷 物	万吨	1252.1	1969.5	3249.7	3198.4	3359.4	161.0	5.0
其中：稻 谷	万吨	818.6	1180.9	1841.5	1942.8	1882.6	-60.2	-3.1
小 麦	万吨	255.0	234.8	341.0	292.2	276.1	-16.1	-5.5
玉 米	万吨	147.4	479.8	1035.8	933.4	1200.7	267.3	28.6
2.豆 类	万吨	200.6	154.7	176.7	236.8	174.0	-62.8	-26.5
其中：大 豆	万吨	184.8	133.2	166.0	228.5	167.9	-60.6	-26.5
3.薯 类	万吨	12.6	38.1	56.7	80.3	70.1	-10.2	-12.7
二、棉花播种面积	**千公顷**	**527.3**	**803.8**	**732.1**	**796.4**	**1021.8**	**225.5**	**28.3**
每公顷产量	千克	1577.0	1960.0	2564.0	2619.0	2787.0	168.0	6.4
总 产 量	吨	831595	1575568	1876946	2085824	2847821	761997.0	36.5
三、油料播种面积	**千公顷**	**461.2**	**338.9**	**361.2**	**337.2**	**306.2**	**-31.0**	**-9.2**
每公顷产量	千克	1545	1784	2262	2271	2604.0	333.0	14.7
总 产 量	吨	712461	604419	817078	765695	797273.0	31578.0	4.1
四、糖料播种面积	**千公顷**	**103.6**	**121.2**	**85.9**	**90.4**	**93.6**	**3.2**	**3.6**
每公顷产量	千克	56927.0	71327.0	85530.0	85748.0	80772.0	-4976.0	-5.8
总 产 量	吨	5894802	8643443	7345254	7747842	7557944	-189898.0	-2.5
五、麻类播种面积	**千公顷**	**9.4**	**39.5**	**5.1**	**5.1**	**5.7**	**0.6**	**12.6**
每公顷产量	千克	3175	3485	5051	5886	14354.0	8468.0	143.9
总 产 量	吨	29689	137611	25561	30014	81563.0	51549.0	171.7

13-4 各地区农垦系统国有农场农作物主要产品产量

地区	粮食（万吨）	棉花（吨）	油料（吨）	糖料（吨）	麻类（吨）
全国	**3652.8**	**2847821**	**797274**	**7557945**	**81563**
北京	0.1				
天津	1.3				
河北	57.0	3134	3427	31325	
山西	3.9	16	256	450	
内蒙古	206.0		268533	410363	2072
辽宁	119.4		13005	3053	
吉林	68.0		8095		
黑龙江	2279.6		5019	25458	8221
上海	28.1		3180		
江苏	121.1	10			
浙江	1.0	21	122		
安徽	32.8	243	1741	118	
福建	4.4	92	2776	3626	36
江西	71.3	3206	28798	8518	
山东	7.5	189	190		
河南	27.9	435	23687		
湖北	96.3	10297	75722	8233	33
湖南	64.2	58666	47840	5419	299
广东	5.5		6154	2265007	68122
广西	1.7		3197	2216949	
海南	11.7		4199	202821	
重庆	0.4		15		
四川	1.3		7		
贵州	0.2		96		
云南	5.9		103	416581	
陕西	11.3		1116		
甘肃	32.8	6434	13373	69815	
青海	8.3		20836	750	
宁夏	33.1		2147		
新疆	350.5	2765079	263602	1888896	2780

13-5 农垦系统国有农场茶、桑、果、林业生产情况

指　　标	单位	2000年	2010年	2016年	2017年	2018年	2018年比2017年增加	
							绝对数	%
一、年末实有茶园面积	**千公顷**	**34.1**	**31.3**	**28.9**	**28.5**	**27.3**	**-1.2**	**-4.2**
茶叶总产量	万吨	3.9	4.6	5.1	5.2	5.6	0.4	7.7
二、年末实有桑园面积	**千公顷**	**3.9**	**1.5**	**1.6**	**1.0**	**0.9**	**-0.1**	**-10.0**
三、年末实有果园面积	**千公顷**	**193.6**	**371.9**	**418.5**	**418.0**	**411.3**	**-6.7**	**-1.6**
水果总产量	万吨	118.6	323.4	677.5	737.5	745.3	7.8	1.1
其中：苹 果	万吨	24.1	40.6	91.3	103.4	101.2	-2.2	-2.1
梨	万吨	27.1	53.6	68.8	84.4	62.4	-22.0	-26.1
柑 桔	万吨	11.8	22.8	34.5	37.2	43.9	6.7	18.0
四、年末实有橡胶园面积	**千公顷**	**382.3**	**469.4**	**453.6**	**453.6**	**439.1**	**-14.5**	**-3.2**
当年橡胶平均开割面积	千公顷		320.6	297.2	297.2	327.9	30.7	10.3
每公顷产干胶	千克	1172.0	1023.1	962.3	908.5	893.6	-14.9	-1.7
全年干胶总产量	万吨	34.7	32.8	28.6	27.0	29.3	2.3	8.5
五、当年造林面积	**千公顷**	**75.8**	**88.2**	**73.6**	**73.2**	**65.4**	**-7.8**	**-10.6**
用 材 林	千公顷	21.4	19.0	13.0	20.4	11.6	-8.8	-43.2
经 济 林	千公顷	6.1	11.6	28.7	29.8	15.0	-14.8	-49.7
防 护 林	千公顷	47.3	56.3	32.8	22.8	38.1	15.3	67.1
薪 炭 林	千公顷	0.3	0.3	0.2	0.1	0.3	0.2	200.0
特种用材林	千公顷	0.7	1.0	0.2	0.1	0.4	0.3	300.0

13-6 各地区农垦系统国有农场茶、果、干胶、林业生产情况

地　区	茶叶(吨)	水果(吨)	苹果(吨)	梨(吨)	干胶(吨)	造林面积(公顷)
全　国	**56393**	**7452729**	**1011758**	**623839**	**292794**	**65390**
北　京		663	544	25		186
天　津		3174	466	1887		13
河　北		16323	4719	3566		7457
山　西		3588	908	4		20
内蒙古		6201	1187	2118		3419
辽　宁		158627	104388	16583		3413
吉　林		15777	1892	10622		117
黑龙江		18019	7455	1149		1505
上　海	3	800		211		136
江　苏	4	3173		2735		164
浙　江	3848	13530		353		255
安　徽	14922	17430		9161		112
福　建	5598	153310		2541		1491
江　西	4275	86733	11	7139		3586
山　东		1447	103			122
河　南	7	34180	10322	11637		2403
湖　北	811	125741	169	13696		4018
湖　南	5727	89888		5087		3054
广　东	856	900609			13882	1286
广　西	716	382284		211	28	1036
海　南	440	665592			138286	355
重　庆		5158		11		
四　川	1242	908	209	11		
贵　州	7786	11626	4	178		2337
云　南	10157	282643			140598	185
陕　西		9116	46	691		182
甘　肃		20635	5589	12112		772
青　海		120				5604
宁　夏		50105	12464	1088		884
新　疆		4375329	861283	521024		21280

13-7 农垦系统国有农场畜牧业、渔业生产情况

指 标	单位	2000年	2010年	2016年	2017年	2018年	2018年比2017年增加	
							绝对数	%
一、大牲畜年末头数	**万头**	**214.6**	**319.2**	**292.0**	**300.5**	**280.2**	**-20.3**	**-6.8**
#役畜	万头	55.0	18.9	8.3	8.3	5.5	-2.8	-33.7
牛	万头	173.1	292.0	258.1	265.1	238.6	-26.5	-10.0
#良种及改良奶牛	万头	51.0	143.1	137.6	143.7	128.8	-14.9	-10.4
马	万匹	25.8	17.4	25.1	25.6			
驴	万头	9.8	5.7	4.8	5.7			
骡	万头	1.8	1.1	0.3	0.2			
骆驼	万头	4.1	3.0	3.7	3.9			
二、猪年末头数	**万头**	**478.1**	**1134.2**	**1239.0**	**1263.7**	**1173.1**	**-90.6**	**-7.2**
三、羊年末只数	**万只**	**1104.7**	**1298.8**	**1437.2**	**1369.8**	**1236.5**	**-133.3**	**-9.7**
山 羊	万只	216.3	318.9	242.3	229.4	204.8	-24.6	-10.7
绵 羊	万只	888.4	979.9	1195.0	1140.4	1031.6	-108.7	-9.5
四、家禽年末只数	**万只**	**4918.2**	**11811.2**	**14512.5**	**15722.4**	**11115.1**	**-4607.3**	**-29.3**
五、兔年末只数	**万只**	**74.3**	**72.7**	**88.0**	**77.8**	**75.1**	**-2.6**	**-3.4**
六、畜产品产量								
肉猪出栏头数	万头	643.5	1943.8	1818.2	1841.8	1570.3	-271.5	-14.7
猪牛羊肉产量	万吨	68.3	190.4	185.4	189.4	163.0	-26.4	-14.0
其中：猪肉产量	万吨	51.1	148.9	147.5	150.9	126.2	-24.8	16.4
牛奶产量	万吨	116.5	366.1	379.0	385.1	389.8	4.7	1.2
禽蛋产量	万吨	20.4	39.7	50.5	54.4	45.4	-9.0	-16.5
鹿茸产量	吨	41.5	77.5	77.0	66.5			
羊毛产量	吨	20866	27201.0	33952.0	34357.0	31823.0	-2534.0	-7.4
七、水产品产量	**万吨**	**49.1**	**115.2**	**148.4**	**160.9**	**162.8**	**1.8**	**1.1**

13-8 各地区农垦系统国有农场畜牧业、渔业生产情况

地 区	大牲畜年末头数（万头）	牛年末头数（万头）	#奶牛	猪年末头数（万头）	羊年末只数（万只）	家禽年末只数（万只）
全 国	**280.2**	**238.6**	**128.8**	**1173.1**	**1236.5**	**11115.1**
北 京	9.0	9.0	9.0	16.0		452.0
天 津	3.8	3.5	3.5	3.0		92.7
河 北	17.4	17.2	15.0	36.6	8.0	415.7
山 西	1.0	1.0	0.8	0.2	11.9	12.6
内蒙古	33.8	28.9	17.1	27.0	261.1	75.2
辽 宁	6.5	6.5	0.9	62.0	18.5	2158.1
吉 林	2.7	2.6	0.4	6.3	16.6	76.6
黑龙江	20.5	18.7	11.8	70.5	19.4	938.3
上 海	8.5	8.5	8.5	76.7		99.2
江 苏	0.7	0.7	0.7	10.3	0.9	529.0
浙 江				8.8	0.2	1.6
安 徽	0.2	0.2	0.1	4.1	0.9	212.0
福 建	0.6	0.6	0.2	16.0	1.5	176.2
江 西	3.9	3.9	0.4	46.9	1.8	255.5
山 东	1.0	1.0	1.0	7.1		15.0
河 南	0.7	0.7	0.5	49.9	0.7	54.8
湖 北	3.2	3.2	0.8	103.5	5.8	936.0
湖 南	4.4	4.0	0.1	91.7	3.8	458.6
广 东	3.1	3.1	1.1	83.0	0.4	491.6
广 西	1.0	1.0	0.2	99.7	0.2	348.2
海 南	5.8	5.8	0.0	145.1	20.7	1376.0
重 庆	3.0	3.0	3.0	11.0		100.1
四 川	7.1	6.8	0.1	0.2	2.1	
贵 州	1.0	1.0	1.0	0.1	0.2	2.0
云 南	1.0	1.0	0.1	7.7	0.8	240.0
陕 西	1.1	1.1	0.7	1.2	3.5	5.8
甘 肃	1.8	1.5	1.1	1.0	15.6	18.4
青 海	8.2	4.6	2.8	0.6	23.7	
宁 夏	6.2	6.2	5.0	3.1	7.7	53.0
新 疆	123.0	93.3	42.6	183.3	810.4	1509.9

13-8 续表

地　区	肉猪出栏头数（万头）	肉类总产量（吨）	奶产量（吨）	水产品产量（吨）
全　国	**1570.3**	**557528**	**3897985**	**1627504**
北　京	17.0	107509	447701	2680
天　津	4.0	5024	180528	8193
河　北	61.9	71772	558700	154640
山　西	1.3	4267	30779	13
内蒙古	16.4	82833	219506	4101
辽　宁	53.9	137240	28302	288327
吉　林	3.2	8115	9007	564
黑龙江	150.0	273688	376142	31490
上　海	100.9	78268	482929	204463
江　苏	20.6	44100	24700	53835
浙　江	11.7	10348		5097
安　徽	6.2	12602	1945	8250
福　建	23.1	21215	3008	21075
江　西	72.5	72791	12936	51008
山　东	12.3	10363	43897	910
河　南	50.0	46552	14497	7601
湖　北	148.8	144664	28720	473003
湖　南	150.4	132446	2539	124299
广　东	118.0	132817	90245	41917
广　西	115.7	96454	5659	17297
海　南	86.4	106549	65	38737
重　庆	9.3	12961	103510	4348
四　川	0.2	1671	5105	351
贵　州	0.1	168	42461	34
云　南	9.2	11979		12083
陕　西	0.7	962	15499	48
甘　肃	1.7	4998	43099	40
青　海	0.6	3197	432	
宁　夏	5.1	10727	240825	11169
新　疆	319.2	557528	885250	61931

西部大开发 12 省（区、市）农村经济情况

14-1 西部大开发12省(区、市)农业机械拥有量

指　　标	单位	1990年	1995年	2000年	2010年	2017年	2018年
农用机械总动力合计	万千瓦	5906.2	7534.3	10706.6	21318.5	27121.5	27302.8
大中型拖拉机	万混合台	20.3	16.3	30.2	134.0	238.0	118.3
小型拖拉机	万台	152.3	192.8	234.5	296.5	310.1	398.7
大中型拖拉机配套农具	万部	20.0	22.6	30.2	181.0	336.6	82.8
小型拖拉机配套农具	万部	108.9	165.2	253.0	409.7	491.2	
农用排灌柴油机	万台	38.6	48.3	84.5	165.5	205.8	
农用排灌电动机	万台	44.6	54.7	89.8	199.0	283.0	
农用水泵	万台	78.0	97.9	164.9	375.3	476.3	543.2
节水灌溉机械	万套	2.4	2.8	7.1	18.4	44.2	48.6
联合收获机	万台	0.8	1.2	2.5	9.3	20.9	21.7
机动脱粒机	万台	34.7	56.9	115.7	351.3	556.8	574.3
农用运输车	万辆	5.3	13.9	39.1	216.3		

注：此表数据来自农业农村部。2018年，农业农村部根据工业和信息化部标准对拖拉机的分类重新定义，把大中型拖拉机和小型拖拉机的分类标准由发动机功率14.7千瓦改为22.1千瓦，同时大中型拖拉机配套农具统计口径改为统计“与58.8千瓦及以上拖拉机配套农具”。数据与往年不可比。

14-2 西部大开发12省(区、市)农村电力和农田水利建设情况

指　　标	单位	1990年	1995年	2000年	2010年	2017年	2018年
一、乡村办水电站	**个**	**17623**	**15320**	**10381**	**13137**	**14889**	**14572**
装机容量	万千瓦	138.4	161.7	179.4	2755.4	4225.8	4318.3
发电量	亿千瓦		48.4	63.5	968.0	1444.7	1465.5
二、农村用电量	**亿千瓦小时**	**145.7**	**237.6**	**331.5**	**652.2**	**968.7**	**1010.7**
三、农田水利建设情况							
耕地灌溉面积	千公顷	12685.9	13639.3	15174.6	17747.3	19903.7	20061.2

14-3 西部大开发12省(区、市)农用化肥、农膜、柴油和农药使用量

指　　标	单位	1990年	1995年	2000年	2010年	2017年	2018年
一、化肥施用量							
(按折纯法计算)	**万吨**	**570.8**	**825.4**	**1008.6**	**1526.4**	**1786.3**	**1732.6**
氮肥	万吨	371.1	472.4	541.0	700.8	751.0	716.3
磷肥	万吨	105.5	161.2	182.6	247.4	290.7	279.7
钾肥	万吨	28.8	54.3	79.6	154.3	192.2	186.5
复合肥	万吨	65.4	137.8	205.4	407.0	552.4	550.1
二、农用塑料薄膜使用量	**吨**		**219243**	**396198**	**717558**	**983920**	**980258**
#地膜使用量	吨		167323	304539	511543	727554	733725
地膜覆盖面积	千公顷		2573.7	4983.7	7341.4	10447.5	9931.6
三、农用柴油使用量	**万吨**		**253.2**	**288.2**	**445.3**	**557.3**	**496.7**
四、农药使用量	**万吨**		**15.4**	**20.5**	**31.2**	**35.1**	**31.6**

14-4 西部大开发12省(区、市)自然灾害情况

指　　标	单位	1990年	1995年	2000年	2010年	2017年	2018年
一、受灾面积	**千公顷**	**11692.0**	**14531.0**	**15773.0**	**15532.0**	**7300.1**	**6003.5**
旱灾	千公顷	7209.3	8552.0	11225.0	9084.8	4845.7	1745.7
水灾	千公顷	2174.0	3182.0	2509.0	3882.6	1147.5	1763.7
风雹灾	千公顷	1560.7	1487.0	1104.0	1101.6	934.4	1219.7
霜冻灾	千公顷	748.0	964.0	935.0	1375.5	308.8	1138.2
二、成灾面积	**千公顷**	**5484.0**	**7680.0**	**9358.0**	**8463.5**	**4239.4**	**3796.8**
旱灾	千公顷	3350.7	4573.0	7032.0	6269.9	2740.1	1143.3
水灾	千公顷	1080.0	1793.0	1492.0	1229.4	632.8	1178.1
风雹灾	千公顷	652.0	755.0	536.0	413.2	613.4	822.6
霜冻灾	千公顷	401.3	496.0	298.0	532.4	217.8	576.8
三、成灾面积占受灾							
面积的比重	%	46.9	52.9	59.3	54.5	58.1	63.2

14-5 西部大开发12省(区、市)农作物播种面积及构成

单位：千公顷

指　标	1990年	1995年	2000年	2010年	2017年	2018年
农作物总播种面积	**43507.7**	**45890.4**	**49345.9**	**50850.3**	**55993.7**	**56053.8**
一、粮食作物	**33668.5**	**33920.3**	**34528.8**	**33500.1**	**34331.8**	**33862.7**
1.谷物		26225.8	25756.1	24829.3	26005.4	25350.8
稻谷	7823.5	7467.6	7452.3	6681.6	6294.7	6221.3
小麦	9302.8	9019.6	7999.1	5848.2	4990.8	4786.6
玉米	6458.5	6678.5	7542.1	10682.2	12976.8	12572.1
谷子	603.5	400.1	320.8	282.5	337.7	280.3
高粱	318.2	292.6	257.3	244.6	232.0	327.1
2.豆类		3407.1	3617.6	3389.5	3202.0	3393.9
#大豆	1333.0	1593.2	1960.1	2054.0	2170.8	2280.2
杂豆		1813.9	1657.6	1335.5	1031.2	1113.7
3.薯类	3743.9	4287.6	5155.0	5281.3	5124.4	5117.9
#马铃薯	1847.9	2181.3	2920.0	3758.0	3779.4	3713.8
二、油料作物	**3300.3**	**3687.7**	**4410.4**	**4660.1**	**5170.1**	**4950.2**
#花　生	415.1	496.3	652.0	629.4	685.5	706.0
油菜籽	1820.0	2132.3	2520.9	2953.4	3133.6	3078.1
芝　麻	39.9	38.6	61.7	21.0	25.9	16.9
胡麻籽	500.4	443.6	323.0	190.8	160.4	163.7
向日葵籽	312.5	404.1	609.2	681.8	992.8	790.3
三、棉花	**682.8**	**981.1**	**1154.3**	**1642.1**	**2252.4**	**2525.7**
四、麻类	**102.1**	**85.0**	**55.2**	**42.7**	**28.4**	**28.4**
#黄红麻	56.9	34.4	12.7	4.0	1.9	2.2
五、糖料	**693.9**	**932.0**	**945.4**	**1434.9**	**1285.7**	**1352.0**
甘蔗	492.6	673.5	818.8	1350.9	1136.8	1168.6
甜菜	201.3	258.8	126.6	84.1	148.8	183.3
六、烟叶	**761.7**	**942.8**	**814.4**	**817.4**	**733.8**	**698.0**
#烤烟	631.1	856.6	719.6	763.6	697.6	658.6
七、药材	**59.4**	**119.2**	**256.2**	**678.2**	**1334.0**	**1415.1**
八、蔬菜、瓜类	**1766.7**	**2538.1**	**3929.9**	**5844.7**	**7939.0**	**8196.5**
九、其他农作物	**2039.4**	**2684.5**	**3252.5**	**2230.2**	**2918.6**	**3025.4**

14-5 续表 (以农作物总播种面积为100) 单位：%

指　标	1990年	1995年	2000年	2010年	2017年	2018年
农作物总播种面积	**100.0**	**100.0**	**100.0**	**100.0**	**100.0**	**100.0**
一、粮食作物	**77.4**	**73.9**	**70.0**	**65.9**	**61.3**	**60.4**
1.谷物		57.1	52.2	48.8	46.4	45.2
稻谷	18.0	16.3	15.1	13.1	11.2	11.1
小麦	21.4	19.7	16.2	11.5	8.9	8.5
玉米	14.8	14.6	15.3	21.0	23.2	22.4
谷子	1.4	0.9	0.7	0.6	0.6	0.5
高粱	0.7	0.6	0.5	0.5	0.4	0.6
2.豆类		7.4	7.3	6.7	5.7	6.1
#大豆	3.1	3.5	4.0	4.0	3.9	4.1
杂豆		4.0	3.4	2.6	1.8	2.0
3.薯类	8.6	9.3	10.4	10.4	9.2	9.1
#马铃薯	4.2	4.8	5.9	7.4	6.7	6.6
二、油料作物	**7.6**	**8.0**	**8.9**	**9.2**	**9.2**	**8.8**
#花　生	1.0	1.1	1.3	1.2	1.2	1.3
油菜籽	4.2	4.6	5.1	5.8	5.6	5.5
芝　麻	0.1	0.1	0.1	0.0	0.0	0.0
胡麻籽	1.2	1.0	0.7	0.4	0.3	0.3
向日葵籽	0.7	0.9	1.2	1.3	1.8	1.4
三、棉花	**1.6**	**2.1**	**2.3**	**3.2**	**4.0**	**4.5**
四、麻类	**0.2**	**0.2**	**0.1**	**0.1**	**0.1**	**0.1**
#黄红麻	0.1	0.1	0.0	0.0	0.0	0.0
五、糖料	**1.6**	**2.0**	**1.9**	**2.8**	**2.3**	**2.4**
甘蔗	1.1	1.5	1.7	2.7	2.0	2.1
甜菜	0.5	0.6	0.3	0.2	0.3	0.3
六、烟叶	**1.8**	**2.1**	**1.7**	**1.6**	**1.3**	**1.2**
#烤烟	1.5	1.9	1.5	1.5	1.2	1.2
七、药材	**0.1**	**0.3**	**0.5**	**1.3**	**2.4**	**2.5**
八、蔬菜、瓜类	**4.1**	**5.5**	**8.0**	**11.5**	**14.2**	**14.6**
九、其他农作物	**4.7**	**5.8**	**6.6**	**4.4**	**5.2**	**5.4**

14-6 西部大开发12省(区、市)主要农作物产量

单位：万吨

指　　标	1990年	1995年	2000年	2010年	2017年	2018年
一、粮食作物	**11168.3**	**11729.9**	**12896.3**	**14607.7**	**16643.6**	**16901.0**
1.谷物		10135.3	10920.3	12345.5	14253.8	14418.5
稻谷	4506.9	4498.0	4735.7	4246.5	4262.1	4274.9
小麦	2512.2	2463.0	2307.1	2034.9	1956.6	1923.1
玉米	2372.9	2589.8	3351.1	5644.8	7574.4	7727.2
谷子	87.3	38.1	34.3	42.5	95.3	81.0
高粱	99.3	82.7	70.0	93.5	83.9	126.1
2.豆类		437.4	460.0	572.6	591.1	622.6
#大豆	166.6	187.2	250.4	380.1	392.2	407.2
杂豆		250.2	209.6	192.5	198.9	215.5
3.薯类	854.4	1157.3	1516.0	1689.7	1798.8	1859.9
#马铃薯	370.2	560.9	811.6	1132.6	1284.8	1322.1
二、油料作物	**433.3**	**508.6**	**671.3**	**876.6**	**1147.6**	**1108.8**
#花　生	64.0	84.8	134.6	142.7	178.2	185.7
油菜籽	239.6	296.4	366.5	504.7	641.2	646.4
芝　麻	2.1	2.4	5.4	2.1	4.6	3.1
胡麻籽	41.3	28.1	27.7	23.2	22.7	26.6
向日葵籽	67.0	83.9	116.5	181.2	272.8	216.7
三、棉花	**67.1**	**117.1**	**160.5**	**306.4**	**461.7**	**516.2**
四、麻类	**17.0**	**12.9**	**10.5**	**8.4**	**6.0**	**5.7**
#黄红麻	10.9	5.7	2.3	0.9	0.5	0.7
五、糖料	**3013.1**	**4528.1**	**5047.5**	**9170.7**	**9564.6**	**10006.8**
甘蔗	2423.7	3818.4	5600.9	8726.1	8745.0	9040.7
甜菜	589.4	709.7	446.6	444.6	819.6	966.1
六、烟叶	**117.7**	**143.3**	**142.8**	**177.6**	**145.6**	**139.1**
#烤烟	99.9	131.5	126.6	166.8	137.7	130.1
七、茶叶	**13.8**	**16.5**	**19.1**	**52.1**	**102.6**	**109.4**
八、水果	**462.9**	**1070.3**	**1613.4**	**5736.7**	**8886.1**	**9218.8**

14-7 西部大开发12省(区、市)主要农作物单位面积产量

单位：公斤/公顷

指　　标	1990年	1995年	2000年	2010年	2017年	2018年
一、粮食作物	**3317.1**	**3458.1**	**3734.9**	**4360.5**	**4847.9**	**4991.1**
1.谷物		3864.6	4239.9	4972.1	5481.1	5687.6
稻谷	5760.7	6023.4	6354.7	6355.5	6770.8	6871.4
小麦	2700.5	2730.7	2884.2	3479.6	3920.4	4017.7
玉米	3674.1	3877.8	4443.2	5284.3	5836.8	6146.3
谷子	1446.5	952.3	1068.4	1503.8	2823.0	2889.3
高粱	3120.7	2826.4	2719.4	3822.3	3615.1	3856.6
2.豆类		1283.8	1271.7	1689.2	1846.0	1834.6
#大豆	1249.8	1175.0	1277.6	1850.4	1806.8	1785.6
杂豆		1379.3	1264.6	1441.3	1928.8	1934.8
3.薯类	2282.1	2699.2	2940.8	3199.4	3510.2	3634.1
#马铃薯	2003.4	2571.4	2779.4	3013.8	3399.4	3560.1
二、油料作物	**1313.0**	**1379.1**	**1522.0**	**1881.2**	**2219.7**	**2239.9**
#花　生	1543.1	1709.2	2063.7	2267.1	2600.1	2630.0
油菜籽	1316.4	1389.9	1454.0	1708.9	2046.2	2100.0
芝　麻	538.0	615.4	886.3	1012.1	1791.1	1856.1
胡麻籽	825.0	634.1	857.4	1214.0	1416.8	1623.5
向日葵籽	2142.7	2076.9	1912.8	2658.1	2747.8	2741.9
三、棉花	**982.6**	**1193.5**	**1390.2**	**1866.1**	**2049.7**	**2043.8**
四、麻类	**1669.7**	**1520.1**	**1902.1**	**1971.3**	**2115.7**	**2014.9**
#黄红麻	1916.5	1654.3	1840.0	2276.8	2701.8	2963.5
五、糖料	**43425.3**	**48584.8**	**53392.3**	**63910.3**	**74394.7**	**74014.4**
甘蔗	49202.2	56695.1	56192.8	64596.0	76923.3	77363.9
甜菜	29286.2	27422.1	35276.4	52891.9	55076.4	52712.6
六、烟叶	**1544.7**	**1520.0**	**1753.4**	**2172.5**	**1983.6**	**1993.4**
#烤烟	1583.4	1535.1	1759.4	2184.5	1974.5	1976.2

14-8 西部大开发12省(区、市)林业生产情况

指　　标	单　位	2017年	2018年	2018年为2017年百分比(%)
一、营林情况				
1.人工造林面积	千公顷	2597	1946	74.9
2.飞播造林面积	千公顷	107	94	87.6
3.当年新封山(沙)育林面积	千公顷	833	858	103.0
4.退化林修复面积	千公顷	460	535	116.4
5.人工更新面积	千公顷	114	208	181.7
6.森林抚育面积	千公顷	3488	3526	101.1
7.年末实有封山(沙)育林面积	千公顷	14449	14625	101.2
8.四旁(零星)植树	万株	55342	55420	100.1
9.育苗面积	千公顷	321	374	116.4
二、主要林产品产量				
板　栗	吨	509683	517687	101.6
竹笋干	吨	229304	175141	76.4
油茶籽	吨	360248	426286	118.3
核　桃	吨	3183753	3065770	96.3
生　漆	吨	10660	12690	119.0
油桐籽	吨	197823	183213	92.6
乌桕籽	吨	4441	2955	66.5
五倍子	吨	12178	14025	115.2
棕　片	吨	24213	23129	95.5
松　脂	吨	771693	816372	105.8
紫胶(原胶)	吨	2980	2022	67.9
三、木竹采伐				
木材(商品材)	万立方米	4207	4425	105.2
竹材	万根	89710	119110	132.8

14-9 西部大开发12省(区、市)畜牧业生产情况

指　　标	单位	1999年	2000年	2004年	2010年	2017年	2018年
一、牲畜出栏量							
1.大牲畜出栏							
牛	万头	1071.1	1171.0	1579.8	1794.5	2143.7	2164.3
马	万头	67.6	74.4	81.8	85.3	80.2	79.0
驴	万头	65.6	68.1	86.0	87.7	64.6	60.6
骡	万头	14.4	16.5	19.7	16.8	9.9	8.6
骆驼	万头	6.7	6.7	6.6	6.3	7.5	10.0
2.猪	万头	15371.9	16111.1	17833.8	20495.2	20787.5	21094.6
3.羊	万只	7228.5	7890.7	11717.8	14564.7	17330.9	17533.8
4.家禽	万只	120780.6	136585.6	126901.8	209290.7	239018.3	240901.6
5.兔	万只	6845.0	8226.0	14717.6	20156.8	20536.0	20483.7
二、肉类总产量	**万吨**	**1639.2**	**1737.5**	**1991.6**	**2393.8**	**2618.6**	**2658.7**
#猪牛羊肉产量	万吨	1434.7	1504.0	1748.9	2002.9	2170.7	2208.4
1.猪肉产量	万吨	1194.0	1239.4	1370.1	1532.7	1601.2	1632.0
2.牛肉产量	万吨	123.0	135.7	184.2	228.9	285.3	288.5
3.羊肉产量	万吨	117.7	128.8	194.5	241.3	284.2	287.9
4.禽肉产量	万吨	183.3	207.0	197.1	337.6	390.7	393.9
5.兔肉产量	万吨	9.2	11.1	20.5	27.3	26.8	27.1
6.其他肉产量	万吨	12.0	15.5	25.1	8.4	14.0	13.1
三、其他畜产品产量	**万吨**						
奶类产量	万吨	320.1	356.7	988.8	1405.1	1339.1	1366.3
#牛奶产量	万吨	281.0	315.7	938.4	1309.9	1260.1	1288.8
山羊粗毛产量	吨	11718	12955	16999	21033.1	18914.8	14471.1
绵羊毛产量	吨	182044	183782	237855	266369.5	307901.9	270017.2
#细羊毛	吨	74101	74432	85510	94352.7	104461.9	98583.8
半细羊毛	吨	35706	38780	52876	49051.2	66368.4	61399.5
山羊绒产量	吨	6984	7138	9825	13211.0	13109.8	11318.1
蜂蜜产量	万吨	5.0	5.1	6.8	9.5	13.5	14.4
禽蛋产量	万吨	244.4	264.9	359.7	383.7	440.7	450.7

14-10 西部大开发12省(区、市)牲畜年末存栏量

指　标	单位	1997年	2000年	2010年	2015年	2017年	2018年
一、大性畜头数	**万头**	**6814.4**	**7070.6**	**6445.0**	**6125.9**	**6084.7**	**6007.3**
1.牛	万头	5489.9	5770.4	5571.2	5480.0	5513.7	5444.8
黄牛*	万头	3716.9	3865.6				
水牛*	万头	1161.2	1223.6				
肉牛*	万头			3692.9	3842.4	4124.1	4114.5
奶牛*	万头			599.9	548.2	549.7	547.2
2.马	万头	595.1	583.7	426.8	342.6	307.9	314.0
3.驴	万头	450.7	445.5	296.0	198.1	168.0	155.9
4.骡	万头	237.5	238.5	127.9	75.2	62.9	58.9
5.骆驼	万头	35.0	32.6	23.0	30.0	32.3	33.8
二、猪	**万头**	**14788.5**	**16322.7**	**15906.2**	**15161.9**	**14948.0**	**14736.8**
三、羊	**万只**	**14797.0**	**15699.6**	**18366.0**	**20329.2**	**19909.8**	**19511.7**
山羊	万只	5692.9	6081.2	7082.1	7717.4	7531.0	7370.7
绵羊	万只	9104.1	9618.4	11284.0	12611.9	12378.7	12140.9
四、家禽	**万只**	**50701.6**	**63932.1**	**119528.1**	**137884.4**	**127806.8**	**131693.2**

注：从2008年起牛的品种修正为肉牛、奶牛和役用牛。

14-11 西部大开发12省(区、市)渔业生产情况

指　标	单位	1990年	1995年	2000年	2010年	2017年	2018年
一、水产品总产量	**吨**	**716131**	**1730062**	**3587609**	**4795320**	**6813769**	**6944598**
1.按海水、内陆分							
海水产品产量	吨	202672	645706	1594505	1544481	1919010	1944161
内陆水产品产量	吨	513459	1084356	1993104	3250839	4894759	5000437
2.按生产性质分							
捕捞产量	吨	283759	632198	1100582	933821	913547	823690
养殖产量	吨	432372	1097864	2487027	3861499	5900222	6120908
3.按品种分							
鱼类	吨	673010	1459932	2509894	3586753	5196567	5272714
甲壳类	吨	30234	81959	197308	317027	473676	489718
贝类	吨	12286	178552	820903	751884	1005937	1051279
藻类	吨	7	110	15	1791	2365	2227
其他类	吨	594	9509	59489	137865	135224	128660
二、水产养殖面积	**千公顷**	**602.2**	**723.9**	**823.3**	**931.6**	**952.7**	**932.2**
1.海水养殖面积	千公顷	5.4	41.0	61.4	51.3	47.0	47.8
浅海养殖	千公顷		16.4	16.5			
滩涂养殖	千公顷		20.6	41.5			
其他养殖	千公顷		4.0	3.4			
2.内陆养殖面积	千公顷	596.8	682.9	761.9	880.4	905.7	884.4
池塘养殖	千公顷		226.2	262.2			
湖泊养殖	千公顷		88.4	102.7			
河沟养殖	千公顷		21.9	35.9			
水库养殖	千公顷		340.2	354.1			
其他养殖	千公顷		6.2	7.0			
三、稻田养殖面积	**千公顷**		**561.7**	**577.8**		**634.7**	**636.5**

注：1. 因农业部门报表制度修改，故水产养殖面积自2009年无法分出细项。
2. 2016年水产品数据根据农业普查结果进行了修订。

14-12 西部大开发12省(区、市)按人口平均的主要农产品产量

单位：千克/人

指　标	1990年	1995年	2000年	2010年	2017年	2018年
一、粮食作物	**348.0**	**342.1**	**363.0**	**401.5**	**443.2**	**446.8**
(一)谷物		295.6	307.3	339.3	379.6	381.2
#稻谷	140.4	131.2	133.3	116.7	113.5	113.0
小麦	78.3	71.8	64.9	55.9	52.1	50.8
玉米	73.9	75.5	94.3	155.2	201.7	204.3
谷子	2.7	1.1	1.0	1.2	2.5	2.1
高粱	3.1	2.4	2.0	2.6	2.2	3.3
(二)豆类		12.8	12.9	15.7	15.7	16.5
#大豆	5.2	5.5	7.0	10.4	10.4	10.8
杂豆		7.3	5.9	5.3	5.3	5.7
(三)薯类	26.6	33.8	42.7	46.4	47.9	49.2
#马铃薯	11.5	16.4	22.8	31.1	34.2	35.0
二、油料作物	**13.5**	**14.8**	**18.9**	**24.1**	**30.6**	**29.3**
#花生	2.0	2.5	3.8	3.9	4.7	4.9
油菜籽	7.5	8.6	10.3	13.9	17.1	17.1
芝麻	0.1	0.1	0.2	0.1	0.1	0.1
胡麻籽	1.3	0.8	0.8	0.6	0.6	0.7
向日葵籽	2.1	2.4	3.3	5.0	7.3	5.7
三、棉花	**2.1**	**3.4**	**4.5**	**8.4**	**12.3**	**13.6**
四、麻类	**0.5**	**0.4**	**0.3**	**0.2**	**0.2**	**0.2**
#黄红麻	0.3	0.2	0.1	0.0	0.0	0.0
五、糖料	**93.9**	**132.1**	**142.1**	**252.1**	**254.7**	**264.6**
(一)甘蔗	75.5	111.4	157.6	239.8	232.9	239.0
(二)甜菜	18.4	20.7	12.6	12.2	21.8	25.5
六、水果	**14.4**	**31.2**	**45.4**	**157.7**	**236.2**	**243.7**
七、烟叶	**3.7**	**4.2**	**4.0**	**4.9**	**3.9**	**3.7**
#烤烟	3.1	3.8	3.6	4.6	3.7	3.4

14-13 西部大开发12省(区、市)按人口平均的畜产品、水产品产量

单位：千克/人

指 标	1990年	1995年	2000年	2010年	2017年	2018年
一、猪牛羊肉产量	**37.3**	**39.2**	**41.5**	**55.0**	**57.8**	**58.4**
猪肉	31.4	32.8	34.6	42.1	42.6	43.1
牛肉	3.1	3.3	3.6	6.3	7.6	7.6
羊肉	2.8	3.1	3.4	6.6	7.6	7.6
二、奶类产量	**7.5**	**8.5**	**9.3**	**38.6**	**35.7**	**36.1**
#牛奶产量	6.5	7.4	8.1	36.0	33.6	34.1
三、禽蛋产量	**6.3**	**6.4**	**7.1**	**10.5**	**11.7**	**11.9**
四、水产品产量	**8.0**	**9.0**	**10.4**	**13.2**	**18.1**	**18.4**
鱼类	5.7	6.3	7.3	9.9	13.8	13.9
虾蟹类	0.4	0.5	0.6	0.9	1.3	1.3

14-14 西部大开发12省(区、市)农林牧渔业总产值及构成

(按当年价格计算)

指 标	1995年	2000年	2001年	2017年	2018年
一、绝对数(亿元)					
农林牧渔业总产值合计	4690.6	5753.0	5970.6	32680.6	34585.3
#农业	2890.8	3478.8	3525.3	19229.9	20754.0
林业	177.4	242.8	238.8	1693.0	1813.5
牧业	1516.5	1848.9	2012.7	9410.1	9504.7
渔业	105.9	182.5	193.8	1055.0	1118.5
二、构成(%)					
(以农林牧渔业合计为100)	100.0	100.0	100.0	100.0	100.0
#农业	61.6	60.5	59.0	58.8	60.0
林业	3.8	4.2	4.0	5.2	5.2
牧业	32.3	32.1	33.7	28.8	27.5
渔业	2.3	3.2	3.2	3.2	3.2

注：根据新国民经济行业分类标准，农林牧渔业总产值包括农、林、牧、渔专业及辅助性活动产值。

14-15 西部大开发12省(区、市)农林牧渔业中间消耗及构成

(按当年价格计算)

指　标	1995年	2000年	2006年	2017年	2018年
一、绝对数(亿元)					
农林牧渔业合计	1728.4	2081.3	3987.5	12843.1	13534.9
1.农业	937.2	1148.8	1817.6	6818.0	7383.9
2.林业	44.2	64.6	133.2	564.9	598.5
3.牧业	716.4	813.7	1818.1	4431.9	4458.4
4.渔业	30.6	54.3	102.5	371.2	394.7
二、构成(%)					
(以农林牧渔业合计为100)	100.0	100.0	100.0	100.0	100.0
1.农业	54.2	55.2	69.4	53.1	54.6
2.林业	2.6	3.1	5.1	4.4	4.4
3.牧业	41.5	39.1	69.4	34.5	32.9
4.渔业	1.8	2.6	3.9	2.9	2.9

14-16 西部大开发12省(区、市)农林牧渔业增加值及构成

(按当年价格计算)

指　标	1995年	2000年	2001年	2017年	2018年
一、绝对数(亿元)					
农林牧渔业合计	2962.2	3671.6	3798.2	19837.5	21050.4
#农业	1953.6	2330.1	2353.3	12411.9	13370.1
林业	133.2	178.2	175.1	1128.1	1214.9
牧业	800.1	1035.2	1133.6	4978.2	5046.3
渔业	75.3	128.1	136.3	683.7	723.8
二、构成(%)					
(以农林牧渔业合计为100)	100.0	100.0	100.0	100.0	100.0
#农业	66.0	63.5	62.0	62.6	63.5
林业	4.5	4.9	4.6	5.7	5.8
牧业	27.0	28.2	29.8	25.1	24.0
渔业	2.5	3.5	3.6	3.4	3.4

各地区主要农村经济指标排序

15-1 粮食总产量与人均占有量

地区	粮食总产量(万吨)		平均每人占有量(千克/人)	
	指标值	位次	指标值	位次
全国	**65789.2**		**472.4**	
北京	34.1	31	15.8	31
天津	209.7	26	134.6	26
河北	3700.9	5	491.0	10
山西	1380.4	16	372.1	18
内蒙古	3553.3	8	1403.6	2
辽宁	2192.4	12	502.4	9
吉林	3632.7	7	1340.2	3
黑龙江	7506.8	1	1985.5	1
上海	103.7	29	42.9	30
江苏	3660.3	6	455.3	13
浙江	599.1	23	105.2	29
安徽	4007.3	4	637.2	5
福建	498.6	24	127.0	27
江西	2190.7	13	472.7	12
山东	5319.5	3	530.5	8
河南	6648.9	2	693.9	4
湖北	2839.5	11	480.5	11
湖南	3022.9	10	439.4	14
广东	1193.5	19	106.0	28
广西	1372.8	17	279.8	23
海南	147.1	27	158.2	25
重庆	1079.3	21	349.5	19
四川	3493.7	9	419.8	16
贵州	1059.7	22	295.2	22
云南	1860.5	14	386.4	17
西藏	104.4	28	306.7	21
陕西	1226.0	18	318.5	20
甘肃	1151.4	20	437.5	15
青海	103.1	30	171.6	24
宁夏	392.6	25	573.1	7
新疆	1504.2	15	610.0	6

15-1 续表 1

地 区	谷物总产量(万吨)		平均每人占有量(千克/人)	
	指标值	位 次	指标值	位 次
全 国	**61003.6**		**438.0**	
北 京	33.0	31	15.2	31
天 津	207.4	26	133.1	25
河 北	3524.9	7	467.6	10
山 西	1293.2	17	348.6	16
内 蒙 古	3197.8	8	1263.2	3
辽 宁	2131.6	12	488.4	9
吉 林	3533.8	6	1303.7	2
黑 龙 江	6747.6	1	1784.7	1
上 海	103.2	28	42.6	30
江 苏	3572.5	5	444.3	13
浙 江	535.7	23	94.0	29
安 徽	3889.3	4	618.4	5
福 建	412.7	24	105.1	27
江 西	2112.2	13	455.7	12
山 东	5190.8	3	517.7	7
河 南	6483.4	2	676.6	4
湖 北	2704.0	11	457.6	11
湖 南	2891.5	9	420.3	14
广 东	1087.5	19	96.6	28
广 西	1295.9	16	264.2	21
海 南	130.7	27	140.5	24
重 庆	753.6	21	244.0	22
四 川	2830.9	10	340.2	17
贵 州	739.2	22	205.9	23
云 南	1581.7	14	328.5	18
西 藏	101.5	29	298.2	19
陕 西	1103.1	18	286.5	20
甘 肃	918.5	20	349.0	15
青 海	64.0	30	106.5	26
宁 夏	353.4	25	515.9	8
新 疆	1478.8	15	599.7	6

15-1 续表 2

地 区	稻谷总产量(万吨)		平均每人占有量(千克/人)	
	指标值	位 次	指标值	位 次
全 国	**21212.9**		**152.3**	
北 京	0.1	30	0.1	30
天 津	37.4	26	24.0	23
河 北	52.5	25	7.0	26
山 西	0.6	28	0.2	29
内 蒙 古	121.9	19	48.1	20
辽 宁	418.0	16	95.8	16
吉 林	646.3	10	238.4	7
黑 龙 江	2685.5	1	710.3	1
上 海	88.0	21	36.3	21
江 苏	1958.0	5	243.5	6
浙 江	477.4	14	83.8	18
安 徽	1681.2	6	267.3	5
福 建	398.3	17	101.5	14
江 西	2092.2	3	451.4	2
山 东	98.6	20	9.8	25
河 南	501.4	12	52.3	19
湖 北	1965.6	4	332.6	4
湖 南	2674.0	2	388.7	3
广 东	1032.1	8	91.7	17
广 西	1016.2	9	207.2	8
海 南	130.7	18	140.5	11
重 庆	486.9	13	157.7	10
四 川	1478.6	7	177.7	9
贵 州	420.7	15	117.2	12
云 南	527.7	11	109.6	13
西 藏	0.5	29	1.5	27
陕 西	80.7	22	21.0	24
甘 肃	2.5	27	0.9	28
青 海				
宁 夏	66.6	24	97.1	15
新 疆	72.7	23	29.5	22

15-1　续表 3

地　区	小麦总产量(万吨)		平均每人占有量(千克/人)	
	指标值	位　次	指标值	位　次
全　国	**13144.0**		**94.4**	
北　京	5.3	24	2.4	23
天　津	57.1	14	36.7	15
河　北	1450.7	4	192.5	5
山　西	228.6	11	61.6	12
内蒙古	202.3	12	79.9	9
辽　宁	1.4	26	0.3	26
吉　林	0.0	30	0.0	28
黑龙江	36.2	17	9.6	18
上　海	13.0	21	5.4	21
江　苏	1289.1	5	160.3	6
浙　江	35.8	18	6.3	20
安　徽	1607.5	3	255.6	2
福　建	0.1	29	0.0	29
江　西	3.2	25	0.7	25
山　东	2471.7	2	246.5	3
河　南	3602.9	1	376.0	1
湖　北	410.4	7	69.4	11
湖　南	8.0	23	1.2	24
广　东	0.2	28	0.0	30
广　西	0.5	27	0.1	27
海　南				
重　庆	8.2	22	2.6	22
四　川	247.3	10	29.7	16
贵　州	33.2	19	9.2	19
云　南	74.3	13	15.4	17
西　藏	19.5	20	57.2	14
陕　西	401.3	8	104.3	8
甘　肃	280.5	9	106.6	7
青　海	42.6	15	71.0	10
宁　夏	41.6	16	60.7	13
新　疆	571.9	6	231.9	4

15-1 续表 4

地 区	玉米总产量(万吨)		平均每人占有量(千克/人)	
	指标值	位 次	指标值	位 次
全 国	**25717.4**		**184.7**	
北 京	27.1	24	12.6	24
天 津	110.6	22	70.9	18
河 北	1941.2	6	257.5	9
山 西	981.6	9	264.6	7
内 蒙 古	2700.0	3	1066.5	1
辽 宁	1662.8	7	381.0	4
吉 林	2799.9	2	1033.0	3
黑 龙 江	3982.2	1	1053.2	2
上 海	1.3	30	0.5	30
江 苏	300.0	16	37.3	21
浙 江	20.6	25	3.6	27
安 徽	595.6	12	94.7	15
福 建	12.6	27	3.2	29
江 西	15.7	26	3.4	28
山 东	2607.2	4	260.0	8
河 南	2351.4	5	245.4	10
湖 北	323.4	15	54.7	20
湖 南	202.8	21	29.5	22
广 东	54.5	23	4.8	26
广 西	273.4	17	55.7	19
海 南				
重 庆	251.3	19	81.4	16
四 川	1066.3	8	128.1	14
贵 州	259.0	18	72.1	17
云 南	926.0	10	192.3	12
西 藏	3.4	29	9.9	25
陕 西	584.2	14	151.7	13
甘 肃	590.0	13	224.2	11
青 海	11.5	28	19.2	23
宁 夏	234.6	20	342.5	5
新 疆	827.6	11	335.6	6

15-1　续表 5

地　区	大豆总产量(万吨)		平均每人占有量(千克/人)	
	指标值	位　次	指标值	位　次
全　国	**1596.7**		**11.5**	
北　京	0.4	28	0.2	28
天　津	1.4	25	0.9	25
河　北	21.2	16	2.8	21
山　西	23.6	14	6.4	9
内蒙古	179.4	2	70.9	2
辽　宁	18.0	19	4.1	16
吉　林	55.1	6	20.3	3
黑龙江	657.8	1	174.0	1
上　海	0.2	29	0.1	30
江　苏	49.1	7	6.1	11
浙　江	21.5	15	3.8	18
安　徽	97.5	3	15.5	4
福　建	8.6	22	2.2	23
江　西	26.3	12	5.7	13
山　东	43.3	9	4.3	15
河　南	95.6	4	10.0	6
湖　北	34.2	10	5.8	12
湖　南	26.5	11	3.9	17
广　东	8.7	21	0.8	26
广　西	16.2	20	3.3	19
海　南	0.6	27	0.7	27
重　庆	19.9	17	6.4	8
四　川	88.8	5	10.7	5
贵　州	19.7	18	5.5	14
云　南	43.5	8	9.0	7
西　藏	0.0	30	0.1	29
陕　西	23.9	13	6.2	10
甘　肃	7.2	24	2.7	22
青　海				
宁　夏	0.9	26	1.3	24
新　疆	7.6	23	3.1	20

15-2　棉花总产量与人均占有量

地　区	棉花总产量(吨)		平均每人占有量(千克/人)	
	指标值	位　次	指标值	位　次
全　国	**6102772**		**4.4**	
北　京	8	22	0.0	22
天　津	18264	11	1.2	9
河　北	239273	2	3.2	2
山　西	3610	15	0.1	14
内蒙古	106	18	0.0	19
辽　宁	22	21	0.0	21
吉　林				
黑龙江				
上　海	103	19	0.0	18
江　苏	20600	10	0.3	12
浙　江	8119	13	0.1	13
安　徽	88509	5	1.4	6
福　建	72	20	0.0	20
江　西	72115	7	1.6	5
山　东	217028	3	2.2	4
河　南	37903	8	0.4	10
湖　北	149314	4	2.5	3
湖　南	85690	6	1.2	8
广　东				
广　西	1285	16	0.0	16
海　南				
重　庆				
四　川	3994	14	0.0	15
贵　州	646	17	0.0	17
云　南	7	23	0.0	23
西　藏				
陕　西	9904	12	0.3	11
甘　肃	35302	9	1.3	7
青　海				
宁　夏				
新　疆	5110900	1	207.3	1

15-3 油料总产量与人均占有量

地区	油料总产量(吨)		平均每人占有量(千克/人)	
	指标值	位次	指标值	位次
全国	**34333892**		**24.7**	
北京	4167	31	0.2	31
天津	6263	30	0.4	29
河北	1213849	8	16.1	17
山西	154676	24	4.2	27
内蒙古	2015095	6	79.6	1
辽宁	781256	14	17.9	15
吉林	875264	12	32.3	7
黑龙江	112205	25	3.0	28
上海	7119	29	0.3	30
江苏	860391	13	10.7	21
浙江	294293	21	5.2	26
安徽	1580376	7	25.1	13
福建	212428	23	5.4	25
江西	1208000	9	26.1	12
山东	3108970	3	31.0	9
河南	6310346	1	65.9	2
湖北	3024833	4	51.2	3
湖南	2344464	5	34.1	6
广东	1062515	11	9.4	23
广西	666610	17	13.6	19
海南	84440	26	9.1	24
重庆	637002	18	20.6	14
四川	3625373	2	43.6	5
贵州	1126171	10	31.4	8
云南	609804	19	12.7	20
西藏	58520	28	17.2	16
陕西	609635	20	15.8	18
甘肃	704107	15	26.8	11
青海	284704	22	47.4	4
宁夏	72892	27	10.6	22
新疆	678123	16	27.5	10

15-3 续表 1

地 区	花生总产量(吨)		平均每人占有量(千克/人)	
	指标值	位 次	指标值	位 次
全 国	**17332038**		**12.4**	
北 京	3187	26	0.1	26
天 津	5285	25	0.3	25
河 北	984526	4	13.1	6
山 西	13386	24	0.4	24
内蒙古	77321	19	3.1	19
辽 宁	768192	7	17.6	4
吉 林	802796	6	29.6	3
黑龙江	51375	21	1.4	21
上 海	1631	28	0.1	29
江 苏	393285	12	4.9	14
浙 江	47398	22	0.8	23
安 徽	710548	8	11.3	8
福 建	203191	14	5.2	13
江 西	480606	11	10.4	9
山 东	3066694	2	30.6	2
河 南	5724379	1	59.7	1
湖 北	806667	5	13.7	5
湖 南	284945	13	4.1	16
广 东	1044022	3	9.3	10
广 西	626737	10	12.8	7
海 南	83115	18	8.9	11
重 庆	135756	15	4.4	15
四 川	676720	9	8.1	12
贵 州	114624	17	3.2	18
云 南	69587	20	1.4	20
西 藏	329	29	0.1	27
陕 西	125973	16	3.3	17
甘 肃	2166	27	0.1	28
青 海				
宁 夏	259	30	0.0	30
新 疆	27338	23	1.1	22

15-3 续表 2

地区	油菜籽总产量(吨)		平均每人占有量(千克/人)	
	指标值	位次	指标值	位次
全国	**13281162**		**9.5**	
北京	48	29	0.0	29
天津	53	28	0.0	28
河北	34034	18	0.5	21
山西	23705	19	0.6	19
内蒙古	397684	10	15.7	8
辽宁	1404	27	0.0	27
吉林	10	30	0.0	30
黑龙江	2468	26	0.1	26
上海	5362	25	0.2	22
江苏	456998	9	5.7	15
浙江	233353	15	4.1	16
安徽	842971	5	13.4	11
福建	8578	23	0.2	23
江西	690804	6	14.9	9
山东	21757	21	0.2	24
河南	389651	11	4.1	17
湖北	2053137	2	34.7	3
湖南	2041729	3	29.7	4
广东	11179	22	0.1	25
广西	23402	20	0.5	20
海南				
重庆	486026	8	15.7	7
四川	2922031	1	35.1	2
贵州	862177	4	24.0	5
云南	525187	7	10.9	12
西藏	58191	17	17.1	6
陕西	369129	12	9.6	13
甘肃	355261	13	13.5	10
青海	281295	14	46.8	1
宁夏	6294	24	0.9	18
新疆	177245	16	7.2	14

15-3 续表 3

地 区	向日葵籽总产量(吨)		平均每人占有量(千克/人)	
	指标值	位 次	指标值	位 次
全 国	**2494242**		**1.8**	
北 京	908	21	0.0	20
天 津	805	22	0.1	17
河 北	156256	4	2.1	6
山 西	58985	6	1.6	7
内蒙古	1475547	1	58.3	1
辽 宁	10167	11	0.2	11
吉 林	60161	5	2.2	5
黑龙江	14609	10	0.4	10
上 海				
江 苏	305	23	0.0	24
浙 江				
安 徽	3058	17	0.0	19
福 建	282	24	0.0	23
江 西	19	25	0.0	25
山 东	4948	15	0.0	18
河 南	8210	12	0.1	15
湖 北	6776	14	0.1	13
湖 南	1689	20	0.0	22
广 东		26		26
广 西	2554	19	0.1	16
海 南				
重 庆	3408	16	0.1	14
四 川	3036	18	0.0	21
贵 州	18159	9	0.5	9
云 南	7702	13	0.2	12
西 藏				
陕 西	47316	7	1.2	8
甘 肃	172009	3	6.5	3
青 海				
宁 夏	27585	8	4.0	4
新 疆	409748	2	16.6	2

15-4 糖料总产量与人均占有量

地区	糖料总产量(吨)		平均每人占有量(千克/人)	
	指标值	位次	指标值	位次
全国	**119374102**		**85.7**	
北京				
天津	160	27	0.0	27
河北	941089	7	12.5	10
山西	1183	25	0.0	26
内蒙古	5158837	4	203.8	3
辽宁	118110	18	2.7	18
吉林	25243	22	0.9	21
黑龙江	529521	10	14.0	8
上海	2405	23	0.1	23
江苏	52780	21	0.7	22
浙江	405863	11	7.1	12
安徽	100964	19	1.6	20
福建	261304	15	6.7	13
江西	645714	8	13.9	9
山东				
河南	153942	17	1.6	19
湖北	277654	14	4.7	15
湖南	338112	13	4.9	14
广东	14126853	3	125.5	6
广西	72927613	1	1486.6	1
海南	1325251	6	142.5	5
重庆	90890	20	2.9	17
四川	363699	12	4.4	16
贵州	625226	9	17.4	7
云南	16400793	2	340.6	2
西藏				
陕西	1281	24	0.0	25
甘肃	251988	16	9.6	11
青海	362	26	0.1	24
宁夏				
新疆	4247265	5	172.2	4

15-4 续表 1

地　区	甘蔗总产量(吨)		平均每人占有量(千克/人)	
	指标值	位　次	指标值	位　次
全　国	**108097097**		**77.6**	
北　京				
天　津	160	18	0.0	18
河　北				
山　西				
内蒙古				
辽　宁				
吉　林				
黑龙江				
上　海	2405	16	0.1	16
江　苏	52630	15	0.7	15
浙　江	405863	7	7.1	7
安　徽	100964	13	1.6	14
福　建	261304	11	6.7	8
江　西	645714	5	13.9	6
山　东				
河　南	153942	12	1.6	13
湖　北	276965	10	4.7	10
湖　南	338112	9	4.9	9
广　东	14126853	3	125.5	4
广　西	72927613	1	1486.6	1
海　南	1325251	4	142.5	3
重　庆	90890	14	2.9	12
四　川	361825	8	4.3	11
贵　州	624803	6	17.4	5
云　南	16400793	2	340.6	2
西　藏				
陕　西	1010	17	0.0	17
甘　肃				
青　海				
宁　夏				
新　疆				

15-4 续表 2

地　区	甜菜总产量(吨)		平均每人占有量(千克/人)	
	指标值	位　次	指标值	位　次
全　国	**11276626**		**8.1**	
北　京				
天　津				
河　北	941089	3	12.5	4
山　西	1183	9	0.0	9
内 蒙 古	5158837	1	203.8	1
辽　宁	118110	6	2.7	6
吉　林	25243	7	0.9	7
黑 龙 江	529521	4	14.0	3
上　海				
江　苏	150	13	0.0	13
浙　江				
安　徽				
福　建				
江　西				
山　东				
河　南				
湖　北	689	10	0.0	11
湖　南				
广　东				
广　西				
海　南				
重　庆				
四　川	1874	8	0.0	10
贵　州	44	14	0.0	14
云　南				
西　藏				
陕　西	271	12	0.0	12
甘　肃	251988	5	9.6	5
青　海	362	11	0.1	8
宁　夏				
新　疆	4247265	2	172.2	2

15-5 肉类总产量与人均占有量

地区	肉类总产量(万吨)		平均每人占有量(千克/人)	
	指标值	位次	指标值	位次
全国	**8624.6**		**61.9**	
北京	17.5	30	8.1	30
天津	33.9	28	21.7	28
河北	466.7	5	61.9	18
山西	93.1	24	25.1	27
内蒙古	267.3	14	105.6	1
辽宁	377.1	11	86.4	5
吉林	253.6	16	93.6	2
黑龙江	247.5	17	65.5	16
上海	13.5	31	5.6	31
江苏	328.5	12	40.9	23
浙江	104.6	22	18.4	29
安徽	421.7	10	67.1	14
福建	256.1	15	65.2	17
江西	325.7	13	70.3	12
山东	854.7	1	85.2	7
河南	669.4	2	69.9	13
湖北	430.9	7	72.9	11
湖南	541.7	4	78.7	10
广东	449.9	6	40.0	24
广西	426.8	9	87.0	4
海南	79.9	25	85.9	6
重庆	182.3	19	59.0	21
四川	664.7	3	79.9	9
贵州	213.7	18	59.5	20
云南	427.2	8	88.7	3
西藏	28.4	29	83.4	8
陕西	114.5	21	29.7	26
甘肃	101.2	23	38.5	25
青海	36.5	26	60.8	19
宁夏	34.1	27	49.8	22
新疆	162.0	20	65.7	15

15-6 水产品总产量与人均占有量

地　区	水产品总产量(吨)		平均每人占有量(千克/人)	
	指标值	位　次	指标值	位　次
全　国	**64576558**		**46.4**	
北　京	30028	28	1.4	28
天　津	326445	19	20.9	14
河　北	1096152	14	14.5	18
山　西	47773	27	1.3	29
内 蒙 古	139499	26	5.5	25
辽　宁	4508240	7	103.3	4
吉　林	234090	22	8.6	22
黑 龙 江	624320	17	16.5	17
上　海	262509	20	10.8	20
江　苏	4948443	5	61.5	9
浙　江	5896129	4	103.5	3
安　徽	2249625	11	35.8	12
福　建	7838917	3	199.7	1
江　西	2559450	9	55.2	10
山　东	8614032	1	85.9	5
河　南	983817	15	10.3	21
湖　北	4584045	6	77.6	6
湖　南	2469383	10	35.9	11
广　东	8424441	2	74.8	7
广　西	3319989	8	67.7	8
海　南	1758188	12	189.0	2
重　庆	529581	18	17.1	16
四　川	1534754	13	18.4	15
贵　州	237320	21	6.6	24
云　南	637500	16	13.2	19
西　藏	377	31	0.1	31
陕　西	163035	25	4.2	26
甘　肃	14136	30	0.5	30
青　海	17116	29	2.8	27
宁　夏	176949	23	25.8	13
新　疆	174342	24	7.1	23
中农发集团	175933			

15-7 蔬菜总产量与人均占有量

地区	蔬菜总产量(万吨)		平均每人占有量(千克/人)	
	指标值	位次	指标值	位次
全国	**70346.7**		**505.1**	
北京	130.6	30	60.4	31
天津	254.0	28	163.0	28
河北	5154.5	4	683.8	7
山西	821.9	22	221.5	25
内蒙古	1006.5	21	397.6	18
辽宁	1852.3	15	424.4	17
吉林	438.2	26	161.6	29
黑龙江	634.4	23	167.8	27
上海	294.5	27	121.6	30
江苏	5625.9	3	699.7	5
浙江	1888.4	14	331.5	22
安徽	2118.2	12	336.8	20
福建	1493.0	18	380.3	19
江西	1537.0	17	331.6	21
山东	8192.0	1	817.0	1
河南	7260.7	2	757.7	3
湖北	3963.9	6	670.8	8
湖南	3822.0	7	555.6	12
广东	3330.2	9	295.8	23
广西	3432.2	8	699.7	6
海南	566.8	24	609.3	10
重庆	1932.7	13	625.8	9
四川	4438.0	5	533.3	13
贵州	2613.4	10	728.0	4
云南	2205.7	11	458.1	16
西藏	72.6	31	213.18	26
陕西	1808.4	16	469.8	15
甘肃	1292.6	20	491.2	14
青海	150.3	29	250.2	24
宁夏	550.8	25	804.0	2
新疆	1465.1	19	594.2	11

15-8 水果总产量与人均占有量

地区	水果总产量(万吨)		平均每人占有量(千克/人)	
	指标值	位次	指标值	位次
全国	**25688.4**		**184.4**	
北京	61.5	28	28.4	28
天津	62.5	27	40.1	27
河北	1347.9	7	178.8	11
山西	750.5	14	202.3	9
内蒙古	264.2	23	104.4	22
辽宁	788.9	13	180.8	10
吉林	148.1	26	54.7	25
黑龙江	170.8	25	45.2	26
上海	54.3	29	22.4	29
江苏	934.1	11	116.2	21
浙江	743.6	15	130.5	19
安徽	643.8	18	102.4	24
福建	683.1	17	174.0	12
江西	684.4	16	147.7	17
山东	2788.8	1	278.1	6
河南	2492.8	2	260.1	7
湖北	998.0	10	168.9	14
湖南	1016.8	9	147.8	16
广东	1669.2	5	148.3	15
广西	2116.6	3	431.5	4
海南	430.4	21	462.7	3
重庆	431.3	20	139.6	18
四川	1080.7	8	129.9	20
贵州	369.5	22	102.9	23
云南	813.4	12	168.9	13
西藏	0.3	31	0.9	31
陕西	1835.1	4	476.7	2
甘肃	609.3	19	231.5	8
青海	3.5	30	5.8	30
宁夏	197.2	24	287.9	5
新疆	1497.8	6	607.4	1

注：水果包括种植业的瓜果类。

15-8 续表 1

地　区	园林水果总产量(万吨)		平均每人占有量(千克/人)	
	指标值	位　次	指标值	位　次
全　国	**17565.3**		**126.1**	
北　京	46.4	24	21.4	25
天　津	39.8	25	25.6	24
河　北	957.0	6	127.0	12
山　西	697.6	10	188.0	5
内蒙古	39.0	26	15.4	26
辽　宁	576.5	14	132.1	11
吉　林	25.7	29	9.5	28
黑龙江	29.5	28	7.8	29
上　海	29.5	27	12.2	27
江　苏	288.6	22	35.9	23
浙　江	457.9	16	80.4	20
安　徽	325.9	19	51.8	22
福　建	639.8	12	163.0	7
江　西	470.2	15	101.5	16
山　东	1673.8	2	166.9	6
河　南	907.4	8	94.7	17
湖　北	655.5	11	110.9	15
湖　南	628.8	13	91.4	18
广　东	1547.8	4	137.5	10
广　西	1790.5	1	365.0	3
海　南	322.1	20	346.3	4
重　庆	372.7	17	120.7	13
四　川	948.4	7	114.0	14
贵　州	293.8	21	81.8	19
云　南	757.1	9	157.2	8
西　藏				
陕　西	1566.0	3	406.8	2
甘　肃	370.0	18	140.6	9
青　海	1.4	30	2.3	30
宁　夏	47.6	23	69.4	21
新　疆	1059.0	5	429.5	1

15-8 续表 2

地　区	苹果总产量(万吨)		平均每人占有量(千克/人)	
	指标值	位　次	指标值	位　次
全　国	**3923.3**		**28.2**	
北　京	4.3	18	2.0	19
天　津	3.6	19	2.3	17
河　北	220.1	7	29.2	8
山　西	376.5	4	101.5	3
内蒙古	13.6	15	5.4	13
辽　宁	237.0	6	54.3	6
吉　林	5.6	17	2.1	18
黑龙江	13.8	14	3.6	15
上　海				
江　苏	40.5	11	5.0	14
浙　江		23		23
安　徽	36.4	12	5.8	12
福　建				
江　西				
山　东	952.2	2	95.0	4
河　南	402.7	3	42.0	7
湖　北	1.0	20	0.2	21
湖　南				
广　东				
广　西				
海　南				
重　庆	0.4	22	0.1	22
四　川	72.6	9	8.7	11
贵　州	9.1	16	2.5	16
云　南	51.9	10	10.8	10
西　藏				
陕　西	1008.7	1	262.0	1
甘　肃	291.5	5	110.8	2
青　海	0.4	21	0.7	20
宁　夏	18.2	13	26.6	9
新　疆	163.3	8	66.2	5

15-8 续表 3

地区	梨总产量(万吨)		平均每人占有量(千克/人)	
	指标值	位次	指标值	位次
全国	**1607.8**		**11.5**	
北京	7.9	23	3.6	20
天津	8.4	22	5.4	18
河北	329.7	1	43.7	2
山西	63.7	10	17.2	6
内蒙古	7.0	24	2.8	23
辽宁	126.3	2	28.9	3
吉林	5.7	25	2.1	24
黑龙江	4.3	26	1.1	27
上海	3.8	27	1.6	25
江苏	70.4	9	8.8	13
浙江	38.3	13	6.7	16
安徽	122.6	4	19.5	5
福建	17.5	19	4.4	19
江西	16.3	20	3.5	21
山东	101.1	6	10.1	10
河南	122.9	3	12.8	7
湖北	37.3	14	6.3	17
湖南	19.7	17	2.9	22
广东	11.3	21	1.0	28
广西	40.2	12	8.2	14
海南				
重庆	29.0	16	9.4	12
四川	94.7	8	11.4	9
贵州	35.9	15	10.0	11
云南	57.6	11	12.0	8
西藏				
陕西	99.7	7	25.9	4
甘肃	19.0	18	7.2	15
青海	0.4	29	0.7	29
宁夏	0.9	28	1.3	26
新疆	116.2	5	47.1	1

15-8　续表 4

地　区	瓜果类总产量(万吨)		平均每人占有量(千克/人)	
	指标值	位　次	指标值	位　次
全　国	**8123.1**		**58.3**	
北　京	15.1	29	7.0	29
天　津	22.6	28	14.5	23
河　北	391.0	5	51.9	13
山　西	53.0	25	14.3	24
内 蒙 古	225.2	13	89.0	7
辽　宁	212.4	15	48.7	16
吉　林	122.5	19	45.2	18
黑 龙 江	141.3	17	37.4	19
上　海	24.8	27	10.2	28
江　苏	645.5	3	80.3	8
浙　江	285.7	10	50.1	15
安　徽	317.9	9	50.6	14
福　建	43.3	26	11.0	26
江　西	214.2	14	46.2	17
山　东	1115.0	2	111.2	5
河　南	1585.4	1	165.5	3
湖　北	342.5	7	58.0	11
湖　南	388.1	6	56.4	12
广　东	121.3	20	10.8	27
广　西	326.0	8	66.5	10
海　南	108.3	21	116.4	4
重　庆	58.5	23	18.9	21
四　川	132.3	18	15.9	22
贵　州	75.7	22	21.1	20
云　南	56.2	24	11.7	25
西　藏	0.3	31	0.9	31
陕　西	269.1	11	69.9	9
甘　肃	239.2	12	90.9	6
青　海	2.1	30	3.5	30
宁　夏	149.6	16	218.4	1
新　疆	438.9	4	178.0	2

15-8 续表 5

地区	西瓜总产量(万吨)		平均每人占有量(千克/人)	
	指标值	位次	指标值	位次
全国	**6153.7**		**44.2**	
北京	13.2	29	6.1	29
天津	18.9	27	12.1	23
河北	244.5	8	32.4	17
山西	43.0	25	11.6	24
内蒙古	146.4	14	57.8	8
辽宁	126.0	16	28.9	18
吉林	88.1	20	32.5	16
黑龙江	94.6	18	25.0	19
上海	17.8	28	7.3	28
江苏	477.5	3	59.4	6
浙江	207.6	10	36.4	15
安徽	270.9	7	43.1	13
福建	35.2	26	9.0	26
江西	186.8	11	40.3	14
山东	810.3	2	80.8	4
河南	1364.3	1	142.4	2
湖北	284.0	6	48.1	10
湖南	327.5	4	47.6	11
广东	90.3	19	8.0	27
广西	289.7	5	59.0	7
海南	48.0	23	51.6	9
重庆	54.2	22	17.5	20
四川	107.1	17	12.9	22
贵州	54.4	21	15.1	21
云南	43.7	24	9.1	25
西藏	0.2	31	0.7	31
陕西	169.1	12	43.9	12
甘肃	165.9	13	63.0	5
青海	1.4	30	2.3	30
宁夏	138.9	15	202.7	1
新疆	234.3	9	95.0	3

15-9 奶类总产量与人均占有量

地　区	奶类总产量(万吨)		平均每人占有量(千克/人)	
	指标值	位　次	指标值	位　次
全　国	**3176.8**		**22.8**	
北　京	31.1	20	14.4	16
天　津	48.0	14	30.8	9
河　北	391.1	3	51.9	7
山　西	81.7	10	22.0	12
内蒙古	571.8	1	225.9	2
辽　宁	132.6	9	30.4	10
吉　林	39.0	17	14.4	15
黑龙江	458.5	2	121.3	3
上　海	33.4	19	13.8	17
江　苏	50.0	13	6.2	20
浙　江	15.8	22	2.8	23
安　徽	30.8	21	4.9	21
福　建	14.3	23	3.6	22
江　西	9.6	26	2.1	25
山　东	232.5	4	23.2	11
河　南	208.9	5	21.8	13
湖　北	12.8	25	2.2	24
湖　南	6.2	28	0.9	30
广　东	13.9	24	1.2	29
广　西	8.9	27	1.8	26
海　南	0.2	31	0.2	31
重　庆	4.9	29	1.6	27
四　川	64.3	12	7.7	19
贵　州	4.6	30	1.3	28
云　南	65.7	11	13.6	18
西　藏	40.8	16	119.8	4
陕　西	159.7	8	41.5	8
甘　肃	41.1	15	15.6	14
青　海	33.5	18	55.8	6
宁　夏	169.4	7	247.2	1
新　疆	201.7	6	81.8	5

15-10 各地区农村居民人均可支配收入位次

单位：元/人

地区	2017年		2018年	
	实际数	位次	实际数	位次
全国	**13432.4**		**14617.0**	
北京	24240.5	3	26490.3	3
天津	21753.7	4	23065.2	4
河北	12880.9	15	14030.9	13
山西	10787.5	24	11750.0	24
内蒙古	12584.3	20	13802.6	18
辽宁	13746.8	10	14656.3	10
吉林	12950.4	12	13748.2	20
黑龙江	12664.8	18	13803.7	17
上海	27825.0	1	30374.7	1
江苏	19158.0	5	20845.1	5
浙江	24955.8	2	27302.4	2
安徽	12758.2	16	13996.0	14
福建	16334.8	6	17821.2	6
江西	13241.8	11	14459.9	11
山东	15117.5	8	16297.0	8
河南	12719.2	17	13830.7	16
湖北	13812.1	9	14977.8	9
湖南	12935.8	13	14092.5	12
广东	15779.7	7	17167.7	7
广西	11325.5	22	12434.8	22
海南	12901.8	14	13988.9	15
重庆	12637.9	19	13781.2	19
四川	12226.9	21	13331.4	21
贵州	8869.1	30	9716.1	30
云南	9862.2	28	10767.9	28
西藏	10330.2	26	11449.8	26
陕西	10264.5	27	11212.8	27
甘肃	8076.1	31	8804.1	31
青海	9462.3	29	10393.3	29
宁夏	10737.9	25	11707.6	25
新疆	11045.3	23	11974.5	23

注：本表数据来源于国家统计局开展的全国住户收支与生活状况调查。

16

国外主要农业指标

16-1 总人口与农村人口

国家或地区	总人口(万人)			农村人口(万人)			农村人口占总人口的比重(%)		
	2015年	2017年	2018年	2015年	2017年	2018年	2015年	2017年	2018年
世　界	**738301**	**755026**	**763282**	**336750**	**337355**	**337578**	**45.6**	**44.7**	**44.2**
印　度	130905	133918	135405	86245	87167	87567	65.9	65.1	64.7
美　国	31993	32446	32677	5977	5958	5947	18.7	18.4	18.2
印度尼西亚	25816	26399	26679	11829	11714	11653	45.8	44.4	43.7
巴　西	20596	20929	21087	2915	2859	2832	14.2	13.7	13.4
巴基斯坦	18938	19702	20081	11522	11712	11800	60.8	59.4	58.8
尼日利亚	18118	19089	19588	9584	9808	9919	52.9	51.4	50.6
孟加拉国	16120	16467	16637	10543	10540	10533	65.4	64.0	63.3
俄罗斯联邦	14389	14399	14396	3694	3646	3620	25.7	25.3	25.1
墨西哥	12589	12916	13076	2599	2588	2581	20.6	20.0	19.7
日　本	12798	12748	12719	825	718	672	6.4	5.6	5.3
埃塞俄比亚	9987	10496	10753	7968	8273	8424	79.8	78.8	78.3
菲律宾	10172	10492	10651	5663	5868	5966	55.7	55.9	56.0
埃　及	9378	9755	9938	4817	4947	5008	51.4	50.7	50.4
越　南	9357	9554	9649	6202	6184	6171	66.3	64.7	63.9
德　国	8171	8211	8229	2039	1999	1978	25.0	24.3	24.0
刚果共和国	7620	8134	8400	4097	4242	4315	53.8	52.2	51.4
伊　朗	7936	8116	8201	2116	2087	2072	26.7	25.7	25.3
土耳其	7827	8075	8192	2040	2006	1987	26.1	24.8	24.3
泰　国	6866	6904	6918	3345	3202	3132	48.7	46.4	45.3
英　国	6540	6618	6657	1111	1093	1084	17.0	16.5	16.3
法　国	6446	6498	6523	1331	1314	1306	20.6	20.2	20.0
意大利	5950	5936	5929	1898	1883	1874	31.9	31.7	31.6
坦桑尼亚	5388	5731	5909	3576	3713	3781	66.4	64.8	64.0
南　非	5529	5672	5740	1883	1854	1839	34.1	32.7	32.0
缅　甸	5240	5337	5386	3570	3564	3558	68.1	66.8	66.1
韩　国	5059	5098	5116	872	868	865	17.2	17.0	16.9
肯尼亚	4724	4970	5095	3477	3615	3683	73.6	72.7	72.3
哥伦比亚	4823	4907	4946	1167	1167	1167	24.2	23.8	23.6
西班牙	4640	4635	4640	964	948	940	20.8	20.5	20.3
阿根廷	4342	4427	4469	348	342	338	8.0	7.7	7.6
乌克兰	4466	4422	4401	1353	1316	1297	30.3	29.8	29.5
乌干达	4014	4286	4427	3368	3563	3663	83.9	83.1	82.7
阿尔及利亚	3987	4132	4201	1190	1181	1176	29.8	28.6	28.0
苏　丹	3865	4053	4151	2622	2728	2783	67.8	67.3	67.0
伊拉克	3612	3827	3934	1092	1142	1166	30.2	29.8	29.6
波　兰	3827	3817	3810	1508	1508	1506	39.4	39.5	39.5
加拿大	3595	3662	3695	652	652	651	18.1	17.8	17.6
摩洛哥	3480	3574	3619	1352	1351	1349	38.8	37.8	37.3
阿富汗	3374	3553	3637	2346	2423	2460	69.5	68.2	67.6
沙特阿拉伯	3156	3294	3355	504	509	511	16.0	15.5	15.2

资料来源：联合国FAO数据库。

16-2 农业生产指数

(2004年－2006年=100)

国家或地区	2010	2012	2015	2016
世　界	**113**	**118**	**126**	**127**
孟加拉国	128	133	141	144
印　度	124	135	142	145
印度尼西亚	123	135	142	143
伊　朗	102	104	110	110
以色列	104	109	106	109
日　本	97	97	96	92
哈萨克斯坦	106	110	131	139
朝　鲜	98	102	105	102
韩　国	101	99	104	103
马来西亚	111	120	122	123
蒙　古	114	133	153	161
缅　甸	135	127	136	137
巴基斯坦	111	118	128	128
菲律宾	112	120	116	113
斯里兰卡	123	123	127	128
泰　国	114	131	122	118
越　南	120	133	140	138
埃　及	109	119	121	124
尼日利亚	105	109	120	119
南　非	117	120	122	117
加拿大	103	104	110	113
墨西哥	108	113	120	126
美　国	106	103	112	117
阿根廷	112	108	131	131
巴　西	122	127	139	136
委内瑞拉	111	117	120	109
白俄罗斯	117	121	121	120
捷　克	91	89	96	100
法　国	99	99	104	96
德　国	103	105	108	107
意大利	97	91	92	92
荷　兰	112	111	116	118
波　兰	101	107	107	113
罗马尼亚	90	78	91	95
俄罗斯联邦	99	113	131	139
西班牙	103	93	105	104
土耳其	110	122	128	129
乌克兰	107	121	135	153
英　国	102	98	108	103
澳大利亚	95	109	108	104
新西兰	104	109	118	117

资料来源：联合国FAO数据库。

16-3 谷物总产量、收获面积与单产

国家或地区	总产量(万吨)			收获面积(千公顷)			单产(千克/公顷)		
	2010年	2016年	2017年	2010年	2016年	2017年	2010年	2016年	2017年
世 界	**246685**	**290920**	**298017**	**693697**	**733341**	**731541**	**3556**	**3967**	**4074**
孟加拉国	5186	5426	5333	12094	11794	12090	4288	4601	4411
印 度	26784	29785	31361	100076	98590	99220	2676	3021	3161
印度尼西亚	8480	10293	10933	17385	19600	21163	4878	5252	5166
伊 朗	1960	2243	2098	9016	8452	9055	2174	2653	2317
以 色 列	24	30	22	79	61	62	3038	4976	3568
日 本	1137	1105	1091	1942	1816	1803	5854	6083	6049
哈萨克斯坦	1212	2041	2013	15068	15144	14855	804	1348	1355
朝 鲜	451	497	484	1319	1218	1196	3424	4084	4048
韩 国	602	583	547	971	858	820	6202	6793	6672
马来西亚	251	280	297	686	699	700	3660	4013	4251
蒙 古	36	48	24	259	378	391	1370	1279	609
缅 甸	3404	2811	2812	8963	7792	7781	3798	3607	3614
巴基斯坦	3481	4255	4410	13332	14087	13907	2611	3021	3171
菲 律 宾	2215	2485	2719	6853	7041	7365	3232	3529	3692
斯里兰卡	447	318	182	1125	1000	849	3974	3184	2147
泰 国	4089	3184	3872	13308	10700	11951	3073	2975	3240
越 南	4461	4836	4788	8617	8888	8810	5177	5441	5434
埃 及	1946	2339	2322	2993	3226	3176	6504	7249	7311
尼日利亚	2465	3215	2887	16132	20937	19748	1528	1535	1462
南 非	1470	1019	1891	3542	2668	3347	4150	3819	5648
加 拿 大	4612	5879	5631	13156	14135	13930	3506	4159	4043
墨 西 哥	3493	3847	3749	9976	10261	9866	3501	3749	3800
美 国	40113	47596	44012	57484	58439	53149	6978	8145	8281
阿 根 廷	4027	6115	7640	8305	11751	14136	4849	5203	5405
巴 西	7516	8413	11778	18601	20123	22614	4041	4181	5209
委内瑞拉	366	178	148	1025	520	470	3576	3427	3138
白俄罗斯	674	708	753	2401	2206	2242	2808	3207	3359
捷 克	688	860	746	1466	1361	1357	4696	6317	5498
法 国	6584	5465	6450	9314	9611	9381	7069	5687	6875
德 国	4404	4536	4556	6587	6316	6267	6685	7182	7270
意 大 利	1850	1823	1624	3476	3254	3141	5322	5602	5171
荷 兰	180	136	139	210	174	158	8569	7777	8794
波 兰	2723	2985	3192	7597	7400	7602	3584	4034	4200
罗马尼亚	1671	2176	2714	5019	5480	5196	3330	3971	5223
俄罗斯联邦	5962	11774	13114	32354	44419	44241	1843	2651	2964
西 班 牙	1988	2410	1666	6040	6240	6016	3292	3862	2769
土 耳 其	3276	3528	3613	12015	11360	11090	2727	3105	3257
乌 克 兰	3869	6522	6069	14188	14020	14061	2727	4652	4316
英 国	2095	2196	2300	3013	3128	3182	6953	7023	7229
澳大利亚	3346	3523	5005	20141	16976	18716	1662	2075	2674
新 西 兰	100	110	94	136	131	111	7387	8384	8464

资料来源：联合国FAO数据库。

16-4 小麦总产量、收获面积与单产

国家或地区	总产量(万吨)			收获面积(千公顷)			单产(千克/公顷)		
	2010年	2016年	2017年	2010年	2016年	2017年	2010年	2016年	2017年
世 界	**64026**	**74901**	**77172**	**215458**	**220253**	**218543**	**2972**	**3401**	**3531**
孟加拉国	90	135	131	376	445	415	2396	3031	3158
印 度	8080	9229	9851	28457	30420	30600	2839	3034	3219
伊 朗	1214	1459	1400	6622	5929	6700	1834	2461	2090
以色列	11	17	7	64	44	45	1751	3844	1612
日 本	57	79	91	207	214	212	2761	3688	4271
哈萨克斯坦	964	1499	1480	13138	12373	11912	734	1211	1243
朝 鲜	16	4	5	73	32	35	2192	1238	1414
韩 国	4	4	3	13	10	9	3117	3707	3447
蒙 古	35	47	23	250	355	366	1381	1315	633
缅 甸	18	10	12	102	87	65	1782	1186	1883
巴基斯坦	2331	2563	2667	9132	9224	8972	2553	2779	2973
埃 及	718	934	880	1288	1409	1343	5574	6631	6553
尼日利亚	11	6	7	74	60	71	1484	1000	938
南 非	143	191	154	558	508	492	2562	3757	3122
加拿大	2330	3214	2998	8296	9262	9036	2809	3470	3318
墨西哥	368	386	350	679	724	661	5418	5339	5297
美 国	6006	6283	4737	19271	17746	15211	3117	3541	3114
阿根廷	902	1131	1840	3325	3953	5566	2711	2862	3305
巴 西	617	683	432	2182	2166	1896	2829	3155	2280
白俄罗斯	174	234	262	603	710	717	2885	3294	3654
捷 克	416	545	472	834	840	832	4992	6496	5670
法 国	3821	2950	3692	5427	5563	5465	7040	5304	6757
德 国	2378	2446	2448	3298	3202	3203	7212	7641	7644
意大利	685	804	697	1830	1912	1807	3742	4203	3856
荷 兰	137	102	105	154	127	116	8909	7983	9094
波 兰	941	1083	1167	2124	2364	2392	4429	4580	4877
罗马尼亚	581	843	1003	2153	2135	2053	2700	3948	4888
俄罗斯联邦	4151	7329	8586	21640	27313	27517	1918	2684	3120
西班牙	594	787	483	1948	2257	2063	3050	3489	2342
土耳其	1967	2060	2150	8063	7610	7662	2440	2707	2806
乌克兰	1685	2610	2621	6284	6206	6377	2682	4206	4110
英 国	1488	1438	1484	1939	1823	1792	7675	7890	8280
澳大利亚	2183	2227	3182	13881	11282	12191	1573	1974	2610
新西兰	44	46	41	55	50	41	8124	9197	9864

资料来源：联合国FAO数据库。

16-5 稻谷总产量、收获面积与单产

国家或地区	总产量(万吨)			收获面积(千公顷)			单产(千克/公顷)		
	2010年	2016年	2017年	2010年	2016年	2017年	2010年	2016年	2017年
世　界	**70114**	**75616**	**76966**	**161700**	**165219**	**167249**	**4336**	**4577**	**4602**
孟加拉国	5006	5045	4898	11529	11001	11272	4342	4586	4345
印　度	14396	16370	16850	42862	43190	43789	3359	3790	3848
印度尼西亚	6647	7936	8138	13253	15156	15788	5015	5236	5155
伊　朗	249	292	264	564	596	572	4419	4901	4617
日　本	1060	1006	978	1628	1479	1466	6514	6799	6671
哈萨克斯坦	37	45	49	94	94	105	3970	4748	4684
朝　鲜	243	254	238	570	469	475	4256	5412	5016
韩　国	581	562	528	892	779	755	6514	7223	7002
马来西亚	246	274	290	678	689	689	3636	3978	4210
缅　甸	3207	2567	2562	8011	6724	6745	4003	3818	3799
巴基斯坦	723	1027	1117	2365	2724	2901	3059	3771	3853
菲律宾	1577	1763	1928	4354	4556	4812	3622	3869	4006
斯里兰卡	430	296	162	1060	936	792	4056	3164	2047
泰　国	3570	2665	3338	11932	9340	10615	2992	2854	3145
越　南	4001	4311	4276	7489	7735	7709	5342	5574	5548
埃　及	433	531	638	460	569	686	9422	9335	9302
尼日利亚	447	1135	986	2433	5608	4913	1839	2023	2008
南　非	0	0	0	1	1	1	2588	2716	2741
墨西哥	22	25	27	42	41	42	5190	6135	6390
美　国	1103	1017	808	1463	1253	961	7538	8112	8415
阿根廷	124	140	133	216	208	204	5765	6763	6508
巴　西	1124	1062	1247	2722	1944	2008	4127	5464	6210
委内瑞拉	90	28	41	180	72	110	4985	3842	3682
法　国	12	8	9	24	17	17	5043	4750	4894
意大利	152	160	159	248	234	234	6122	6825	6780
罗马尼亚	6	4	4	12	9	9	4966	4625	4689
俄罗斯联邦	106	108	99	201	204	186	5280	5303	5314
西班牙	93	84	84	122	109	108	7594	7645	7762
土耳其	86	92	90	99	116	110	8690	7927	8219
乌克兰	15	6	6	29	12	13	5051	5392	5035
澳大利亚	20	27	81	19	27	82	10390	10289	9821

资料来源：联合国FAO数据库。

16-6 玉米总产量、收获面积与单产

国家或地区	总产量(万吨)			收获面积(千公顷)			单产(千克/公顷)		
	2010年	2016年	2017年	2010年	2016年	2017年	2010年	2016年	2017年
世　　界	**85168**	**110023**	**113475**	**164020**	**195363**	**197186**	**5193**	**5632**	**5755**
孟加拉国	89	245	303	152	335	390	5838	7301	7760
印　　度	2173	2590	2872	8553	9900	9219	2540	2616	3115
印度尼西亚	1833	2358	2795	4132	4444	5375	4436	5306	5200
伊　　朗	166	117	122	240	159	174	6898	7384	7028
以 色 列	9	8	9	3	3	3	29235	22998	25760
日　　本	0	0	0	0	0	0	2554	2651	2651
哈萨克斯坦	46	76	78	96	135	137	4833	5642	5741
朝　　鲜	168	220	220	503	545	510	3346	4032	4311
韩　　国	7	7	7	16	15	15	4787	4853	4815
马来西亚	5	6	7	9	10	10	5535	6460	6926
缅　　甸	135	183	191	389	488	501	3483	3751	3814
巴基斯坦	371	613	570	974	1348	1230	3805	4550	4636
菲 律 宾	638	722	791	2499	2484	2553	2552	2906	3101
斯里兰卡	16	22	20	58	58	53	2806	3687	3725
泰　　国	486	482	496	1163	1136	1106	4180	4247	4485
越　　南	461	524	511	1126	1152	1099	4090	4553	4648
埃　　及	704	782	710	969	1028	921	7270	7607	7712
尼日利亚	768	1155	1042	4149	6601	6540	1850	1749	1593
南　　非	1282	778	1682	2742	1947	2629	4674	3996	6399
加 拿 大	1204	1389	1410	1203	1318	1339	10012	10540	10524
墨 西 哥	2330	2825	2776	7148	7598	7328	3260	3718	3789
美　　国	31562	38478	37096	32960	35106	33469	9576	10960	11084
阿 根 廷	2266	3979	4948	2904	5347	6531	7804	7443	7576
巴　　西	5536	6414	9772	12679	14959	17394	4367	4288	5618
委内瑞拉	237	147	105	633	430	350	3746	3408	3000
白俄罗斯	55	74	69	112	124	130	4931	5962	5324
捷　　克	69	85	59	103	86	86	6706	9788	6839
法　　国	1398	1213	1412	1583	1487	1614	8830	8158	8749
德　　国	421	402	455	467	416	432	9026	9651	10527
意 大 利	850	684	605	927	661	646	9167	10351	9367
荷　　兰	20	8	12	17	8	9	11767	10048	13460
波　　兰	199	434	402	333	594	562	5982	7317	7155
罗马尼亚	904	1075	1433	2094	2579	2405	4318	4168	5956
俄罗斯联邦	308	1531	1324	1025	2777	2702	3009	5513	4898
西 班 牙	332	407	378	315	359	334	10555	11327	11317
土 耳 其	431	640	590	594	680	638	7261	9418	9252
乌 克 兰	1195	2807	2467	2648	4252	4481	4515	6602	5506
澳大利亚	33	40	44	59	53	68	5559	7508	6436
新 西 兰	19	21	18	18	18	17	10760	11689	10057

资料来源：联合国FAO数据库。

16-7 大豆总产量、收获面积与单产

国家或地区	总产量(万吨)			收获面积(千公顷)			单产(千克/公顷)		
	2010年	2016年	2017年	2010年	2016年	2017年	2010年	2016年	2017年
世　界	**26494**	**33551**	**35264**	**102768**	**121848**	**123551**	**2578**	**2753**	**2854**
孟加拉国	7	9	10	41	50	63	1709	1833	1542
印　度	1274	1316	1098	9554	11500	10600	1333	1144	1036
印度尼西亚	91	86	54	661	577	357	1373	1490	1518
伊　朗	16	14	20	70	52	83	2239	2659	2410
日　本	22	24	25	138	150	150	1616	1587	1684
哈萨克斯坦	11	23	25	62	106	125	1849	2179	2011
朝　鲜	35	31	22	300	247	150	1167	1255	1491
韩　国	11	8	7	71	49	41	1475	1539	1689
缅　甸	25	15	21	169	143	140	1505	1043	1499
斯里兰卡	1	1	1	5	5	8	1671	1529	1727
泰　国	16	5	5	90	30	31	1770	1733	1742
越　南	30	16	10	198	100	68	1510	1614	1498
埃　及	4	5	5	15	13	15	2845	3354	3000
尼日利亚	37	61	73	282	642	750	1295	958	973
南　非	57	74	132	311	503	574	1817	1476	2293
加拿大	444	660	772	1506	2191	2633	2951	3011	2931
墨西哥	17	51	43	153	278	263	1092	1833	1649
美　国	9066	11692	11952	31003	33466	36229	2924	3494	3299
阿根廷	5268	5880	5497	18131	19505	17335	2905	3015	3171
巴　西	6876	9639	11460	23327	33183	33936	2947	2905	3377
委内瑞拉	5	1	1	41	7	8	1259	1143	1000
捷　克	2	3	4	9	11	15	1703	2637	2412
法　国	14	34	41	51	136	141	2750	2485	2922
德　国	0	4	6	1	16	19	2000	2563	3211
意大利	55	108	102	160	288	322	3464	3754	3163
罗马尼亚	15	26	42	63	125	165	2364	2105	2521
俄罗斯联邦	122	314	362	1036	2120	2573	1180	1479	1407
西班牙	0	0	0	1	1	2	2366	2883	2718
土耳其	9	17	14	23	38	32	3687	4322	4421
乌克兰	168	428	390	1037	1859	1982	1621	2300	1967
澳大利亚	6	6	6	31	29	30	1904	2132	2149

资料来源：联合国FAO数据库。

16-8 薯类作物总产量、收获面积与单产

国家或地区	总产量(万吨)			收获面积(千公顷)			单产(千克/公顷)		
	2010年	2016年	2017年	2010年	2016年	2017年	2010年	2016年	2017年
世　界	**75369**	**87664**	**88735**	**54183**	**65557**	**66966**	**13910**	**13372**	**13251**
孟加拉国	824	973	1048	466	500	525	17672	19452	19941
印　度	4573	4922	5424	2186	2447	2506	20919	20112	21642
印度尼西亚	2739	2454	2265	1492	1127	1037	18356	21773	21842
伊　朗	428	500	510	146	159	161	29220	31405	31711
以色列	57	64	56	17	20	18	33538	32238	30680
日　本	356	342	331	148	136	131	24077	25079	25184
哈萨克斯坦	255	355	355	178	186	183	14319	19038	19416
朝　鲜	214	342	221	164	290	192	13018	11800	11506
韩　国	92	90	95	44	45	48	20757	19864	19581
马来西亚	6	11	9	5	6	5	11954	17607	16788
蒙　古	17	17	12	14	15	15	12158	11004	8041
缅　甸	123	104	96	91	80	74	13516	13056	12975
巴基斯坦	361	451	468	169	212	219	21355	21305	21409
菲律宾	292	354	360	364	346	351	8005	10231	10268
斯里兰卡	38	44	42	33	32	30	11494	13501	13861
泰　国	2246	3169	3150	1218	1415	1379	18437	22390	22843
越　南	1027	1248	1192	678	711	675	15133	17554	17675
埃　及	414	466	484	158	175	180	26243	26578	26828
尼日利亚	8731	11736	11598	8435	14741	15514	10351	7961	7476
南　非	216	221	252	82	81	94	26161	27162	26831
加拿大	442	432	441	344	341	342	12837	12667	12889
墨西哥	180	215	206	66	78	72	27187	27572	28511
美　国	1943	2145	2164	456	478	480	42637	44854	45111
阿根廷	252	296	299	108	118	119	23374	25114	25157
巴　西	2926	2586	2356	1995	1610	1512	14668	16061	15580
委内瑞拉	111	89	66	87	62	50	12701	14347	13278
白俄罗斯	783	598	641	367	292	276	21352	20465	23242
捷　克	67	70	69	27	23	23	24564	29880	29421
法　国	666	687	738	163	181	179	40831	37915	41110
德　国	1014	1077	1172	254	243	251	39876	44421	46786
意大利	157	138	136	63	49	49	24925	28329	27685
荷　兰	684	653	739	157	156	161	43598	41996	45972
波　兰	845	887	917	401	310	329	21084	28630	27850
罗马尼亚	328	269	312	247	186	171	13296	14443	18186
俄罗斯联邦	2114	3111	2959	2109	2031	1889	10023	15318	15663
西班牙	236	230	230	81	74	73	29190	30951	31356
土耳其	455	475	480	141	145	143	32323	32820	33596
乌克兰	1871	2175	2221	1412	1312	1323	13248	16583	16784
英　国	606	540	622	138	139	146	43884	38813	42589
澳大利亚	133	120	118	38	30	30	34898	40173	38737
新西兰	54	49	48	12	11	11	45657	44705	45057

资料来源：联合国FAO数据库。

16-9 油菜籽总产量、收获面积与单产

国家或地区	总产量(万吨)			收获面积(千公顷)			单产(千克/公顷)		
	2010年	2016年	2017年	2010年	2016年	2017年	2010年	2016年	2017年
世　界	**5985**	**6809**	**7624**	**32096**	**32508**	**34740**	**1865**	**2094**	**2195**
加拿大	1279	1960	2133	6858	7990	8443	1865	2453	2526
印　度	661	680	792	5580	5762	6000	1184	1180	1320
法　国	482	473	520	1465	1551	1408	3286	3049	3693
德　国	570	458	428	1461	1326	1309	3899	3454	3267
澳大利亚	191	278	431	1695	2091	2681	1125	1327	1609
波　兰	223	222	270	945	823	914	2357	2698	2950
英　国	223	178	217	642	579	562	3476	3066	3856
美　国	111	141	142	580	689	814	1918	2045	1749
罗马尼亚	94	129	167	527	455	598	1789	2841	2798
乌克兰	147	115	219	863	449	786	1704	2568	2793
俄罗斯联邦	67	100	151	607	912	956	1103	1096	1579
匈牙利	53	92	88	259	257	257	2046	3604	3438
保加利亚	54	51	48	212	172	161	2571	2969	2982
丹　麦	58	51	74	167	163	178	3482	3102	4180
斯洛伐克	32	43	45	164	124	150	1966	3459	2989
立陶宛	42	40	54	252	154	181	1654	2600	3004
孟加拉国	22	36	36	242	319	336	917	1136	1079
拉托维亚	23	28	33	106	100	112	2133	2830	2907
瑞　典	28	27	36	108	93	114	2569	2892	3175
白俄罗斯	37	26	60	307	210	332	1220	1239	1813
智　利	4	21	18	11	53	46	4000	3974	3961
巴基斯坦	16	21	21	190	226	228	852	915	920
非　洲	8	18	17	67	110	130	1263	1600	1320
哈萨克斯坦	11	17	28	305	161	251	358	1054	1111
西班牙	4	23	15	20	91	96	1811	2462	1603
奥地利	17	14	12	54	40	41	3170	3578	2885
伊　朗	15	14	13	77	75	70	1891	1835	1825

资料来源：联合国FAO数据库。

16-10 花生总产量、收获面积与单产

国家或地区	总产量(万吨)			收获面积(千公顷)			单产(千克/公顷)		
	2010年	2016年	2017年	2010年	2016年	2017年	2010年	2016年	2017年
世　界	**4348**	**4491**	**4710**	**26142**	**27955**	**27940**	**1663**	**1606**	**1686**
印　度	827	746	918	5860	5800	5300	1410	1287	1732
尼日利亚	380	358	242	2789	2680	2820	1362	1336	858
美　国	189	253	328	508	622	719	3712	4073	4566
苏　丹		183	164		2315	2015		789	814
缅　甸	137	157	158	877	989	1034	1562	1590	1531
乍　得	110	87	87	1040	791	768	1061	1102	1133
阿根廷	61	100	103	219	342	334	2792	2929	3087
喀麦隆	54	75	48	377	454	430	1420	1647	1116
塞内加尔	129	72	92	1196	880	940	1076	817	973
巴　西	26	56	55	94	155	154	2772	3654	3545
坦桑尼亚	47	55	98	482	780	1077	965	705	909
印度尼西亚	130	57	48	621	436	364	2097	1307	1319
尼日尔	41	45	46	796	771	922	511	588	501
越　南	49	43	46	231	185	195	2105	2312	2354
刚果共和国	39	30	30	477	495	495	813	596	606
加　纳	53	42	42	353	336	338	1502	1240	1243
几内亚	33	54	54	227	670	650	1460	799	831
马　里	31	37	30	337	432	387	933	866	778
布基纳法索	34	52	33	410	592	555	830	877	603
马拉维	30	28	39	295	370	390	1008	743	992
安哥拉	12	25	24	285	350	340	404	708	720
乌干达	28	21	22	394	420	408	700	500	527
埃　及	20	21	20	67	64	62	3039	3206	3210
尼加拉瓜	18	19	20	33	42	46	5536	4390	4390
南苏丹		7	7		124	115		574	577
土耳其	10	16	17	27	42	42	3546	3887	3941
赞比亚	16	16	17	255	235	263	643	685	642
贝　宁	15	14	14	175	159	159	880	861	879
中非共和国	14	14	15	98	112	122	1432	1202	1226
埃塞俄比亚	7	13	14	50	75	81	1444	1732	1733
莫桑比克	16	9	9	366	390	400	431	218	225
科特迪瓦	9	19	20	78	141	145	1160	1348	1394
冈比亚	14	11	11	136	119	118	1016	929	934
墨西哥	8	10	10	53	56	59	1550	1706	1698
巴基斯坦	7	9	9	83	89	90	818	978	966
塞拉利昂	8	7	7	110	67	64	740	986	1026
老　挝	5	6	5	24	27	19	2161	2369	2600
孟加拉国	5	6	7	34	36	37	1592	1744	1790
中国台湾	7	6	6	21	21	20	3109	2885	2917
马达加斯加	3	6	6	52	83	78	577	706	710
津巴布韦	14	6	4	320	200	154	428	290	260
几内亚比绍	4	5	5	35	39	40	1033	1157	1157
多　哥	5	4	4	70	58	59	668	700	737
海　地	3	4	4	32	42	43	868	884	887
摩洛哥	5	4	4	23	15	14	2164	2373	2541
肯尼亚	1	1	2	19	4	8	565	2411	2409
泰　国	5	3	3	31	30	30	1584	1067	1067
柬埔寨	2	3	2	20	18	18	1096	1587	1111
斯里兰卡	1	2	2	9	13	13	1514	1793	1778
菲律宾	3	3	3	27	24	24	1092	1187	1236

资料来源：联合国FAO数据库。

16-11 籽棉总产量、收获面积与单产

国家或地区	总产量(万吨)			收获面积(千公顷)			单产(千克/公顷)		
	2010年	2016年	2017年	2010年	2016年	2017年	2010年	2016年	2017年
世　界	**6922**	**6788**	**7435**	**31801**	**30255**	**32979**	**2177**	**2244**	**2255**
印　度	1776	1731	1853	11142	10800	12200	1594	1603	1519
美　国	947	1005	1200	4330	3848	4492	2188	2612	2671
巴基斯坦	561	526	570	2689	2489	2699	2088	2112	2112
巴　西	295	346	384	830	996	928	3554	3477	4141
乌兹别克斯坦	344	323	290	1343	1279	1201	2564	2523	2414
土耳其	215	210	245	480	416	501	4475	5048	4886
澳大利亚	94	152	215	208	280	519	4508	5416	4148
希　腊	71	70	79	250	226	263	2842	3105	3016
布基纳法索	53	78	84	463	655	845	1144	1198	999
阿根廷	75	67	62	441	377	253	1709	1787	2432
马　里	24	61	59	250	655	631	973	924	938
墨西哥	44	49	101	113	104	212	3900	4675	4762
阿拉伯叙利亚共和国	47	49	44	172	133	120	2740	3732	3686
缅　甸	50	44	37	267	202	184	1889	2169	2009
土库曼斯坦	129	43	48	550	540	532	2338	796	909
科特迪瓦	17	31	33	187	286	311	934	1085	1054
贝　宁	14	35	34	137	419	387	999	828	877
尼日利亚	60	28	29	399	354	321	1512	787	906
哈萨克斯坦	24	29	33	134	110	135	1790	2616	2439
塔吉克斯坦	31	28	39	162	163	174	1912	1751	2222
喀麦隆	19	25	24	145	224	226	1310	1110	1074
坦桑尼亚	27	18	22	421	320	322	634	566	674
西班牙	12	17	15	63	61	70	1821	2814	2209
埃　及	38	17	30	155	55	91	2435	3091	3297
伊　朗	17	16	16	91	71	68	1839	2282	2280
乍　得	5	35	12	150	315	120	347	1111	1000
玻利维亚	11	12	12	121	144	141	884	866	888
赞比亚	11	11	9	85	130	105	1258	863	848
津巴布韦	15	11	12	199	155	185	754	710	675
苏　丹		11	12		66	68		1640	1694
阿塞拜疆	4	9	21	30	51	136	1266	1761	1527
哥伦比亚	9	8	7	45	20	18	2011	3850	4117
乌干达	8	8	8	80	68	67	1044	1115	1187
多　哥	4	11	13	60	130	160	713	870	781
孟加拉国	4	6	6	14	17	18	3097	3460	3516
阿富汗	3	6	5	33	51	49	1000	1154	1129
吉尔吉斯斯坦	7	5	7	26	17	21	2795	3141	3179
埃塞俄比亚	6	5	3	75	66	43	773	761	757
秘　鲁	6	5	2	28	18	8	2280	2506	3077
几内亚	4	4	4	38	45	45	974	969	955
莫桑比克	6	4	5	130	101	105	477	432	496
朝　鲜	4	4	4	19	20	20	1851	1987	1981
以色列	2	4	3	4	8	7	4646	4293	4526
马拉维	3	3	3	47	78	41	618	401	719
伊拉克	5	2	0	21	12	0	2201	1434	396
刚果共和国	3	3	3	62	67	66	411	427	427
南　非	2	3	4	5	7	18	4069	3875	2351
中非共和国	1	2	2	20	44	49	535	469	457
塞内加尔	3	2	2	28	20	19	944	1200	1158

资料来源：联合国FAO数据库。

16-12 甜菜总产量、收获面积与单产

国家或地区	总产量(万吨)			收获面积(千公顷)			单产(千克/公顷)		
	2010年	2016年	2017年	2010年	2016年	2017年	2010年	2016年	2017年
世　界	**22841**	**27695**	**30102**	**4695**	**4575**	**4894**	**48650**	**60540**	**61507**
俄罗斯联邦	2226	5137	5193	924	1092	1175	24093	47038	44210
法　国	3187	3379	3438	384	403	388	83059	83926	88639
美　国	2906	3346	3205	468	456	451	62114	73398	71077
德　国	2343	2550	3406	364	335	407	64352	76225	83747
土耳其	1794	1947	2083	329	322	339	54593	60461	61472
乌克兰	1375	1401	1488	492	291	314	27945	48132	47454
波　兰	997	1352	1573	206	203	232	48358	66492	67898
埃　及	784	1121	1211	135	235	237	58276	47661	51141
英　国	653	569	892	118	86	111	55088	66128	80342
伊　朗	387	597	584	100	110	106	38818	54133	54863
荷　兰	528	550	792	71	71	85	74836	77800	92848
白俄罗斯	377	428	499	96	96	100	39500	44592	49959
摩洛哥	244	422	374	43	61	58	56387	69188	64737
捷　克	306	412	440	56	61	66	54355	67807	66558
比利时	446	402	594	59	56	62	75288	72447	95114
奥地利	313	353	299	45	43	43	69839	81257	70137
西班牙	355	205	245	63	32	38	56620	63359	64615
日　本	353	301	329	43	33	37	81474	91694	89792
塞尔维亚	309	319	390	63	60	58	49361	53417	67027
意大利	332	268	251	66	49	54	50038	54509	46670
瑞　典	197	199	196	38	31	31	52077	64980	63359
丹　麦	241	235	245	39	33	34	61454	71009	71355
智　利	142	165	177	16	17	16	87326	96230	108069
斯洛伐克	98	151	123	18	21	22	54522	70152	55003
瑞　士	130	128	154	18	19	19	72977	66897	80731
克罗地亚	125	117	130	24	15	20	52415	75494	66322
罗马尼亚	84	101	117	22	25	28	38743	41117	41649
立陶宛	71	93	96	15	15	17	46190	61614	55812
阿拉伯叙利亚共和国	143	78	78	28	16	16	51907	48835	48096
吉尔吉斯斯坦	14	71	71	8	11	17	16574	62323	41163
匈牙利	82	112	108	14	16	16	59091	70091	67475
摩尔多瓦	84	66	88	26	20	24	31957	32550	36500
加拿大	51	53	51	11	8	8	44956	64963	66771
芬　兰	54	43	43	15	12	12	37130	37379	36466
希　腊	89	29	38	16	5	7	56998	53887	59077
哈萨克斯坦	15	35	46	9	12	17	17269	28549	27442
阿塞拜疆	25	31	41	8	7	14	29773	44272	29805
土库曼斯坦	23	24	24	15	19	19	15600	13108	12931
巴基斯坦	5	13	11	1	2	2	37827	61914	50906
亚美尼亚	3	7	6	2	4	4	15294	15269	15289
伊拉克	2	4	4	2	8	8	9565	5056	4908
阿尔巴尼亚	4	3	3	2	2	2	20000	15615	14910
哥伦比亚	2	3	3	1	1	1	19578	23855	24206
委内瑞拉	2	2	2	1	1	1	18789	21296	21125

资料来源：联合国FAO数据库。

16-13 甘蔗总产量、收获面积与单产

国家或地区	总产量(万吨)			收获面积(千公顷)			单产(千克/公顷)		
	2010年	2016年	2017年	2010年	2016年	2017年	2010年	2016年	2017年
世　界	**168281**	**186118**	**184153**	**23689**	**26537**	**25977**	**71037**	**70134**	**70891**
巴　西	71746	76856	75855	9077	10223	10184	79045	75180	74482
印　度	29230	34845	30607	4175	4950	4389	70019	70394	69735
泰　国	6881	9009	10295	1010	1409	1368	68155	63948	75238
巴基斯坦	4937	6545	7340	943	1131	1217	52368	57879	60318
墨西哥	5042	5645	5695	704	781	772	71627	72270	73776
哥伦比亚	3254	3476	3464	349	402	397	93360	86399	87164
澳大利亚	3123	3440	3656	389	447	453	80198	76929	80626
危地马拉	2231	3353	3376	235	260	279	95107	129049	121012
美　国	2482	2925	3015	355	365	366	69895	80033	82412
印度尼西亚	2660	2332	2121	437	458	430	60925	50900	49320
菲律宾	1793	2237	2929	355	410	437	50522	54548	66946
阿根廷	1889	1844	1916	275	366	379	68612	50382	50591
古　巴	1160	1810	1607	431	422	388	26889	42932	41451
越　南	1616	1631	1836	269	256	281	60058	63643	65291
埃　及	1571	1556	1526	135	137	135	116762	113610	112704
南　非	1602	1507	1739	271	246	265	59081	61333	65739
缅　甸	925	1044	1037	150	164	163	61606	63777	63523
秘　鲁	985	983	940	77	88	78	128015	112121	121246
厄瓜多尔	835	866	903	107	105	111	78064	82759	81644
伊　朗	565	748	756	66	90	94	85651	83510	80741
萨尔瓦多	513	720	716	63	79	81	81336	91048	88073
肯尼亚	571	709	475	69	87	68	83063	81664	70178
玻利维亚	640	737	805	136	146	152	46943	50509	52961
尼加拉瓜	489	615	710	54	72	74	89916	85155	96023
巴拉圭	513	671	661	100	120	118	51309	55900	56000
斯威士兰	511	566	574	53	59	60	96527	96273	96136
苏　丹		553	583		70	75		79396	78056
洪都拉斯	649	536	538	76	65	65	85463	83002	83309
多米尼加共和国	458	398	546	80	114	115	57491	34963	47592
尼泊尔	259	435	323	61	81	71	42500	53709	45262
赞比亚	350	431	445	33	42	43	106061	102738	102594
孟加拉国	449	421	386	118	98	92	38220	42779	41959
哥斯达黎加	373	416	414	56	65	64	67015	63501	64469
毛里求斯	437	380	371	59	51	50	74364	73791	74307
乌干达	355	375	386	52	55	57	68269	67735	67538
津巴布韦	269	348	358	41	44	46	66203	80069	78108
委内瑞拉	684	333	360	106	52	58	64375	63780	62069
马达加斯加	291	301	304	91	94	96	31921	31902	31838
坦桑尼亚	280	299	300	49	96	115	57634	31217	26142
马拉维	250	291	296	23	27	28	108696	107574	107661
莫桑比克	272	276	290	38	42	43	70695	65267	66848
巴拿马	223	242	244	33	38	39	68411	63684	63280
圭亚那	276	237	186	42	44	38	66324	53418	49001
刚果共和国	208	219	223	45	49	50	46195	44891	44929
老　挝	82	202	176	15	36	29	53317	55804	60653
科特迪瓦	180	183	179	25	23	23	72094	78438	79394
日　本	147	157	150	23	23	22	63319	68734	66752
斐　济	175	157	146	45	37	35	38911	41964	41330

资料来源：联合国FAO数据库。

16-14 烟叶总产量、收获面积与单产

国家或地区	总产量(吨)			收获面积(公顷)			单产(千克/公顷)		
	2010年	2016年	2017年	2010年	2016年	2017年	2010年	2016年	2017年
世　界	**6944875**	**6399092**	**6501646**	**3949280**	**3564379**	**3528473**	**1759**	**1795**	**1843**
印　度	690000	782582	799960	444280	460858	467550	1553	1698	1711
巴　西	787817	677472	880881	449629	376503	398418	1752	1799	2211
美　国	325764	285180	322120	136582	129360	130090	2385	2205	2476
印度尼西亚	135700	126728	152319	216300	155950	185708	627	813	820
津巴布韦	109737	170762	181643	94175	143175	150124	1165	1193	1210
赞比亚	94325	125275	131509	59988	71129	73357	1572	1761	1793
巴基斯坦	119323	115851	117750	55800	51684	49732	2138	2242	2368
坦桑尼亚	60900	101407	104471	78930	115565	118763	772	877	880
阿根廷	132870	93671	117154	67674	43815	57321	1963	2138	2044
莫桑比克	66983	92995	91128	60553	80451	78024	1106	1156	1168
孟加拉国	55288	87628	91000	38270	46472	45729	1445	1886	1990
马拉维	172922	109151	82964	165577	112734	71639	1044	968	1158
朝　鲜	72000	82350	83305	50000	54870	55361	1440	1501	1505
土耳其	53018	70000	80000	81334	92237	95000	652	759	842
老　挝	45000	66800	35615	8355	6880	4580	5386	9709	7776
泰　国	59540	61391	67035	31198	17093	20881	1908	3592	3210
菲律宾	40530	56457	51024	29706	32501	30829	1364	1737	1655
意大利	89112	48470	46060	27829	15717	14548	3202	3084	3166
乌干达	27138	30925	31222	20359	20982	21098	1333	1474	1480
波　兰	34782	31201	32493	15721	11958	12885	2212	2609	2522
危地马拉	26907	29742	29494	12790	13978	13664	2104	2128	2159
西班牙	33410	29238	29679	10527	8950	8756	3174	3267	3390
希　腊	29948	29890	28200	16040	18280	17000	1867	1635	1659
越　南	56530	29215	32065	31484	14651	14204	1796	1994	2257
韩　国	33910	29159	28396	13714	11911	11587	2473	2448	2451
缅　甸	59600	27352	28139	16997	14916	14551	3507	1834	1934
前南斯拉夫马其顿共和国	30280	25443	22885	20300	16376	15959	1492	1554	1434
也　门	23178	24070	23737	10341	10440	10288	2241	2306	2307
哥伦比亚	10760	10475	12890	10209	6057	7523	1054	1729	1713
伊　朗	14145	21000	19694	9586	10950	9649	1476	1918	2041
加拿大	34904	22453	22100	12723	8041	7892	2743	2792	2800
古　巴	20500	19700	30800	20256	12292	19423	1012	1603	1586
日　本	29300	17900	19000	15000	8000	7600	1953	2238	2500
墨西哥	6983	15864	17243	4004	7040	7538	1744	2253	2287
保加利亚	41056	15211	13040	24518	9963	7721	1675	1527	1689
南　非	12300	14700	14800	3950	4900	4600	3114	3000	3217
柬埔寨	14625	15752	16231	10062	8287	8333	1453	1901	1948
多米尼加共和国	8066	8890	8797	12579	8740	6386	641	1017	1378
阿拉伯叙利亚共和国	20150	12470	10912	12958	8817	7890	1555	1414	1383
阿尔及利亚	7604	9840	10292	4219	4760	4852	1802	2067	2121
肯尼亚	14156	9249	8965	18780	13258	13383	754	698	670
厄瓜多尔	7911	6830	4124	4461	4675	3357	1773	1461	1228
克罗地亚	8491	8977	9413	4119	4413	4563	2061	2034	2063
法　国	18428	8801	8172	7081	3434	3326	2602	2563	2457
黎巴嫩	9800	8943	8845	8344	7721	7651	1174	1158	1156
科特迪瓦	9527	8661	8516	18487	17236	17022	515	502	500
匈牙利	8972	8012	7900	6178	4515	4000	1452	1775	1975
塞尔维亚	10440	7810	7173	5828	5256	5069	1791	1486	1415
智　利	7950	7561	4315	2509	2402	1444	3169	3148	2988
喀麦隆	5516	6559	6732	3796	4146	4199	1453	1582	1603

资料来源：联合国FAO数据库。

16-15 茶叶总产量、收获面积与单产

国家或地区	总产量(吨)			收获面积(公顷)			单产(千克/公顷)		
	2010年	2016年	2017年	2010年	2016年	2017年	2010年	2016年	2017年
世　界	**4621942**	**5913955**	**6101062**	**3156617**	**3937242**	**4076102**	**1464**	**1502**	**1497**
印　度	991182	1250490	1325050	579000	577480	621610	1712	2165	2132
肯尼亚	399006	473000	439857	171916	218500	218538	2321	2165	2013
斯里兰卡	331400	349580	349699	221969	232406	233909	1493	1504	1495
土耳其	235000	243000	234000	75864	76361	82108	3098	3182	2850
越　南	198466	240000	260000	113200	118824	123188	1753	2020	2111
印度尼西亚	150342	144015	139362	124573	117268	113692	1207	1228	1226
缅　甸	94500	102404	104743	79318	86219	88806	1191	1188	1179
阿根廷	92417	85015	80608	37221	39600	39600	2483	2147	2036
日　本	85000	80200	81119	46800	43100	43245	1816	1861	1876
伊　朗	121041	132492	100580	29464	21235	15848	4108	6239	6347
孟加拉国	60000	64500	81850	52236	60059	53856	1149	1074	1520
乌干达	49182	62638	63633	25284	29689	29929	1945	2110	2126
布隆迪	37875	52701	54210	8213	12029	13836	4612	4381	3918
泰　国	67241	52164	58015	19459	8084	8819	3456	6453	6578
马拉维	51589	48277	48412	20900	18031	17849	2468	2677	2712
坦桑尼亚	33160	36539	36614	11410	20500	15548	2906	1782	2355
莫桑比克	28995	31778	32000	17369	30299	31190	1669	1049	1026
卢旺达	22249	25628	25931	13549	17221	16889	1642	1488	1535
津巴布韦	23450	25150	25434	6869	7155	7201	3414	3515	3532
尼泊尔	16607	23821	24653	17127	20747	28522	970	1148	864
中国台湾	17467	13018	13443	14530	11606	11511	1202	1122	1168
马来西亚	19738	11708	10385	2459	2003	1845	8027	5845	5629
埃塞俄比亚	7586	10623	10777	7499	9756	9782	1012	1089	1102
老　挝	582	7300	7660	2415	4200	3990	241	1738	1920
巴布亚新几内亚	6201	5757	5729	4172	3945	3952	1486	1459	1450
喀麦隆	5514	5565	5639	2085	2056	2075	2645	2707	2718
秘　鲁	3214	3307	2177	2216	2080	1578	1450	1590	1380
刚果共和国	2479	3442	3585	7549	11500	12000	328	299	299
格鲁吉亚	3500	3000	2300	3356	2965	2302	1043	1012	999
韩　国	2289	2444	2505	2120	2206	2256	1080	1108	1110
南　非	1647	1725	1585	790	841	773	2085	2051	2050
毛里求斯	1467	1353	1379	698	622	622	2102	2175	2217
厄瓜多尔	1512	1358	1356	716	576	566	2112	2358	2396
玻利维亚	1339	1251	1177	262	292	272	5111	4284	4327
阿塞拜疆	545	1016	775	579	664	642	941	1530	1207
赞比亚	843	935	948	598	653	659	1410	1432	1439
萨尔瓦多	450	649	669	225	327	337	2000	1985	1985
危地马拉	628	558	525	1244	1188	1238	505	470	424
俄罗斯联邦	370	449	554	1400	535	470	264	839	1179
巴　西	4278	459	459	2399	185	185	1783	2481	2481
马达加斯加	382	389	390	596	1173	1206	641	332	323
哥伦比亚	134	149	149	55	62	60	2436	2403	2483
黑　山	100	100	100	125	124	124	800	806	806

资料来源：联合国FAO数据库。

16-16 2017年牲畜存栏数

单位：万头、万只

国家或地区	牛	马	山羊	绵羊	猪
世　界	**169265**	**6057**	**103441**	**120243**	**96739**
孟加拉国	2541		5971	221	
印　度	29843	63	13335	6307	880
印度尼西亚	1799	44	1841	1646	814
伊　朗	501	13	1571	4003	
以色列	54	…	9	52	19
日　本	382	1	2	1	935
哈萨克斯坦	677	242	228	1605	82
朝　鲜	58	5	368	17	260
韩　国	343	3	41	…	1127
马来西亚	86	…	43	14	165
蒙　古	439	394	2735	3011	3
缅　甸	2089	10	813	165	1800
巴基斯坦	8210	40	7220	3010	
菲律宾	543	25	371	3	1243
斯里兰卡	128	…	29	1	10
泰　国	568	1	47	4	787
越　南	815	9	256		2741
埃　及	844	8	435	570	1
尼日利亚	2077	10	7804	4250	751
南　非	1295	32	547	2269	148
加拿大	1154	40	3	81	1425
墨西哥	3177	638	873	890	1721
美　国	9370	1051	264	525	7341
阿根廷	5335	253	472	1484	540
巴　西	21628	550	959	1798	4110
委内瑞拉	1648	52	142	60	342
白俄罗斯	436	5	6	9	316
捷　克	142	3	3	22	149
法　国	1923	37	122	694	1230
德　国	1229	45	14	158	2758
意大利	635	37	99	722	857
荷　兰	403	14	53	80	1241
波　兰	614	19	4	26	1135
罗马尼亚	205	47	148	988	471
俄罗斯联邦	1876	138	210	2274	2203
西班牙	647	26	306	1596	2997
土耳其	1422	12	1035	3098	…
乌克兰	368	29	60	72	667
英　国	1000	41	10	3483	497
澳大利亚	2618	26	360	7213	249
新西兰	1015	4	10	2753	27

资料来源：联合国FAO数据库。

16-17 2017年肉类产量

单位：万吨

国家或地区	肉类总产量	#猪肉	#牛肉	#羊肉	#禽肉
世　　界	**33423.0**	**11988.7**	**7008.9**	**1535.2**	**12200.7**
美　　国	4579.0	1161.1	1190.7	7.7	2191.4
巴　　西	2771.7	382.5	955.0	11.9	1420.1
俄罗斯联邦	1038.4	353.0	161.4	22.2	444.4
德　　国	829.8	550.6	113.7	3.2	151.4
印　　度	729.7	30.5	252.4	73.4	354.4
墨 西 哥	680.2	144.2	192.7	10.1	324.9
西 班 牙	666.3	429.9	64.4	12.6	151.5
法　　国	554.4	213.6	142.3	11.6	174.6
阿 根 廷	569.8	56.6	284.2	6.2	216.1
越　　南	510.4	373.3	41.0	1.6	91.8
波　　兰	499.4	204.8	57.2	0.1	235.1
澳大利亚	444.5	39.7	204.9	70.3	126.9
加 拿 大	448.0	214.2	88.0	1.6	141.7
日　　本	396.3	127.2	46.9	…	221.5
英　　国	392.5	90.1	90.2	29.8	181.4
意 大 利	365.8	146.7	75.6	3.5	131.5
巴基斯坦	368.7		187.7	50.5	128.1
南　　非	312.5	23.5	101.4	16.7	166.5
菲 律 宾	349.8	183.7	31.2	6.0	127.2
土 耳 其	358.4		98.9	40.1	219.2
印度尼西亚	333.7	34.4	56.4	12.5	230.1
伊　　朗	303.5		48.5	36.0	217.4
缅　　甸	320.2	96.1	47.5	10.4	166.2
荷　　兰	301.0	145.6	44.1	1.4	110.0
泰　　国	273.5	90.2	15.4	0.2	167.6
哥伦比亚	268.6	35.5	75.3	0.8	156.4
韩　　国	240.5	128.0	28.1	0.2	83.8
乌 克 兰	234.5	73.6	36.4	1.4	121.1
埃　　及	218.3	…	81.6	12.5	113.0
马来西亚	197.3	19.4	5.0	0.5	172.4
秘　　鲁	189.2	15.8	18.9	3.9	146.5
丹　　麦	183.5	153.2	12.4	0.2	17.3
比 利 时	179.5	104.5	28.2	0.3	46.3
智　　利	142.3	48.9	20.0	1.4	71.2
新 西 兰	139.2	4.7	64.2	45.3	22.3
尼日利亚	142.5	27.8	37.3	39.7	20.1
中国台湾	147.1	80.9	0.7	0.2	65.2
摩 洛 哥	128.8	0.1	26.1	19.1	76.2
委内瑞拉	120.3	16.3	43.2	0.7	60.0

资料来源：联合国FAO

16-18 鸡蛋产量

单位：万吨

国家或地区	2000年	2005年	2010年	2015年	2016年	2017年
世　界	**5114.0**	**5668.6**	**6424.0**	**7667.9**	**7896.8**	**8008.9**
美　国	501.7	535.0	543.7	575.7	604.7	625.9
印　度	203.5	256.8	337.8	431.7	456.1	484.8
墨西哥	178.8	202.5	238.1	265.3	272.0	277.1
日　本	253.5	248.1	251.5	252.1	256.2	260.1
俄罗斯联邦	189.5	205.0	226.1	235.7	241.3	248.4
巴　西	150.9	167.5	194.8	226.1	228.2	254.7
印度尼西亚	64.2	85.7	112.1	137.3	148.6	152.7
伊　朗	58.0	75.9	76.7	77.7	81.0	78.2
土耳其	84.4	75.3	74.0	104.5	113.1	120.5
法　国	98.8	93.0	94.7	97.0	96.0	95.5
乌克兰	49.7	74.8	97.4	96.0	85.5	88.7
马来西亚	39.1	44.2	58.7	77.9	82.1	85.8
德　国	90.1	79.5	66.2	80.1	81.8	82.6
西班牙	65.8	70.8	81.2	80.5	81.5	82.6
哥伦比亚	38.6	49.2	58.5	72.9	76.9	79.9
巴基斯坦	34.4	40.1	55.6	72.1	76.1	80.3
意大利	68.6	72.2	73.7	70.7	74.5	74.0
英　国	56.9	60.9	65.8	69.9	72.2	75.2
荷　兰	66.8	60.7	67.0	73.9	71.6	72.0
韩　国	47.9	51.5	59.0	72.1	71.3	71.5
阿根廷	32.7	38.9	55.4	76.5	80.2	81.3
泰　国	51.5	46.9	61.3	68.1	68.0	69.0
波　兰	42.4	53.6	61.8	58.2	58.9	59.5
缅　甸	11.2	18.7	34.2	51.0	54.2	56.1
埃　及	17.7	23.5	29.1	45.9	42.5	42.9
尼日利亚	40.0	50.0	60.9	48.9	50.5	51.0
南　非	32.9	37.5	41.3	52.3	47.8	43.3
越　南	18.5	19.7	32.1	44.4	47.2	53.2
菲律宾	24.3	32.0	38.7	44.5	46.2	49.2
加拿大	37.2	39.9	45.2	49.8	53.1	55.0
秘　鲁	16.2	18.2	28.5	38.6	40.1	41.5
孟加拉国	12.5	18.5	18.8	36.2	39.2	49.1
阿尔及利亚	10.1	17.5	26.0	38.5	38.8	39.0
中国台湾	36.4	31.6	33.6	34.8	36.7	37.5
罗马尼亚	26.3	35.5	29.8	31.9	30.3	31.5
沙特阿拉伯	12.8	17.0	21.9	27.5	28.0	28.3
危地马拉	8.1	19.2	22.0	26.5	27.2	27.3
摩洛哥	23.5	23.2	24.4	32.5	27.0	39.1
乌兹别克斯坦	6.8	10.9	17.0	30.9	23.7	35.3
澳大利亚	14.3	13.9	17.4	22.9	23.7	24.8
智　利	11.0	12.6	19.1	22.6	22.6	23.0
哈萨克斯坦	9.4	13.9	20.7	26.4	26.5	28.5
白俄罗斯	18.2	17.2	19.6	21.1	20.5	20.7
比利时	19.4	18.0	16.9	14.8	15.5	13.8
委内瑞拉	17.5	17.4	24.2	20.0	16.8	16.4
以色列	8.8	9.2	10.2	12.2	14.0	14.9
瑞　典	10.2	10.2	11.1	12.7	14.0	13.8
匈牙利	17.6	16.5	15.2	14.2	14.0	13.4

资料来源：联合国FAO数据库。

16-19 禽蛋产量

单位：万吨

国家或地区	2000年	2005年	2010年	2015年	2016年	2017年
世　界	**5517.7**	**6123.2**	**6952.4**	**8258.5**	**8583.7**	**8701.4**
美　国	501.7	535.0	543.7	575.7	604.7	625.9
印　度	203.5	256.8	337.8	431.7	456.1	484.8
墨西哥	178.8	202.5	238.1	265.3	272.0	277.1
日　本	253.5	248.1	251.5	252.1	256.2	260.1
巴　西	156.9	174.6	208.7	249.1	244.6	272.2
俄罗斯联邦	190.3	206.5	227.4	238.8	244.4	251.9
印度尼西亚	78.3	105.2	136.7	170.5	183.5	189.6
伊　朗	58.0	75.9	76.7	77.7	81.0	78.2
土耳其	84.4	75.3	74.0	104.5	113.1	120.5
法　国	98.8	93.0	94.7	97.0	96.0	95.5
泰　国	80.7	77.9	100.8	109.1	107.5	108.0
乌克兰	50.5	75.6	101.8	97.5	88.2	90.1
马来西亚	40.1	45.3	60.1	79.5	83.6	87.3
德　国	90.1	79.5	66.2	80.1	81.8	82.6
西班牙	66.1	71.0	81.4	80.6	81.6	82.7
巴基斯坦	35.1	40.8	56.4	73.4	77.3	81.5
哥伦比亚	38.6	49.2	58.5	72.9	76.9	79.9
韩　国	50.0	54.3	62.0	75.4	74.5	74.7
意大利	68.6	72.2	73.7	70.7	74.5	74.0
英　国	58.4	62.5	67.1	71.3	73.6	76.6
荷　兰	66.8	60.7	67.0	73.9	71.6	72.0
阿根廷	32.7	38.9	55.4	76.5	80.2	81.3
缅　甸	12.2	20.7	38.1	56.4	59.8	61.9
波　兰	42.4	53.6	61.8	58.2	58.9	59.5
孟加拉国	17.8	26.4	26.8	51.0	55.3	69.3
埃　及	17.7	23.5	29.1	45.9	42.5	42.9
尼日利亚	40.0	50.0	60.9	48.9	50.5	51.0
菲律宾	29.7	37.4	42.4	48.7	50.6	53.8
南　非	32.9	37.5	41.3	52.3	47.8	43.3
越　南	18.5	19.7	32.1	44.4	47.2	53.2
加拿大	37.2	39.9	45.2	49.8	53.1	55.0
秘　鲁	16.2	18.2	28.5	38.6	40.1	41.5
阿尔及利亚	10.1	17.5	26.0	38.5	38.8	39.0
中国台湾	39.1	34.4	36.4	37.3	39.3	40.1
罗马尼亚	28.6	36.6	31.0	32.8	30.9	32.3
沙特阿拉伯	12.8	17.0	21.9	27.5	28.0	28.3
危地马拉	8.1	19.2	22.0	26.5	27.2	27.3
摩洛哥	23.5	23.2	24.4	32.5	27.0	39.1
乌兹别克斯坦	6.9	11.0	17.2	31.0	23.9	35.5
澳大利亚	14.3	13.9	17.4	22.9	23.7	24.8
智　利	11.0	12.6	19.1	22.6	22.6	23.0
哈萨克斯坦	9.5	14.1	20.9	26.5	26.7	28.6
白俄罗斯	18.4	17.4	19.8	21.4	20.8	21.0
比利时	19.4	18.0	16.9	14.8	15.5	13.8
委内瑞拉	17.5	17.4	24.2	20.0	16.8	16.4
匈牙利	18.0	16.9	15.6	14.6	14.5	13.9
以色列	8.8	9.2	10.2	12.2	14.0	14.9
瑞　典	10.2	10.2	11.1	12.7	14.0	13.8
葡萄牙	18.0	16.9	15.6	14.6	14.5	13.9

资料来源：联合国FAO数据库。

16-20 奶类产量

单位：万吨

国家或地区	2000年	2005年	2010年	2015年	2016年	2017年
世 界	**57951**	**64976**	**72367**	**80113**	**80980**	**82788**
印 度	7987	9584	12207	15569	16533	17627
美 国	7595	8028	8752	9464	9637	9776
巴基斯坦	2557	2944	3549	4159	4295	4429
巴 西	2064	2565	3096	3486	3391	3374
德 国	2835	2848	2965	3271	3270	3269
俄罗斯联邦	3228	3115	3184	3079	3075	3118
法 国	2389	2394	2421	2593	2538	2526
新 西 兰	1224	1464	1701	2194	2167	2137
土 耳 其	979	1111	1354	1865	1849	2070
英 国	1449	1447	1407	1532	1466	1526
荷 兰	1116	1085	1181	1355	1456	1454
波 兰	1189	1195	1230	1325	1325	1370
墨 西 哥	949	1008	1089	1161	1183	1199
意 大 利	1330	1186	1113	1179	1143	1203
乌 克 兰	1266	1371	1125	1062	1038	1052
阿 根 廷	1012	991	1063	1206	1029	1010
乌兹别克斯坦	354	455	624	911	961	1017
澳大利亚	1085	1013	902	949	900	880
加 拿 大	816	781	824	814	815	810
日 本	850	829	772	738	740	728
白俄罗斯	449	568	662	705	714	732
爱 尔 兰	516	506	533	659	685	748
伊 朗	589	718	744	634	668	764
西 班 牙	694	725	746	787	815	803
哥伦比亚	615	632	629	677	651	710
丹 麦	472	458	491	536	545	556
哈萨克斯坦	374	477	538	518	534	550
肯 尼 亚	274	423	485	458	531	476
埃 及	378	521	576	523	507	460
罗马尼亚	462	555	462	468	459	433
苏 丹				445	443	445
阿尔及利亚	193	249	316	346	334	320
瑞 士	385	389	411	407	398	392
比 利 时	369	303	308	401	391	406
奥 地 利	326	314	329	357	366	375
南 非	231	304	312	354	352	320
埃塞俄比亚	106	237	447	362	348	344
南 苏 丹				323	324	324
捷 克	280	282	269	304	308	309
瑞 典	335	321	290	293	286	282
沙特阿拉伯	95	130	183	240	242	245
摩 洛 哥	126	148	198	254	259	253
缅 甸	74	98	159	236	242	242
芬 兰	245	243	234	244	243	241
阿拉伯叙利亚共和国	167	236	224	215	223	221
索玛利亚	211	229	245	220	218	214
葡 萄 牙	220	220	203	215	206	206
乌 拉 圭	142	162	182	218	203	205
阿塞拜疆	103	125	154	192	201	202
厄瓜多尔	181	173	216	186	191	186
智 利	200	231	254	204	200	200

注：资料来源：联合国FAO数据库。

16-21 鱼类产量

单位：吨

国家或地区	鱼类总计		海域		内陆水域	
	2016年	2017年	2016年	2017年	2016年	2017年
印　度	10784334	11632313	4246138	4611374	6538196	7020939
秘　鲁	3928938	4285648	3848080	4195966	80858	89682
印度尼西亚	22586738	22632380	18937466	18633849	3649272	3998531
智　利	2877054	3554168	2876139	3550986	915	3183
俄罗斯联邦	4947539	5065176	4500778	4627050	446761	438126
越　南	6708675	7108815	4147472	4408413	2561203	2700403
美　国	5354002	5480131	5079667	5214112	274335	266019
缅　甸	3090034	3199263	1243487	1322265	1846548	1876998
挪　威	3529441	3841891	3528971	3841370	470	521
日　本	4341825	4295728	4278390	4233345	63435	62382
菲律宾	4229005	4127777	3769496	3650194	459509	477582
孟加拉国	3878324	4134436	832437	849729	3045887	3284707
泰　国	2411727	2369258	1842847	1796883	568880	572375
韩　国	3233657	3672247	3198527	3636976	35130	35271
墨西哥	1745795	1880688	1470925	1641186	274870	239501
马来西亚	1992258	1901865	1882562	1793591	109696	108274
冰　岛	1100305	1205475	1097991	1200710	2314	4765
巴　西	1294916	1299123	560416	560143	734500	738980
摩洛哥	1455256	1385645	1439122	1369469	16134	16176
埃　及	1707276	1822801	104657	109765	1602619	1713036
西班牙	1196788	1268244	1172962	1244886	23826	23357
丹　麦	706665	942070	684182	920225	22483	21845
尼日利亚	1041498	1212475	357139	496326	684359	716149
阿根廷	758899	838629	736359	813026	22540	25603
巴基斯坦	669586	679452	376391	382897	293195	296555
加拿大	1079863	1039318	1038537	999526	41326	39792
英　国	897533	948343	886236	937106	11297	11237
土耳其	585657	627797	450200	491642	135457	136155
厄瓜多尔	1166586	1112712	1137717	1083430	28868	29282
南　非	629889	535943	627150	533120	2739	2823
柬埔寨	802450	857018	133432	134245	669018	722773
乌干达	507295	501973			507295	501973
塞内加尔	476241	498674	444368	464918	31873	33756
新西兰	533807	548093	531508	545619	2299	2474
法　国	723500	701468	686509	664429	36991	37039
法罗群岛	651735	788692	651735	788692		
纳米比亚	515985	501908	513137	499053	2848	2855
荷　兰	431874	562586	424779	556150	7095	6436
斯里兰卡	552611	536734	454276	431531	98335	105203
加　纳	379937	439319	237467	291914	142470	147405
安哥拉	487145	508414	468429	483474	18716	24940
德　国	312986	284216	272856	246400	40130	37816
爱尔兰	300100	321763	299307	321052	793	711
波　兰	256415	265196	199722	208310	56693	56886
乌克兰	97172	113597	52036	67376	45136	46221
巴布亚新几内亚	314969	330724	299749	315524	15220	15200
意大利	354945	354389	310246	309689	44699	44700
巴拿马	146219	153573	145474	152973	745	600
瑞　典	224530	247425	202714	226692	21816	20733

资料来源：联合国FAO数据库。

16-22 2016年每公顷耕地化肥施用量

单位：千克/公顷

国家或地区	化肥施用总量	氮肥	磷肥	钾肥
世　界	**122.8**	**68.6**	**30.1**	**24.2**
孟加拉国	261.5	136.4	74.3	50.8
印　度	153.1	98.8	39.6	14.8
印度尼西亚	118.2	64.4	18.2	35.5
伊　朗	68.0	58.4	5.1	4.5
以色列	211.2	119.4	14.8	77.0
日　本	226.6	80.3	77.2	69.1
哈萨克斯坦	4.3	3.1	1.1	0.1
韩　国	328.7	144.9	91.7	92.1
马来西亚	182.2	33.6	34.6	114.0
缅　甸	15.7	11.1	2.5	2.0
巴基斯坦	140.7	101.8	38.0	0.9
菲律宾	80.4	56.4	11.3	12.7
斯里兰卡	74.6	51.2	15.2	8.2
泰　国	127.6	85.7	15.1	26.7
越　南	260.7	153.3	67.9	39.6
埃　及	484.5	366.9	99.3	18.4
尼日利亚	4.6	2.1	1.5	0.9
南　非	56.6	31.2	16.1	9.3
加拿大	79.2	51.1	20.0	8.1
墨西哥	102.1	79.6	14.7	7.8
美　国	136.3	77.7	27.6	30.9
阿根廷	49.1	22.5	25.5	1.1
巴　西	172.1	49.9	56.8	65.4
委内瑞拉	145.7	68.9	37.1	39.7
白俄罗斯	143.8	60.1	13.2	70.5
捷　克	192.6	159.1	18.7	14.8
法　国	154.8	113.3	21.2	20.3
德　国	193.9	138.7	19.3	36.0
意大利	94.7	64.7	18.2	11.8
荷　兰	278.6	244.9	8.6	25.2
波　兰	166.8	92.9	28.9	45.0
罗马尼亚	57.1	38.3	14.0	4.9
俄罗斯联邦	18.2	11.6	4.1	2.6
西班牙	104.3	57.7	24.4	22.3
土耳其	118.4	80.0	33.4	5.0
乌克兰	51.3	35.6	8.5	7.3
英　国	251.0	171.3	32.6	47.1
澳大利亚	67.6	39.0	24.7	4.0

资料来源：联合国FAO数据库。

16-23　2016年土地利用情况

单位：千公顷

国家或地区	国土面积	陆地面积	农业用地	耕地与多年生作物			永久性草场
					耕地面积	多年生作物	
世　界	**13490079**	**13008757**	**4869619**	**1592755**	**1423794**	**166201**	**3276864**
孟加拉国	14763	13017	9194	8594	7764	830	600
印　度	328726	297319	179721	169463	156463	13000	10258
印度尼西亚	191358	181157	57000	46000	23500	22500	11000
伊　朗①	174515	162876	45954	16477	14687	1790	29477
以色列②	2207	2164	532	392	295	97	140
日　本③	37797	36456	4471	4471	4184	287	
哈萨克斯坦	272490	269970	216992	29527	29395	132	187465
朝　鲜	12054	12041	2630	2580	2350	230	50
韩　国	10034	9749	1701	1644	1421	223	57
马来西亚	33035	32855	8627	8342	882	7460	285
蒙　古	156412	155356	111062	572	567	5	110490
缅　甸	67659	65308	12760	12458	10908	1550	302
巴基斯坦	79610	77088	36844	31844	31040	804	5000
菲律宾	30000	29817	12440	10940	5590	5350	1500
斯里兰卡	6561	6271	2740	2300	1300	1000	440
泰　国	51312	51089	22110	21310	16810	4500	800
越　南	33123	31007	12178	11536	6998	4538	642
埃　及	100145	99545	3734	3734	2787	947	
尼日利亚	92377	91077	70800	40500	34000	6500	30300
南　非	121909	121309	96841	12913	12500	413	83928
加拿大	998467	909351	62671	48410	43766	4644	14261
墨西哥	196438	194395	106236	25187	22562	2625	81049
美　国	983151	914742	405863	154863	152263	2600	251000
阿根廷	278040	273669	148700	40200	39200	1000	108500
巴　西	851577	835814	283546	87546	80976	6570	196000
委内瑞拉	91205	88205	21600	3400	2700	700	18200
白俄罗斯	20760	20299	8533	5795	5684	111	2738
捷　克	7887	7722	3489	2540	2494	46	949
法　国	54909	54756	28718	19348	18356	992	9370
德　国	35758	34936	16657	11963	11763	200	4694
意大利	30134	29414	12717	9054	6602	2452	3663
荷　兰	4154	3369	1796	1066	1028	38	730
波　兰④	31268	30619	14374	11199	10806	393	3175
罗马尼亚	23840	23008	13521	9000	8582	418	4521
俄罗斯⑤	1709825	1637687	217722	124722	123122	1600	93000
西班牙	50594	49956	26266	17033	12337	4696	9233
土耳其	78535	76963	38327	23710	20381	3329	14617
乌克兰⑥	60355	57929	41515	33673	32776	897	7842
英　国	24361	24193	17350	6073	6026	47	11277
澳大利亚	774122	769202	371078	46378	46048	330	324700
新西兰	26771	26331	10651	645	570	75	10006

注：①永久性草场是指条件好及条件一般的牧场，不包括条件差的牧场。②国土面积和陆地面积均包括戈兰高地。③永久性草场包括在耕地中。④农业用地仅包括被农业相关物品占用土地。⑤国土面积不包括白海和亚速海面下土地。⑥国土面积不包括亚速海面下土地。

资料来源：联合国FAO数据库。

16-24 中国农业主要指标居世界的位次

指　　标	1978年	1980年	1990年	2000年	2005年	2010年	2017年
农村人口			1	1	1	1	2
耕地面积	4	4	4	3	3	4	
谷物产量	2	1	1	1	1	1	1
小麦产量	2	3	2	1	1	1	1
稻谷产量	1	1	1	1	1	1	1
玉米产量	2	2	2	2	2	2	2
大豆产量	3	3	3	4	4	4	4
油菜籽产量	2	2	1	1	1	1	2
花生产量	2	2	2	1	1	1	1
籽棉产量	2	2	1	1	1	1	2
甘蔗产量	7	5	4	3	3	3	3
茶叶产量	2	2	2	2	1	1	1
肉类产量①	3	3	1	1	1	1	1
牛奶产量	34	35	20	17	5	3	4
羊毛产量	5	4	4	2	2	1	1

注：①1990年以前为猪、牛、羊肉产量的比重。
资料来源：联合国FAO数据库。

16-25 中国农业主要指标占世界的比重

单位：%

指　　标	1978年	1980年	1990年	2000年	2005年	2010年	2017年
农村人口	30.1	29.7	28.5	25.3	23.0	20.8	17.8
耕地面积	7.2	7.2	8.8	8.8	8.5	8.0	
谷物产量	17.3	18.1	20.7	19.8	18.9	20.5	20.8
小麦产量	12.1	12.5	16.6	17.0	15.6	17.7	17.4
稻谷产量	36.4	36.0	37.0	31.7	28.7	29.4	27.9
玉米产量	14.2	15.8	20.1	17.9	19.6	21.0	22.8
大豆产量	10.1	9.8	10.2	9.6	7.6	6.6	3.7
油菜籽产量	17.7	22.2	28.5	28.8	26.1	22.2	17.4
花生产量	13.4	21.8	27.9	41.8	37.4	41.7	36.4
籽棉产量	16.8	19.7	25.0	25.0	24.6	26.2	23.1
甘蔗产量	3.8	4.4	6.0	5.5	6.7	6.6	5.7
茶叶产量	16.3	17.3	22.3	23.8	26.3	32.5	40.5
肉类产量①	8.7	10.8	16.9	26.6	27.4	27.6	26.4
牛奶产量	0.3	0.3	0.9	1.8	5.1	5.7	4.2

注：①1990年以前为猪、牛、羊肉产量的比重。
资料来源：联合国FAO数据库。

如何使用《中国农村统计年鉴》

如何使用《中国农村统计年鉴》

为了使广大读者更好地使用《中国农村统计年鉴》，我们编写了《如何使用农村统计年鉴》一章，主要对农村统计改革和发展进行了概述，对各章资料的来源进行说明，对主要统计指标的统计含义和口径作了诠注。

一、农村统计制度方法概述

改革开放以来，我国农村统计适应农村经济改革的要求，取得了长足的发展和进步。随着农业普查的实施，抽样技术的完善，以及遥感等空间技术、现代信息技术的业务化应用，农村统计调查已经建立了面向农业农村社会经济发展，面向国际先进水平，以普查为基础，以抽样调查为主体，辅之以全面统计、部门统计、重点调查、统计核算等多种方法综合运用的不断完善的方法制度体系。

（一）农业普查

农业普查是农村统计调查的基础，更是利国利民的大事。通过普查，查清我国农业、农村、农民基本情况，反映农村发展新面貌和农民生活新变化，为科学制定“三农”政策、保障国家粮食安全、促进我国实现农业农村现代化、新型城镇化、乡村振兴、全面建成小康社会提供准确的统计信息支持。通过普查，建立完备的普查对象信息库，为常规统计调查提供基础，确保农村统计调查持续提供全面、及时、准确的统计数据服务。

我国在 1996 年开展了第一次全国农业普查，随后按照国家《农业普查条例》的规定，每 10 年为一轮，在逢 6 的年份，分别于 2006 年、2016 年实施了第二次、第三次全国农业普查。

第三次全国农业普查的标准时间：普查时点为 2016 年 12 月 31 日 24 时；普查时期资料为 2016 年 1 月 1 日至 12 月 31 日。普查对象是我国境内的农业经营户、农业经营单位、居住在农村且有确权（承包）土地的住户、村民委员会和乡镇人民政府。普查行业范围是农林牧渔业及农林牧渔服务业。普查的内容涵盖农业生产、农村建设、农民生活，以及主要农作物种植空间分布等多方面的情况。普查采取普查人员直接到户、到单位访问，逐一登记、全数调查的方法填报农户和单位类普查表；乡（镇）普查办公室、村普查小组组织填报乡（镇）和村级行政单位普查表。首次应用遥感技术测量主要农作物播种面积，调查人员到设计好的地块样本上，基于卫星遥感影像、地块图斑矢量数据，采用手持智能终端（PDA）或无人机采集农作物种植信息；全面应用手持智能终端（PDA）采集数据和填报农户和单位类普查表；有条件的地方，采用联网直报填报乡（镇）和村级行政单位普查表。本次普查共调查了 4 万个乡级行政单位，60 万个村级单位，2.3 亿农户。全国共组织动员了普查员、普查指导员和各级普查机构的工作人员近 400 万人。通过普查获得了大量数据，掌握了我国有关农业、农村、农民的基本情况，填补了反映我国基本国情国力数据的空白。它不仅为党和政府的决策提供了科学依据，而且为农村统计改革与发展打下了很好的基础。第三次全国农业普查的成功，标志着我国农村统计事业进入了新的发展阶段。

（二）抽样调查

抽样调查是常规农村统计调查的主要方法，在农业生产经营方面，包括主要农作物调查、主要畜禽监测调查、农产品生产者价格调查；在农村住户方面，包括住户收支与生活状况调查。

1. 主要农作物调查。包括稻谷、小麦、玉米等主要粮食作物，以及棉花等主要经济作物。1962 年经国务院批准，国家统计局成立了农产量调查队，借鉴印度抽样调查经验，开展了粮食作物单位面积产量抽样调查。即对经过省、县、乡（公社）、村（生产队）多阶段抽样得到的地块样本上的实测作物进行收割、脱粒、晾晒、测量等流程获取调查数据，推算总体的实测作物的单位面积产量。这种抽样调查方法称为“实割实测”，也是现行调查制度在实测作物单位面积产量调查中沿用的方法。从 1983 年国家恢复农产量抽样调查至今，随着农业普查的开展，国际先进经验的借鉴，以及抽样技术、计算机网络技术、空间信息技术的应用，主要农作物调查在抽样设计、调查对象、调查手段等方面取得了显著发展和完善。目前，实测作物的面积抽样调查与推算已经基本完成了遥感等空间信息技术的引入，实现了抽样调查的技术升级。正在积极探索空间信息技术在长势监测和实测产量中的应用，力争实现新的技术突破。主要农作物抽样调查的推算结果包括全国及各省（自治区、直辖市）的实测作物面积和产量，以及粮食大县的粮食作物面积和产量。

2. 主要畜禽监测调查。包括猪、牛、羊、禽的存栏、出栏、肉产量、出售价格及期内增减情况。另外，猪牛羊存栏中包含了母畜的存栏情况；生猪存栏中包含了分月龄的仔猪情况。该项调查于 2008 年在全国开展，调查对象是畜禽养殖单位（场）或养殖户；调查方法是划分养殖规模层，在规模层以内的调查对象全数调查，规模层以外的调查对象采用多阶段、多主题的抽样设计，进行抽样调查。调查的推算结果包括全国及各省（自治区、直辖市）的猪、牛、羊、禽生产情况，以及养猪大县的生猪生产情况。

3. 农产品生产者价格调查。农产品生产者价格是指农产品生产者第一手（直接）出售其产品时实际获得的单位产品价格。调查样本包括全国 2 万多个农业生产经营单位或农户，其中：普通农户占三分之一,规模户和生产单位占三分之二。调查农产品包括农、林、牧、渔业 4 大类，180 多种代表品。调查的推算结果是全国农产品价格综合指数及农、林、牧、渔业分类指数。

4. 住户收支与生活状况调查。2012 年之前，该调查是在我国的城镇和农村分别组织实施，城镇统计居民可支配收入，农村统计农民纯收入。从 2012 年四季度起，国家统计局实施了城乡住户调查一体化改革，统一了城乡居民收入指标名称、分类和统计标准，建立了城乡统一的全国住户收支与生活状况调查。调查对象是我国境内的住户，既包括以家庭形式居住的住户，也包括以集体形式居住的住户。无论户口性质和户口登记地，所有居民均以户为单位，在常住地参加调查。

住户调查的内容包括城乡居民的收入和消费情况，同时反映居民就业、社会保障参与、住房状况、家庭经营和生产投资以及收入分配情况等。样本抽选方法是以省为总体，采用分层、多阶段、与人口规模大小成比例的概率抽样方法，随机抽选调查住宅，确定调查户样本。全国共抽选出 1800 个县(市、区)的 1.6 万个调查小区，对抽中小区中的 160 多万户进行全面摸底调查，在此基础上随机等距抽选出约 16 万住户参加记账调查。调查的主要推算结果是住户人均可支配收入。

在使用住户调查资料时,需注意数据的变化情况。2013 年及以后新口径的城镇和农村居民人均可支配收入等数据的覆盖人群主要变化：一是计算城镇居民人均可支配收入时分母包括了在城镇地区常住的农民工，计算农村居民人均可支配收入时分母不包括在城镇地区常住的农民工；二是由本户供养的在外大学生视为常住人口。新口径的城镇居民和农村居民人均可支配收入及消费等的指标口径变化主要是：计算城镇居民和农村居民人均可支配收入和消费支出时，包括了自有住房折算租金。

（三）其他常规统计调查方法

1. 全面统计。对于反映县（市）、乡（镇）、村级社会经济发展情况的统计项目，以及对于不具备实施抽样调查条件的统计项目，如谷子、高粱等其他粮食作物；油料、糖料、蔬菜、水果等经济作物；马、驴、骡、骆驼、兔等家畜及饲养动物等，采用全面统计方法进行统计。全面统计的源头数据按照村、乡（镇）、县（市）、省（区、市）、国家的顺序层层汇总并逐级上报，它的基础是乡镇统计网络。

2. 部门统计。对于国家统计局未承担直接统计调查任务，属于国家主管部门管理范围的统计项目，由部门负责统计调查。如林业、渔业、农业自然资源、农业机械、农田水利建设、农业灾害情况统计等。部门在实施这些统计项目时，大部分是采用与部门内部管理层级一致的全面统计的方法，也有采用普查、抽样调查的方法。

3. 重点调查。对于需要及时反映总体特征，但全面实施抽样调查成本较高的统计项目，则在已有抽样网点的基础上，抽出部分样本进行重点调查。如农产品中间消耗调查、主要农产品集贸市场价格调查等。

4. 统计核算。对于综合性的统计项目，农林牧渔业总产值、农林牧渔业增加值等，由县以上综合统计部门根据相关基础资料，按照全国统一方案进行统计核算。一些数量少、分布分散的统计项目，如蜂、鹿、狐、貂等特种动物养殖产量，在农业普查的基础上，依据农村住户调查资料进行统计估算。

二、资料来源

《中国农村统计年鉴》绝大部分资料是由国家统计局农村司根据《农林牧渔业统计报表制度》、《农业产值和价格综合统计报表制度》、《县域社会经济基本情况统计报表制度》、《住户收支与生活状况调查方案》的有关资料整理提供。

部分章节资料，如农业生产条件、农业生态与环境、农产品成本与收益、农产品进出口等，来自于部门统计报表制度。

国外农业统计资料是国家统计局农村司根据联合国粮农组织提供的资料加工整理而成。

三、主要统计指标解释

国内生产总值(GDP)：指一个国家（或地区）所有常住单位在一定时期内生产活动的最终成果。国内生产总值有三种表现形态，即价值形态、收入形态和产品形态。从价值形态看，它是所有常住单位在一定时期内生产的全部货物和服务价值超过同期中间投入的全部非固定资产货物和服务价值的差额，即所有常住单位的增加值之和；从收入形态看，它是所有常住单位在一定时期内创造并分配给常住单位和非常住单位的初次收入分配之和；从产品形态看，它是所有常住单位在一定时期内最终使用的货物和服务价值与货物和服务净出口价值之和。在实际核算中，国内生产总值有三种计算方法，即生产法（总产出减中间投入）、收入法（由劳动者报酬、生产税净额、固定资产折旧、营业盈余组成）和支出法（由最终消费、资本形成总额、货物和服务净出口组成）。三种方法分别从不同的方面反映国内生产总值及其构成。

劳动者报酬：指劳动者因从事生产活动所获得的全部报酬。包括劳动者获得的工资、奖金和津贴，既包括货币形式的，也包括实物形式的；还包括劳动者所享受的公费医疗和医药卫生费、上下班交通补贴和单位支付的社会保险费等。对于个体经济来说，其所有者所获得的劳动报酬和经营利润不易区分，这两部分统一作为劳动者报酬处理。

生产税净额：指生产税减生产补贴后的余额。生产税指政府对生产单位生产、销售和从事经营活动以及因从事生产活动使用某些生产要素（如固定资产、土地、劳动力）所征收的各种税、附加费和规费。生产补贴与生产税相反，指政府对生产单位的单方面收入转移，因此视为负生产税，包括政策亏损补贴、粮食系统价格补贴、外贸企业出口退税收入等。

固定资产折旧：指为弥补固定资产损耗按照核定的固定资产折旧率提取的固定资产折旧，或按国民经济核算统一规定的折旧率虚拟计算的固定资产折旧。各类企业和企业化管理的事业单位的固定资产折旧是指实际计提并计入成本费中的折旧费；不计提折旧的政府机关、非企业化管理的事业单位和居民住房的固定资产折旧是按照统一规定的折旧率和固定资产原值计算其虚拟折旧。原则上，固定资产折旧应按固定资产的重置价值计算，但是目前我国尚不具备对全社会固定资产进行重新估价的基础，所以暂时只能采用上述办法。

营业盈余：指常住单位创造的增加值扣除劳动者报酬、生产税净额和固定资产折旧后的余额。它相当于企业的营业利润加上生产补贴，但要扣除从利润中开支的工资和福利等。

支出法国内生产总值：指一个国（或地区）所有常住单位在一定时期内用于最终消费、资本形成总额，以及货物和服务的净出口总额，它反映本期生产的国内生产总值的使用及构成。

最终消费：指常住单位在一定时期内对于货物和服务的全部最终消费支出，也就是常住单位为满足物质、文化和精神生活的需要，从本国经济领土和国外购买的货物和服务的支出；不包括非常住单位在本国经济领土内的消费支出。最终消费分为居民消费和政府消费。

资本形成总额：指常住单位在一定时期内获得的减去处置的固定资产加存货的变动，包括固定资本形成总额和存货增加。

货物和服务净出口：指货物和服务出口减货物和服务进口的差额。出口包括常住单位向非常住单位出售或无偿转让的各种货物和服务的价值；进口包括常住单位从非常住单位购买或无偿得到的各种货物和服务的价值。由于服务活动的提供与使用同时发生，因此服务的进出口业务并不发生出入境现象，一般把常住单位从国外得到的服务作为进口，非常住单位从本国得到的服务作为出口。货物的出口和进口都按离岸价格计算。

固定资产投资额：指以货币表现的建造和购置固定资产活动的工作量，分为基本建设投资、更新改造投资、房地产开发投资和其他固定资产投资四个部分。

财政收入：指国家财政参与社会产品分配所取得的收入，是实现国家职能的财力保证。财政收入所包括的内容几经变化，目前主要包括各项税收、专项收入、其他收入（如基本建设贷款归还收入、基本建设收入、捐赠收入等）和国有企业计划亏损补贴。

财政收入按财政体制划分为中央本级收入和地方本级收入。1994 年分税制财政体制以后，属于中央财政的收入包括关税、海关代征消费税和增值税，消费税，中央企业所得税，地方银行和外资银行及非银行金融企业所得税，铁道、银行总行、保险总公司等集中缴纳的营业税、所得税、利润和城市维护建设税，增值税的 75%部分，证券交易税(印花税)50%部分和海洋石油资源税。属于地方财政的收入包括营业税，地方企业所得税，个人所得税，城镇土地使用税，固定资产投资方向调节税，城镇维护建设税，房产税，车船使用税，印花税，耕地占用税，契税，增值税25%部分，证券交易税(印花税)50%部分和除海洋石油资源税以外的其他资源税。

财政支出：国家财政将筹集起来的资金进行分配使用，以满足经济建设和各项事业的需要，主要包括基本建设支出、企业挖潜改造资金、地质勘探费用、科技三项费用、支援农村生产支出、农林水利气象等部门的事业费用、工业交通商业等部门的事业费、文教科学卫生事业费、抚恤和社会福利救济费、国防支出、行政管理费和价格补贴支出。

财政支出按照政府在经济和社会活动中的不同职权，划分为中央财政支出和地方财政支出。中央财政支出包括国防支出，武装警察部队支出，中央级行政管理费和各项事业费，重点建设支出以及中央政府调整国民经济结构、协调地区发展、实施宏观调控的支出。地方财政支出主要包括地方行政管理和各项事业费，地方统筹的基本建设、技术改造支出，支援农村生产支出，城市维护和建设经费，价格补贴支出等。

社会消费品零售总额：指国民经济各行业直接售给城乡居民和社会集团的消费品总额。社会消费品零售总额包括售给城乡居民作为生活用的商品和修建房屋用的建筑材料；售给社会集团的各种办公用品和公用消费品；售给机关、团体、学校、部队、企业、事业单位的职工食堂和旅店(招待所)附设专门供本店旅客食用，不对外营业的食堂的各种食品、燃料；企业、单位和国营农场直接售给本单位职工和职工食堂的自己生产的产品；售给部队干部、战士生活用的粮食、副食品、衣着品、日用品、燃料；售给来华的外国人、华侨、港澳台同胞的消费品；居民自费购买的中、西药品，中药材及医疗用品；报社、出版社直接售给居民和社会集团的报纸、图书、杂志，集邮公司出售的新、旧纪念邮票、特种邮票、首日封、集邮册、集邮工具等；旧货寄售商店自购、自销部分的商品；煤气公司、液化石油气站售给居民和社会集团的煤气灶具和罐装液化石油气；农民售给非农业居民和社会集团的商品。

海关进出口总额：指实际进出我国国境的货物总金额。包括对外贸易实际进出口货物，来料加工装配进出口货物，国家间、联合国及国际组织无偿援助物资和赠送品，华侨、港澳台同胞和外籍华人捐赠品，租赁期满归承租人所有的租赁货物，进料加工进出口货物，边境地方贸易及边境地区小额贸易进出口货物(边民互市贸易除外)，中外合资、中外合作、外商独资经营企业进出口货物和公用物品，到、离岸价格在规定限额以上的进出口货样和广告品(无商业价值、无使用价值和免费提供出口的除外)，从保税仓库提取在中国境内销售的进口货物，以及其他进出口货物。我国规定出口货物按离岸价格统计，进口货物按到岸价格统计。

三次产业：指根据社会生产活动历史发展的顺序对产业结构的划分，产品直接取自自然界的部门称为第一产业，对初级产品进行再加工的部门称为第二产业，为生产和消费提供各种服务的部门称为第三产业。我国的三次产业划分是：第一产业为农业（包括种植业、林业、牧业和渔业），第二产业为工业（包括采掘业，制造业，电力、煤气及水的生产和供应业）和建筑业，第三产业为除第一、第二产业以外的其他各业。

当年价格：也称现行价格，指报告期内的实际市场价格。按现行价格计算的各种综合指标可以反映当年国民经济发展水平及比例关系，但因其变化受实物数量增减和价格升降因素的影响，在不同时期之间缺乏可比性。

可比价格：指计算各种总量指标所采用的扣除了价格变动因素的价格，可进行不同时期总量指标的对比。按可比价格计算总量指标有两种方法：一种是直接用产品产量乘某一年的不变价格计算；另一种是用价格指数进行缩减。

不变价格：指以同类产品某年的平均价格作为固定价格，用于计算各年的产品价值。按不变价格计算的产品价值消除了价格变动因素，不同时期对比可以反映生产的发展速度。新中国成立后，随着工农业产品价格水平的变化，国家统计局先后五次制定了全国统一的工业产品不变价格和农业产品不变价格。从 1952 年到 1957 年使用 1952 年工（农）业产品不变价格，从 1957 年到 1970 年使用 1957 年不变价格，从 1971 年到 1980 年使用 1970 年不变价格，从 1981 年到 1990 年使用 1980 年不变价格，从 1991 年开始使用 1990 年不变价格。从 2003 年起使用可比价计算产值，取消不变价产值。

农林牧渔业总产值：指以货币表现的农、林、牧、渔业全部产品和对农林牧渔业生产活动进行的各种支持性服务活动的价值总量，它反映一定时期内农业生产总规模和总成果。1957 年以前的农业总产值中包括了厩肥和农民自给性手工业（如农民自制衣服、鞋、袜，自己从事粮食初步加工等）。1958 年及以后的农业总产值，林业中增加了村及村以下竹木采伐产值；牧业中取消了厩肥产值；副业中取消了农民自给性手工业产值，增加了村及村以下办的工业产值；渔业中增加了海洋捕捞水产品产值。1980 年及以后，在副业中增加了农民家庭兼营工业商品部分产值。从 1984 年起村及村以下工业产值划归工业。从 1993 年起取消副业，将野生动物的捕猎划入牧业、野生植物采集和农民家庭兼营商品性工业划归农业。从 2003 年起，执行新的国民经济行业分类标准，农林牧渔业总产值中包括了农林牧渔服务业产值。林业中增加了森林采运业产值。农业中取消了家庭兼营商品性工业产值，将野生林产品的采集划归林业。

国家统计局农村司根据全国农业普查结果，对相应年份的农林牧渔业总产值进行了修订。

农林牧渔业增加值：用生产法计算的一定时期内农业生产活动的最终成果。其计算方法是用现价计算的农林牧渔业产值扣除各项中间消耗。

国家统计局农村司根据全国农业普查结果，对相应年份的农林牧渔业增加值进行了修订。

人口数：指一定时点、一定地区范围内有生命的个人总和。年度统计的年末人口数指每年 12 月 31 日 24 时的人口数。年度统计的全国人口总数内未包括台湾省和港澳同胞以及海外华侨人数。

从业人员：指从事一定社会劳动并取得劳动报酬或经营收入的人员，包括全部职工、再就业的离退休人员、私营业主、个体户主、私营和个体从业人员、乡镇企业从业人员、农村从业人员和其他从业人员(包括民办教师、宗教职业者、现役军人等)。

乡村户数：指长期（一年以上）居住在乡镇（不包括城关镇）行政管理区域内的住户，还包括居住在城关镇所辖行政村范围内的农村住户。户口不在本地而在本地居住一年及以上的住户也包括在本地农村住户内；有本地户口，但举家外出一年以上的住户，无论是否保留承包耕地都不包括在本地农村住户范围内。不包括乡村地区内的国有经济的机关、团体、学校、企业、事业单位的集体户。

乡村人口：指乡村地区常住居民户数中的常住人口数，即经常在家或在家居住 6 个月以上，而且经济和生活与本户连成一体的人口。外出从业人员在外居住时间虽然在 6 个月以上，但收入主要带回家中，经济与本户连为一体，仍视为家庭常住人口；在家居住，生活和本户连成一体的国家职工、退休人员也为家庭常住人口。但是现役军人、中专及以上（走读生除外）的在校学生、以及常年在外（不包括探亲、看病等）且已有稳定的职业与居住场所的外出从业人员，不应当作家庭常住人口。

乡村劳动力资源数：指乡村人口中劳动年龄以上（16 周岁）能够参加生产经营活动的人员。

乡村从业人员：指乡村人口中 16 岁以上实际参加生产经营活动并取得实物或货币收入的人员，既包括劳动年龄内经常参加劳动的人员，也包括超过劳动年龄但经常参加劳动的人员。但不包括户口在家的在外学生、现役军人和丧失劳动能力的人，也不包括待业人员和家务劳动者。从业人员年龄为 16 岁以上。从业人员按从事主业时间最长（时间相同按收入）分为农业从业人员、工业从业人员、建筑业从业人员、交运仓储及邮政从业人员、信息传输、计算机服务和软件业从业人员、批发与零售业从业人员、住宿和餐饮业从业人员、其他行业从业人员。

农业机械总动力：指用于农、林、牧、渔业生产的各种动力机械的动力之和，包括耕作机械、农用排灌机械、收获机械、植保机械、林业机械、渔业机械、农产品加工机械、农用运输机械、其他农用机械。按能源又分为柴油、汽油、电力和其他动力。总动力按法定计量单位千瓦计算。（注：1 马力=735.5 瓦特=0.735 千瓦）

农用大中型拖拉机：指发动机额定功率为 14.7 千瓦及以上的专门用于农作物田间作业和以农作物田间作业为主进行综合利用的拖拉机，包括轮式和履带式两种。不包括用于森工、基建、营林等方面的拖拉机。

小型拖拉机：指专门或主要用于农作物田间作业的不足 14.7 千瓦的拖拉机。包括四轮拖拉机和手扶拖拉机。

农用载重汽车：指主要用于农林牧渔业生产运输的载重汽车。

耕地灌溉面积：指具有一定的水源，地块比较平整，灌溉工程或设备已经配套，在一般年景下当年能够进行正常灌溉的耕地面积。在一般情况下，耕地灌溉面积应等于灌溉工程或设备已经配备，能够进行正常灌溉的水田和水浇地面积之和。

（1）灌溉工程或设备已经配套，可以灌溉，但由于雨水及时或所种作物不需要灌溉等原因，当年没有进行灌溉的，应统计为耕地灌溉面积。

（2）灌溉工程或设备不配套（如只有深水井，没有安装机器）、渠系不健全（如只有水库，没有修渠）、地块不平整，当年不能发挥灌溉效益的灌溉面积，不应统计为耕地灌溉面积。

（3）北方地区没有灌溉工程或设备的引洪淤灌的耕地面积，不应统计为耕地灌溉面积。

（4）南方地区没有灌溉工程或设备，完全靠雨蓄水的“冬水田”、“屯水田”、“望天田”、“雷响田”等水田面积，不应统计为耕地灌溉面积。

（5）没有灌溉工程或设备，遇到旱年临时抗旱点种的耕地面积，不应统计为耕地灌溉面积。

（6）原有的灌溉工程或设备，由于受到破坏等原因不能起灌溉作用，这部分耕地面积不应统计为耕地灌溉面积。

旱涝保收面积：指在耕地灌溉面积中，灌溉设施齐全，抗灾能力较强，土地肥力较高，遇到较大的旱涝灾害能保证遇旱能灌、遇涝能排的耕地面积。灌溉设施的抗旱能力和排涝能力，全国各地根据当地的气候执行不同的标准。一般抗旱能力：南方在 50-100 天，北方在 30-50 天；排涝能力达到 5 年至 10 年一遇的标准，防洪一般达到 20 年一遇的标准。旱涝保收面积应小于或等于耕地灌溉面积。

化肥施用量：指本年度内实际用于农业生产的化学肥料数量，包括氮肥、磷肥、钾肥和复合肥。施用量要求按折纯量计算数量，即各类化学肥料的实际施用数量按其含氮、含五氧化二磷、含氧化钾的比例折成百分之百计算。

农村用电量：指本年度内，扣除在农村中的国有工业、交通、基建等单位的用电量以后的农村生产和生活的全年用电总量。包括国家电网供电和农村自办电站供电量。

除涝面积：指由于兴修治涝工程或安装排涝机械等水利设施（或进行改种），使易涝耕地免除淹涝，除涝标准达到三年一遇以上者。易涝面积虽经过治理，但标准尚未达到三年一遇标准的，不统计为除涝面积。除涝面积为：三年至五年治理面积、五年至十年治理面积和十年以上治理面积的合计数。

年末除涝面积=上年除涝面积（上年基数）+本年新增除涝面积-本年减少面积

盐碱耕地改良面积：是指在老盐碱地、次生盐碱地上进行水利、农业、土壤改良等措施，在正常年景使作物成苗率（促苗率）达到 70%以上的盐碱耕地面积。在同一块耕地上，除涝、治碱并举，应分别统计除涝面积和盐碱耕地改良面积。

年末盐碱耕地改良面积=上年盐碱耕地改良面积（上年基数）+本年新增改良面积-本年减少改良面积

水土流失治理面积（水土保持面积）：是指在山丘地区水土流失面积上，按照综合治理的原则，采取各种治理措施，如：水平梯田、淤地坝、谷坊、造林种草、封山育林育草（指有造林、种草补植任务的）等，以及按小流域综合治理措施所治理的水土流失面积总和。

年末水土流失治理面积=上年累计达到治理面积+本年新增治理面积-本年减少治理面积

小流域治理面积： 是以小流域为单元，根据流域内的自然条件，按照土壤侵蚀的类型特点和农业区划，在全面规划的基础上，合理安排农、林、牧各业用地，布置水土保持农业技术措施，林草措施与工程措施，相互协调、相互促进形成综合的水土流失防治体系。凡列入县级以上治理规划，并进行重点治理的，流域面积在 5 平方公里以上的小流域治理面积均进行统计。

已建成水库： 是指主、副坝、溢洪道、输水洞和专门建筑物，如电站、过船过水建筑物等，已全部建成或基本建成，无重大遗留问题达到设计蓄水能力，经过验收鉴定合格，正式交付使用的水库。

水库总库容： 即校核水位以下的库容。包括死库容、兴利库容、防洪库容（减掉和兴利库容重复部分）之总和，称总库容，它是水库兴建的总规模。

大、中、小型水库的划分标准

大型水库： 总库容在一亿立方米及以上；

中型水库： 总库容在一千（含一千）万立方米至一亿立方米；

小型水库： 库容在十万立方米至一千万立方米。

堤防总长度： 指建成或基本建成的河堤、江堤、海堤、湖堤、围堤，包括防洪墙等各类防洪，防潮堤防之总和，包括建国前建成或需要加固加高培厚的老堤防。但不包括单纯除涝河道的堤防和弃土形成的堤防，也不包括子埝和生产堤。所谓基本建成，是指按设计标准已经完成，已能发挥设计效益，但还留有少量尾工的工程。

农场个数： 指报告期末实有农场个数。包括农垦系统内全民所有制、集体所有制和合资经营的农、林、牧、渔场个数，不包括家庭农场个数。农场应具备三个条件：进行农林牧渔业生产；设有场部组织结构；实行独立核算。

农作物播种面积： 指农业生产经营者应在日历年度内收获的农作物在全部土地（耕地或非耕地）上的播种或移植面积。凡是本年内收获的农作物，无论是本年还是上年播种，都算为本年播种面积，但不包括本年播种，下年收获的作物面积。

因灾害等原因，应该收获却未能收获，也要按原播种面积计算，新补或改种，并在本年收获的，要按复种作物计算面积。

移植的作物面积，如稻谷、甘薯、烟叶等，按移植后的面积计算，不计算移植前在育苗田、棚等的秧苗面积。

多年生作物，即播种后可连续生长多年的宿根性草本植物，如有些麻类、中药等作物的播种面积，按本年新增面积加往年的连续累计面积计算。

间种、混种的作物面积按比例折算各个作物的面积，如果完全混合、同步生长、收获的作物，按混合面积平均分配。复种、套种的作物，按次数计算面积，每种一次计算一次。

再生稻、再生高粱、再生烟等，因其没有经过播种或移植，不计入播种面积。

莲藕等水生蔬菜类生长在湖泊、水塘等水域的面积占比重较大，不仅难以统计，而且因非耕地面积过大对统计口径产生影响，因此在湖泊、水塘等水域的莲藕等水生蔬菜无论是野生还是人工种植均不计算面积，只计算其在耕地上种植的面积。

进行播种面积统计调查的农作物包括以下类别：

（1）谷物。指禾本科和蓼科作物，具体包括稻谷、小麦、玉米、谷子、高粱和其他谷物；其他谷物包括大麦、燕麦、荞麦等，其中西藏、青海、甘肃等地种植的青稞是大麦中的裸麦，按大麦统计。谷类作物产量一律按脱粒后的原粮计算。

（2）豆类作物。是以食用种籽及其制成品为主的一类豆科植物，包括大豆、绿豆、红小豆、杂豆等。产量按去荚后的干豆计算。

（3）薯类作物。包括甘薯和马铃薯。不包括芋头、木薯等。芋头一般应作为“蔬菜”计算，木薯作为其他作物计算。

（4）油料作物。是以榨取油脂为主要用途的一类作物。种子含油率约达 20-60%。包括花生、油菜籽、芝麻、胡麻籽、向日葵籽等。不包括木本油料和野生油料。花生以带壳干花生计算。

（5）棉花。不包括木棉，按去籽后的皮棉计算，3 公斤籽棉折 1 公斤皮棉。棉花产量从 1999 年起在主产区实行抽样调查（河北、江苏、安徽、山东、河南、湖北、湖南、新疆），非主产区仍按全面统计。

（6）糖料。包括甘蔗和甜菜。甘蔗以蔗杆计算，甜菜以块根计算。

（7）中草药材。指人工种植的、以获取药材原料为目的、主要用于中药配伍以及中成药加工的药材作物面积。包括药用真菌的面积。

（8）蔬菜及食用菌。蔬菜包括叶菜类、白菜类、甘蓝类、根茎类、瓜菜类、菜用豆类、茄果类、葱蒜类、水生菜类和其他蔬菜；食用菌包括香菇、黑木耳和蘑菇等，不包括野生菌类。

（9）瓜果类。指农业生产经营者日历年度内通过种植或移植而收获的非园林水果，包括西瓜、甜瓜、白兰瓜、哈密瓜、草莓等。无论其种植在露地还是温室、大棚等农业设施中，按实收的鲜果计算产量。

（10）花卉。指以植物的花为最终产品，或以观赏、美化、绿化、香化为主要用途的栽培植物，是特种农产品的一部分。花卉种植面积，包括在大田种植的花卉面积，包括设施及盆栽花卉。

（11）其他作物。包括饲料作物、苇子、莲子、席草等。其中，饲料作物是指主要用于畜禽饲养的作物，如苜蓿、青饲料等。

粮食总产量：指全社会的产量。包括国营农场等国有经济的、集体统一经营的和农民家庭经营的产量，还包括工矿企业办的农场和其他生产单位的产量。粮食除包括稻谷、小麦、玉米、高粱、谷子、其他杂粮外，还包括薯类和大豆。其产量计算方法，豆类按去豆荚后的干豆计算，薯类（包括甘薯和马铃薯，不包括芋头和木薯）1963 年以前按每 4 千克鲜薯折 1 千克粮食计算，从 1964 年以后按 5 千克鲜薯折 1 千克粮食计算。其他粮食一律按脱粒后的原粮计算。

粮食比国际上通行的谷物口径大，相当于谷物+薯类+大豆。

茶叶产量：指本年度内生产的全部茶叶产量。包括从成片茶园和零星种植的茶树以及荒芜未垦复的茶树上所采摘的全部产量。不论自食的或出售的，都应统计在内。茶叶的产量按经过初步加工的干毛茶的重量计算。根据制造方法的不同和品质上的差异，将茶叶分为绿茶、青茶、红茶、黑茶、黄茶、白茶、其他茶等。

水果产量：指农业生产经营者日历年度内生产的乔木类和藤本类水果、多年草本水果及果用瓜。包括园林水果和非园林水果（瓜果类），不包括采集的野生水果。按鲜果产量计算。经脱水、晾干等处理的干果，如干枣、葡萄干、柿饼、桔饼等一律折合成鲜果计算。

林产品产量：指从人工栽培的竹木上，不经砍伐竹木的根而取得的各种林产品数量。包括生漆、棕片、五倍子、松脂、笋干、油桐籽、油茶籽、乌桕籽、核桃、板栗等各种林木果实以及修剪竹木所获得的枝叶（如荆条、柳条、蒲葵叶）等。不包括桑叶、茶叶、水果，也不包括野生的林产品。如果某些林产品人工栽培和野生的混在一起，不易划分，则应根据它的主要来源决定其应计入林产品产量统计中还是其他农业内采集野生植物果实产量统计中，但不要两方面都算，以免重复。

林产品产量的计算方法为：

（1）油茶籽、油桐籽、乌桕籽、核桃、文冠果。按去掉果皮、外壳的干籽计算产量。

（2）五倍子。以干籽计算产量。

（3）生漆、松脂。按从树上割下来的生漆、松脂计算产量。

（4）棕片和竹笋。按干片和笋干计算产量。

（5）板栗。按除去毛荚的果实计算产量。

（6）油橄榄。按果实计算产量。

（7）紫胶（虫胶）。按原胶计算产量。

当年出栏的畜禽数：指当年（报告期内）农业生产经营者，包括农户、各种合作经济组织、国有农场、机关、团体、学校、工矿企业、部队等单位及城镇居民饲养的，已屠宰或出售上市的全部畜禽数，包括交售给国家，集市上出售和农民自食的部分。不包括仔猪、牛犊、羊羔、禽苗出售后进行二次育肥的数量。

期初（末）畜禽存栏头（只数）：指本期（报告期）期初（末），农村与城市的全部畜禽存栏头（只）数。除科学研究单位专门用于试验研究的牲畜和军马以外，农业生产经营者，包括农户、各种合作经济组织、国营农场、机关、团体、学校、工矿企业、部队等单位以及城镇居民饲养的各种畜禽，不分大小、公母、品种、用途一律包括在内。专业运输组织的运输用牲畜也应包括在内。但商业部门库存的和运输途中的活牲畜不进行统计。

肉类总产量：指调查期内各种牲畜及家禽、兔等动物肉产量总计。猪、牛、羊、马、驴、骡、骆驼肉产量按去掉头蹄下水后带骨肉的胴体重量计算，兔禽肉产量按屠宰后去皮毛和内脏后的重量计算。

牛奶产量：指本调查期内奶牛所生产的牛奶总产量，包括出售给国家、农贸市场交易和农牧民自食部分，不包括牛犊直接吮食部分。

细羊毛：指细毛及其改良羊所产的羊毛量。

半细羊毛：指半细毛羊及其改良羊所产的羊毛产量。

禽蛋产量：指本调查期内饲养的蛋用家禽生产的禽蛋总重量。包括出售的和农民自产自用的部分。品种主要为鸡鸭鹅。

蚕茧产量：指本年度内生产的全部蚕茧产量，无论自用的或出售的，都应计算在内。在计算产量时，要把土茧、改良茧和种茧包括在内，桑蚕茧、柞蚕茧均按鲜茧计算，木薯蚕茧和蓖麻蚕茧等的产量均按茧壳的重量计算。

水产品产量：指当年捕捞的水产品（包括人工养殖并捕捞的水产品和捕捞天然生长的水产品）产量。

海水产品产量：指从海洋和海水养殖水域中捕捞的海水产品产量。包括海水中的鱼类、虾蟹类、贝类、藻类。

内陆水域水产品产量： 指淡（咸）水湖泊、水库、河沟和池塘以及其他内陆水域内捕捞的水产品产量。包括鱼类、虾蟹类、贝类，不包括淡水水生植物。

养殖产量：指从海水养殖面积和内陆水域养殖面积中捕捞的产量。

捕捞产量：指捕捞天然生长的水产品产量。

可支配收入：指居民可用于最终消费支出和储蓄的总和，即居民可用于自由支配的收入。既包括现金收入，也包括实物收入。按照收入的来源，可支配收入包含四项，分别为：工资性收入、经营净收入、转移净收入和财产净收入。

工资性收入：指就业人员通过各种途径得到的全部劳动报酬和各种福利，包括受雇于单位或个人、从事各种自由职业、兼职和零星劳动得到的全部劳动报酬和福利。

经营净收入：指住户或住户成员从事生产经营活动所获得的净收入，是全部经营收入中扣除经营费用、生产性固定资产折旧和生产税之后得到的净收入。计算公式具体为：

经营净收入=经营收入－经营费用－生产性固定资产折旧－生产税

财产净收入：指住户或住户成员将其所拥有的金融资产、住房等非金融资产和自然资源交由其他机构单位、住户或个人支配而获得的回报并扣除相关的费用之后得到的净收入。财产净收入包括利息净收入、红利收入、储蓄性保险净收益、转让承包土地经营权租金净收入、出租房屋净收入、出租其他资产净收入和自有住房折算净租金等。财产净收入不包括转让资产所有权的溢价所得。

转移净收入：计算公式为：

转移净收入=转移性收入－转移性支出

转移性收入：指国家、单位、社会团体对住户的各种经常性转移支付和住户之间的经常性收入转移。包括养老金或退休金、社会救济和补助、政策性生产补贴、政策性生活补贴、经常性捐赠和赔偿、报销医疗费、住户之间的赡养收入，本住户非常住成员寄回带回的收入等。转移性收入不包括住户之间的实物馈赠。

转移性支出　指居民家庭对国家、单位、住户或个人的经常性或义务性转移支付。包括缴纳的税款、各项社会保障支出、赡养支出、经常性捐赠和赔偿支出以及其他经常转移支出等。

农户固定资产：指农户在家庭或个人从事的生产经营活动中，所拥有的使用期限在两年以上，单位价值在1000元以上的房屋建筑物、机器设备、器具工具、役畜、产品畜等资产。

固定资产投资完成额：固定资产投资是指以货币形式表现的在本期内建造和购置固定资产的费用。实际投资完成额是根据建筑安装工程的实际工作量，实际已开始安装的设备、工具、器具的购置费，以及其他费用的实际发生额计算，包括消耗的建筑材料、购置设备、工具器具、大牲畜的费用，以及建造和购置固定资产所发生的人工费用和其他有关费用。

消费支出：是指居民用于满足家庭日常生活消费需要的全部支出，既包括现金消费支出，也包括实物消费支出。消费支出可划分为食品烟酒、衣着、居住、生活用品及服务、交通通信、教育文化娱乐、医疗保健以及其他用品及服务八大类。

食品烟酒：指用于各种食品和烟草、酒类的支出。

衣着：指与居民穿着有关的支出，包括服装、服装材料、鞋类、其他衣类及配件、衣着相关加工服务的支出。

居住：指与居住有关的支出，包括房租、水、电、燃料、物业管理等方面的支出，也包括自有住房折算租金。

生活用品及服务：指家庭及个人的各类生活品及家庭服务。包括家具及室内装饰品、家用器具、家用纺织品、家庭日用杂品、个人用品和家庭服务。

交通通信：指用于交通和通信工具及相关的各种服务费、维修费和车辆保险等支出。

教育文化娱乐：指用于教育、文化和娱乐方面的支出。

医疗保健：指用于医疗和保健的药品、用品和服务的总费用。包括医疗器具及药品，以及医疗服务。

其他用品及服务：指无法直接归入上述各类支出的其他用品与服务支出。

收入五等份分组：是将所有调查户按人均可支配收入水平由低到高排队，按 20%、20%、20%、20%、20%的比例依次分成为：低收入组、中等偏下收入组、中等收入组、中等偏上收入组、高收入组五组。

四大经济区域分组：东部地区：包括北京、天津、河北、上海、江苏、浙江、福建、山东、广东、海南 10 个省（市）。中部地区：包括山西、安徽、江西、河南、湖北、湖南 6 个省。西部地区：包括内蒙古、广西、重庆、四川、贵州、云南、西藏、陕西、甘肃、青海、宁夏、新疆 12 个省（区、市）。东北地区：包括辽宁、吉林、黑龙江 3 个省。